Wolfgang Abendroth
Arbeiterklasse, Staat und Verfassung

Studien zur Gesellschaftstheorie

Wolfgang Abendroth

Arbeiterklasse, Staat und Verfassung

Materialien zur Verfassungsgeschichte und Verfassungstheorie der Bundesrepublik

Herausgegeben und eingeleitet von Joachim Perels

Europäische Verlagsanstalt

2. unveränderte Auflage 1977

Druck: Georg Wagner, Nördlingen
ISBN 3 434 20078 9
Printed in Germany

Inhalt

Einleitung

Wolfgang Abendroth, »Partisanenprofessor im Lande der Mitläufer« (Habermas), hat wie kein anderer sozialistischer Theoretiker die gesellschaftliche und politische Entwicklung der Bundesrepublik seit Anbeginn in einem konsistenten Bezugsrahmen oppositionell analysiert. Die in diesem Band gesammelten Aufsätze, die zum größten Teil kaum mehr zugänglich waren, reichen von 1952 bis 1975. Sie treiben die Aufarbeitung der Geschichte der Bundesrepublik, die abgesehen von apologetischen oder essayistischen Versuchen bis heute aussteht, ein ganzes Stück voran. Stets aus aktuellen Auseinandersetzungen um die politische Demokratie hervorgegangen, sind sie an den juristischen Erscheinungsformen und an den Knotenpunkten des kapitalistischen Restaurationsprozesses in der Bundesrepublik festgemacht. Sie bilden Elemente einer kritischen Verfassungsgeschichte der Bundesrepublik.
Die Aufsätze wurden unter dem Gesichtspunkt ausgewählt, einen annähernd vollständigen Überblick über die verfassungspolitischen Kämpfe in der Bonner Republik zu geben.[1] Daher ist in den Band auch eine Anzahl kurzer Artikel, insbesondere aus der alten »Sozialistischen Politik«, der Zeitschrift der SPD-Linken der 50er und 60er Jahre, aufgenommen worden. Wenn diese Artikel auch nicht wie die übrigen Aufsätze den Anspruch ausgeführter Analysen erheben, so markieren sie doch wichtige Positionen in der verfassungsrechtlichen Entwicklung. Die Texte sind in ihrer ursprünglichen Fassung abgedruckt; das ist bei der Lektüre der Arbeiten aus den 50er Jahren, der Hochzeit des regierungsamtlichen Antikommunismus, zu berücksichtigen. Die Auswahl ist von mir getroffen worden; Wolfgang Abendroth hat sie durchgesehen und ihr zugestimmt.

1 In einigen Fällen wird ergänzend auf die Aufsatzsammlung W. Abendroth, *Antagonistische Gesellschaft und politische Demokratie*, 2. Aufl. Neuwied 1972 verwiesen.

I.

Als das Grundgesetz normiert wurde, hatte sich die kapitalistische Produktionsweise, vermittelt durch die Interventionen der USA, durch die Rekonsolidierung des deutschen Bürgertums und durch die Handlungsschwäche der Arbeiterbewegung,[2] bereits wieder etabliert. Das Grundgesetz fällt in der zentralen Frage der Eigentumsordnung hinter die Mehrzahl der westdeutschen Länderverfassungen, die eine sozialisierende Beseitigung des privatwirtschaftlichen Systems z. T. sogar verpflichtend vorsahen, zurück; es läßt das kapitalistische Wirtschaftssystem bestehen und bietet nur noch die formelle Möglichkeit, zu gemeinwirtschaftlichen Produktionsformen überzugehen.[3] Dennoch sichert das Grundgesetz – gleichsam auf der Basis eines pluralistischen Konfliktaustragungsmodells – der Arbeiterbewegung einen Aktionsspielraum, vor allem durch die Garantie der Vereinigungsfreiheit und der Meinungsfreiheit. Da sich mit diesen Freiheitsgarantien die Handlungsfähigkeit der Arbeiterbewegung auch in Richtung auf eine Überwindung der kapitalistischen Produktionsweise ausbilden kann, verstärkte sich nach der Rekonstruktion des westdeutschen Kapitalismus notwendig die Tendenz, die verfassungsstrukturellen Einfallstore, die eine sozialistische Umgestaltung der Gesellschaft begünstigen, zu schließen. Zum Durchbruch verhalf dieser Tendenz vornehmlich die Justiz und die akademische Rechtswissenschaft. Ihre personellen Träger, die ohne großen Bruch aus dem Nationalsozialismus in das politische System der Bundesrepublik überwechseln konnten, nachdem die Entscheidung für die Wiederherstellung der kapitalistischen Wirtschaftsordnung gefallen war, bildeten eine geschlossene Gruppierung, die in obrigkeitsstaatlicher Weise die Handlungsfähigkeit der Arbeiterbewegung und ihrer Organisationen juristisch in die Fesseln eines fingierten Allgemeininteresses zu schlagen suchte.[4]
In diesem auf einen »autoritären Besitzverteidigungsstaat«[5] gerichteten Prozeß bezieht Abendroth die Gegenposition. Sie ist durch folgende Argumentationsstruktur gekennzeichnet. Die Verfassungsordnung der

2 Vgl. E. Huster, u. a., *Determinanten der westdeutschen Restauration,* Ffm. 1972 m. w. Nachw.

3 W. Abendroth, *Das Grundgesetz,* 4. Aufl. Pfullingen 1973, S. 27 ff., S. 63 ff.

4 Vgl. hierzu für den Bereich des Arbeitsrechts R. Wahsner, *Das Arbeitsrechtskartell. Die Restauration des kapitalistischen Arbeitsrechts in Westdeutschland, Kritische Justiz,* 1974, H. 4, S. 369 ff. Zur These von der fast vollständigen Identität des faschistischen und des bundesdeutschen Justizapparats für die Zeit der 50er Jahre vgl. W. Koppel (Hrsg.), *Ungesühnte Nazijustiz,* Karlsruhe o. J., ders., *Justiz im Zwielicht,* Karlsruhe o. J.

5 K. Schumacher, *Verhandlungen des Bundestages, 1. Wahlperiode, 6. Sitzung, Stenographische Berichte,* Bonn 1950, S. 32.

bürgerlichen Demokratien wird durch die ihr zugrunde liegende antagonistische Gesellschaftsstruktur von einem fundamentalen Widerspruch geprägt: sie ist »sowohl eines der gewichtigsten Mittel zur Stabilisierung der diese Gesellschaft bestimmenden Machtverhältnisse [. . .] als auch ein Instrument zu ihrer Transformation«[6]. Das heißt: Die Verfassungsordnung ist weder mit dem kapitalistischen Gesellschaftssystem noch mit dem Staatsapparat *unmittelbar* identisch. Diese Differenz macht die Substanz einer funktionierenden politischen Demokratie aus. Entsprechend wird die rechtsstaatlich verfaßte politische Demokratie als diejenige Herrschaftsform verteidigt, die das Transformationsfeld zum Sozialismus offenhält. Abendroth ist an jeder Bruchstelle der verfassungsrechtlichen Entwicklung an dem strategischen Ziel orientiert, die rechtsstaatlich-demokratischen Rahmenbedingungen für die Austragung der Konflikte der gegensätzlichen sozialen und politischen Kräfte zu erhalten. »Die Lebensfähigkeit der formal-demokratischen Verfassungsnormen hängt [jedoch] vom Gleichgewicht der Klassenkräfte [ab], das durch die demokratische Reaktionsfähigkeit und das demokratische Selbstbewußtsein der Arbeitnehmer gegenüber dem konzentrierten Kapital und dem Staatsapparat bestimmt wird.«[7]

Abendroth argumentiert, bedingt durch die Stärke des Restaurationsprozesses, wesentlich defensiv. Die wichtigsten Stationen seien knapp umrissen.

Als nach 1952 die übergroße Mehrheit der Landesarbeitsgerichte die politischen Demonstrationsstreiks, die in den Druckereibetrieben während der Auseinandersetzung um das Betriebsverfassungsgesetz stattfanden, im Gefolge des Arbeitgebergutachtens von Nipperdey als sozialinadäquaten Eingriff in den eingerichteten und ausgeübten Gewerbebetrieb illegalisierten, wurde die Aktionsfähigkeit der Gewerkschaften zugunsten der unkontrollierten Einflußnahme der ökonomischen Machtträger auf den Staatsapparat eingeschränkt.[8] Der restaurativen Umdeutung der Sozialstaatsklausel des Grundgesetzes (Art. 20/28 GG) durch Ernst Forsthoff tritt Abendroth 1953 entgegen. Forsthoff hatte die Sozialstaatsklausel auf ein Funktionselement des gesellschaftlichen Status quo reduziert; die Sozialstaatsklausel sanktioniere lediglich die soziale Sicherheit verbürgende Leistungsverwaltung.[9] Demgegenüber beruft sich Abendroth

6 *Die Justiz in der Bundesrepublik*, unten S. 154.

7 W. Abendroth, *Nach dem Parteitag von Hannover, Sozialistische Politik*, 1960, Nr. 11/12, S. 1.

8 *Streik und Verfassungsrecht in der modernen Demokratie; Der Politische Streik*, unten S. 45 ff., 54 ff.

9 E. Forsthoff, *Begriff und Wesen des sozialen Rechtsstaates, Veröffentlichung der Vereinigung der Deutschen Staatsrechtslehrer*, Berlin 1954, H. 12, S. 8 ff.

auf die auch für die SPD-Abgeordneten im Parlamentarischen Rat bestimmenden Überlegungen des sozialdemokratischen Staatsrechtslehrers Hermann Heller aus der Weimarer Republik, der vom faschistischen Staat zu der Zeit ins Exil getrieben wurde, als Forsthoff, geprägt von der Carl-Schmitt-Schule, die Zerstörung der Weimarer Demokratie verfassungstheoretisch rechtfertigte.[10] Abendroth insistiert darauf, daß das Grundgesetz mit der Sozialstaatsklausel prinzipiell die Möglichkeit eröffnet, demokratisch nicht legitimierte ökonomische Machtpositionen aufzuheben, den gesellschaftlichen Status quo also in Richtung auf eine sozialistische Wirtschaftsordnung zu überwinden.[11] Der herrschenden Tendenz, die Verfassung zu einem *bloßen* Appendix der Gesellschaftsstruktur zu verwandeln, folgt auch das KPD-Verbotsurteil des Bundesverfassungsgerichts vom 17. 8. 1956.[12] Es unterlegt dem Grundgesetz eine »Wertordnung«, die den Klassenantagonismus mit Gemeinwohlformeln wegdekretiert und die grundsätzliche Unmöglichkeit der Übereinstimmung von sozialistischem »Ideal« und Wirklichkeit behauptet. Grundlegende Bestandteile der sozialistischen Theorie werden, unabhängig von der stalinistisch entstellten Form, die sie in der KPD angenommen hatten, verfassungsrechtlich geächtet.[13] Indem die Ideologie der herrschenden Klasse direkt zum Fundament der Verfassungsordnung gemacht wird, verschieben sich die Grenzlinien der verfassungsrechtlichen Konfliktaustragungsbedingungen zu Lasten der Arbeiterbewegung. Nach dem gleichen Schema verfährt der Bundesgerichtshof im Angenfort-Urteil vom 4. 6. 1955[14], wenn er – unter Aufgabe der früheren restriktiven Interpretation – Streiks unter bestimmten Voraussetzungen als Gewalt im Sinne der Hochverratsparagraphen 80 ff. des Strafgesetzbuches qualifiziert: das schärfste Kampfmittel der Arbeiterbewegung wird tendenziell mit Illegalisierung bedroht.[15] In die gleiche Richtung zielt das folgenreiche Urteil des Bundesarbeitsgerichts vom 31. 10. 1958[16], das eine Urabstimmung der IG-Metall, die dem Schleswig-Holsteinschen Metallarbeiterstreik von 1957 vorherging, als Kampfmaßnahme wertete. Dies Urteil resultiert aus

10 E. Forsthoff, *Der totale Staat,* Hamburg 1933.

11 *Begriff und Wesen des sozialen Rechtsstaates,* unten S. 164 ff. Vgl. dazu auch die *Diskussion über sozialistische Rechtspolitik* zwischen W. Abendroth, R. Kessler, J. Perels, H. Rottlenthner und J. Seifert, in: H. Rottlenthner, (Hrsg.), *Probleme der marxistischen Rechtstheorie,* Ffm. 1975, S. 392 f.

12 BVerfGE 5, S. 85 ff.

13 *Zum Verbot der KPD,* unten S. 93 ff.

14 W. Wagner (Hrsg.), *Hochverrat und Staatsgefährdung,* Urteile des BGH, Bd. 1, Karlsruhe 1957, S. 108 ff., S. 180 ff.

15 *Vorbereitung zum Hochverrat?; Die Anwendung der §§ 80 ff. StGB auf den Streik in der Bundesrepublik,* unten S. 83 ff., 100 ff.

16 BAGE 6, S. 321 ff.

einer politischen Option für »romantisch-ständestaatliche Ideologien« und für ein Denken in Kategorien der nationalsozialistischen Deutschen Arbeitsfront.[17] Diese Ordnungsvorstellungen, die im Widerspruch zur Verfassung stehen und den Interessenkampf zugunsten der sogenannten Befriedung sozialer Gegensätze zu überwinden vorgeben, dienten dazu, die gewerkschaftliche Aktionsfreiheit zu unterminieren. Was durch die höchstrichterliche Rechtsprechung vorgezeichnet wurde, wird vom Staatsapparat mittels der Notstandsgesetze legislativ fortgesetzt. Die Notstandsgesetze, die Grundrechte zur Disposition stellen, die Bundeswehr als innenpolitisches Machtinstrument einsetzbar machen,[18] schaffen rechtstechnisch die Möglichkeit, die politische Demokratie in einen autoritären Staat, der auf der Zerstörung der legalen Aktionsfähigkeit der Arbeiterklasse basieren würde, zu transformieren. Auf der Tagesordnung steht dies, wenn die »Konformität der mit den ›normalen‹ Mitteln manipulierten öffentlichen Meinung mit der Entscheidung der Spitzengruppen des Managements, der Regierung, der Bürokratie und der Armee gefährdet erscheint«.[19] Im Prinzip die gleiche Funktion wie die Notstandsgesetze haben die wichtigsten exekutiven und judikativen Entscheidungen der letzten Jahre: die Berufsverbotspraxis[20], das Hochschulurteil des Bundesverfassungsgerichts vom 29. 5. 1973[21] und das Abtreibungsurteil des Bundesverfassungsgerichts vom 25. 2. 1975.[22] Die Berufsverbotspraxis soll die Massenloyalität im Sozialisationsbereich, in dem zu einem nicht geringen Teil das Bewußtsein der Menschen sich bildet, sichern. Das Hochschulurteil restituiert die Ordinarienuniversität, die vor allem im Bereich der Naturwissenschaften für die ungestörte Synchronisation von Wissenschaft und Kapitalismus sorgt.[23] Das Abtreibungsurteil blockiert mit der Fristenregelung die Selbstbestimmung der Frauen über ihre Leibesfrucht. Um diese Ziele zu erreichen, müssen rechtsstaatlich-demokratische Verfassungspositionen geschleift werden. Die Berufsverbotspraxis unterläuft mittels des obrigkeitsstaatlich instrumentierten Beamtenrechts das Parteienprivileg, überläßt der Exekutive judikative Funktionen der Feststellung der Verfassungsfeindlichkeit von Personen und Parteien und höhlt insge-

17 *Gefährdung des Streikrechts?*, unten S. 160.
18 Zur Einzelanalyse der Notstandsgesetze vgl. D. Sterzel (Hrsg.), *Kritik der Notstandsgesetze*, Ffm. 1968.
19 *Der Notstand der Demokratie – die Entwürfe zur Notstandsgesetzgebung*, unten S. 220.
20 Vgl. H. Knirsch (Hrsg.), *»Radikale« im öffentlichen Dienst?* Ffm 1973.
21 BVerfGE 35, S. 79 ff.
22 BVerfG JZ 1975, S. 205 ff.
23 Zu diesem Zusammenhang vgl. W. Lefevre, *Reichtum und Knappheit*, in: U. Bergmann, u. a., *Rebellion der Studenten*, Reinbek 1968, S. 94 ff.

samt die grundgesetzliche Legalitätsgarantie für den Übergang zum Sozialismus aus.[24] Im Hochschulurteil wird die Volkssouveränität in Gestalt der Parlamentssouveränität durch ständestaatliche Ordnungsvorstellungen der judizierenden Juristengruppe verdrängt.[25] In gleicher Weise suspendiert das auf eine politische Dezision gegründete Abtreibungsurteil die gewaltenteilende Kompetenzabgrenzung des demokratischen Rechtsstaats.[26] Indem sich das Bundesverfassungsgericht zur originären politischen Entscheidungsinstanz überhebt, wird es zum Träger autoritärer Staatsgewalt.

II.

In der Linken ist die verfassungstheoretische Position Abendroths auf Kritik gestoßen. Grob gesprochen lautet sie: Eine immanent juristische Argumentationsweise führe, indem sie das Kampffeld verrechtliche, zu einer entpolitisierenden Begrenzung sozialistischer Strategie; damit sei die Durchsetzbarkeit der Abendrothschen Verfassungsinterpretation von vornherein ausgeschlossen. Diese generelle These fächert sich auf in verschiedene Gesichtspunkte.

Die Gegenposition, die Abendroth zur Verfassungsentwicklung bezogen habe, sei durch einen strukturellen Defekt bestimmt. Sie habe postulativen Charakter, sei idealistisch; denn der reale gesellschaftliche Prozeß in der Bundesrepublik, der zur Wiederherstellung der kapitalistischen Herrschaftsstrukturen führte, stehe quer zur Abendrothschen Verfassungsinterpretation.[27]

---

24 *Kritik der Beschlüsse über das Berufsverbot*, unten S. 243 ff. Vgl. auch J. Perels, *Die Verfälschung der Verfassung durch ihren obersten Richter: Ernst Benda, Kritische Justiz*, 1972, H. 2, S. 175 ff.

25 *Das Bundesverfassungsgericht als Ersatzgesetzgeber?*, unten S. 250 ff.

26 *Das Abtreibungsurteil des Bundesverfassungsgerichts*, unten S. 284 ff.

27 X. Rajewsky, *Arbeitskampfrecht in der Bundesrepublik*, Ffm 1970, S. 43 f. R. Geulen, *Kann man mit einer bürgerlichen Verfassung eine sozialistische Praxis legitimieren?*, in: G. Stuby, *Disziplinierung der Wissenschaft*, Ffm 1970, S. 192 ff. S. 203. In der Tendenz ebenso U. K. Preuß, *Legalität und Pluralismus*, Ffm 1973, S. 95 f. Zur Kritik dieser Position vgl. A. v. Brünneck / St. Leibfried, *Kann das Postulat des Klassenkampfes den Verzicht auf eine sozialistische Rechtstheorie legitimieren? Kritische Justiz*, 1971, H. 1, S. 89 ff. Eine Analyse der kontroversen verfassungstheoretischen Grundpositionen in der Linken liefert T. Blanke, *Das Dilemma der verfassungspolitischen Diskussion der Linken in der Bundesrepublik*, in: H. Rottlenthner, *Probleme der marxistischen Rechtstheorie*, Ffm 1975, S. 419 ff. Warfen einige linke Juristen Abendroth nicht genügende Radikalität vor, so wurde von sozialdemokratischer Seite behauptet, seine Position sei unvereinbar mit dem Godesberger Programm. Vgl. hierzu den vornehmlich gegen Abendroth gerichteten Artikel von B. Friedrich, *Eine grundsätzliche Entscheidung, SPD-Pressedienst* (PXVI/253) v. 9. 11. 1961 und die Antwort von Abendroth in Form eines Briefes an E. Ollenhauer v. 14. 11. 1961. (Beide

Dieser Vorwurf beruht auf einem Fehlverständnis materialistischer Ideologiekritik. Drei Argumentationsebenen werden vermischt: die Kritik des falschen Bewußtseins, die Ableitung der Notwendigkeit des falschen Bewußtseins aus den gesellschaftlichen Verhältnissen und das Problem der Realisierbarkeit des »richtigen« Bewußtseins. Der Fehler der linken Kritiker besteht darin, aus dem Nachweis des falschen juristischen Bewußtseins, den Abendroth liefert, herauszulesen, damit werde zugleich die Realisierbarkeit des »richtigen« Bewußtseins unterstellt. Wenn auch von Abendroth die genannten drei Argumentationsebenen methodisch nicht explizit unterschieden werden – das hat seine Ursache z. T. darin, daß die Begrenzung auf die juristische Immanenz durch die Gutachtenform und den Charakter der veröffentlichenden Zeitschrift vorgegeben war –, so sind sie der Sache nach doch deutlich voneinander abgehoben. Die juristische Argumentation Abendroths beschränkt sich darauf, das herrschende juristische Bewußtsein, wie es in Lehre und Rechtsprechung legislativer und exekutiver Praxis erscheint, seiner Falschheit zu überführen: durch den Rekurs auf den Verfassungstext der politischen Demokratie. Dies Vorgehen folgt dem Verfahren der immanenten Kritik, das nach Hegel das einzig wissenschaftliche ist, weil es sich dem Gegner auf seinem eigenen Boden stellt. Aus der immanenten Kritik schließt Abendroth nicht unmittelbar auf die Durchsetzbarkeit seiner Verfassungsinterpretation. Er arbeitet gerade deren Schranken heraus, wenn er die Vorherrschaft eines obrigkeitsstaatlichen, paternalistischen, ja volksgemeinschaftlichen Verfassungsverständnisses aus dem gesamtgesellschaftlichen Restaurationsprozeß in der Bundesrepublik ableitet,[28] in welchem die judika-

---

Texte liegen im Gerlach-Archiv des Seminars für Wissenschaft von der Politik der Technischen Universität Hannover.) Nachdem Abendroth 1962 wegen seiner Mitgliedschaft in der Fördergesellschaft des SDS aus der SPD ausgeschlossen worden war, gab der Parteivorstand der sozialdemokratischen Partei eine hektographierte anonyme Schrift unter dem Titel *Professor Abendroth und das Godesberger Programm* o. O. o. J. heraus, in der auf über 300 Seiten Exzerpte und eine Bibliographie zu dem Zweck zusammengestellt wurden, Abendroth mangelnder sozialdemokratischer Programmtreue zu zeihen.

28 *Zur Funktion der Gewerkschaften in der westdeutschen Demokratie*, unten S. 40. Die Ableitung der herrschenden juristischen Ideologie aus der Kontinuität der Führungsschichten beantwortet freilich die Frage nach den in der kapitalistischen Produktionsweise liegenden systematischen Gründen für die Ausbildung von (juristisch verfaßtem) »illusionärem Allgemeininteresse« (Marx) noch nicht. Zu diesem Problem vgl. E. Paschukanis, *Allgemeine Rechtslehre und Marxismus*, Neuaufl. Ffm 1966. Bereits 1948, als Professor in der Sowjetischen Besatzungszone, wies Abendroth auf das Werk von Paschukanis hin, das von Wyschinski, dem führenden stalinistischen Rechtstheoretiker, geächtet worden war. W. Abendroth, *Die Justizreform in der Sowjetzone Deutschlands*, *Europa-Archiv*, 1948, 9. Folge, S. 1545, Anm. 68: »Leider wird dieser Fortschritt [der Verbindung von rechts- und sozialwissenschaftlicher Ausbildung in der SBZ] dadurch beeinträchtigt, daß ein großer Teil nichtstalinistischer Literatur aus den wissenschaftlichen Bibliotheken entfernt werden mußte, z. B. Paschukanis, *Allgemeine Rechtslehre und Marxismus*, Berlin 1929.«

tiven und administrativen Führungsschichten, die das auf der Zerschlagung der Arbeiterbewegung gegründete System des Faschismus mitgetragen hatten, in ihre Machtpositionen zurückkehrten und ihre Interpretationsweise entsprechend fortsetzten. Das herrschende juristische Bewußtsein ist richtiger Ausdruck dieses falschen Zustands.

Die Durchsetzbarkeit einer an den Prinzipien der politischen Demokratie orientierten Verfassungsinterpretation entscheidet sich für Abendroth selbstverständlich im politischen Kampf. Diese Einsicht liegt jeder verfassungsrechtlichen Kontroverse, die von Abendroth geführt wurde, zugrunde: »Die Rechtsordnung ist [. . .] niemals eine neutrale Größe, die nur aus sich selbst verstanden werden kann, sondern stets Produkt und Gegenstand der politischen und sozialen Kämpfe.«[29] Als 1958 der damalige Innenminister Schröder die Einführung einer Notstandsverfassung ankündigte, schrieb Abendroth: »Nur die Mobilisierung der demokratischen Öffentlichkeit, nur außerparlamentarische Kampagnen der Arbeiterorganisationen, der Sozialdemokratie und der Industriegewerkschaften, können die politischen Machtverhältnisse und das soziale Klima in der Bundesrepublik so stark verändern, daß die demokratischen Institutionen und Normen des Grundgesetzes gegen diesen Angriff gesichert bleiben.«[30] Daß die Wirklichkeit nicht zur politischen Demokratie drängte, ist in der (wiederum zu erklärenden) politischen Schwäche der Arbeiterbewegung und der Stärke des politisch-sozialen Klassengegners begründet.

Gegen die methodische Struktur der Abendrothschen Theorie wird weiter eingewandt, sie verfehle, indem sie formell verbürgte Rechtsgarantien gegen die ökonomische und politische Wirklichkeit halte, das Agens der geschichtlichen Entwicklung. Der »Motor des gesellschaftlichen Fortschritts« sei »nicht der Widerspruch zwischen Ideologie und Wirklichkeit, sondern zwischen Produktivkräften und Produktionsverhältnissen«[31].

Weiterführend erscheint an dieser Kritik, daß sie die unter linken Juristen grundsätzlich vernachlässigte Dimension des Stellenwerts einer sozialistischen Legalstrategie unter den genau – und nicht nur, wie üblich, plakativ – zu bestimmenden Funktionsgesetzen des Kapitalismus erschließt. Der Gewinn eines derartigen Ansatzes liegt darin, daß die umgreifenden gesellschaftlichen Voraussetzungen, die von einer linken juristischen Ar-

---

29 *Die Justiz in der Bundesrepublik*, unten S. 155.

30 *Von der bürgerlichen Demokratie zur autoritären Diktatur*, unten S. 138.

31 T. Blanke, *Funktionswandel des Streikrechts im Spätkapitalismus*, Ffm 1972, S. 68. Blanke bezieht sich zwar an dieser Stelle auf die Auffassung von Stuby; sein Argument ist aber entsprechend auf die Abendrothsche Position zu übertragen.

gumentation oft voluntaristisch negiert werden, in die in praktischer Absicht formulierte sozialistische Rechtstheorie aufgenommen werden. Verengt würde aber die Perspektive, wenn diese gesellschaftlichen Voraussetzungen auf einen objektivistisch gefaßten Widerspruch von Produktivkräften und Produktionsverhältnissen reduziert würden.[32] Der Widerspruch zwischen Produktivkräften und Produktionsverhältnissen wird erst dann zum »Motor des gesellschaftlichen Fortschritts«, wenn ihn die Arbeiterklasse, »die größte Produktivkraft«,[33] vorantreibt. Die Aktionsfähigkeit der Arbeiterklasse kann auch durch den Widerspruch zwischen der proklamierten Ideologie und der ihr entgegengesetzten Wirklichkeit entfaltet werden, wenn sich in der Ideologie Bedürfnisse und Interessen der unmittelbaren Produzenten ausdrücken. Marx spricht davon, daß aus dem Konflikt zwischen dem politischen Staat, »der die Vernunft als realisiert unterstellt«, und seinen realen Voraussetzungen sich »überall die soziale Wahrheit entwickeln«[34] lasse. Während der Auseinandersetzung um die Notstandsgesetze wurde der Gegensatz zwischen dem rechtsstaatlichen Anspruch, der die legale Handlungsfähigkeit der Arbeiterklasse verbürgt, und der legislativen Vorbereitung des Ausnahmezustands zum treibenden Moment der, auch gewerkschaftlich gestützten, Notstandsopposition. Das Scheitern dieser Opposition hatte seinen Grund nicht darin, daß sie das Agens der geschichtlichen Entwicklung verfehlte, sondern daß die Produktivkraft Arbeiterklasse sich aus den verschiedensten Gründen (z. B. wegen der vornehmlich appellativen Praxis, die einen politischen Streik ausschloß) nicht voll entfaltete und die Kräftekonstellation nicht entsprechend zu ändern vermochte.

Die Kräftekonstellationen, strategischer Angelpunkt der Abendrothschen Verfassunstheorie, stehen allerdings – das ist dem Ansatz politökonomisch fundierter Rechtstheorie zuzugeben – selber in einem Bedingungszusammenhang. Sie sind, solange die Privateigentumsherrschaft ungefährdet existiert, durch die Akkumulationsbedingungen des Kapitals präformiert. Ökonomisch besteht aufgrund der privaten Verfügungsgewalt über die Produktionsmittel ein Ungleichgewicht der Klassenkräfte. Es beeinträchtigt das auf der politischen Ebene formell gegebene Gleichgewicht der Klassenkräfte: den Austragungsergebnissen des rechtlich-politischen

32 Blanke korrigiert selber ein derartiges Mißverständnis mit der Formulierung: »Die ›Naturgeschichte‹ des Kapitals ist selber noch durch Klassenkämpfe vermittelt« (ebenda, S. 121). Vgl. auch die differenzierte Bestimmung des Verhältnisses von Ökonomie und Klassenkampf in seinem Aufsatz *Probleme einer Theorie des Arbeitsrechts, Kritische Justiz,* 1973, H. 4, S. 354 f.

33 K. Marx, *Das Elend der Philosophie,* in: S. Landshut (Hrsg.), *Die Frühschriften,* Stuttgart 1953, S. 523.

34 K. Marx, *Brief an Ruge,* in: ebenda, S. 169.

Kampfes sind mit den vorgegebenen Formen privater Kapitalverwertung objektive Schranken gesetzt.[35] Die Dialektik von Ökonomie (Akkumulationsbedingungen des Kapitals) und Klassenkampf (Kräftekonstellation der sozialen und politischen Klassen und Gruppen) darf jedoch nicht zu einer mechanischen Ursachen-Wirkungsbeziehung verkürzt werden. Zwar ist »die ökonomische Lage [. . .] die Basis, aber die verschiedenen Momente des Überbaus; – Formen des Kampfes und seine Resultate – [. . .] Rechtsformen [. . .] üben auch ihre Einwirkung auf den Verlauf der geschichtlichen Kämpfe aus und bestimmen vorwiegend deren Form.«[36] Die Gewichtung der Momente Ökonomie und Klassenkampf hängt von der historischen Situation ab. In einer Systemkrise, in der die Prinzipien der privaten Aneignung der gesellschaftlichen Produktion in Frage gestellt sind, besitzen die Klassenkämpfe den Primat. In relativen gesellschaftlichen Ruhelagen hat die Ökonomie den Primat, obgleich sie durch Klassenkämpfe verfassungs-, lohn-, sozial- und gesellschaftspolitisch modifiziert werden kann.

Gegen die Abendrothsche Auffassung wird schließlich geltend gemacht: Die Berufung auf die Legalnormen der politischen Demokratie sei in zweifacher Hinsicht illusorisch; denn die Legalität sei nichts als die vergiftete Waffe der Herrschenden, die dem politischen Gegner in den Rücken gestoßen werde, während diejenigen Normen, die Freiheitsgarantien enthielten, notwendig verletzt würden. Da es diesen Normen an Substanz mangele, besäßen sie für die Linke strategisch keine Bedeutung; sie könnten höchstens »taktisch« und »agitatorisch« im Gerichtssaal und zur Einwirkung auf die Liberalen genutzt werden. Kurz: Dem Kampf um Rechtspositionen müsse der Abschied gegeben werden; an seine Stelle habe die Organisierung des Klassenkampfes zu treten.[37] Diese Thesen entspringen einem Geschichtsdefizit in der Linken. Die historisch differierenden Verfassungsformen der kapitalistischen Gesellschaft, wie sie

---

35 Vgl. R. Miliband, *Der Staat in der kapitalistischen Gesellschaft,* Ffm 1972, W. Müller, C. Neusüss, *Die Sozialstaatsillusion und der Widerspruch von Lohnarbeit und Kapital, Sozialistische Politik,* 1970, H. 6/7, S. 4 ff.

36 F. Engels, *Brief an J. Bloch,* MEW Bd. 37, Berlin 1967, S. 463.

37 Vgl. R. Geulen, a. a. O., S. 216, 221. Zu dieser in der Studentenbewegung vertretenen Position vgl. die Nachweise und die Kritik von J. Seifert, *Verrechtliche Politik und die Dialektik der marxistischen Rechtstheorie,* in: ders., *Kampf um Verfassungspositionen,* Köln/Ffm 1974, S. 20 f. In der Tradition der Studentenbewegung argumentiert auch G. Temming, *Abschied von der Rechtsstaatsillusion, Kritische Justiz,* 1972, H. 4, S. 395 ff. s. dazu die Kritik von F. Hase, *Herrn Gerd Temmings Abschied vom Rechtsstaat, Kritische Justiz,* 1973, H. 2, S. 212 ff. Die Formel von der Legalität als der vergifteten Waffe findet sich bei Carl Schmitt, *Das Problem der Legalität,* in: ders., *Verfassungsrechtliche Aufsätze aus den Jahren 1924-1954,* Berlin 1958, S. 450: »Die Legalität wird zur vergifteten Waffe, die man dem politischen Gegner in den Rücken stößt.«

sich insbesondere in rechtsstaatlich-demokratischer, autoritärer oder faschistischer Provenienz darstellen, werden zu *einem* Block absoluter politischer Herrschaftsgewalt verschmolzen. Die widersprüchliche Struktur der bürgerlichen Demokratie, welche einerseits die gesellschaftlichen Grundlagen der Privateigentumsherrschaft sichert und sie andererseits durch die Garantie politischer Freiheitsrechte für die Arbeiterbewegung potentiell in Frage stellt,[38] wird eingeebnet.
Verfehlt eine derartige Auffassung die komplexe Gestalt der bürgerlichen Demokratie, so lenkt sie doch das Augenmerk auf *die* Seite rechtlicher Regelungen und Verfahren, die die gesellschaftlichen Machtverhältnisse sichern. Darüber hinaus macht sie dem naiven Begriff des funktionierenden Rechtsstaats zurecht den Prozeß. Ein Blick auf die politische Justiz der 50er und der beginnenden 60er Jahre,[39] die als »Waffe geschmiedet wurde, um im Kalten Krieg zu bestehen«[40], genügt, um vor Rechtsstaatsillusionen bewahrt zu werden, nicht zu reden von den gegenwärtigen autoritären Tendenzen der politischen Strafjustiz[41] und den Inquisitionsverfahren der mit dem Berufsverbot befaßten Exekutivbehörden.[42] Die im kapitalistischen Gesellschaftssystem angelegte herrschaftskonforme Verbiegung rechtsstaatlicher Garantien hat gerade Abendroth systematisch analysiert. Unter Berufung auf Engels konstatiert er zusammenfassend: »Herrschende Klassen und Exekutive müssen dahin tendieren, ihre (einst von ihnen geschaffene) Legalität erst auszuhöhlen und dann zu sprengen.«[43]
Die Frage ist nur, ob auf diese Tendenz mit dem Verzicht auf eine Strategie, die Legalnormen und Legalpositionen der politischen Demokratie zu verteidigen sucht, reagiert werden sollte. Ein derartiger Verzicht wäre allein dann gerechtfertigt, wenn sich das politische System in ein geschlossen autoritäres oder gar faschistisches verwandelt hätte, das den Ausnahmezustand in Permanenz verkörpert und praktiziert. Dann gilt, was Kirchheimer zu Beginn des Jahres 1933 formulierte: »Wenn [. . .]

38 Vgl. K. Marx, *Die Klassenkämpfe in Frankreich*, MEW Bd. 7, Berlin 1971, S. 43, L. Basso, *Die Rolle des Rechts in der Phase des Übergangs zum Sozialismus, Kritische Justiz*, 1973, H. 3, S. 239 ff.

39 D. Posser, *Politische Strafjustiz aus der Sicht des Verteidigers*, Karlsruhe 1961; H. Čopić, *Grundgesetz und politisches Strafrecht neuer Art*, Tübingen 1967.

40 So der Abgeordnete Haasler (CDU/CSU) bei der Beratung des vierten Strafrechtsänderungsgesetzes im Bundestag am 8. 2. 1957, *Verhandlungen des Bundestages, 2. Wahlperiode, 192. Sitzung, Stenographische Berichte*, Bonn 1957, S. 10931.

41 Sozialistisches Anwaltskollektiv Westberlin, *Autoritäre Politisierung der Strafjustiz, Kritische Justiz*, 1971, H. 4, S. 401 ff.

42 Vgl. *Frankfurter Rundschau* 16. 1. 1974, S. 14.

43 *Die Stellung der Sozialisten zu bürgerlicher Demokratie, autoritärem Staat und Faschismus*, unten S. 240.

durch die Veränderung der gesamten sozialen und politischen Situation keine sichere Garantie mehr für ein allseitig legales Verhalten gegeben ist, muß sich die Stellung [...] zur konkreten Verfassungsordnung wandeln.«[44] Schärfer drückt sich Abendroth aus: »Jeder Marxist weiß, daß ein faschistisches Regime nur durch Gewalt beseitigt werden kann und würde in einem solchen Regime dessen Beseitigung durch Gewalt anstreben«[45] – mit dem Ziel, zumindest die politische Demokratie zu erkämpfen.
Unrichtig wäre es jedoch, wenn die politische Ordnung der Bundesrepublik, wie es die These von der Legalität als der vergifteten Waffe der Herrschenden implizit unterstellt, mit einer faschistoiden gleichgesetzt würde. In dieser Sicht, in welcher der bundesrepublikanische Staat als omnipotenter Gewalthaber erscheint, der seine Untertanen ohne jede Chance legaler Gegenwehr beliebig terrorisieren kann, werden – ungeachtet der autoritären Entdemokratisierungsprozesse – wesentliche Elemente der verfassungsrechtlichen und politischen Realität ausgeblendet. Die Organisations- und Artikulationsmöglichkeit der Linken besteht, trotz staatlicher Disziplinierungsversuche, fort; die verschiedenen Kampagnen sind dafür ebenso ein Indiz wie die breitgefächerten marxistischen Publikationen. Die Gewerkschaftsbewegung ist nicht nur ein Ordnungsgarant des gesellschaftlichen status quo. Ansätze einer liberalen Öffentlichkeit, die für rechtsstaatliche Positionen mobilisiert werden kann, sind – z. B. in »Panorama«, im »Spiegel«, in der »Frankfurter Rundschau« – weiter sichtbar. Die Rechtsprechung zum Berufsverbot ist nicht einheitlich, sondern gespalten in (überwiegend) obrigkeitsstaatliche und in rechtsstaatliche Entscheidungen.[46] Die widersprüchlichen Tendenzen des politischen Systems, die aus dem Kräfteverhältnis der widerstreitenden Klassen und Gruppen resultieren, sperren sich einer falschen Totalisierung. Obgleich die autoritäre Tendenz aufgrund der gesellschaftlichen Machtverhältnisse vorherrscht – das belegen nicht zuletzt Abendroths Arbeiten –, wäre es unzutreffend zu behaupten, daß sich die politische Demokratie bereits in eine nur wesenlose Hülle verwandelt hätte. Der Kampf um Rechtspositionen ist daher nicht einfach auf eine Schimäre fixiert. Die grundsätzliche Ablehnung einer Legalstrategie, die im Weg geistiger

---

44 O. Kirchheimer, *Verfassungsreform und Sozialdemokratie*, in: ders., *Funktionen des Staates und der Verfassung*, Ffm 1972, S. 81.

45 W. Abendroth, *Marxisten an den Hochschulen einer bürgerlichen Demokratie?*, *Stimme der Gemeinde*, 1972, H. 9, S. 150. Gegen jedes Mißverständnis einer Gewaltapotheose fährt Abendroth an dieser Stelle fort: »Er [der Marxist] weiß auch um alle Not und um alle Widersprüche, die dabei als Nebenprodukt auch des Erfolges hervortreten müssen.« Ebenda, S. 151.

46 vgl. die in *Demokratie und Recht*, 1972, H. 2, S. 183 ff. und in der *Kritischen Justiz*, 1974, H. 2, S. 190; 1975, H. 3, S. 306 ff. abgedruckten Entscheidungen.

Klassenauseinandersetzung[47] rechtsstaatlich-demokratische Positionen für die Arbeiterbewegung nutzt, verteidigt und wiederherzustellen versucht, entspringt einer entpolitisierenden »Romantik der Illegalität«[48], welche die dialektische Verschränkung von juristischem und politischem Kampf, die in einer formalen Demokratie geleistet werden kann, zerreißt: dem politischen Gegner wird ein Stück des juristischen und damit auch des politischen Feldes überlassen.

III.

Die von Abendroth formulierte Strategie der Verteidigung rechtsstaatlich-demokratischer Verfassungspositionen ist in der gegenwärtigen ökonomischen Krisenperiode, in der die Arbeiterklasse durch stagnierende Reallöhne, Intensivierung der Arbeit und Massenentlassungen einem verschärften Druck ausgesetzt ist, brennend aktuell. Die politische Demokratie ist umfassend bedroht: weil sie die legale Möglichkeit gibt, Kritikpotential gegen die kapitalistische Form der Krisenbewältigung in der Weise auszubilden, daß der klassenpolitische Rahmen des Krisenmanagements hervortritt, besteht das bürgerliche Interesse darin, grundgesetzliche Freiheitsgarantien, die einer Stabilitätspolitik auf dem Rücken der Lohnabhängigen entgegenstehen, auszuhöhlen. Das ist – wie in der Niedergangsphase der Weimarer Demokratie –[49] der Hintergrund des Rufs nach dem starken Staat, der von »juristischem Beiwerk«[50] nicht behindert wird. Seine Funktion wäre, die Positionen der Liberalen und der Linken zu zerstören. Schon jetzt werden diejenigen politischen Gruppierungen, die sich nicht auf das Gebot der »Ruhe an der Experimentier- und Ideologiefront«[51] zur Verbesserung des Investitionsklimas vereidigen lassen, in einem vielgliedrigen autoritären Prozeß, der über innerparteiliche, innergewerkschaftliche, ja innerkirchliche Disziplinierungen, obrig-

---

47 Zur theoretischen Fundierung dieses Begriffs vgl. K. Korsch, *Marxismus und Philosophie*, Neuaufl. Ffm 1966, S. 135.

48 G. Lukács, *Legalität und Illegalität*, in: ders., *Geschichte und Klassenbewußtsein*, Berlin 1923, S. 275.

49 Vgl. J. Perels, *Kapitalismus und politische Demokratie. Privatrechtssystem und Verfassungsstruktur in der Weimarer Republik*, Ffm 1973, S. 67 ff.

50 Mit diesem Wort charakterisierte der CDU-Fraktionsvorsitzende Carstens am 15. 11. 1974 rechtsstaatliche Garantien. *Verhandlungen des Bundestages, 7. Wahlperiode, 132. Sitzung, Stenographische Berichte*, Bonn 1974, S. 8970. Vgl. dazu die Kritik des FDP-Abgeordneten Hirsch: »In diesem juristischen Beiwerk verwirklicht sich der Rechtsstaat. In derselben Leichtigkeit, mit der Sie hier das sogenannte juristische Beiwerk wegwischen wollten, haben es die Nationalsozialisten 1933 getan«. Ebenda, S. 8977.

51 So Vizekanzler Genscher vor dem Industrie- und Handelstag, *Frankfurter Rundschau* 20. 2. 1975, S. 2.

keitsstaatliche Schul- und Hochschulpolitik bis zu den Berufsverboten reicht, in ihren grundgesetzlich verbürgten Aktionsmöglichkeiten beschnitten. Wirklich gelingen kann dies nur, wenn die demokratische Reaktionsfähigkeit der arbeitenden Klassen ausbleibt. Ihr Lebensinteresse besteht darin, mit der politischen Demokratie ihr Aktionsterrain zu erhalten. »Ist die Demokratie für die Bourgeoisie teils überflüssig, teils hinderlich geworden, so ist sie für die Arbeiterklasse dafür notwendig und unentbehrlich. Sie ist erstens notwendig, weil sie politische Formen (Selbstverwaltung, Wahlrecht u. dgl.) schafft, die als Ansätze und Stützpunkte für das Proletariat bei seiner Umgestaltung der bürgerlichen Gesellschaft dienen werden. Sie ist aber zweitens unentbehrlich, weil nur in ihr, in dem Kampfe um die Demokratie, in der Ausübung ihrer Rechte das Proletariat zum Bewußtsein seiner Klasseninteressen und seiner geschichtlichen Aufgaben kommen kann.«[52]

Joachim Perels

Abkürzungen

AÖR	Archiv für öffentliches Recht
BAGE	Entscheidungen des Bundesarbeitsgerichts
BGH	Bundesgerichtshof
BGHStr	Entscheidungen des Bundesgerichtshofs in Strafsachen
BVerfGE	Entscheidungen des Bundesverfassungsgerichts
BVerfGG	Bundesverfassungsgerichtsgesetz
DAF	Deutsche Arbeitsfront
GG	Grundgesetz
JW	Juristische Wochenschrift
JZ	Juristenzeitung
LAG	Landesarbeitsgericht
NJW	Neue Juristische Wochenschrift
RGStr	Entscheidungen des Reichsgerichts in Strafsachen
VO	Verordnung
Wiso	Korrespondenz für Wirtschafts- und Sozialwissenschaften
WWI	Wirtschaftswissenschaftliches Institut des DGB

52 R. Luxemburg, *Sozialreform oder Revolution?*, in: dies., *Politische Schriften*, Bd. 1, Ffm 1966, S. 118.

Demokratie als Institution und Aufgabe*

In der modernen Welt gibt es keine auf längere Sicht wirksame Rechtfertigung politischer Herrschaft mehr als die Idee der demokratischen Legitimität. Deshalb versuchen die Inhaber jener wirtschaftlichen Machtpositionen, die – nicht nur in Deutschland, sondern in allen Ländern, die monopolkapitalistische Eigentumsverhältnisse an den Produktionsmitteln mit demokratischer Staatsform verbinden[1] – um die Erhaltung ihrer Privilegien ringen, sozialistische Struktur von Wirtschaft und Gesellschaft und Demokratie als Widerspruch hinzustellen. Solange es ihnen gelingt, breite Teile der Mittelschichten, vor allem die Intelligenz, und Teile der Arbeiterklasse von dieser These zu überzeugen, können sie hoffen, ihre heutigen Positionen mit relativ friedlichen Mitteln zu bewahren. Wird – vor allem in Perioden ökonomischer Krisen oder kriegerischer Auseinandersetzung – dieser Glaube bei breiten Teilen jener Sozialgruppen erschüttert, die sie normalerweise bewegen können, für die ihnen hörigen und durch sie finanzierten[2] Parteien zu stimmen, dann bleibt ihnen noch immer der Ausweg, das Abenteuer der totalitären Diktatur zu versuchen. Mißlingt es, so läßt sich diese Methode auf der alten ideologischen Basis durchaus repetieren, falls nur verschleiert werden kann, daß die ökonomischen Machtträger den Übergang von der demokratischen zur totalitären Staatsform durch ihre Entscheidung herbeigeführt haben, und falls es möglich ist, im Bewußtsein jener Massen, die sich so gern für Eliten halten, die totalitäre Barbarei und deren Katastrophe als Konsequenz des »egalitären Demokratismus« hinzustellen[3]. Ihm wird dann abermals das Ideal einer »liberalen Demokratie« entgegengestellt, deren »Rechtsstaat-

* Zuerst in: *Die neue Gesellschaft*, 1954, H. 1, S. 34 ff.

1 Zur Frage der objektiven Unvereinbarkeit undemokratischer Wirtschaftsstruktur und politischer Demokratie vgl. Hermann Heller, *Staatslehre*, Leiden 1934, S. 138.

2 Zu den Methoden derartiger indirekter politischer Herrschaft vgl. die ihren tatsächlichen Angaben nach unbestrittene Denkschrift des PV. der SPD: *Unternehmermillionen kaufen politische Macht*, Bonn 1953.

3 Ein typisches Beispiel derartiger Geschichtsklitterung liefert Ernst Jüngers utopische Erzählung *Heliopolis*, Tübingen 1949. Vgl. z. B. S. 175 ff.

lichkeit« am Ende nicht nur den Sozialismus, sondern auch das Prinzip der Mehrheitsherrschaft ausschließt[4]. Damit sind alle Voraussetzungen geschaffen, mittels unklarer Begriffsmystik im Falle der nächsten ernsthaften Krise nochmals die politische Form der Demokratie zu überwinden. Das Spiel kann von vorne beginnen.

Die geschichtliche Wirklichkeit spricht eine andere Sprache als derartige Ideologien. Gewiß waren in manchen Stadien der historischen Entwicklung Europas und Deutschlands liberales Denken der besitzenden Schichten und demokratische Bestrebungen im Kampf gegen den bürokratischen Staat des ausgehenden Absolutismus verbunden. Seit aber die Industrialisierung im modernen industriellen Proletariat eine Klasse entstehen ließ, die nicht nur politische, sondern auch soziale und wirtschaftliche Privilegien jeder Art um ihrer Existenz willen bekämpfen mußte, haben sich die besitzenden Klassen von allen demokratischen Vorstellungen bewußt und deutlich getrennt. Der liberale Bürger des vorigen Jahrhunderts hätte den Vorwurf, er sei demokratisch, entschieden zurückgewiesen. Schon im Jahrzehnt vor 1848 sind in allen europäischen Ländern liberale und demokratische Bewegungen stets Gegner gewesen[5]. Die deutschen »Besitz- und Bildungs«-Schichten waren nach 1848 durch die Drohung der sozialen Revolution derart erschreckt[6], daß es ihnen – obwohl doch das gleiche Wahlrecht die logische Konsequenz des Ideals der Freiheit und Gleichheit der Rechtssubjekte darstellte[7] – so selbstverständlich vorkam, den Grundsatz der politischen Gleichberechtigung aller Bürger zu mißachten, daß sie die abhängigen Lohnarbeiter noch nicht einmal als ordentliche Mitglieder ihres Nationalvereins dulden wollten[8]. Dabei waren sie allerdings gleichzeitig von der entgegengesetzten Befürchtung getrieben: sie bildeten sich ein, der »vierte Stand« könne sich auf die Dauer als geduldiges Stimmvieh ihrer damaligen Gegner, »der Regierung, der Be-

4 Vgl. z. B. Heinrich Herrfahrdt, Tragweite der Generalklausel des Art. 19 Abs. 4 GG, *Veröffentlichungen der Vereinigung der Deutschen Staatsrechtslehrer* Heft 8, Berlin 1950, S. 132 ff. Selbstverständlich sehen die wissenschaftlichen Vertreter solcher Gedanken die objektiven Funktionen ihrer Theorien anders. An H.'s Integrität kann nicht gezweifelt werden.

5 Arthur Rosenberg hat diese Zusammenhänge in *Demokratie und Sozialismus,* Amsterdam 1938, in geradezu klassischer Weise dargestellt.

6 Unter welchen Angstvorstellungen vor der sozialen Umwälzung selbst ein Mann vom geistigen Range Leopold v. Rankes zu leiden hatte, zeigt deutlich sein Briefwechsel, den W. P. Fuchs herausgegeben hat (*Das Briefwerk Rankes*, Hamburg 1950), vgl. z. B. S. 432.

7 Zu den logischen Widersprüchen zwischen liberalkapitalistischer Sozialstruktur und Demokratie vgl. Viktor Agartz, *Zur Situation der Gewerkschaften im liberal-kapitalistischen Staat, Gewerkschaftliche Monatshefte,* 1952, S. 464 ff.

8 Vgl. zu dieser Problematik Wilhelm Mommsen, *Stein, Ranke, Bismarck,* München 1954, S. 200 ff.

amten und der Kirche« erweisen[9]. Was der Liberalen Eule war, war der Konservativen Nachtigall: In England war es Disraeli, in Deutschland Bismarck, der aus dieser Befürchtung der Liberalen seine Hoffnungen schöpfte, und deshalb 1867 die ersten wirklich demokratischen Wahlrechtskonzessionen gewährte.
So flüchtete das demokratische Denken schon früh zu der politischen Bewegung jener sozialen Gruppe, die durch die industrielle Entwicklung erzeugt wurde, zur Arbeiterklasse. Ihr Kampf um das gleiche und allgemeine Wahlrecht, von den englischen Chartisten aufgenommen, fand in allen europäischen Ländern sein Nachspiel. Aber er war auch in allen Ländern mit dem Gedanken der Umgestaltung nicht nur des Staates, sondern auch der Gesellschaft und ihrer ökonomischen Grundlagen verbunden. Den inneren Sinn dieser Verbindung der politischen und der sozialen Seite des proletarischen Emanzipationskampfes erkannt und entwickelt zu haben, bleibt das Verdienst von *Karl Marx.* In seiner Kritik des Hegelschen Staatsrechts hat er schon früh – durchaus noch auf dem Boden zunächst nur philosophischer Analyse – nicht nur die Notwendigkeit der Demokratie, sondern auch deren innere Dialektik gesehen. Die repräsentative Verfassung, die lediglich formal demokratisch sei, sei zwar ein gewaltiger Fortschritt, weil sie der »offene, unverfälschte und konsequente Ausdruck des modernen Staatszustandes« ist. Sie muß aber der »unverhohlene Widerspruch« bleiben (der besser ist, als der in den früheren Perioden verdeckte), solange sie nur in der Illusion und nicht in der Realität ihre eigenen sozialen Formen und deren ökonomische Grundlagen bestimmt, solange die ausschließlich private Macht über den Produktionsapparat verhindere, daß das allgemeine Interesse – als volonté générale schon bei Rousseau das zentrale Problem der Demokratie – mit dem besonderen Interesse der Bürger zusammenfalle[10]. Hier liege auch das Problem der Bürokratie verwurzelt, die als besondere Macht, die der Entfaltung der Demokratie entgegensteht, nur mit diesem Grundwiderspruch aufgehoben werden könne[11], und hier das Problem des Mandats des Abgeordneten, der in der Wahl durch den Wähler beauftragt werde, aber aufhöre es zu sein, sobald er gewählt ist[12], jene Frage, die in der Lehre vom »freien Mandat« noch heute der Staatsrechtslehre so große Sorge bereitet und die schillernde Mystik der Repräsentationslehren hervorruft[13]. Deshalb könne die Demokratie ihr Wesen nur entfalten, wenn sie

9 Vgl. u. a. Bluntschli im *Staatslexikon,* XI. Bd., 1870, S. 73.
10 Gesamtausgabe I, 1 S. 492 ff.
11 A. a. O., S. 457 f.
12 A. a. O., S. 442.
13 Hier sei nur auf die gute Analyse von Gerhard Leibholz, *Der Strukturwandel der modernen Demokratie,* Karlsruhe 1952, S. 22 ff. hingewiesen.

aufhöre, innerhalb der abstrakten Staatsform zu verbleiben und nur politische Verfassung zu sein; sie müsse sich vielmehr zur Verfassung der gesamten Gesellschaft erweitern[14].

So ist hier durch Marx – zunächst noch lediglich sozialphilosophisch – die sozialistische Umgestaltung der Gesellschaft und der Verfügungsverhältnisse an deren Produktionsmitteln als notwendige Konsequenz demokratischen Denkens entwickelt worden; nicht nur als deren Konsequenz, sondern der Anlage nach auch als deren Bedingung. Denn nur durch ihre Erweiterung von der bloß politischen Demokratie zur sozialen, durch Unterwerfung der bisher – solange die privatkapitalistische Struktur der Wirtschaft unangetastet bleibt – keiner gesellschaftlichen Kontrolle eingeordneten Kommandostellen des ökonomischen Lebens unter die Bedürfnisse und den Willen der Gesellschaft, kann die Demokratie realen Inhalt gewinnen und ihre inneren Widersprüche überwinden. Solange sie diesen Prozeß ihrer Entfaltung zur sozialen Verfassung nicht vollendet hat, bleibt sie stets von der Tendenz bedroht, daß die Selbstverwaltung in der Administration durch das spezielle Sachverständnis der Bürokratie erstickt wird, daß die Legislative durch die von den Inhabern der wirtschaftlichen und politischen Machtmonopole gesteuerte innere Widersprüchlichkeit der Situation des Abgeordneten dem Willen der Wähler entfremdet wird, und daß zwischen der Entscheidungsgewalt der Regierung und dem Volke, das sie theoretisch beauftragt, ein Abgrund entsteht[15].

Karl Marx und Friedrich Engels haben an diesen Grundgedanken, die sie später systematisch mit ihrer Analyse der kapitalistischen Gesellschaft und der Theorie des Klassenkampfes verwebt haben, ihr Leben lang festgehalten und mit ihnen die gesamte sozialistische Bewegung. Das Kommunistische Manifest, jenes geniale Geburtsdokument der internationalen Befreiungsbewegung der Arbeiterklasse, bezeichnet die Erkämpfung der Demokratie als den ersten Schritt auf dem Wege zu der Neugestaltung der Gesellschaft[16], die sie von Klassengegensätzen befreit und in eine Assoziation verwandelt, worin die freie Entwicklung eines jeden die Bedingung für die freie Entwicklung aller ist. Gewinnt in der Demokratie die Arbeiterklasse, die relativ stärkste Klasse der Gesellschaft, volles Selbstbewußtsein, dann ist sie zur herrschenden Klasse geworden, die alle anderen Schichten für ihre Forderungen gewinnen und beginnen kann, den notwendig langwierigen Prozeß der Umwandlung der Gesellschaft

14 A. a. O., S. 436 f.

15 A. a. O., S. 464: »Die Regierungsgewalt ist am schwersten zu entwickeln. Sie gehört in viel höherem Grad als die gesetzgebende dem ganzen Volk.«

16 Zitiert nach dem Abdruck in Harold Laski, *Einführung in das Kommunistische Manifest*, Hamburg 1949, S. 94.

einzuleiten. Die Anhänger dieser Überzeugung, die sich damals Kommunisten nannten, haben dabei nicht die Aufgabe, sich als besondere Partei zu konstituieren, die der Emanzipationsbewegung der Arbeiterklasse und ihrer verbündeten Schichten »besondere Prinzipien vorschreibt, nach denen sie sich zu modeln« habe. Sie haben nur eine Funktion, die vorantreibende Kraft in der Entwicklung des Selbstbewußtseins der Bewegung zu sein, die ständig deren Gesamtinteresse gegenüber allen ihren nationalen und zeitlichen Entwicklungsstufen formuliert und dadurch den Kern in deren demokratischem Integrationsprozeß bildet[17]. Schon hier zeigt sich deutlich, daß die Lehre von Marx und Engels keinen Ansatzpunkt bietet, sie als Theorie der totalen Herrschaft einer monopolistischen Partei umzudeuten, wie das in der Sowjet-Union geschieht. In der Sowjet-Union wurde durch die Dialektik des geschichtlichen Prozesses am Ende des ersten imperialistischen Weltkrieges die damals noch unentwickelte Arbeiterklasse zur Ergreifung der politischen Macht genötigt, zunächst noch durchaus in der Hoffnung, als werdendes sozialistisches Gemeinwesen nicht isoliert zu bleiben und die aktive Hilfe sozialistischer Industriestaaten des Westens bei den gewaltigen Aufgaben zu finden, die vor ihr standen: der Entwicklung des zurückgebliebenen Rußland, in dem die Arbeiterklasse noch eine verschwindende Minorität der Bevölkerung war, zu einem modernen Industrieland, der Beseitigung jenes Analphabetismus der Massen, der jede Möglichkeit inhaltlich demokratischer Entwicklung ausschloß. Selbst Lenin war sich vollkommen klar darüber, daß die russische Revolution als sozialistische Bewegung in diesem zurückgebliebenen Reich scheitern müsse, falls sie nicht rasch zum Bestandteil einer demokratisch-sozialistischen Weltrevolution werde[18]. Die Bolschewiki, die isoliert blieben, haben dann die gleichen geschichtlichen Aufgaben mit administrativem Zwang und Terror erfüllen müssen, die in den anderen Ländern durch die frühkapitalistische Ausbeutung, die Methoden der »ursprünglichen Akkumulation« und durch die Hungerpeitsche des Frühindustrialismus gelöst worden waren. Sie mußten sich dabei aus einer Partei der demokratisch-sozialistischen Revolution zur Monopolpartei des Staatsapparates entfremden[19], aus einer demokratisch organisierten Partei der Arbeiterklasse zur hierarchisch organisierten Partei der akademisch gebildeten neuen Intelligenzschicht, der Bürokratie

---

17 Vgl. *Manifest,* a. a. O., S. 89, dazu H. Laski, a. a. O., S. 46 ff.

18 W. I. Lenin, *Abschiedsbrief an die Schweizer Arbeiter,* Die Jugendinternationale, 1917, Aprilheft.

19 Es ist das große Verdienst des bedeutendsten Kopfes, den die westeuropäische Arbeiterbewegung nach dem Tode August Bebels hatte, Rosa Luxemburgs, dies Problem zuerst klar gesehen zu haben: *Die russische Revolution,* 3. Auflage, Hamburg 1949, vgl. dazu ferner Paul Frölich, *Rosa Luxemburg,* Hamburg 1949, S. 285 ff.

und der Generalität absinken[20]. Deshalb widerlegt die russische Entwicklung keineswegs die Grundthese von Marx und Engels, daß nur eine Erweiterung der Demokratie dahin, daß »an die Stelle der gesellschaftlichen Produktionsanarchie eine gesellschaftlich-planmäßige Regelung der Produktion nach den Bedürfnissen der Gesamtheit wie jedes einzelnen« unter der demokratischen Kontrolle durch die Gesellschaft tritt[21], den demokratischen Integrationsprozeß vollenden und vor seiner Sprengung bewahren kann. Die Entartung der sowjetischen Revolution war die Folge einer sehr konkreten geschichtlichen Lage, die in dieser Form nur in kapitalistisch-industriell noch nicht entwickelten sozialen Systemen entstehen, entwickelten gesellschaftlichen Organismen aber nur durch äußere Gewalt aufgedrängt werden kann. Die Ideologie der Parteien, die sich heute »kommunistisch« nennen, ist der Überbau des sowjetischen Systems und hat mit der demokratisch-sozialistischen Bewegung, ihrer Theorie, ihrer Tradition und ihrem Selbstbewußtsein nichts zu tun. In denjenigen westeuropäischen Ländern, in denen heute noch große Teile der Arbeiterklasse den »Kommunisten« folgen, ist diese Lage nur dadurch zu erklären, daß im Bewußtsein dieser Arbeitermasse die Geschichte der Oktoberrevolution mit der sowjetischen Wirklichkeit verwechselt wird, und deshalb die »Kommunisten« als radikale demokratische Sozialisten erscheinen. Darum bietet die Geschichte der russischen Revolution und ihrer Entartung auch keinerlei Argumente für die liberale These, Sozialismus und Demokratie seien unvereinbar: eine These, die in einem Lande desto grotesker wirken sollte, das wie Deutschland den inneren Widersprüchen der von Monopolen durchsetzten liberalkapitalistischen Wirtschaftsverfassung 1933 den Sieg der inhumansten Form des totalitären Staates verdankt, die jemals bestanden hat.

Demokratie ist ihrem Wesen nach gleichberechtigte Teilnahme aller an der gemeinsamen Regelung der gemeinsamen Aufgaben, tendenzielle Identität von Regierenden und Regierten[22]. Die parlamentarische Form der Gesetzgebung, Regierungskontrolle und Regierungsbildung hatte deshalb so lange mit Demokratie nicht das geringste zu tun, als durch Wahlrechtsschranken und theoretische oder auch nur praktische Verweigerung des passiven Wahlrechts (z. B. durch das Fehlen von Diäten für Parlamentsabgeordnete, so daß nur Angehörige wohlhabender Schichten

20 Diese Entwicklung ist erst vollkommen abgeschlossen worden, als nach dem Ende der Diskussion mit der Neuen Opposition die Meinungsfreiheit in der Partei, nach den Morden der »Reinigung« 1936/37 die Tradition der alten bolschewistischen Partei vernichtet war. Vgl. im übrigen Boris Meissner, *Rußland im Umbruch*, Frankfurt a. M. 1951.

21 Friedrich Engels, *Anti-Dühring*, Neudruck Berlin 1948, S. 346.

22 Samuel Pufendorf, *De jure naturae et gentium*, 1672, Buch VII Kap. VI, 8.

sich zeitlich und wirtschaftlich politische Tätigkeit erlauben konnten) die Majorität der arbeitenden Bevölkerung von der Mitwirkung im Parlament ausgeschlossen war. Schon deshalb ist es falsch, Parlamentarismus und Demokratie für das Gleiche zu halten. Erst durch die Erkämpfung des gleichen und allgemeinen Wahlrechts wurde in denjenigen Ländern, in denen die reale politische Macht beim Parlament lag, das parlamentarische System zum Instrument der Demokratisierung des Staates[23]. Auf dieser Stufe hat es den demokratisch-sozialistischen Parteien, die in einer Reihe von europäischen Ländern, vor allem aber in Deutschland, bald die einzigen demokratischen Parteien von machtpolitischer Bedeutung wurden, als Mittel ihres Aufbaus gedient. Aber auch hier ist die wesentliche Grundlage der Demokratie nicht das Parlament selbst, ganz sicher nicht in denjenigen Seiten seiner Struktur, die es noch mit seiner vordemokratischen Vergangenheit verbinden, in der es lediglich die Versammlung der herrschenden und besitzenden Klassen eines Landes gewesen ist, die durch keine prinzipiellen Gegensätze getrennt waren. Nur deshalb konnte es die Fiktion des »government by discussion« und des »freien Mandats« entwickeln. Vielmehr sind die wesentlichen demokratischen Integrationsmittel des heutigen parlamentarischen Systems seine Massenparteien, in denen wirklich dem Bürger die Chance geboten wird, durch seine unmittelbare politische Teilnahme sich als Mitgestalter des öffentlichen Lebens zu führen, falls diese Massenparteien selbst demokratisch organisiert sind[24]. Die klassische Form der modernen Massenpartei, deren organisatorischer Aufbau demokratisch ist und die durch ihre Abgeordneten, die sich als Ausdruck ihrer Partei und dadurch ihrer Wähler im Parlament empfinden, das Parlament erst in eine demokratische Vertretung des Volkes verwandelt, ist durch die sozialistische Arbeiterbewegung auf dem europäischen Kontinent und dann auch in England entwickelt worden[25]. Von diesen Überlegungen ist auch *Friedrich Engels* ausgegangen, als er 1895 feststellte, das allgemeine Wahlrecht im parlamentarischen System sei nicht »nur« ein Mittel der besitzenden Klassen, die besitzlosen Massen zu täuschen, sondern »auch« eine kräftige Waffe der Demokratie und der Emanzipation. Es sei aber damit zu rechnen, daß der »ordnungsparteiliche Umsturz«, das »ungesetzliche Handeln der reaktionären Mächte« doch wieder zur Anwendung gewaltsamer Mittel zwingen könne, um die

23 Benedikt Kautsky, *Probleme der Demokratie, Internationale Politik* (Belgrad) 1954 Heft 94 S. 11, hat diesen Tatbestand übersehen und dadurch seine Position gegenüber seinen jugoslawischen Diskussionsgegnern unnötig geschwächt.

24 Vgl. dazu Georges Burdeau, *Démocratie classique ou démocratie vivante,* Revue Française de Science politique 1952 S. 674 ff.

25 Vgl. dazu Maurice Duverger, *Les partis politiques,* Paris 1951.

werdende Demokratie zu verteidigen[26]. Die ständige Tendenz der traditionellen Führungsschichten in der modernen Gesellschaft, durch Umdeutung verfassungsrechtlicher Normen die Entwicklungsmöglichkeiten zur demokratischen Entfaltung der Massen und durch die Massen demokratisch beherrschbarer Staatsorgane einzuschränken oder aufzuheben[27], und die Erfahrungen der italienischen, deutschen, österreichischen und spanischen Entwicklung im dritten und vierten Jahrzehnt unseres Jahrhunderts haben Engels Erwartung bestätigt. Die bloße Tatsache der Existenz einer demokratisierten parlamentarischen Verfassung bietet also noch keine Garantie friedlicher Fortentwicklung zu einer demokratischen Gesellschaft, weil niemand gewährleisten kann, daß die privilegierten Schichten die Rechtsordnung respektieren, wenn sie es für aussichtsreich halten, in ihrem Interesse die Rechtsordnung umzudeuten oder zu vernichten[28]. Zudem sind politische Parteiorganisationen, die ihrer Struktur nach nicht demokratische Massenparteien sind, auch im System des demokratischen Parlamentarismus als vordemokratische Institutionen erhalten geblieben. Sie sind seit dem sozialen Zerfall der noch bis zum ersten Weltkrieg relativ breiten Schichten von »Besitz und Bildung«, als deren Honoratiorenparteien sie wirkten, in ständiger Gefahr, zu bloßen Patronage-Gruppen macht- und versorgungshungriger Berufspolitiker abzusinken, die gezwungen sind, sich an diejenigen Machtträger der Wirtschaft zu verkaufen, die ihren Wahlkampf jeweils bezahlen wollen und können. Sie müssen deshalb dazu neigen, Wahlkämpfe in bloße Reklameschlachten zu verwandeln, die dem Volke jedes Bewußtsein wirklicher Teilhabe am öffentlichen Leben nehmen und schon durch die Art, in der sie den Wahlkampf führen[29], die Demokratie diskreditieren. In der Hand derartiger Parteien kann das parlamentarische System trotz formell demokratischen Wahlrechts zu einer politischen Form entarten, die keinen demo-

26 Vorwort vom 8. März 1895 zu Karl Marx, *Klassenkämpfe in Frankreich*.

27 Vgl. dazu W. Apelt, *Geschichte der Weimarer Verfassung*, München 1946.

28 Vgl. dazu Harold Laski, a. a. O., S. 66 ff.

29 Der deutsche Bundestagswahlkampf 1953, der durch die bürgerlichen Parteien mit den Mitteln reklamehafter grotesker Verfälschung der wirklichen Entscheidungsprobleme und – man denke an die nach 5 Monaten zurückgenommenen Behauptungen des Bundeskanzlers[29a] – hemmungslosen offenen Schwindels geführt wurde, gibt ein lebendiges Beispiel dieser Entartung.

29a Im Bundestagswahlkampf von 1953 hatte Bundeskanzler Adenauer die Behauptung aufgestellt, der Gelsenkirchner Gewerkschaftsfunktionär Scharley und der Solinger SPD-Vorsitzende Schroth hätten aus Ost-Berlin je 10 000 Mark für Wahlkampfzwecke erhalten. Nach dem Gewinn der Wahlen von 1953 und nach einer Klage von Schroth und Scharley nahm Adenauer seine Behauptungen zurück. Mitte Februar 1954 erklärte er: »Ich nehme [. . .] mit dem Ausdruck des Bedauerns meine Behauptung zurück, daß Herr Schroth bzw. Herr Scharley Wahlgelder aus der Ostzone erhalten haben.« (*Der Spiegel*, 1954, H. 5, S. 6 ff., H. 9, S. 41). [Anm. d. Hrsg.]

kratischen Integrationswert besitzt, sobald die demokratisch organisierten Massenparteien die Voraussetzungen ihrer Existenz verlieren: umfassendes Recht der freien Meinungsbildung in der Gesellschaft[30], Recht der freien Parteibildung und des freien und ungehinderten Zusammenschlusses zu sozialen Verbänden, gleiches Recht auf geistige Ausbildung[31], die den Massen die Voraussetzung zu erfolgreicher Mitarbeit in den komplizierten Bedingungen der modernen Gesellschaft gewährt. So zeigt sich schon hier, daß auch in einem formell demokratisierten parlamentarischen System sein demokratischer Charakter allein davon abhängt, ob diejenigen Kräfte, die im Parlament ihre formelle politische Zusammenfassung finden, selbst demokratisch sind und gegebenenfalls zu außerparlamentarischer Verteidigung ihres demokratischen Gehalts und der demokratischen Strukturelemente der formellen Verfassung bereit sind. Die demokratische Struktur eines modernen Staates, auch und gerade des Staates des demokratisierten Parlamentarismus, hängt also davon ab, daß er pluralistisch organisiert ist[32]. Das Parlament ist nur in dem Maße demokratisches Integrationsmittel, in dem es sich bewußt bleibt, lediglich die Koordinationsstelle und die Entscheidungseinheit der in sich demokratisch organisierten vielfältigen Kräfte der modernen Gesellschaft zu sein[33].
Diese Überlegungen machen es verständlich, daß nach der November-Revolution 1918 und unter dem Eindruck der damals mindestens teilweise noch ihrem Inhalt nach demokratisch-sozialistischen russischen Revolution in der deutschen und europäischen sozialistischen Bewegung ernsthafter Streit darüber bestand, ob die Formen eines demokratisierten Parlamentarismus oder der Räte den äußeren Rahmen der künftigen demokratischen Entwicklung abgeben sollten. Auch diejenigen Gruppen der deutschen Arbeiterklasse, die damals den Rätegedanken verfochten haben, haben niemals den Gedanken der Demokratie preisgegeben[34]. So

30 Es bedarf nicht nur formalrechtlicher Garantie, sondern realer Ergänzung durch den Einfluß der Gruppen auf die – in der Wirklichkeit durch Inhaber der wirtschaftlichen Gewalt weitgehend monopolisierten – Mittel zur Beeinflussung der öffentlichen Meinung. Vgl. dazu Hermann Heller, a. a. O., S. 137.

31 Es ist in Westdeutschland noch nicht einmal durch das Grundgesetz, geschweige denn in der Realität gesichert. Vgl. dazu Art. 26 und 27 der Menschenrechtsdeklaration der Vereinten Nationen vom 10. 12. 1948.

32 Vgl. dazu Harold Laski, *Einführung in Staatsrecht und Politik*, Berlin 1948.

33 Nur in diesem Sinne kann dem Aufsatz Benedikt Kautskys, a. a. O., S. 13 ff., zugestimmt werden, der den Wert der parlamentarischen Formen absolut setzt.

34 Vgl. dazu das von Rosa Luxemburg formulierte Programm des Spartakusbundes, zitiert nach Paul Frölich u. a., *Illustrierte Geschichte der deutschen Revolution*, Berlin 1929, S. 259 ff. und seine eindeutige Stellungnahme gegen Terrorismus, für das Recht der freien Meinungsäußerung und für das Mehrheitsprinzip. Vgl. zu diesen Problemen vor allem Arthur Rosenberg, *Geschichte der deutschen Republik*, Karlsbad 1935, S. 23 ff.

fällt auch hier die liberale Legende in sich zusammen, die europäische sozialistische Bewegung biete in sich keine Garantie für demokratisches Denken[35]. Daß heute dies Problem – über dessen Diskussion damals die deutsche sozialistische Bewegung die Chance zur realen Demokratisierung von Gesellschaft und Staat versäumt hat – keine ernsthafte Streitfrage mehr bildet, weil die Sozialisten Westeuropas durch die Beispiele Englands und der nordischen Länder gelernt haben, die Möglichkeiten zur realen Demokratisierung formell demokratisch-parlamentarischer Staaten besser zu nützen und deren Gesetzlichkeit zu verteidigen, ändert nichts daran, daß sie den Sozialisten solcher Länder, in denen funktionierende demokratisch-parlamentarische Systeme noch nicht bestehen und alle Voraussetzungen fehlen, daß sie in Kürze entstehen könnten, keine Rezepte für den Weg aufdrängen können, den dort die demokratischen Revolutionen einzuschlagen haben[36].

Neben der politischen Form der Massenpartei – die ihren demokratischen Charakter auf lange Sicht nur dadurch gegenüber den Tendenzen zur Bildung oligarchischer Bürokratien, die der heutigen Gesellschaft immanent sind, verteidigen können, daß sie das Prinzip der freien Parteibildung anerkennen – basiert der demokratische Gehalt des parlamentarischen Staates auf der Organisations- und Aktionsfreiheit seiner demokratisch

35 Auch die Dialektik der »Diktatur des Proletariats« bei Marx und seinen Nachfolgern bietet kein Argument in dieser Richtung. Hier ist keineswegs eine souveräne, sondern eine kommissarische Diktatur gemeint, die nicht durch frei dispositionsbefugte Personen oder Personengruppen, sondern durch Organe der großen Mehrheit der Bevölkerung unter deren ständiger demokratischer Kontrolle ausgeübt werden soll. Vgl. dazu die Gleichsetzung von Demokratie und Erhebung des Proletariats zur herrschenden Klasse im Manifest, a. a. O., S. 94 und die Schilderung der Pariser Kommune – mit ihrem konsequent demokratischen Charakter – als der klassischen Form der Diktatur des Proletariats in den Adressen des Generalrats der Internationalen Arbeiterassoziation zum deutsch-französischen Krieg. Selbst Lenin hat noch in den Formulierungen von *Staat und Revolution,* 1917, formell an dieser Denkweise festgehalten.

Diktatur ist die Diktatur des Proletariats insofern, als sie sich um der Ausnahmesituation des akuten Bürgerkrieges willen nicht an die Regeln der vorher geltenden Rechtsordnung halten und »despotische Eingriffe« in die Machtgrundlagen ihrer Bürgerkriegsgegner nicht vermeiden kann, vgl. Kommunist. Manifest. Im akuten gewaltsamen innenpolitischen Kampf kann sich bekanntlich niemand an juristische Spielregeln halten, auch nicht der überkommene Staatsapparat, der im allgemeinen für derartige Fälle Ausbrüche aus seinem üblichen Rechtssystem zuläßt. Das Institut der Diktatur ist in diesem Sinne dem römischen Staatsrecht entnommen. Darüber, ob der Übergang zu einer sozialistischen Gesellschaft friedlich auf Grundlage des bestehenden Rechtssystems (etwa in Westdeutschland durch den Transformator des Bekenntnisses zur rechtsstaatlichen sozialen Demokratie in Art. 20 GG vermittelt) oder im gewaltsamen Kampfe um die Verteidigung oder Herstellung der politischen Demokratie erstritten wird, ob also eine demokratische Diktatur vorübergehend erforderlich ist, entscheiden praktisch nicht die Sozialisten, sondern die herrschenden Klassen. Vgl. dazu das Linzer Programm der österreichischen Sozialdemokratie.

36 Insofern sind die Einwendungen des Aufsatzes von V. Vlahovic, *Internationale Politik (Belgrad)* 1954 Hefte 94, S. 15 f. und 96, S. 5 ff. gegen Benedikt Kautsky z. T. vertretbar.

gebildeten sozialen Massenorganisationen. Die älteste und machtmäßig wichtigste Kraft dieser Art ist die Gewerkschaftsbewegung der Arbeitnehmer als der relativ stärksten sozialen Gruppe in der modernen Gesellschaft, deren demokratischen Integrationswert *Alfred Weber*, der Altmeister der deutschen Soziologie, so überzeugend dargestellt hat[37]. Die Durchsetzung ihres Einflusses im sozialen und wirtschaftlichen Leben gegenüber ihren Gegenspielern, die dank der unvermeidlichen Tendenz des ökonomischen Lebens zur Machtkonzentration (die auch dort spielt, wo betriebliche Konzentration nicht stattfindet) ihrer sozialen Funktion nach die heute neben den Bürokratien gewichtigsten Gegner demokratischer Integration sind, ist deshalb zum neuralgischen Punkt des Kampfes um die Demokratisierung der Gesellschaft und ihrer politischen Gestalt geworden. Damit soll keineswegs bestritten werden, daß es auch andere Sozialgruppen gibt, die demokratisch organisierbar sind und deshalb auch zu demokratischer Mitwirkung in Gesellschaft und Staat herangezogen werden müssen. In der Produktion bedarf es der aktiven Mitarbeit der Bauern und des Handwerks, in der Verteilung der Konsumentenorganisationen. Die zahlreichen Verbände, die an Interessen von Bevölkerungsgruppen anknüpfen, deren Versorgung der Staat oder öffentliche Körperschaften und Anstalten übernehmen, können bei allen Fragen, die derartige soziale Dienste betreffen, nicht übersehen werden. Erst recht müssen im kulturellen Leben vielfältige Kräfte in die Politik des Staates, seiner Körperschaften und durch den Staat beeinflußter öffentlichrechtlicher Institutionen einbezogen werden, wenn die Kulturpolitik demokratischen Charakter gewinnen soll.

So verlagert sich das Problem des demokratischen Gehalts des modernen parlamentarisch organisierten Staates weitgehend aus der nur formalen Betrachtung seiner Rechtsnormen in die inhaltliche Analyse seines gesellschaftlichen Funktionierens. Die lebendige und demokratisch organisierte Selbstverwaltung seiner Gebietskörperschaften, seiner Anstalten und Körperschaften des öffentlichen Rechts, die Heranziehung der vielfältigen demokratischen Massenorganisationen, die seine politischen, sozialen, kulturellen und religiösen Kräfte repräsentieren und deren Integration in sein Dasein die Sicherung der demokratischen Beteiligung aller an der planmäßigen Steuerung der wirtschaftlichen Prozesse, die über das Geschick der Gesellschaft entscheiden, bei ständigem Ringen gegen alle gesellschaftlichen Gruppen, die Ausbeutungs- und Machtprivilegien verteidigen wollen – das sind die Kampffelder, auf denen entschieden wird,

---

37 Vgl. seinen Aufsatz *Staat und gewerkschaftliche Aktion, Gewerkschaftliche Monatshefte*, 1952 S. 480 ff.

ob ein parlamentarischer Staat seinen demokratischen Integrationswert bewahrt oder am Ende auch seine parlamentarischen Formen und lediglich formellen demokratischen Spielregeln abstreift. Mit umfassendem Plan, im vollen Bewußtsein des ganzen Problems, können in dieser Auseinandersetzung nur die Sozialisten auftreten. Denn allein sie gehen von einem Denken aus, das die Einheit aller gesellschaftlichen Prozesse mit der Zielsetzung umfaßt, in ihnen die gleichberechtigte Teilhabe aller, die Demokratie, zum Durchbruch zu bringen. Sozialismus ist nichts anderes als die allseitige Verwirklichung dieses Gedankens der Demokratie, der aus einem System politischer Spielregeln zum inhaltlichen Prinzip der gesamten Gesellschaft, zur sozialen Demokratie erweitert wird[38].

---

38 Deshalb ist Benedikt Kautsky, a. a. O., S. 14 im Recht, wenn er betont, daß es sich dabei nicht so sehr um die Schaffung neuer politischer Formen, sondern vor allem darum handelt, die Einschränkungen der bürgerlichen Demokratie, nämlich ihre Beschränkung auf politische Spielregeln und juristische Fiktionen aufzuheben, und daß die Übergangsform des demokratischen »Wohlfahrtsstaates« dahin tendiere, den Staat aus einem Herrschaftsapparat in die integrierte Gesellschaft in Aktion umzuwandeln. Vgl. B. Kautsky in *Internat. Politik* 1954 Heft 95, S. 18.

Zur Funktion der Gewerkschaften in der westdeutschen Demokratie*

Im klassischen liberal-kapitalistischen Staat kann die Demokratie, wie Viktor Agartz zutreffend in Recklinghausen definierte[1], nicht mehr als ein formales Ordnungsprinzip sein, das der Form nach auf die Allgemeinheit der Staatsbürger gerichtet, dem Inhalt nach jedoch durch Teilinteressen bestimmt ist. Das Wesen der liberal-kapitalistischen Gesellschaft, die auf der Rechtsgleichheit und Freiheit der Rechtssubjekte, dem juristischen Korrelat der formalen Gleichberechtigung der Warenbesitzer im Marktverkehr beruht, mußte jedoch logisch dahin drängen, diese Rechtsgleichheit auch auf die politische Position des Staatsbürgers auszudehnen, also die Demokratie als politisches Ordnungsprinzip zu setzen. So ist die gegenseitige Durchdringung liberaler und demokratischer Prinzipien im Ablauf unserer neueren Geschichte, die den Historiker und den politischen Theoretiker so sehr verwirrt und allzu häufig zu unkritischer Identifizierung beider Ausgangspunkte verführt, nicht zufällig aus den vielfältigen Prozessen sozialgeschichtlicher und politischer Auseinandersetzungen entstanden, sondern auch theoretisch notwendig und unvermeidlich gewesen.

Das demokratische Prinzip muß aber dahin drängen, die volonté générale, das Gesamtinteresse der Allgemeinheit, zu finden und gegen widerstrebende Teilinteressen zu verwirklichen. Die liberal-kapitalistische Gesellschaft kennt ihrer Konstruktion nach grundsätzlich nur Sonderinteressen isolierter Subjekte, kein Gesamtintresse. Diese Sonderinteressen mögen sich in Kompromissen treffen: ein Gesamtinteresse kann dadurch nicht gebildet werden. Als einziges Gesamtinteresse, das als gemeinsames Moment der an der liberal-kapitalistischen Struktur interessierten Gruppen gebildet werden kann, verbleibt dann nur noch die Verteidigung der durch die kapitalistische Wirtschaftsstruktur bestimmten Gesellschaft gegen das Übergreifen des demokratischen Prinzips aus dem staatlichen

---

* Zuerst in: *Gewerkschaftliche Monatshefte*, 1952, H. 11, S. 641 ff.

1 Vgl. *Gewerkschaftliche Monatshefte*, 8/1952, Seite 464 ff.

Raum in die Gesellschaft. Doch ist auch diese Zielsetzung, die sich auf Bewahrung des bloß formalen Moments der Demokratie bezieht und gegen ihre Entfaltung als soziale Demokratie wendet, kein Ausdruck eines wirklich allgemeinen Interesses: das Problem kann erst entstehen, sobald durch das Hervortreten des antagonistischen Charakters der Gesellschaft die Klassenpositionen sichtbar geworden und durch die Unterklassen Ansprüche in Richtung auf soziale Demokratie angemeldet worden sind. Der innere Widerspruch des bloß formaldemokratischen Staates in der liberalkapitalistischen Gesellschaft, die ihn erzeugt hat, bleibt deshalb bestehen und kann in der konkreten Lage, die in der gegenwärtigen Periode monopol-kapitalistischer Entfaltung der modernen industriellen Massengesellschaft besteht, nur in zwei Richtungen seine Lösung finden: entweder erweitert sich die formale Demokratie der staatlichen Organisation zur sozialen der Gesellschaft und entfaltet dadurch ihr eigenes Wesen; oder aber: die wirtschaftlichen Machtträger der Partialinteressen in der Gesellschaft streifen die demokratische Form der politischen Organisation – des Staates also – ab und begeben sich dabei auch ihrer liberalen Tradition. Diese Alternative, die *Hermann Heller* überzeugend formuliert hat[2], hat der deutschen geschichtlichen Entwicklung seit der großen Krise des Jahres 1929, die keine Verschleierung der wirklichen Lage mehr zuließ, das Gepräge gegeben und sie eindeutig antidemokratisch und dann im Endergebnis auch antiliberal entschieden. Das Ende der Weimarer Republik hat historisch bewiesen, daß auf lange Sicht in unserer Zeit Demokratie als bloß formale Demokratie nicht mehr möglich ist, und daß mit der formalen Demokratie auch die durch den Liberalismus entwickelten kulturellen Werte verschwinden müssen, wenn es nicht gelingt, durch Umwandlung der formalen Demokratie des Staates in die soziale der Gesellschaft einer positiven Lösung zuzusteuern.
Erst im Zeichen dieser theoretischen Überlegung und der geschichtlichen Erfahrungen, die durch den Untergang der formal-demokratischen Ordnung in Italien, Deutschland, Österreich und Spanien in der Periode zwischen den beiden Weltkriegen vermittelt werden, gewinnt die politische und die staatsrechtliche Analyse der Stellung der Gewerkschaften im gegenwärtigen Verfassungssystem Westdeutschlands ihren richtigen Ausgangspunkt und Standort.
Das Grundgesetz der Bundesrepublik Deutschland hat in Artikel 20 Abs. 1 das westdeutsche Staatsfragment als demokratischen und sozialen Bundesstaat charakterisiert und durch Artikel 28 Abs. 1 Satz 1 auch dessen Länder verpflichtet, sich der politischen Programmatik zu unter-

2 Hermann Heller, *Staatslehre,* Leiden 1934, S. 137 ff.

werfen, die in dieser Deklaration enthalten ist. Der innere Zusammenhang, der sich aus dieser innigen Verbindung des zunächst wieder nur politisch-organisatorisch verstandenen demokratischen Gedankens[3] und der sozialen Zielsetzung ergibt, mag dem Parlamentarischen Rat nicht vollkommen klar zum Bewußtsein gekommen sein: die logische Verknüpfung beider Momente, die allein vermag, das Beiwort »sozial« aus einem unverbindlichen Gemeinplatz[4] in einen inhaltserfüllten konkreten Begriff zu verwandeln, ist durch die theoretische Vorüberlegung gegeben, die oben dargelegt wurde. Der demokratisch organisierte Staat der modernen industriellen Gesellschaft kann seine soziale Verpflichtung nur dadurch erfüllen und gleichzeitig seine eigene Existenz nur dadurch sichern, daß er sein eigenes zunächst nur politisches Prinzip der Willensbildung auf die Gesellschaft und damit auf die Führung ihrer ökonomischen Grundlage überträgt.

Das Grundgesetz hat selbst diese Aufgabe nicht gelöst. Es ist bekanntlich der Konstruktion sozialer Grundrechte ausgewichen[5] und hat die Verfügungsrechte über das Eigentum an den Produktionsmitteln und die anderen Einfallstore der Macht bevorrechtigter Gruppen über die Gesellschaft, die immer wieder versuchen und ihrem Wesen nach versuchen müssen, ihre Partikularinteressen auch politisch (also durch nicht demokratisch legitimierte Einflußnahme auf die Staatsgewalt) durchzusetzen, nicht durch verfassungsrechtliche Normen unmittelbar verändert. Der Parlamentarische Rat war sich nicht in ausreichendem Maße darüber klar, daß die vielfach vermutete Veränderung der Grundstruktur der Gesellschaftsordnung in Deutschland durch den Krieg und seine Folgen nur Schein war, und daß deren alte Konturen sich wieder abzeichnen mußten, sobald die Folgen der Währungsreform den verhüllenden Schleier des inflatorischen Chaos weggezogen hatten. So wurde diese Inaktivität des Trägers der provisorischen verfassunggebenden Gewalt zum Garanten jener vorübergehenden antidemokratischen und antisozialen Restauration, die unsere gegenwärtige Lage kennzeichnet. Aber das Grundgesetz wollte dem einfachen Gesetzgeber den Weg zur Lösung nicht versperren[6], wie schon die Aufnahme des Artikels 15 in den Grundrechtskatalog zeigt

3 Vgl. Art. 20 Abs. 2 und Art. 28 Abs. 1 Satz 2.

4 Typisch für gänzlich unverbindliche Interpretation, z. B. von Mangoldt, *Kommentar zum GG.*, Art. 20, Anmerkung 2b, S. 134.

5 Vgl. dazu H. P. Ipsen, *Über das Grundgesetz,* Hamburg 1950, S. 14 ff., und meine Bemerkungen in *AÖR.* 76 (1950), S. 8 ff.

6 Das folgt schon daraus, daß hier das Zurückbleiben des GG gegenüber der Weimarer Verfassung, die wenigstens durch Programm-Normen künftige Lösungen vorbereiten wollte, nicht polemisch gemeint war, wie Werner Weber, *Spannungen und Kräfte im westdeutschen Verfassungssystem,* Stuttgart 1951, S. 18, zutreffend feststellt.

und die Fülle sozial- und wirtschaftsrechtlicher Bundeskompetenzen dartut. Die Firmierung der Bundesrepublik als »demokratisch« und »sozial« hat zudem dem künftigen Gesetzgeber eindeutig die Aufgabe gestellt.
Das Grundgesetz hat in Artikel 20, Abs. 2 Satz 1, den Gedanken der Volkssouveränität ausdrücklich normiert. Es hat dann durch weitgehende Ausschaltung der formell plebiszitären Möglichkeiten und Zuschiebung der entscheidenden Funktionen an das Parlament dem Schein nach eine repräsentative Demokratie im klassischen Sinne[7] begründet, die den Staatsbürger auf die Mitwirkung an der politischen Willensbildung im Wahlakt beschränkt. Tatsächlich war aber keineswegs beabsichtigt, auf die permanente Mitwirkung des Bürgers an der staatlichen Willensbildung zu verzichten. Die Situation der gegenwärtigen Massendemokratie, die der ständigen Integration des Volkswillens durch besondere Medien bedarf, die diesen zur Volksvertretung hin vermitteln, hat vielmehr in Artikel 21 des Grundgesetzes Erwähnung gefunden, der – um mit *Gerhard Leibholz*[8] zu sprechen – die Entwicklung vom repräsentativen Parlamentarismus zur parteienstaatlichen Massendemokratie zu formeller verfassungsrechtlicher Anerkennung bringt. Verfassungsrechtliche Erwägungen, die auf den früheren Vorstellungen von der repräsentativen Willensbildung nur durch die Mitglieder des Parlaments in voller Unabhängigkeit von den das Parlament lediglich wählenden Staatsbürgern beruhen, haben deshalb im System des Grundgesetzes auch rechtlich keinen Platz, so wenig wie sie jemals der Verfassungswirklichkeit der modernen industriellen Gesellschaft entsprochen haben.
Das Grundgesetz hat durch Artikel 21 die wirkliche – und in einer antagonistischen Gesellschaftsstruktur unaufhebbare – Lage als rechtens bezeichnet, daß bestimmte nichtstaatliche, also gesellschaftliche Organisationen – zunächst die politischen Parteien – an der politischen Willensbildung mitwirken. Es hat weder beabsichtigt noch bewirkt, daß diese Mitwirkung auf die politischen Parteien beschränkt bleibt[9]. Es ist vielmehr in einer interessengespaltenen Gesellschaft, die keine klare Trennung von staatlicher und gesellschaftlicher Sphäre mehr kennt und kennen kann, unvermeidlich, daß in vielfältigen Formen Einflußnahmen sozialer Interessen auf den Staat als den Garanten der gesellschaftlichen Einheit stattfinden. Wenn das Grundgesetz ausdrücklich die politischen Parteien legitimierte und durch das Monopol des Bundesverfassungsgerichtes zu ihrer

7 Vgl. dazu Gerhard Leibholz, *Die Repräsentation*, 1929.
8 In: *Deutsches Verwaltungsblatt* 1951, S. 1 ff.
9 So unter zutreffendem Hinweis auf den Herrenchiemsee-Entwurf v. Mangoldt, a. a. O., Art. 21, Anm. 2, S. 145.

Illegalisierung privilegierte, so hat es diese Realität weder ignoriert noch verboten.
Die relativ starke Stellung der politischen Parteien, die Artikel 21 anerkennt und institutionalisiert, wird durch diese Überlegung keineswegs gemindert. Die politischen Parteien, die sich in ihrer rechtlichen Erfaßbarkeit, wie Carlo Schmid zutreffend definierte, als auf Dauer berechnete Organisationen darstellen, die auf politische Beeinflussung und Vertretung des Volkes durch Teilnahme am Wahlkampf gerichtet sind[10], sollen sich der Idee nach von den auf unmittelbare Vertretung wirtschaftlicher oder anderer Gruppeninteressen angelegten Zusammenschlüssen dadurch unterscheiden, daß ihre Zielsetzungen nicht partikulare Wünsche, sondern das Gemeinwohl anstreben und zum Maßstab nehmen[11]. Wie weit die Wirklichkeit ihrer Existenz von dieser Idee entfernt ist, bedarf für den aufmerksamen Beobachter des gegenwärtigen politischen Lebens kaum des Beweises; schon die finanzielle Abhängigkeit derjenigen politischen Parteien, die nach Aufbau und Mitgliederzahl keine Massenorganisationen sind und deshalb weder ihre Ausgaben aus eigener Kraft tragen können noch den Einflüssen ihrer Geldgeber den echt demokratisch geformten und integrierten Willen der Parteibürger entgegensetzen können, zwingt manche unter ihnen, an Stelle des politisch ermittelten Gemeinwohls die lediglich kompromißhafte Vermittlung derjenigen partikularen Interessen zum Maßstab ihrer praktischen Politik zu setzen, die ihrer Teilnahme am politischen Kampf die wirtschaftliche Grundlage geben. Solange diese Vorgänge dem Licht der Öffentlichkeit entzogen bleiben, müssen hier unabsehbare Gefahren für die Demokratie entspringen. Derartige Parteien werden im Wahlkampf stets diesen Hintergrund verdunkeln und Gesichtspunkte in den Vordergrund rücken, die mit diesen Bindungen nicht unmittelbar verbunden sind, so daß jene Widersprüche zwischen dem Willen des Wählers und der Politik der Gewählten entstehen, die dem Volke den Glauben daran nehmen, daß es in Wahrheit sein Geschick demokratisch selbst entscheiden könne. Das in Artikel 21 Abs. 3 vorgesehene Bundesgesetz wird diese Gefahren zwar mindern, aber nicht aufheben können, wenn es den Grundgedanken des Art. 21 Abs. 1 Satz 3 verwirklicht, der die Parteien verpflichtet, über die Herkunft ihrer Mittel öffentlich Rechenschaft abzulegen. Die Untersuchungen, die in Heidelberg unter Führung Dolf Sternbergers über die ständige Vertretung derartiger partikularer (und insbesondere Wirtschafts-) Interessen in

10 *4. Sitzung des Hauptausschusses des Parlamentarischen Rates, Sten.-Ber.* S. 48 r.
11 Vgl. Wilhelm Grewe, *Zum Begriff der politischen Partei*, Festgabe für Erich Kaufmann, Stuttgart 1950, S. 65 ff.

Bonn angestellt werden, zeigen ebenso deutlich wie schon vorher die Beratungen des bekannten Untersuchungsausschusses des Bundestages zur Spiegel-Affäre,[11a] daß diese Einflüsse sich ständig auch nach der Wahl des Parlamentes bei den Parlamentariern durchzusetzen trachten. Auf die parallele Lage der Pressure Groups und ihrer Lobbyists in den USA sei nur erinnernd hingewiesen.

So zeigt die Realität, daß diese Einflüsse von Interessentenwünschen, die lediglich recht handgreifliche partikulare Zielsetzungen, vermittelt durch staatliche Willensbildung, durchsetzen wollen, sich keineswegs nur über die außerparlamentarischen Parteiorganisationen, sondern auch unmittelbar an die Mitglieder des Parlaments wenden. Es unterliegt keinem Zweifel, daß diese Interventionen von desto größerer Bedeutung sind, je stärker sich Gruppen von Parlamentariern bewußt sind, daß die Partei, die ihre Wiederwahl garantiert, wirtschaftlich auf diese Interessenten angewiesen ist, wobei das Moment gesellschaftlich-traditioneller Verbundenheit noch unberücksichtigt bleibt. Vor allem aber bleiben diese Einflüsse heute anonym und dem Licht der öffentlichen Auseinandersetzung und Kritik entzogen[12]. Sie sind endlich in sehr vielen Fällen weder der Zielsetzung noch dem zahlenmäßigen Gewicht der beteiligten Interessentengruppen nach demokratisch legitimiert. Daß durch diese Lage soziale Ansprüche, die ihrer Anlage nach nur vorübergehend, aber durchaus am Gemeinwohl orientiert (weil darin angelegt) und auch der Zahl der unmittelbar Betroffenen nach demokratisch legitimierbar sind, in das an permanenten Gesichtspunkten dem Wesen nach zu orientierende Parteiensystem in Form der Konstituierung als politische Partei als Fremdkörper einbrechen müssen, wenn sie Berücksichtigung finden wollen, selbst aber zunächst keine wirtschaftliche Macht verkörpern, hat die Entwicklung des BHE gezeigt.

Diese Einflußnahmen partikularer – und schon wegen ihrer bewußt partikularen Zielsetzung nicht am allein demokratisch legitimierbaren Gemeinwohl gemessener – Interessen in Richtung auf ihre optimale

---

11a Im »Spiegel« war 1950 die Behauptung aufgestellt worden, daß etwa 100 Abgeordnete des Bundestages vor der Abstimmung über den vorläufigen Sitz der Bundesregierung Bestechungsgelder in der Höhe von ca. zwei Millionen Mark erhalten hätten. Nach fast neunmonatiger Arbeit kam ein Untersuchungsausschuß des Bundestages zu dem Ergebnis, daß auf Empfehlung des Finanzministers Schäffer aus einem Wahlfond Gelder für politische Zwecke an die früheren Abgeordneten der Bayernpartei, Donhauser und Aumer, gezahlt wurden. Ein Zusammenhang der Zahlung mit der Abstimmung über die Bundeshauptstadt konnte nicht nachgewiesen werden. (*Archiv der Gegenwart,* 1951, S. 2950). [Anm. d. Hrsg.]

12 Die Einführung des angelsächsischen Systems der Hearings von Interessenvertretern und Sachverständigen vor Parlamentsausschüssen in öffentlicher Sitzung könnte diese Gefahr mildern, aber nicht bremsen.

Berücksichtigung im Kompromiß der staatlichen Willensbildung erfolgen aber keineswegs nur gegenüber dem demokratisch gewählten Staatsorgan, dem Parlament, sondern ebenso gegenüber dem Exekutivapparat des Staates, besonders gegenüber der Ministerialbürokratie, die ihre Spitze in der Regierung findet. Sie bleiben dort notwendig noch stärker anonym als in der Auseinandersetzung mit den politischen Parteien und dem Parlament; denn während das Wesen der demokratisch bestimmten Staatsorgane und ihres sozialen Unterbaus in den Parteien auf die öffentliche Meinung bezogen ist, ist notwendig das Wesen der Bürokratie auf Ausschluß der Öffentlichkeit gerichtet. Die starke Machtstellung jener Einheit aus Inhabern der hohen Verwaltungsgewalt, richterlicher Gewalt und Prüfungsgewalt, die nach der realen Gewaltenteilung im Staate den Gegenspieler der unmittelbar demokratisch bestimmten Gewalten bildet, hat *Otto Küster* zutreffend geschildert[13], und *Martin Drath* hat mit vollem Recht darauf hingewiesen, daß in der westdeutschen Staatlichkeit durch das Grundgesetz noch nicht entschieden sei, ob die Entwicklung seiner demokratischen und sozialen Programmatik oder autoritärer Regierungsstellung zutreibt[14], die unvermeidlich wieder die Integration der politischen Einheit des Staates aus der demokratischen Selbstbestimmung der Gesellschaft in eine obrigkeitliche Autorität verlagern müßte, die ihr verselbständigt mit eigenem Herrschaftsanspruch gegenübertritt. Die Tendenz zur zweiten Lösung tritt nicht nur in der politischen Wirklichkeit, sondern auch in der Staatsrechtswissenschaft wieder offen hervor[15]. Nun hofft aber jedes partikulare Sonderinteresse, das nicht erwarten kann, sich auch nur durch die Zahl der Beteiligten im demokratischen Kampf um Einfluß legitimieren oder durch Appell an die öffentliche Meinung Raum schaffen zu können, durch Machtverschiebung in Richtung auf den Obrigkeitsstaat – der, wie die Entwicklung von Brüning über Papen zu Hitler deutlich gezeigt hat, in unserer heutigen Lage zum totalitären Staat umschlagen muß[16] – Vorteile zu gewinnen. Es ist geradezu darauf angewiesen, diese antidemokratische Tendenz zu fördern, den Widerstand dagegen in jenen Parteien zu schwächen, auf die es Einfluß ausüben kann, und Parlament und Obrigkeit zugunsten der Autorität der Obrigkeit gleichzuschalten. Denn zwischen der sozialen Gruppe, die sich

13 *Das Gewaltenproblem im modernen Staat, AÖR.* 75 (1949) S. 397 ff.

14 *Die Gewaltenteilung im heutigen deutschen Staatsrecht, Faktoren der Machtbildung,* Berlin 1952, S. 135.

15 Z. B. Werner Weber, a. a. O., S. 64: Wenn «obrigkeitliche Autorität« und »demokratisches Vertrauen« sich »gegenseitig bedingen«, so wird das demokratische Vertrauen allzu leicht auf bloße Akklamation fremder Handlungen zurückgedrängt.

16 Vgl. dazu Karl Dietrich Bracher, *Auflösung einer Demokratie, Das Ende der Weimarer Republik als Forschungsproblem, Faktoren der Machtbildung,* Berlin 1952, S. 39 ff.

in dem von Küster gekennzeichneten obrigkeitlichen Gegenspieler der Demokratie im Staate konkretisiert, und den Vertretern der großen privaten wirtschaftlichen Interessen besteht eine natürliche Affinität, die nicht nur durch historische Erfahrungen belegt, sondern schon unmittelbar deutlich wird, wenn man bedenkt, welche Rolle das Bindeglied der akademischen Bildung spielt und spielen muß, solange sie ein soziales Privileg bleibt. Das längst wiederaufgelebte Verbindungswesen mit seinen Altherrenverbänden, das diese Querverbindungen im Zeichen des Standesdünkels und des Vorurteils gegen die nicht akademisch gebildete Majorität des Volkes institutionalisiert, zeigt deutlich die Gefahren, die hier drohen. Wenn die konkret existente Schicht der Träger dieser Einheit von Justiz, Bürokratie und Hochschulwesen mit ihren im monarchischen Obrigkeitsstaat entstandenen, durch die Feindschaft gegen Weimar und die Anpassung an das Dritte Reich nicht grundsätzlich veränderten Traditionen mit den Inhabern der wirtschaftlichen Macht über deren – wenn auch oft divergierende – Sonderinteressen verhandelt, so glaubt sie zwar jenes Allgemeininteresse zu vertreten, das sie ihre Stellung im Staat zu repräsentieren verpflichtet: Dies ist aber nur dem Schein nach Allgemeininteresse, in der Realität das restaurative soziale Ordnungsbild der Aufrechterhaltung sozialer Privilegien, das sich gegen jede Demokratisierung der Gesellschaft, gegen die Ausdehnung des Gleichheitsgrundsatzes auf die Glieder der Gesellschaft richtet und zudem in der komplizierten Situation der Gegenwart immer wieder Wege findet, mit Vorschlägen zu aktuellem Einsatz der Staatsgewalt zugunsten privater Interessen Kompromisse einzugehen.

So wenden sich die Interessenten, die demokratisch nicht legitimierbare partikulare Zielsetzungen vertreten, in der heutigen Situation der interessengestaltenden Gesellschaft über Parteien, Parlament und Obrigkeit an den Staat, um ihre Wünsche durchzusetzen. Da der Staat das wichtigste Stabilisierungsmoment innerhalb der Gesellschaft ist, die sich mittels des Staates selbst bestimmen will, ist diese Lage unvermeidlich. Es wäre offensichtlich sinnlos, die Wirklichkeit verbieten zu wollen. Es ist jedoch notwendig, sie zu erkennen und richtig zu analysieren, vor allem aber durch ideologisch bestimmte Fehlanalysen begründete Gefahren zu vermeiden. Es wäre deshalb unrealistisch, zu verlangen, daß außer den politischen Parteien niemand auf Parlament, Regierung und Bürokratie Einfluß ausüben solle. Da die politischen Parteien niemals mit den sozialen Gruppen voll identisch sein können – am wenigsten in Deutschland mit seiner stark ideologisch bestimmten Parteitradition –, werden die sozialen und wirtschaftlichen Interessen stets auch außerhalb der Parteiapparatur Einflußmöglichkeiten suchen und finden. Vom Standpunkt

der Verteidigung der demokratischen Struktur des Staates und der Firmierung der Bundesrepublik Deutschland als eines demokratischen und sozialen Staates in Artikel 20 GG aus gesehen ergibt sich jedoch die Notwendigkeit, zwischen den verschiedenen Machtansprüchen der nicht als politische Parteien organisierten Gruppen sehr genau zu differenzieren, die an den Staat, sei es unmittelbar gegenüber Regierung und Parlament, sei es mittelbar gegenüber den politischen Parteien, herantreten, um ihre Interessen durchzusetzen oder Regelungen aufrechtzuerhalten, die deren Vorherrschaft garantieren.
Es dient sichtlich keiner Klärung der wirklichen Probleme, wenn hier soziale Gruppe gleich soziale Gruppe gesetzt wird und alle gleichmäßig die Etikette »Pressure Group« erhalten. Wenn die Vertretungen irgendwelcher Industriellengruppen sich ohne Einschaltung der Öffentlichkeit um Stimmen im Bundestag oder um Einflüsse in Ministerien bemühen, um irgendeine Privilegierung zu erreichen, so liegt das augenscheinlich auf völlig anderer Ebene, als der öffentlich geführte Vorstoß einer breit organisierten Massenorganisation zugunsten der Wahrnehmung der Interessen von Millionen ihrer Mitglieder und derjenigen Nichtmitglieder, die gleichwohl in diesem Verband ihre Repräsentation erblicken. Denn im zweiten Falle wird unzweifelhaft das Interesse großer Schichten auf den Staat und auf aktive Beteiligung an politischer Willensbildung gelenkt, weil sie unmittelbar erfahren, daß ihr Geschick im politischen Kampffeld entschieden wird und praktisch lernen, das Verhalten der für ihr Bewußtsein zunächst nur ideologisch firmierten und in der Abstraktion allgemein und inhaltsleer gehaltener Programmatik auftretenden politischen Parteien und ihrer parlamentarischen Vertretungen konkret zu überprüfen. Diese Aktivierung des politischen Interesses, die Existenzbedingung der Demokratie ist, kann also nicht als unzulässiger Druck auf den Gesetzgeber oder die Regierung verketzert werden, zumal die nicht-öffentliche – und allzu häufig auf dem Umwege über gesellschaftliche Beziehungen ganz selbstverständlich hingenommene – Einflußnahme anderer Interessen zwar zurückgedrängt, aber nicht ausgeschaltet werden kann[17], obwohl sie schon wegen des mangelnden Appells an die Öffentlichkeit der demokratischen Aktivierung der Massen gar nicht zu dienen vermag.
Jedoch sind qualitativ auch diese Ansprüche in Massenorganisationen organisierter sozialer Gruppen keineswegs gleichzuwerten. Auch sie können sich in Zielsetzung und Inhalt der vertretenen Ansprüche durchaus auf lediglich partikulare Interessen richten, die quantitativ und für ihr eigenes Bewußtsein demokratisch legitimiert zu sein scheinen, obwohl sie

17 Auch Werner Weber, a. a. O., S. 49, erkennt diesen Tatbestand an.

es inhaltlich nicht sind, weil sie nicht auf das Interesse der Allgemeinheit, das zentral das Interesse an der Sicherung der freien Selbstbestimmung der Gesellschaft, also der Demokratie ist, bezogen sind.
Hier nehmen die Interessen der durch die Gewerkschaften organisierten Arbeitnehmer eine Sonderstellung ein. *Alfred Weber* hat mit Recht darauf hingewiesen, daß sie sich aus ihrer Situation – der Situation der noch fremdbestimmten und abhängigen Arbeit – heraus in Richtung auf den Integrationsprozeß des demokratischen Gemeininteresses bewegen und bewegen müssen[18]. Gewiß nehmen die Gewerkschaften auch Sonderinteressen ihrer Mitglieder wahr. Aber in diesen Sonderinteressen ist das Gesamtinteresse des Zieles demokratischer Organisation der Gesellschaft und der Ausschaltung privilegierter Machtpositionen, die von der Gesellschaft her das demokratische Gefüge des Staates bedrohen können, notwendig enthalten. Sie können selbst das wirtschaftliche Interesse ihrer Mitglieder an besserer Lebenshaltung nur vertreten, wenn die politische Demokratie gesichert bleibt, wie ihnen die Erfahrungen mit dem Obrigkeitsstaat alter Prägung und den totalitären Systemen vor Augen geführt haben. Die demokratische Zielsetzung ist ihnen daher notwendig immanent, solange sie ihr eigenes Wesen nicht preisgeben wollen. Sie erstreckt sich zwar primär auf die Organisation der Wirtschaft und deren Befreiung aus der Herrschaft willkürlicher Partikularinteressen: daher haben sie mit vollem Recht den Kampf um das Mitbestimmungsrecht der Arbeitnehmer in der Wirtschaftsführung in den Mittelpunkt ihrer Tätigkeit gerückt, um gleichzeitig die Quelle jener verhängnisvollen Finanzierung antidemokratischer Bestrebungen zu verschließen, die schon einmal Deutschland in das Verderben geführt hat. Aber sie kämpfen gleichzeitig auch um die Demokratisierung des Bildungswesens, um den Staatsapparat aus jener verhängnisvollen und leider immer noch nicht überwundenen Bindung an undemokratische Interessen und Traditionen zu befreien, der ihn in die Versuchung führt, sich als Gegenspieler der Demokratie zu begreifen. In diesen Interessen ihrer Mitglieder sind dabei deren Positionen in vielen anderen sozialen Beziehungen enthalten, sei es als Konsumenten, sei es als künftige Sozialrentner, sei es als Depossedierte, die durch die Katastrophenpolitik des vorigen Regimes aus der Bahn geschleudert wurden. Sie sind deshalb durch ihre Situation genötigt, derartige Partialinteressen im Zeichen des demokratischen Gesamtinteresses zu einen und ihre Mitgliedschaft ständig an diesem Willensbildungsprozeß zu beteiligen, wie sie gezwungen sind, die Interessen verschiedener Berufsgruppen und verschiedener Produktionszweige im Vorgang freier demokratischer Wil-

18 *Gewerkschaftliche Monatshefte*, 8/1952, S. 478 ff.

lensbildung in sich auszugleichen und dadurch ihre Mitgliedschaft ständig in der Orientierung auf das Gesamtinteresse zu erziehen. Der Versuch ihrer sozialen Gegenspieler, durch Appell an enge betriebsgebundene Interessen und berufliche Unterscheidungen zwischen Arbeitern und Angestellten das große einheitliche Interesse der Gesellschaft zu parzellieren und die deutschen Arbeitnehmer in miteinander ringende Interessentenhaufen zurückzuverwandeln, der durch die den Unternehmerinteressen entsprechende Gestaltung des Betriebsverfassungsrechts unternommen worden ist, wird den Gewerkschaften doppelt Gelegenheit geben, sich als die große Schule des Gemeininteresses zu bewähren, das im einheitlichen Interesse der Arbeitnehmer enthalten ist.
So sind die Gewerkschaften die natürlichen Hüter der Demokratie und jener Zielsetzung, die in Artikel 20 und 28 des Grundgesetzes der Bundesrepublik enthalten ist. Von ihrer Aktivität wird es abhängen, ob die Bundesrepublik halten kann, was sie durch diese programmatischen Deklarationen versprochen hat. Aktivität ist dabei für die Gewerkschaften notwendig nicht lediglich die Tätigkeit ihrer Funktionäre: sie muß sich in ständiger Arbeit und in den Aktionen ihrer Mitglieder bewähren, wenn sie wirksam werden soll und wenn die Gewerkschaften ihr eigenes Wesen bewahren wollen. Demonstrationen und auch Demonstrationsstreiks der Gewerkschaften in Richtung auf ihre demokratisch legitimierten Ziele sind kein Mittel, das Parlament unter Zwang zu setzen, wie ihre Gegner glauben machen wollen, die ansonsten selten ihre Vorliebe für demokratische Legitimität entdecken, sondern die natürliche Wesensäußerung demokratischer Aktivität der Arbeitnehmer unter den Bedingungen der modernen Massendemokratie; wenn es sich als notwendig erweist, Parlamentarier aus ihren Bindungen an nicht demokratisch legitimierte Sonderinteressen dadurch psychologisch zu befreien, daß sie an den Willen breiter Wählerschichten und an deren Vorstellung über ihr künftiges Verhalten im Parlament erinnert werden, kann auf den Einsatz dieser Mittel nicht verzichtet werden.
Die Gewerkschaften sind gleichwohl in der deutschen Situation wohlberaten, wenn sie an dem Gedanken festhalten, weder selbst politische Partei zu werden noch sich mit einer Partei voll zu identifizieren. Politische Parteien müssen über den Kreis einer konkreten sozialen Gruppe hinausgreifen können, auch wenn diese Gruppe in sich notwendig das demokratische Legitimationsprinzip verkörpert. Die deutschen Parteien sind außerdem nicht nur durch ihre Stellung zur Demokratie, sondern nach langjähriger Tradition durch weltanschauliche Bindungen geschieden, zu denen die Gewerkschaften weder Stellung nahmen können noch dürfen, ohne ihre Einheit zu gefährden.

Trotzdem enthalten die Gewerkschaften ein echt politisches Interesse, von dessen energischer Vertretung Erhaltung oder Untergang der Demokratie in der Bundesrepublik abhängt. Sie sind das Korrektiv zu Parteiensystem und Parteienstaat, das ihn allein stets in den Bahnen jener Prinzipien halten kann, auf die ihn das Grundgesetz verpflichtet hat: demokratisch und sozial zu werden. So greift, wer ihren politischen Mitwirkungsanspruch bestreitet und ihnen wehren will, ihre Gegner als Gegner zu kennzeichnen und ihre Mitglieder vor deren Wahl zu warnen, nicht nur den DGB an, sondern – ob ihm das bewußt wird oder nicht – den demokratischen Charakter des deutschen Bundesstaates.

Streik und Verfassungsrecht in der modernen Demokratie*

Das Problem des Streikrechts bot ebenso wie die Frage nach dem Koalitionsrecht der Arbeitnehmer für den grundsätzlich merkantilistischen Staat des aufgeklärten Absolutismus wie für den grundsätzlich »liberalen« Obrigkeitsstaat der ersten Hälfte des 19. Jahrhunderts keine großen Schwierigkeiten. Der Staat war Garant der Positionen der besitzenden Klassen und glaubte sich leisten zu können, unverhüllt in dieser Funktion aufzutreten. Hinter jeder selbständigen Regung der Handwerksgesellen, denen das Preußische Allgemeine Landrecht ihr Vereinigungsrecht derart reglementierte, daß es praktisch wirkungslos wurde und erst recht der werdenden Arbeiterklasse, gegen die sich 1840 ein die einzelnen Mitgliedstaaten des Deutschen Bundes bindender Beschluß des Bundestages wandte, lauerte die doppelte Gefahr der Bedrohung einerseits der sozialen »Ordnung«, die nach Durchsetzung der Gewerbefreiheit auf der Fiktion der individuellen Vertrags»freiheit« zwischen den Besitzern der Produktionsmittel und den verelendeten Arbeitnehmern beruhte, durch das industrielle Proletariat und andererseits des monarchischen Obrigkeitsstaates durch die politische Demokratie. Der Preußischen Gewerbeordnung vom 17. Januar 1845[1] blieb es dabei vorbehalten, die innere Verbindung von Streikrecht und Koalitionsrecht der Arbeitnehmer deutlich zu formulieren und die Teilnehmer an Vereinigungen, die mit dem Mittel der »Einstellung der Arbeit« kämpfen wollten, mit Gefängnisstrafen zu bedrohen. Nach der Niederwerfung der demokratischen Revolution des Jahres 1848 hat dann der Deutsche Bundestag in das Werk der Reaktion auf Antrag des preußischen Gesandten v. Bismarck, der sich hier die Sporen zu seinen späteren Kürassierritten gegen die Arbeiterbewegung verdiente, am 13. Juli 1854 durch den Beschluß den Schlußstein eingefügt, die Arbeitervereine in den deutschen Bundesstaaten zu verbieten.
Deshalb war notwendig der Kampf der Arbeiterklasse um ihren Lebens-

---

* Zuerst in: *Der Gewerkschafter,* 1954, Nr. 1, S. 8 ff.

1 Vgl. *Preußische Gesetzes-Sammlung* 1845, S. 35.

raum in der werdenden industriekapitalistischen Gesellschaft von ihrem ersten selbständigen Auftreten an nicht nur darauf gerichtet, sich durch Bildung gewerkschaftlicher Koalitionen und gemeinsame Verweigerung des Verkaufs der einzigen Ware, die sie anzubieten hatten, nämlich ihrer Arbeitskraft, eine erträgliche Position auf dem Arbeitsmarkt zu sichern, sondern gleichzeitig seinem Inhalt nach ein politischer Kampf um die Beseitigung der gesetzlichen Schranken des Koalitionsrechts und die Anerkennung des Streikrechts. Jeder Schritt der Arbeiterklasse mußte an den bürgerlichen Klassenstaat mit der Forderung appellieren, seine Rechtsordnung zu ändern und sich das Fernziel setzen, durch Erkämpfung des allgemeinen Wahlrechts und der Demokratie den Staat – seine Gesetzgebungsorgane und seine administrativen, polizeilichen und juristischen Apparate – der Vormachtstellung der besitzenden Klassen und ihrer verschiedenen Gruppierungen zu entziehen und dem Willen der gesamten Gesellschaft und damit auch der Arbeiterklasse zu unterwerfen. In diesem Kampf war der Streik gleichzeitig die höchstentwickelte Kampfform und die Sicherung des Streikrechts eins der zentralsten Ziele. Denn im Streik war es möglich, sowohl die in ihrer isolierten individuellen Existenz macht- und wirkungslosen Arbeiter zu gemeinsamem demokratischen Handeln zu vereinen als auch durch ihr notwendig öffentliches Handeln die öffentliche Meinung wachzurufen und an die Öffentlichkeit zu appellieren, also die demokratischen Kräfte der Gesellschaft gegen die öffentlichkeitsscheuen Strukturelemente der staatlichen Apparatur und der bevorrechtigten Schichten zu mobilisieren. Deshalb war in dieser Periode jeder Streik seinem Wesen nach politisch, weil er in sich ein demokratisches Integrationsprinzip verkörpert und demokratisch abgestimmtes gemeinsames Handeln von Gliedern einer gesellschaftlichen Klasse zum Ausdruck bringt, die nur durch Verwirklichung der politischen Demokratie hoffen kann, ihre gesellschaftliche Emanzipation in einer auch sozialen Demokratie zu erkämpfen.[2] Das galt schon für den kleinsten Lohnkampf; er enthielt nicht nur notwendig seiner Form nach diese Prinzipien, sondern war gleichzeitig ein Protest gegen eine politische Ordnung, die das Streikrecht nicht anerkannte. Deshalb ist es kein Zufall, daß der Ausdruck »Streik« als Bezeichnung für kollektive Arbeitsverweigerung der Arbeitnehmer sich sprachgeschichtlich von den auch bewußt ihrer Zielsetzung nach politischen Kampfstreiks der englischen Chartisten herleitet,[3] deren Ziel die Erkämpfung jenes allgemeinen, gleichen und direkten Wahlrechts war, das England in voller Konsequenz erst ein

2 Vgl. zur Dialektik der Demokratie: Karl Marx, *Kritik des Hegelschen Staatsrechts,* Gesamtausgabe I, 1, S. 435 ff.

3 Vgl. dazu das Oxford Dictionary zu dem Wort: Strike.

Jahrhundert später durch den Representation of the People Act 1948 nach dem Wahlsieg Labours erhalten hat. So war auch das erste moderne Zugeständnis an das Koalitions- und Streikrecht der industriellen Arbeiterklasse, die Aufhebung der Strafandrohung für Teilnahme an gewerkschaftlichen Vereinigungen in England im Jahre 1824, eine Konzession des noch nicht demokratisierten Staates an den demokratischen Kampfwillen der Arbeiter, der in Streiks zum Ausdruck gekommen war.[4]
Das Ende des ersten Weltkrieges brachte in dieser Gesamtentwicklung insofern eine Wende, als sich nach dem Zusammenbruch des Zarenreiches und dem Siege der russischen Oktoberrevolution, nach der Beseitigung der autokratischen Militärdynastien in Mitteleuropa der volle Sieg der politischen Demokratie und damit die Chance ihrer Weiterentwicklung zu einer sozialen und realen Demokratie im Rahmen der Gesetzlichkeit des theoretisch dem Volke unterworfenen Staates anzubieten schien. Damit mußte sich auch die Problematik des Koalitionsrechts und seines logisch notwendigen Korrelats, des Streikrechts, grundsätzlich verändern. Zwar war die Klassenstruktur der kapitalistischen Gesellschaft in den europäischen Ländern nicht aufgehoben. Die politische Demokratie, in den mitteleuropäischen Staaten zum erstenmal verwirklicht, in den westeuropäischen Staaten durch den Aufstieg der Arbeiterparteien und ihre – relative – Einbeziehung in das offizielle politische Kräftespiel erweitert, schien aber die einseitige Bindung der Staatsgewalt an die Interessen der bevorrechtigten Klassen der bisherigen Gesellschaftsordnung endgültig aufgehoben zu haben. In Deutschland fand diese neue Situation in der Weimarer Verfassung ihren rechtlichen Niederschlag, die insbesondere durch die Artikel 151 bis 165 den Übergang zu einer sozialen Demokratie teils einleiten, teils ermöglichen wollte. Das Koalitionsrecht, schon dem kaiserlichen Deutschland zwar noch nicht allgemein, aber doch für wichtige Gruppen von Arbeitnehmern in der Gewerbeordnung abgetrotzt, erhielt in Art. 159 verfassungsrechtlichen Rang. Da das Streikrecht seine logische Konsequenz ist und zudem seit langem parallel mit der Durchsetzung des Koalitionsrechts, durch die Rechtsprechung des Reichsgerichts in Zivilsachen anerkannt war, schien es auch unwichtig, daß die Nationalversammlung sich nicht entschlossen hatte, es ausdrücklich in der Verfassung zu sichern. Als im März 1920 die Arbeiterklasse den ersten gewaltsamen Versuch der alten Kräfte zum Sturz der politischen Demokratie mit der Waffe des politischen Massenstreiks abwehren konnte, wurde die innere Verbindung von demokratischer politischer Verfassung, Streikrecht und Kampfwillen der Arbeiterklasse besonders deutlich.

4 Vgl. dazu K. Knowles, *Strikes, A Study in Industrial Conflict*, Oxford 1952.

Das Geschick der Demokratie hängt von der Kampfkraft der Gewerkschaften ab

Im gleichen Maße, in dem die Arbeitnehmer diesen Zusammenhang vergessen und auf den rechtzeitigen und energischen Einsatz ihrer außerparlamentarischen Waffen verzichtet haben, ist dann die Weimarer Demokratie zur bloß bürgerlichen Republik[5] mit vorläufig noch formell gewahrten, dann aber in der großen Wirtschaftskrise offen über Bord geworfenen[6] äußerlich demokratischen Formen abgesunken. Die sozialen Gegenspieler der deutschen Arbeitnehmer, die machtvoll angewachsenen großen Konzerne und Kartelle[7], die Arbeitgeberverände und der Reichsverband der deutschen Industrie mußten dank des zielbewußten Einsatzes ihrer außerparlamentarischen Mittel, ihres Einflusses auf die von ihnen finanziell abhängigen bürgerlichen Parteien und die restaurative hohe Bürokratie des Staates das Übergewicht erlangen, sobald die organisierten Arbeitnehmer als Machtgewicht nicht mehr eingesetzt wurden[8]. Da aber das einzige Mittel, mit dem die Arbeitnehmer wirkungsvoll an die Öffentlichkeit appellieren und das Monopol der besitzenden Schichten an der Verfügung über die wichtigsten Werkzeuge zur Bildung der öffentlichen Meinung (Presse, Film usw.)[9] ausgleichen können, das in ihrer gemeinschaftlichen Aktion, in Grenzfällen im Streik, bekundete Gewicht ihrer organisierten Kraft ist, waren sie als Macht ausgeschaltet, sobald dies Mittel nicht mehr eingesetzt wurde. Weil die privilegierten Schichten der deutschen industriekapitalistischen Gesellschaft nur so lange bereit sind, die äußeren politischen Formen der Demokratie hinzunehmen, wie sie in Konjunkturperioden auf Zustimmung großer Teile der Wählerschaft zu ihrer Politik rechnen können, war deshalb die äußere demokratische Form des längst zur bürgerlichen Republik gewandelten Staates verloren, als die große Wirtschaftskrise die Alternative stellte, ob sie im Interesse aller durch soziale Wohlfahrtsplanung oder aber im Interesse der Erhaltung der sozialen Privilegien einer Minderheit durch Aufrüstungskonjunktur und Krieg beendet werden solle. Da der wichtigste Teil der deutschen Juristenschicht sich dank der langen Tradition des alten Obrigkeitsstaates nicht mit der Weimarer Demokratie verbunden wußte, hat die

5 Vgl. dazu Arthur Rosenberg, *Geschichte der deutschen Republik*, Karlsbad 1935.

6 Vgl. hierzu K. D. Bracher, *Auflösung einer Demokratie, in: Faktoren der Machtbildung*, Berlin 1952, S. 39 ff.

7 Vgl. dazu vor allem Franz Neumann, *Behemoth, The Structure and Practice of National Socialism*, London 1942, S. 21 ff.

8 Vgl. hierzu Helga Timm, *Die deutsche Sozialpolitik und der Bruch der Großen Koalition 1930*, Düsseldorf 1952.

9 Vgl. hierzu Hermann Heller. *Staatslehre*, Leiden 1934, S. 137.

herrschende Meinung der deutschen Staatsrechtslehre sich in dieser Übergangsperiode der Auflösung des demokratischen Charakters des Weimarer Staates eifrigst bemüht, die fortschrittlichen sozialen Normen der Verfassung in unverbindliche Programmnormen oder inhaltleere Formelkompromisse umzudeuten und dadurch wirkungslos zu machen, statt sie als Auslegungsmaximen zur Neu-Interpretation der bisherigen Gesetze zu verwenden, und unter Preisgabe ihrer im Obrigkeitsstaat selbstverständlichen Achtung vor dem Gesetz dem immer noch demokratisch gewählten Parlament seine legislativen Befugnisse streitig zu machen[10]. So hat der Untergang der Weimarer Demokratie die eindeutige geschichtliche Erfahrung geliefert, daß das Geschick der Demokratie in einer monopolkapitalistisch organisierten modernen Gesellschaft davon abhängt, ob die Machtstellung und der Kampfwille der Arbeitnehmer und ihrer gewerkschaftlichen (und eventuell auch politischen) Organisationen stark genug ist, die politische Demokratie zu verteidigen und in eine soziale umzuwandeln. Da die Arbeitnehmer in dieser Gesellschaft über kein anderes Druckmittel verfügen, als über ihr gesellschaftliches Gewicht, das sich im Ernstfalle nur durch die Verweigerung des Einsatzes ihres einzigen Besitzes, nämlich ihrer Arbeitskraft, demonstrieren läßt, hängt ihre Machtstellung davon ab, ob sie berechtigt und gegebenenfalls gewillt sind, dies Mittel einzusetzen. Dieser Einsatz ist in dreifacher Richtung notwendig, wenn das Gleichgewichtssystem der Demokratie in einer klassengespaltenen Gesellschaft erhalten und funktionsfähig bleiben soll: Erstens im partiellen Arbeitskampf zwischen einzelnen Gruppen von Arbeitgebern und Arbeitnehmern um die Gestaltung von Tarifvereinbarungen oder eventuell auch engere Probleme, sei es als Demonstrationsstreik oder Kampfstreik. Zweitens im umfassenden Arbeitskampf, falls Staatsorgane, sei es der Legislative oder der Exekutive, bei bevorstehenden gesetzgeberischen oder sonstigen Entscheidungen über Probleme der Wirtschafts- oder Sozialordnung erheblichem Druck durch die sozialen Gegenspieler der Arbeitnehmer ausgesetzt sind, um diese Formen außerparlamentarischen Druckes der Gegenseite auszubalancieren; in diesen Fällen wird im allgemeinen die Waffe des befristeten Demonstrationsstreiks sozial angemessen sein. Drittens im offenen politischen Generalstreik als unbefristetem Kampfstreik, falls die formelle politische Demokratie verteidigt oder zurückerobert werden muß.

---

10 Vgl. dazu W. Apelt, *Geschichte der Weimarer Reichsverfassung*, München 1946.

Offensive gegen das Streikrecht

Der Zusammenbruch der nationalsozialistischen Diktatur, der ohne die gleichzeitige Veränderung der Verfügungsgewalt über die entscheidenden Produktionsmittel erfolgte, hat nach der Restauration der alten gesellschaftlichen Struktur durch die Währungsreform und nach der Begründung der Bundesrepublik eine Verfassungssituation geschaffen, die grundsätzlich derjenigen entspricht, die in der Weimarer Republik bis zum Ende ihrer parlamentarischen Entwicklungsphase herrschte. Deshalb sind diese Überlegungen heute ebenso aktuell wie damals. In der entscheidenden Frage, ob die Verwendung der außerparlamentarischen, aber inhaltlich demokratischen Kampfmittel der Arbeitnehmer durch das Rechtssystem gewährleistet wird, sind die Voraussetzungen eher günstiger geworden. Während sich die Weimarer Verfassung darauf beschränkt, durch Artikel 159 das Koalitionsrecht anzuerkennen, wurde bei der Beschlußfassung über diese entsprechende Bestimmung des Art. 9 III des Grundgesetzes deutlich, daß der Parlamentarische Rat einhellig der Meinung war, das Streikrecht sei dessen selbstverständliche Konsequenz[11]. Zudem hatten zahlreiche Länderverfassungen es ausdrücklich gewährleistet. Hinzu kommt, daß Artikel 12 GG den Arbeitszwang ausdrücklich verbietet und dadurch mindestens jede Möglichkeit ausschließt, die individuelle wie die kollektive Verweigerung des Abschlusses von Arbeitsverträgen zu behindern[12]. Hinzu kommt ferner, daß das Ziel der Umwandlung der Bundsrepublik aus einer bloß formalen in eine soziale Demokratie durch Artikel 20 und 28 GG ausdrücklich anerkannt ist und durch Artikel 79 III als Rechtsgrundsatz ausdrücklich vor der Möglichkeit jeder legalen Aufhebung geschützt wird, so daß durch das positive Verfassungsrecht jeder Richter und jede Verwaltungsbehörde verpflichtet wird, diesen Rechtsgrundsatz auch bei der Auslegung älterer Gesetze zu beachten. So haben die Verfassungsnormen nun bewirkt, daß das normative Rechtssystem auch das Streikrecht als den wesentlichen Gleichgewichtsfaktor, der im realen Verfassungsgefüge den Übergang zur sozialen Demokratie allein gewährleisten kann, unter seinen Schutz stellt. Demnach sind nach dem positiven Normensystem der Rechtsordnung, die auf dem Grundgesetz beruht, alle Streiks legal und weder als strafwürdig noch als unerlaubte Handlung im Sinne der §§ 823 oder 826 BGB angreifbar, die sich nach

---

11 So auch: v. Mangoldt, *Kommentar zum GG,* Art. 9, S. 85, und ferner: Wernicke im *Bonner Kommentar,* Art. 9, Anm. I, S. 2.

12 Vgl. Fritz Bauer, *Politischer Streik und Strafrecht, Juristenzeitung* 1953, S. 650 ff. und meinen Aufsatz *Grundgesetz und Streikrecht, Gewerkschaftliche Monatshefte* 1951, S. 61 ff.

Auffassung der Arbeitnehmer und ihrer Organisationen im Rahmen der oben geschilderten Zielsetzungen als geboten erweisen.
Das Normensystem eines Staates steht jedoch stets im Kreuzfeuer der politischen Kräfte, deren Machtverhältnis die reale Verfassungslage bestimmt. So ist es nicht verwunderlich, daß die Stärkung der restaurativen Kräfte jener sozialen Gruppen, deren privilegierte Stellung durch die Politik der »sozialen« Marktwirtschaft bestätigt wurde, sie veranlaßt hat, diese Rechtslage zu verwirren und das Streikrecht der Arbeitnehmer anzugreifen. Die Auseinandersetzungen um das Mitbestimmungsrecht boten den willkommenen Anlaß, die Offensive gegen das Streikrecht unter dem Vorwand einzuleiten, der »politische« Streik widerspreche der parlamentarischen Demokratie, weil er die »freie« Entscheidung des Wählers und seiner Abgeordneten der »Vormundschaft« einer »undemokratischen« Machtgruppe, nämlich der Arbeitnehmer und ihrer Gewerkschaften ausliefere[13]. Inzwischen hat eine Mainzer Dissertation offen ausgesprochen, daß dieser Kampf nicht nur dem »politischen« Streik, sondern dem Streikrecht überhaupt gilt[14].

Der erste Probefall

Der »politische« Streik ist auch objektiv nicht abgrenzbar. Wie Generalstaatsanwalt Fritz Bauer zutreffend gezeigt hat, ist seiner Wirkung, und zwar auch seiner beabsichtigten Wirkung nach jeder Streik »politisch«, weil er notwendig an die Öffentlichkeit appelliert und damit die Öffentlichkeit und auch die Staatsgewalt beeinflußt.[15] In einer Periode, in der gerade jene wirtschaftlichen Machtgruppen, die die Legalität des »politischen« Streiks deshalb anzweifeln, weil sie den angeblich »neutralen« Staat vor der verderblichen Vorherrschaft »pluralistischer Kräfte« bewahren wollen, unbekümmert Zeitungen durch »Waage«-Inserate und die politischen Parteien durch Wahlfonds ihrer »Förderer-Gesellschaften« beeinflussen und dabei ängstlich das Licht der Öffentlichkeit scheuen,[16] ist

13 Vgl. meinen Aufsatz: *Der Kampf um das Streikrecht* in: *Der Gewerkschafter*, 1953, Nummer 2, S. 9 ff.

14 Manfred v. Roesgen, *Die verfassungsrechtlichen Grenzen des Streikrechts unter besonderer Berücksichtigung des politischen Streiks*, Mainzer rechtswissenschaftliche Dissertation, 1952.

15 Vgl. Fritz Bauer, *Juristenzeitung* 1953, S. 649 ff. und ebenso der Bundespräsident und damalige Abg. Prof. Heuss in der 18. Sitzung des Grundsatz-Ausschusses des Parlamentarischen Rates.

16 Vgl. die Denkschrift der SPD: *Unternehmermillionen kaufen politische Macht, Bonn 1953*, deren tatsächliche Angaben unbestritten geblieben sind.

die These offensichtlich besonders »überzeugend«, das öffentliche Auftreten der Arbeitnehmer und ihrer Organisationen in Demonstrationsstreiks sei eine widerrechtliche Beeinträchtigung der parlamentarischen Demokratie.
Leider ist ein großer Teil der Landesarbeitsgerichte in seinen Entscheidungen zum ersten Probefall der Unternehmer-Offensive gegen das Streikrecht deren Argumentation erlegen. Wenn auch das Urteil des LAG München zum Demonstrationsstreik im Zeitungsgewerbe aus Anlaß des Kampfes um das Betriebsverfassungsgesetz – insofern an juristischem Wert den meisten anderen Urteilen in der gleichen Sache bei weitem überlegen – wenigstens grundsätzlich anerkannt hat, daß Art. 9 III GG das Streikrecht garantiert, und daß grundsätzlich durch die gleiche Norm den Gewerkschaften ein Recht zur Einwirkung auf Staatsorgane eingeräumt sei, um die Interessen der Arbeitnehmer bei der Gestaltung der Arbeits- und Wirtschaftsbedingungen geltend zu machen, so hat es sich dann in widerspruchsvoller Weise der Behauptung des Gutachters der Arbeitgeber Prof. Nipperdey angeschlossen, der Demonstrationsstreik zur Unterstützung der Arbeitnehmerforderungen sei nicht »sozial adäquat«.[17] Wie aber die Gewerkschaften den massiven Einwirkungen der Unternehmer auf das Parlament und die politischen Parteien, die von ihnen finanziell abhängig sind, weil ihre Tätigkeit und ihre Wahlkämpfe von der »Wirtschaft« finanziert werden, und auf die Presse, die auf ihre Inserate angewiesen ist, anders wirksam entgegentreten können, als durch die öffentliche Demonstration der solidarischen Willensbildung der Arbeitnehmer in einer befristeten Arbeitsniederlegung, bleibt das Geheimnis dieses Urteils. Um so erfreulicher ist es, daß ein Landesarbeitsgericht, das LAG Berlin, sich dieser Meinung nicht angeschlossen und den Demonstrationsstreik für gerechtfertigt erklärt hat. Es hat dabei ausdrücklich festgestellt, daß auch nach der Rechtslage im Bundesgebiet die Behauptung Nipperdeys, ein Demonstrationsstreik der Arbeitnehmer, der den Druck von Arbeitgeberverbänden auf den Staat bekämpfen wolle, sei kein »arbeitsrechtlicher Streik« und deshalb nicht »sozial adäquat« willkürlich und deshalb rechtlich falsch sei.[18]
Die deutschen Gewerkschaften und die deutschen Arbeitnehmer wissen es zu würdigen, daß hier ein Landesarbeitsgericht die Rechtsnormen so interpretiert hat, wie es dem Rechtsgrundsatz eines sozialen und demokratischen Rechtsstaates entspricht, den das Grundgesetz in Art. 20 Abs. 1 aufstellt. Aber sie dürfen nicht vergessen, daß die Majorität der deut-

17 LAG München, Urteil vom 17. April 1953.
18 LAG Berlin, Urteil vom 17. August 1953, NJW 1954, S. 124 ff.

schen Richter anders denkt, wenn die Rechtsprechung der übrigen Landesarbeitsgerichte und der ordentlichen Gerichte in diesem Streit Rückschlüsse auf deren Haltung zuläßt. Sie dürfen nicht übersehen, daß der Angriff ihrer sozialen Gegenspieler, die in der nächsten großen wirtschaftlichen oder sozialen Krise unzweifelhaft in gleicher Weise auch politische Gegenspieler der Demokratie sein werden, wie sie es in Deutschland ab 1930 und zur gleichen Zeit in Österreich waren, gegen das Streikrecht weitergeht. Sie dürfen nicht außer acht lassen, daß der gleiche massive Angriff auf das Streikrecht nach dem gelungenen Massenstreik der französischen Arbeitnehmer im August 1953 auch durch die französischen besitzenden Klassen eingeleitet wurde[19]. Geht ihnen das Streikrecht verloren oder wird es durch Verbot des »politischen« Streiks zur willkürlichen Disposition der Juristenschicht gestellt, verzichten sie grundsätzlich auf irgendeine politische und sozial notwendige Anwendungsform ihrer einzigen scharfen Waffe, so ist der Staat der Herrschaft der alten privilegierten Schichten der monopolkapitalistischen Wirtschaftsordnung endgültig ausgeliefert und die deutsche Demokratie zum zweitenmal gescheitert.

19 Vgl. *L'Economie* (Paris) vom 26. November 1953.

Der politische Streik*

Wissenschaftliche Diskussion oder politische Treibjagd?

Der Aufsatz *Richard Schmids*, mit dem der laufende Jahrgang der »Gewerkschaftlichen Monatshefte« eröffnet wurde[1], hat ein unerwartetes Echo in der deutschen Presse erhalten. Das Thema dieser juristischen und politikwissenschaftlichen Analyse war nicht neu. Es ist seit Ende 1950, seit die Industriegewerkschaften Bergbau und Metall dem Versuch entgegentraten, die wirtschaftsdemokratischen Konzessionen, die das Besatzungsrecht in den Unternehmen des Bergbaus und der eisen- und stahlerzeugenden Industrie gewährt hatte, mit Hilfe der Bundesgesetzgebung unter dem Druck der restaurativen Kräfte, die sich für die »Wirtschaft« halten, wieder zu vernichten, nicht aus der öffentlichen Diskussion verschwunden[1a]. Es ist nach wie vor in Rechtswissenschaft und Rechtsprechung umstritten. In Deutschland war es stets üblich, daß nicht nur Professoren, sondern auch hohe Richter zu strittigen Fragen ihre Ansicht äußern, um zur Lösung ungeklärter Probleme beizutragen.
Richard Schmid, Oberlandesgerichtspräsident in Stuttgart, gehört jedoch zu den nicht übermäßig zahlreichen Richtern, deren wissenschaftliche Denkweise durch ihr politisches Bekenntnis zur Demokratie und ihre innere Verbundenheit mit dem aktiven Abwehrkampf gegen den totalitären Staat Hitlers geprägt ist. Seine Stellungnahme war deshalb inhaltlich notwendig anders als die Meinung derjenigen Juristen, die in den Begriffen der fiktiven »Neutralität« der Staatsgewalt denken, wie sie der deutschen obrigkeitsstaatlichen Tradition entsprachen. Schmid, der von einer

* Zuerst in: *Gewerkschaftliche Monatshefte*, 1954, H. 5, S. 258 ff.

1 *Gewerkschaftliche Monatshefte*, 1954, H. 1, S. 1 ff. [Anm. d. Hrsg.]

1a Vgl. u. a. W. Grewe, *Streik als politisches Kampfmittel, Arch. Öff. Recht*, Bd. 76 S. 491 ff.; W. Abendroth, *Verfassungsrechtliche Grenzen des Streikrechts, Gewerkschaftliche Monatshefte*, Februar 1951, S. 57 ff.; K. Hinkel, *Das Recht des außerparlamentarischen Kampfes in der Demokratie, Gewerkschaftliche Monatshefte*, März 1951, S. 135 ff.; Schilling, *Mitbestimmungsrecht und Streikrecht, Juristenzeitung*, 1951, S. 122.

realsoziologischen Analyse der Funktionen des demokratischen Streiks ausgeht, nicht von begriffsmythologischer Verhüllung der Tendenzen des monarchischen Obrigkeitsstaates, mußte zu anderen Ergebnissen gelangen, weil er die Realität der sozialen Spannungen in einer antagonistischen industriellen Gesellschaft in seine Überlegungen einbezieht. Die führenden Mächte der »Wirtschaft«[2] haben deshalb seine Meinungsäußerung als Sakrileg empfunden, und diejenigen politischen Kräfte, die ihnen zu folgen pflegen, haben sich ihnen rasch angeschlossen.
Es wäre gewiß unbedenklich und gäbe keinen Anlaß zur Sorge, wenn sie den Auffassungen Schmids mit sachlicher Polemik entgegengetreten wären. Das war ihr gutes Recht, das ihnen niemand streitig machen kann und will. In Wissenschaft und Demokratie formt sich die richtige Entscheidung durch die Diskussion zwischen den widersprechenden Meinungen, die auf den realen Machtkampf sozialer Gruppen einwirkt, solange diese sich an die Spielregeln einer demokratischen Verfassung gebunden fühlen. Richard Schmid hatte zudem niemals versucht, die Autorität seines Amtes als Argument für seine Ansicht einzusetzen. Obwohl es durchaus legitim gewesen wäre, wenn er seinen Aufsatz mit der Amtsbezeichnung, die ihm zusteht, gezeichnet hätte, weil häufig hohe Richter ihre wissenschaftlichen Artikel bei voller Angabe des Titels publizieren, hat er bewußt darauf verzichtet, als Oberlandesgerichtspräsident zu schreiben, um nicht den geringsten Verdacht aufkommen zu lassen, er wolle irgendeinen Juristen mit unzulässigen Mitteln beeinflussen.
Die öffentliche Auseinandersetzung um den Aufsatz Schmids hat aber andere Wege eingeschlagen als den der sachlichen Diskussion seiner Thesen. Zunächst behauptete »Der Volkswirt«[3], dem allerdings ausdrücklich bescheinigt werden soll, daß er sich keineswegs – wie ein großer Teil der Presse – zu persönlicher Hetze verleiten ließ, die Auffassungen Schmids seien mit dem Grundgesetz nicht vereinbar, ohne irgendeinen zulänglichen Grund für seine Ansicht anzuführen. Wahrscheinlich hat er sich dabei auf das jüngste Buch *E. R. Hubers*[4] verlassen, der einst im »Verfassungsrecht des Großdeutschen Reiches« das gängige Kompendium des nationalsozialistischen Staatsrechts geliefert hat und deshalb ganz besonders legitimiert ist, festzustellen, was in der Demokratie Rechtens ist. Auch Huber, der das Problem des politischen Streiks eingehend

2 Vgl. *Der Arbeitgeber*, 1954, S. 134 ff. Erklärung des Verbandes Württembergischer Metall-Industrieller laut *Frankfurter Allgemeine Zeitung* vom 25. 2. 1954, *Deutsche Zeitung und Wirtschaftszeitung* vom 17. 2. 1954, *Industrie-Kurier* vom 20. 2. 1954 und 2. 3. 1954.

3 *Der Volkswirt*, 1954 Nr. 9.

4 E. R. Huber, *Wirtschaftsverwaltungsrecht*, 2 Bd., 2. Aufl., Tübingen 1954, S. 389 ff. und 817.

erörtert, begnügt sich damit, die Gutachten der Arbeitgeberseite anläßlich der ersten gerichtlichen Auseinandersetzungen um diese Fragen anzuführen, die im Anschluß an den Demonstrationsstreik im Zeitungsgewerbe aus Anlaß des Kampfes um das Betriebsverfassungsgesetz stattfand. Die Rechtsgutachten der Arbeitnehmerseite[5] sind für ihn ebensowenig vorhanden wie das Urteil des Landesarbeitsgerichts Berlin, das den Gewerkschaften recht gab[6]. Hilft es jedoch in wissenschaftlichen Fragen wirklich weiter, die Diskussion durch den Monolog zu ersetzen?
Die von »Volkswirt«, »Arbeitgeber« und dem größten Teil der Presse als selbstverständlich hingestellte Behauptung, »politische« Streiks seien mit dem Grundgesetz unvereinbar, hält nach der Meinung Schmids und der übrigen Juristen, die im wesentlichen ähnliche Auffassungen vertreten, aus folgenden Gründen einer kritischen Nachprüfung nicht stand:

1. Das Grundgesetz hat durch Art. 9 Abs. 3 das Koalitionsrecht zur Wahrung und Förderung der »Arbeits- *und* Wirtschaftsbedingungen«, keineswegs *nur der Arbeitsbedingungen anerkannt*[7].
2. *Wird das Koalitionsrecht anerkannt, so ist in dieser Anerkennung grundsätzlich die Anerkennung der üblichen Kampfformen der Koalition enthalten. Das kann in der Rechtsordnung des Grundgesetzes um so weniger streitig sein, als bei der Beratung des Art. 9 GG, anders als bei der Beratung des Art. 159 der Weimarer Verfassung, niemand ernstlich bezweifelt hat, daß das Streikrecht dem Koalitionsrecht immanent sei*[8].
3. *Da jeder* Streik notwendig *öffentliches* Handeln ist und an die Öffentlichkeit (und damit mindestens mittelbar auch an die öffentliche Gewalt) appelliert, enthält jeder Streik ein politisches Moment. Klare begriffliche Trennung zwischen »politischem« und »arbeitsrechtlichem« Streik ist deshalb nicht möglich[9]. Schon dadurch verbietet sich eine generalisierende Behauptung des Inhalts, jeder »politische« Streik sei a priori verfassungs- und rechtswidrig[10].
4. Bei richtiger sozialgeschichtlicher Analyse lassen sich – das wird von niemandem bestritten – selbstverständlich verschiedene Akzent-Verlage-

5 Ludwig Schnorr v. Carolsfeld u. Wolfgang Abendroth, *Die Berechtigung gewerkschaftlicher Demonstrationen für die Mitbestimmung der Arbeitnehmer in der Wirtschaft*, Düsseldorf 1953. Das Gutachten von Abendroth ist wiederabgedruckt in: ders., *Antagonistische Gesellschaft und politische Demokratie*, 2. Aufl. Neuwied 1972, S. 203 ff. [Anm. d. Hrsg.]
6 Urteil vom 17. 8. 1953, *Recht der Arbeit*, 1954 S. 76 ff.
7 Vgl. dazu Landesarbeitsgericht München, Urteil vom 17. 4. 1953, *Amtsblatt des bayr. Ministeriums für Arbeit und Sozialfürsorge* 1953 Nr. 12.
8 Vgl. v. Mangoldt, *Kommentar GG.*, Art. 9 Anm. 4, S. 85.
9 Vgl. Bundespräsident Heuss als Mitglied des Parlamentarischen Rates in der Sitzung des Hauptausschusses am 3. 12. 1948.
10 Vgl. Fritz Bauer, *Politischer Streik und Strafrecht, Juristenzeitung*, 1953, S. 651 ff.

rungen des politischen Moments im Streik ermitteln. Sie sind teils durch Umfang und Bedeutung einer konkreten Streikhandlung bestimmt, weil ein umfangreicher Streik in einem bedeutenden Wirtschaftszweig niemals öffentliche Meinung und Staatsgewalt gleichgültig lassen kann. Bei einem großen Arbeitskampf ist jedermann mittelbar betroffen und geschädigt[10]. Sie sind andererseits durch die Zweckbestimmung des Streiks und durch den Streikgegner und den Streikadressaten, der eventuell mit dem Gegner nicht identisch ist[11], gegeben[12]. Dabei ergibt sich, daß in der neueren deutschen Sozialgeschichte und der Sozialgeschichte der anderen westlichen Nationen mit vergleichbarer Sozialstruktur und vergleichbarem politischem Aufbau (demokratische Organisation der politischen Gewalt bei antagonistischer Struktur der Gesellschaft) zwei Streikformen auftreten, bei denen der Bezug zur politischen Ordnung besonders deutlich hervortritt:

a) der *politische Kampfstreik* – meist als Generalstreik – zur Erkämpfung der Demokratie oder zur Verteidigung einer (sei es durch die Regierung, sei es durch Dritte) bedrohten demokratischen Verfassung[13].

b) der *an den Staat* lediglich *adressierte*, zwecks Ausschaltung des politischen Drucks der sozialen Gegenspieler der Arbeitnehmer gegen diese gerichtete *Demonstrationsstreik*, um Regierung, Parlament oder Verwaltung auf die Meinungsbildung der Arbeitnehmer nachdrücklich zu verweisen[14].

5. Bei der Beurteilung dieser letzten Streikform, der einzigen, über die ernstliche Diskussionen möglich sind, wenn die Auseinandersetzung auf dem Boden des Grundgesetzes als einer *demokratischen* politischen Verfassung stattfinden soll, ist davon auszugehen, daß das Prinzip der grundsätzlichen Freiheit des sozialen Handelns seine Schranke nur am Gesetz und der Verfassung findet. Deshalb ist es unzulässig, die Rechtslage, die in anderen Staaten – sei es noch heute (wie in den USA), sei es vorübergehend (wie in England durch die 1946 aufgehobene antigewerkschaftliche Ausnahmegesetzgebung des Jahres 1927) – durch Sondergesetze geschaffen werden mußte, mittels begriffsmythologischer Auslegungskünste ohne gesetzliche Grundlage in die deutsche Rechtsprechung einzuschieben[15].

---

11 Vgl. Arthur Nikisch, *Arbeitsrecht*, Tübingen 1951, S. 278.

12 Vgl. Gutachten Schnorr v. Carolsfeld S. 20 u. Abendroth S. 9.

13 Vgl. Schmid, *Gewerkschaftliche Monatshefte*, Januar 1954, S. 3 ff. Zu den Versuchen, diesen Tatbestand durch Geschichtsfälschung zu leugnen vgl. Kurt Hirsch, *Gewerkschaftliche Monatshefte*, April 1954.

14 Vgl. meinen Aufsatz *Streik und Verfassungsrecht, Der Gewerkschafter*, 1954, Heft 1 S. 10.

15 Vgl. mein Gutachten, S. 14.

6. Insbesondere ist die Begründung der Gegenmeinung abwegig, der Streik sei »Gewalt«, Streikandrohung »Drohung mit Gewalt«. Vielmehr ist der Streik ein typischer Fall gewaltlosen Widerstandes[16]. Das Streikrecht findet deshalb strafrechtlich gesehen lediglich an § 90 StGB seine Begrenzung[17], der die verfassungsrechtliche Schranke des Art. 18 GG konkretisiert hat.

7. Es ist ferner unrichtig, aus Art. 21 GG zu folgern, *nur* die politischen Parteien seien im System des Grundgesetzes zur Mitwirkung an der politischen Willensbildung berufen, also sei den sozialen Organisationen der Arbeitnehmer, den Gewerkschaften, jede Aktion verwehrt, die an die Staatsgewalt appelliert. Die soziale Wirklichkeit des modernen Staates, der – wie *Forsthoff*, der gewichtigste Vertreter dieser These, an anderer Stelle selbst zugibt[18] – keine starre Schranke zwischen politischer, sozialer und wirtschaftlicher Sphäre kennt und kennen kann, weil er durch seine Entscheidung notwendig ständig in die Verteilung des Sozialprodukts, aber auch der ökonomischen Machtpositionen eingreift, verbietet ein derartiges *Monopol der politischen Organisationen* von selbst. Will man es künstlich *erzeugen*, so ist das nur durch Beseitigung der Demokratie als des Strebens, die herrschaftlichen Momente des Staates durch Selbstverwaltung seiner Bürger und also auch seiner sozialen Gruppen auszugleichen, möglich. Die pluralistische Struktur des modernen demokratischen Staates ist also unaufhebbar, wenn man den Weg zum autoritären oder totalen Staat vermeiden will[19]. Will man es *fingieren*, so begünstigt man einseitig die Inhaber demokratisch nicht kontrollierter Machtpositionen in Wirtschaft und Gesellschaft und beseitigt die Geltung des Gleichheitssatzes im Verhältnis der sozialen Gruppen zueinander[20]. Art. 21 GG schafft also keine politische Monopolstellung der politischen Parteien[21]. In Bezug auf die Probleme der Sozial- und Wirtschaftspolitik ist er nur in Zusammenhang mit der Legitimierung der Koalitionen durch Art. 9 Abs. 3 GG zu verstehen[22]. Das wird auch darin deutlich, daß Art. 20 GG die Bundesrepublik als »demokratischen und sozialen Bundesstaat« bezeichnet[23].

---

16 Schmid, a. a. O., S. 4.
17 Fritz Bauer, a. a. O., S. 653 f.
18 *Lehrbuch des Verwaltungsrechts*, Allgemeiner Teil, 1. Aufl., München 1951, S. 59 ff.
19 Schmid, a. a. O., S. 5, Fritz Bauer in: *Geist und Tat*, 1953, S. 266 f.
20 Vgl. meinen Aufsatz: *Der Kampf um das Streikrecht, Der Gewerkschafter*, 1953, Heft 2, S. 9 ff.
21 Vgl. ebenso Wernicke im *Bonner Kommentar zum GG*, Art. 21, Anm. II, 1b, S. 5.
22 Vgl. Gutachten Abendroth, S. 8 ff. u. LAG München, Urteil vom 17. 4. 1953, a. a. O.
23 Vgl. meinen Aufsatz: *Zur Funktion der Gewerkschaften in der westdeutschen Demokratie, Gewerkschaftliche Monatshefte*, November 1952, S. 642 ff. S. oben S. 33 ff.

8. Darüber hinaus wird durch Art. 12 GG deutlich, daß mindestens der Abschluß von Arbeitsverträgen aus verfassungsrechtlichen Gründen in der Bundesrepublik nicht erzwungen werden kann. Also kann die – individuelle oder kollektive – Kündigung von Arbeitsverträgen oder die Verweigerung ihres Abschlusses grundsätzlich nicht illegitim sein. Diese Rechtslage könnte nur durch Änderung des Grundgesetzes beseitigt werden[24].

9. Die Mittel des sozialen Kampfes sind bei den sozialen und wirtschaftlichen Gruppen und Machtträgern notwendig verschieden, weil die Formen ihrer Einflußnahme jeweils durch ihren sozialen Standort und die Machtmittel, die ihnen zur Verfügung stehen, bestimmt sind. Die sozialen Gegenspieler der Arbeitnehmer haben vielfältige Einwirkungsmittel auf die öffentliche Gewalt und die öffentliche Meinung, die den Arbeitnehmern fehlen. Sie sind meist dadurch gekennzeichnet, daß sie in einer Weise zur Anwendung gelangen, die den Zusammenhang zwischen dem, der sie geltend macht, und dem Zweck der Einflußnahme der Öffentlichkeit verhüllt. (Einflußnahme auf hohe Bürokratie, verschleierte Einflußnahme auf Presse oder Parteien durch Inserate und Finanzierung usw.)[25] Das einzige wirkungsvolle Kampfmittel der Arbeitnehmer ist demgegenüber die kollektive (noch so kurzfristige) Verweigerung des Einsatzes ihrer Arbeitskraft. Dies Mittel kann seinem Wesen nach nur in einer der Öffentlichkeit zugänglichen Willensbildung dieser sozialen Gruppen vorbereitet und in öffentlich erkennbarer Weise verwendet werden. Es ist also – da das Wesen der Demokratie in öffentlicher Beteiligung eines jeden an der Bildung des sozialen und staatlichen Willens besteht – inhaltlich demokratisch[26].

10. Es ist, wenn es im Ringen mit der Gesamtheit der sozialen Gegenspieler (der Arbeitgeber also) um Einflußnahme auf bevorstehende Entscheidungen der Staatsgewalt (sei es der Legislative oder der Exekutive) eingesetzt wird, qualitativ in keiner Weise von anderen Formen des sozialen Kampfes (und also des Arbeitskampfes) verschieden, in denen nicht der konkrete Erfolg für die Kampfbeteiligten, sondern die Einwirkung auf die Öffentlichkeit zuungunsten der Gesamtheit der sozialen Gegenspieler den Zweck der Kampfhandlung darstellt, also insbesondere nicht vom Sympathiestreik. Der Demonstrationsstreik, der sich gegen die Einflußnahme der Arbeitgeber auf die Staatsgewalt richtet und an Staatsorgane irgendwelcher Art appelliert, um ihnen vor ihrer Entscheidung

---

24 Vgl. Fritz Bauer, *Juristenzeitung*, 1953, S. 653 f. und meine Darstellung in *Gewerkschaftliche Monatshefte*, Februar 1951, S. 61 f.

25 Schmid, a. a. O., S. 8.

26 Vgl. meine Darstellung, *Gewerkschaftliche Monatshefte*, November 1952, S. 647 ff.

über Fragen, die zwischen den sozialen Gegenspielern strittig sind, auch die Willensbildung der Arbeitnehmer zur Kenntnis zu bringen, ist darum eine verfassungsrechtlich legitime und soziale adäquate Form des Arbeitskampfes[27].

Wäre den Gegnern Schmids eine sachliche wissenschaftliche Auseinandersetzung wichtig gewesen, so hätten sie sich mit diesen Thesen auseinandersetzen müssen, die sein Aufsatz noch einmal zusammenfaßte. Niemand hat von ihnen erwartet oder verlangt, daß sie vor seiner Auffassung kapitulieren.

Statt dessen haben sie es vorgezogen, eine andere Kampfesweise zu beginnen. *Karl Nennstiel* hat in der *»Dritten Gewalt«* zwar Schmids Thesen auszugsweise wiedergegeben, sich aber auf das Scheinargument beschränkt, Schmids Argumentation gehe lediglich von der »Normativität des Faktischen« aus, aber an der »Rechtsidee« vorbei[28]. Er will nicht sehen, daß es Schmid durchaus um die Durchsetzung einer Rechtsidee in der Geschichte geht, nämlich um die Verwirklichung des Rechtsgrundsatzes des Art. 20 GG, der Gedankenwelt der sozialen Demokratie. Daß Nennstiel dabei gleichzeitig den seltsamen Geschmack besitzt, *Alfred Weber*, den Nestor der deutschen Soziologie, einen der wenigen hervorragenden und in der gesamten Welt, nicht nur in Deutschland, angesehenen Gelehrten, über die wir in der Bundesrepublik verfügen, im Vorbeigehen als senil hinzustellen, weil er in dieser Auseinandersetzung auf seiten der deutschen Arbeitnehmer steht, hebt nicht das Niveau seiner Darlegungen[29]. Gleichwohl wäre es nicht notwendig, seine Methoden öffentlich anzugreifen, wenn er nicht Schmid mit dem Mittel der *Richteranklage* mundtot machen wollte[30]. Nennstiel hält es für ein Problem, ob Schmid neben seiner rechtlichen Überzeugung, die er äußern dürfe, nicht auch politische Motive gehabt habe, und wirft ihm vor, die Auseinandersetzung nicht in der esoterischen Gemeinde der bloßen Fachjuristen belassen zu haben[31].

Aber sind Rechtsgedanken und politische Grundhaltung im Widerspruch zueinander? Für einen Demokraten sollten sie es nicht sein, sondern sollte sein politisches Verhalten aus seinem Bekenntnis zu den Rechtsgedanken der sozialen Demokratie folgen. Und kann eine Demokratie darauf

---

27 Vgl. dazu Gutachten Abendroth, S. 12 ff. u. 16, ferner *Der Gewerkschafter*, 1953, Heft 2, S. 9 ff. und LAG Berlin, Urteil vom 17. 8. 1953, *Neue Juristische Wochenschrift*, 1954, S. 124 ff.

28 *Die Dritte Gewalt*, 1954, Nr. 4/5, S. 19.

29 *Die Dritte Gewalt*, 1954, Nr. 4/5, S. 23.

30 *Die Dritte Gewalt*, 1954, Nr. 4/5, S. 29 ff. und Nr. 6, S. 16.

31 *Die Dritte Gewalt*, 1954, Nr. 4/5, S. 28 (»überdies nicht vor einem wissenschaftlichen Auditorium«).

verzichten, im Kampf ums Recht *jeden* Bürger (also nicht nur die Fachjuristen) zu beteiligen und deshalb an alle sozialen Gruppen zu appellieren, wenn sie nicht aufhören will, Demokratie zu sein? Das Ziel der Richteranklage ist bekanntlich die Amtsenthebung eines Richters. Nennstiel möchte sie Richard Schmid deshalb androhen, weil er eine andere Rechtsauffassung zu äußern wagte, als sie der Tradition obrigkeitsstaatlichen Denkens und den Interessen bestimmter sozialer Gruppen entspricht.

Dabei ist selbst diese Kampfesweise, die sich nicht mehr scheut, das Recht der wissenschaftlichen Diskussion und der freien richterlichen Überzeugung in den Wind zu schlagen, sobald ein Richter andere Ansichten vertritt, als sie den Traditionen bestimmter Gruppen innerhalb der Juristenschicht entsprechen, noch immer unvergleichlich anständiger als die Methode eines Teils der Presse, die es wagt, sich selbst als »christlich« zu bezeichnen. Der *»Rheinische Merkur«*[32] hat die Stirn, Richard Schmid zum »trojanischen Stabstrompeter« des Stalinismus zu ernennen, weil er angeblich in einer Rede daran erinnert hat, daß die russische Revolution als demokratische Revolution begonnen hat. Selbstverständlich ist auch sein erklärtes Ziel, Maßnahmen gegen ihn zu fordern. Seine mehr als merkwürdigen journalistischen Manieren gegenüber demokratischen Juristen hat er schon öfter bewiesen: Vor einiger Zeit verdächtigte er den Bundesverfassungsrichter *Prof. Dr. Martin Drath* als »roten Draht« zum Osten und den Frankfurter *Prof. Dr. H. Ridder*, der Mitglied der CDU und ein guter Katholik ist, als Instrument sozialdemokratischer Machtpolitik. *»Christ und Welt«*[33] schließt sich diesem Reigen würdig an: Es zitiert einen Aufsatz Schmids aus dem Jahre 1946, also aus einer Zeit, in der – wie jeder weiß – in den meisten deutschen Ländern wie in den wichtigsten Ländern Kontinental-Europas die Kommunisten Koalitionspartei waren und in der sich die SPD in Ostdeutschland und Berlin gegen den Versuch wehrte, mit der KPD »vereinigt« zu werden. Schmid hatte diesen Abwehrkampf unterstützt, dabei aber die Möglichkeit des Zusammenwirkens beider Parteien in bestimmten Fragen nicht ausgeschlossen, wie übrigens damals auch die Berliner SPD nicht, die in jener Zeit durch ihre Urabstimmung gegen die »Vereinigung« mit der KPD in der ersten von Besatzungseinflüssen unabhängigen deutschen politischen Entscheidung nach 1945 Berlin und wahrscheinlich auch Westdeutschland vor totalitären Entwicklungen bewahrt hat. Daraus sucht »Christ und Welt« eine prostalinistische Haltung Richard Schmids demagogisch abzuleiten und rechnet darauf, daß seine Leser diese geschichtlichen Zusammenhänge vergessen haben.

32 Nr. 9 vom 26. 2. 1954.
33 Nr. 8 vom 25. 2. 1954 und Nr. 9 vom 4. 3. 1954.

Ein Aufsatz des *»Spiegel«*[34] macht die Hintergründe dieser im bewährten Stil *McCarthys* geführten Kampagne deutlich: Der »Deutschland-Union-Dienst« der CDU[35] und deren südwestdeutsche Presse- und Informationsstelle[36] haben Anstoß daran genommen, daß Schmid im Dritten Reich sich weder gleichschalten ließ noch in den ersten Jahren nach 1933 – wie leider die Majorität der deutschen Juristen und Intellektuellen – passiv als gehorsamer Untertan den nationalsozialistischen Unrechtsstaat hinnahm, sondern in den Reihen der illegalen Arbeiterbewegung den Kampf gegen die totalitäre Diktatur aufgenommen hat und für seine demokratischen Überzeugungen ins Zuchthaus ging. Sie bemängeln, daß er – wie es die Pflicht eines Demokraten war – versucht hat, alle Gegner Hitlers zu gemeinsamem Vorgehen zu vereinen. Sind etwa *Churchill* und *Eisenhower* dadurch Bolschewisten geworden, daß sie gemeinsam mit der Sowjetunion gegen Hitler kämpften?
Diese Art des politischen Kesseltreibens gegen einen hohen Richter, der seine demokratische Zuverlässigkeit unter Einsatz seines Lebens unter Beweis gestellt hat, als die meisten seiner Kritiker nicht daran dachten, dem Gangsterregime der NSDAP entgegenzutreten, zeigt, wodurch wirklich Demokratie, Freiheit der Meinungsäußerung und der wissenschaftlichen Auseinandersetzung bedroht sind: nicht durch die wissenschaftlichen Überzeugungen Schmids, sondern durch die systematischen Versuche, den hysterischen »Antibolschewismus« McCarthys nach Deutschland zu übertragen und auch hier eine Atmosphäre zu erzeugen, in der aufrechte Demokraten nicht mehr wagen dürfen, für ihre Rechtsauffassung und für die bedrohten Positionen der Arbeitnehmer einzutreten. Die Verteidigung Schmids gegen seine Gegner hat damit aufgehört, nur eine Sache derer zu sein, die seine wissenschaftlichen und politischen Ansichten teilen. Sie ist zur Pflicht aller aufrechten Demokraten geworden. Die deutsche Gewerkschaftsbewegung, deren Sache er vertreten hat, und die deutschen Intellektuellen, deren unmittelbarstes Lebensinteresse das Recht der freien wissenschaftlichen Diskussion ist, werden sich in dieser Frage zu gemeinsamem Kampf finden müssen, wenn das politische Kesseltreiben gegen diesen hohen Richter fortgesetzt wird.
Diese Auseinandersetzung hat nichts mit parteipolitischer Frontbildung zu tun. Der CDU-Bundestagsabgeordnete *Anton Sabel* hat in einem verdienstvollen Aufsatz[37] gezeigt, daß es durchaus möglich ist, sachlich in

---

34 *Der Spiegel* vom 10. 3. 1954, S. 7 f.
35 Aufsatz von Arthur Jahn MdB vom 15. 2. 1954.
36 Aufsatz von Heinz-Ulrich Carl vom 24. 2. 1954.
37 *Soziale Ordnung* vom 3. 3. 1954.

diesen Fragen Stellung zu nehmen, obwohl Richard Schmid einer anderen Partei angehört als er. Es ist für einen großen Teil der deutschen Juristen und Intellektuellen eine wichtige Lehre, daß sich in dieser Äußerung eines christlichen Gewerkschaftsführers zeigt, daß die einheitliche Gewerkschaftsbewegung eine Schule echter Toleranz ist und daß deshalb Intellektuelle und Arbeitnehmerbewegung in der Verteidigung der geistigen Freiheit eine Front bilden sollten.

Begriff und Wesen des sozialen Rechtsstaates*

Es fällt mir relativ schwer, nach dem ausgezeichneten Referat von Herrn Forsthoff zur verfassungsrechtlichen Seite des Problems und nach den Ausführungen von Herrn Bachof zur verwaltungsrechtlichen Seite des Problems die Diskussion zu eröffnen. Zumal es nicht ganz leicht ist, meinen Standpunkt nun unmittelbar in polemischer Anknüpfung an die beiden Referate vorzutragen, deren Thesen mir ja vorher unbekannt geblieben waren. Jedoch scheint es mir notwendig, von bestimmten Fragestellungen auszugehen, die jenseits der Fragestellung liegen, wie sie uns in den beiden Referaten so ausführlich und so durchdacht entwickelt worden ist. Wir müssen uns zunächst bewußt bleiben, daß das Moment des *»sozialen Rechtsstaates«* in beiden Formulierungen, in denen es im Grundgesetz erscheint, in einem Zusammenhang steht, der sich *nicht* auf die beiden Seiten der Sozialstaatlichkeit und der Rechtsstaatlichkeit beschränkt. Sowohl in Art. 20 Abs. 1 GG als auch in Art. 28 sind diese beiden Seiten unmittelbar verknüpft mit dem Moment der Demokratie. Der soziale Rechtsstaat ist *demokratischer* und sozialer Rechtsstaat und mir scheint, daß das Grundgesetz doch mit dieser Kennzeichnung der Dinge zum Ausdruck bringen wollte, daß in der Verbindung dieser *drei* Momente die das grundgesetzliche System tragende Rechtsgrundlage zu erblicken ist. Zweifellos handelt es sich gerade in dieser Verbindung nicht um einen *Rechtssatz,* der unmittelbarer Anwendung fähig wäre, sondern um einen *Rechtsgrundsatz,* auf den, weil er das grundgesetzliche Rechts-

---

* Diskussionsbeitrag auf der Tagung der Vereinigung Deutscher Staatsrechtslehrer 1953. Zuerst in: *Veröffentlichungen der Vereinigung der Deutschen Staatsrechtslehrer,* Berlin 1954, H. 12, S. 85 ff. Über das Thema der Tagung »Begriff und Wesen des sozialen Rechtsstaates« referierten die Professoren Forsthoff und Bachof: ebenda, S. 8 ff., S. 38 ff. Ausführlicher hat Abendroth seine Position in der *Festschrift zum 70. Geburtstag von Ludwig Bergsträsser,* Düsseldorf 1954, S. 279 ff. begründet. Die Abhandlung aus dieser Festschrift *Zum Begriff des demokratischen und sozialen Rechtsstaates im Grundgesetz der Bundesrepublik Deutschland* ist wiederabgedruckt in: W. Abendroth, *Antagonistische Gesellschaft und politische Demokratie,* 2. Aufl. Neuwied 1972, S. 109 ff. Zu diesem Komplex s. auch den Aufsatz *Der demokratische und soziale Rechtsstaat als politischer Auftrag* unten S. 179 ff.

system trägt, nun allerdings das rechtsstaatliche Denken des Grundgesetzes voll bezogen werden muß. Ein Rechtsgrundsatz dieser Art hat dann aber, wie mir scheint, höhere Bedeutung als es nach der ersten These und zum Teil auch nach der sechsten These Ernst Forsthoffs[1] scheint. Die besondere Funktion von Rechtsgrundsätzen, wie sie in besonderer Schärfe und Klarheit das Grundgesetz in Art. 1 und eben in Art. 20 und 28 zum Ausdruck hat, ist es, das gesamte Grundgesetzsystem zu *legitimieren* und daher in dieser Wirkung auch zu durchdringen. Der Begriff der Sozialstaatlichkeit innerhalb dieser Einheit läßt sich daher von den anderen beiden mitwirkenden Momenten nicht isoliert verstehen. Dieser Begriff darf auch nicht ohne den konkreten Zusammenhang mit der sozialgeschichtlichen und politischen Situation interpretiert werden, die ihn geprägt hat. Ich möchte hier daran erinnern, daß diese Formulierung »sozialer Rechtsstaat« schon einmal in der Deutschen Staatsrechtslehre mit sehr deutlicher Akzentuierung vorgetragen worden ist, nämlich in aller Klarheit und mit durchaus polemischer Bedeutung in *Hermann Hellers* Schrift: Rechtsstaat *oder* Diktatur[2]. Wir müssen uns bewußt bleiben, in welchem Zusammenhang damals diese Formulierung stand. Ernst Forsthoff hat an anderer Stelle, nämlich im allgemeinen Teil seines Verwaltungsrechts darauf hingewiesen, daß der *liberale* Rechtsstaat auf der Grundvorstellung beruhte, daß die Gestaltung der Wirtschafts- und Gesellschaftsordnung nicht durch den Staat zu erfolgen habe, sondern deshalb in den Grundzügen als gegeben vorausgesetzt werden solle, weil der Glaube herrschte, daß die Sozialordnung, die hier vorausgesetzt wurde, ihr Gerechtigkeitsmoment in sich selbst getragen habe. Doch das sei eine Vorstellung, die auch für die Staatsrechtslehre und ganz gewiß also auch für den Verfassungsgesetzgeber handgreiflich überwunden wurde durch die Erfahrungen der großen Krise nach 1929 und durch die Erfahrungen des totalitären Regimes. Der Gedanke der Sozialstaatlichkeit sollte demgegenüber schon damals nach Hermann Heller zum Ausdruck bringen, daß nunmehr die Sozialordnung und die wirtschaftlichen Grundlagen dieser Sozialordnung einer Umgestaltung unterworfen werden müßten, einer Umgestaltung, die auf einer veränderten, nämlich dieser Situation angepaßten, materiellen Inhaltserfüllung des Gedankens der

---

1 Die erste und die sechste These Forsthoffs lauten: »Der Sozialstaat ist in wesentlichen Bereichen des Rechts (z. B. Verwaltungsrecht, Wirtschaftsrecht, Arbeitsrecht) verwirklicht und damit eine rechtliche Gegebenheit.« »Die rechtsstaatliche Verfassung ist grundsätzlich eine gewährleistende Verfassung und damit in relativ hohem Maße an den gesellschaftlichen status quo gebunden«. *Veröffentlichungen der Vereinigung der Deutschen Staatsrechtslehrer*, ebenda, S. 32 [Anm. d. Hrsg.]

2 Tübingen 1930 [Anm. d. Hrsg.]

materiellen Gerechtigkeit beruhen müsse. Mir scheint, daß das Grundgesetz in seiner Formulierung bewußt an diese Überlegungen angeknüpft hat, und daß deshalb diese Formulierung im Grundgesetz keineswegs auf der Vorstellung beruht hat, der Sozialstaat sei verwirklicht und damit eine rechtliche Gegebenheit, sondern umgekehrt auf der Vorstellung beruht hat, der Sozialstaat sei zu verwirklichen und daher noch eine Aufgabe der Rechtsordnung und also auch des Verfassungsrechts. Diese Überlegung führt uns zu weiteren Konsequenzen. Das Grundrechtssystem des Grundgesetzes hat – das war verständlich und in vielem auch berechtigt – die liberalen Grundrechte betont formuliert und die sozialen Grundrechte weitgehend ausgespart. Es hat das deshalb getan, weil der Parlamentarische Rat in der Überzeugung lebte, daß bei den liberalen Grundrechten an eine lange Tradition anknüpfend die unmittelbare situations-gerechte Durchsetzung aktuell möglich sei, während der Parlamentarische Rat sich hinsichtlich der Gestaltung der Sozialordnung keine Vorstellungen gebildet hatte, die klar genug waren, um die unmittelbare Formulierung sozialer Grundrechte eines status socialis activus der entfalteten modernen Demokratie voll zu ermöglichen. Zwar klingt dieser status socialis activus mehrfach an, aber er klingt eben nur an. Und im übrigen hat das grundrechtliche System des ersten Teiles lediglich Einfallstore geöffnet, um diese Aktivierungsaufgabe in Angriff nehmen zu können. Aber eben dadurch wird wieder deutlich, daß die Grundsatzformulierung »demokratischer und sozialer Rechtsstaat« keineswegs ein *Sein* bezeichnen sollte, sondern ein *Sollen* klar zum Ausdruck bringen wollte. Dadurch wird nun weiter klar, daß der Grundrechtsteil des Grundgesetzes, auch soweit er hergebrachte liberale Grundrechte, Grundrechte, um mit Herrn Forsthoff zu sprechen, der bloßen Ausgliederung formuliert, nicht als restaurative oder konservative Bestätigung der bestehenden Wirtschafts- und Gesellschaftsordnung gewertet werden darf, sondern daß umgekehrt auch hier der Gedanke durchdringt, daß es möglich und notwendig ist, den Wert, den diese liberalen Grundrechte zum Ausdruck bringen, in eine neu zu gestaltende Gesellschaftsordnung zu übertragen und zu übernehmen, die auch dem Wert der sozialen Gerechtigkeit als der weitgehend offen und ungelöst gebliebenen Gestaltungsaufgabe des Grundgesetzes entspricht. Das bedeutet weiter, daß sehr genau geprüft und überlegt werden muß, wieweit diese liberalen Grundrechte, zunächst als Ausgliederungsrechte gegenüber der Staatsgewalt formuliert und gedacht, nun, weil es sich um einen demokratischen und sozialen Rechtsstaat handelt, in *Teilhaberechte* umgedacht werden müssen, die gleichzeitig mit dem früheren bloßen Ausgliederungscharakter dieser Grundrechte – soweit notwendig und soweit möglich – versöhnt werden müssen. Von hier aus müssen wir uns darüber klar werden, daß zum Beispiel Art. 2, Art. 12, Art. 14 – in Art. 14 wie im Art. 2 ist das ausdrücklich zum Ausdruck gebracht – nicht lediglich im ausgliedernden Sinne Forsthoffs gedeutet werden dürfen, sondern daß umgekehrt hier das Einfallstor zur Umdeutung dieser Grundrechte in Teilhaberechte einer neu zu gliedernden Gesellschaft geöffnet worden ist. Das Grundgesetz bekennt sich also im Rechtsgrundsatz des sozialen und demokratischen Rechtsstaats zu der Möglichkeit, das überkommene Gedankengut des liberalen Rechtsstaates umzugestalten. Es verneint durch sein Bekenntnis zum demokratischen und sozialen Rechtsstaat sowohl die inhaltliche Entleerung des früheren liberalen Rechtsstaatsgedankens zum bloßen formalen Rechtsstaatsgedanken des Positivismus (Art. 1 Abs. 3) als die Versuchung, zu einer unkritischen, der konkreten sozialen Realität unangepaßten und undurchdachten Wiederbelebung des früheren liberalen Rechtsstaatsdenkens zurückzukehren. Es ist vielmehr darauf angelegt, den materiellen Rechtsstaatsgedanken der *Demokratie*, also vor allem den Gleichheitssatz und die Verbindung des Gleichheitssatzes mit dem Teilhabedenken im Selbstbestimmungsgedanken auf die Wirtschafts- und Sozialordnung auszudehnen und dadurch dem Sozialstaatsgedanken realen Inhalt zu verleihen. Und dabei ist es nun keineswegs so, daß das Grundgesetz lediglich darauf abstellt, ob die Inhaber solcher, sei es ökonomischer, sei es gesellschaftlicher Machtstellungen, die nicht demokratisch legitimiert werden können und die ihre Machtstellungen, wie wir alle wissen, ja auch in unmittelbare politische Machtstellungen übersetzen können, die erforderliche soziale Verantwortung erkennen lassen. Das Grundgesetz verbietet keineswegs dem Gesetzgeber – und auch nicht dem Verfassungsgesetzgeber bei eventuellen Änderungen des Grundgesetzes – durch Eingriff der im Staat demokratisch organisierten Gesellschaft die Inhaber derartiger Machtstellungen dem Willen der Gesellschaft zu unterwerfen. Dabei möchte ich vor dem Gedanken warnen, daß es a priori unmöglich sei, Verfassungssätze zu formulieren, die diesen Gedanken des Eingriffs in die bestehende Gesellschafts- und Wirtschaftsordnung zum Ausdruck bringen, wie Herr Forsthoff annimmt. Es ist durchaus möglich, in lapidarer Kürze Eingriffsmaßnahmen des demokratisch organisierten Staates in die Sozialstruktur und deren wirtschaftliche Grundlagen normativ konkret zu fassen, sobald nur die erforderliche Klarheit gewonnen ist über das, was gefaßt werden soll. Und so sehe ich darin, daß das Grundgesetz zu den wesentlichsten Fragen der Gestaltung des gesellschaftlichen Lebens über die konkrete Inhaltserfüllung des Gedankens des demokratischen und sozialen Rechtsstaats nichts ausgesagt hat, nicht etwa den Beweis dafür, daß man in Form von Verfassungsnormen nichts aussagen konnte – die Parallelentwicklung in Frankreich, in Italien zwingt ebensowenig zu dieser Annahme –, sondern ich sehe darin vielmehr den Beweis dafür, daß die politischen Kräfte, die dies Grundgesetz und die die französische und die italienische Verfassung gestaltet haben, sich auf einheitliche Wertauffassungen weitgehend nicht einigen konnten. Wir müssen nun sehen, wo eigentlich der Widerspruch liegt, der diese konkrete verfassungsrechtliche Fassung des Rechtsgrundsatzes, zu dem sich die Verfassung bekennt, verhindert hat. Auch im Parlamentarischen Rat standen sich ebenso wie in der französischen Nationalversammlung, ebenso wie bei der Gestaltung der italienischen Verfassung, Kräfte einander gegenüber, die der Ansicht waren, daß rechtsstaatliche Sicherung der Individualsphäre mit einem mindestens potentiell allseitig planenden Wohlfahrtsstaat unvereinbar sei und daß deshalb Eingriffe in die Sozial- und Wirtschaftsordnung nur als im Grunde die bestehende Sozial- und Wirtschaftsordnung nicht umgestaltende, sondern ins Gleichgewicht bringende Einzelmaßnahmen gebilligt werden können und auf der anderen Seite Gruppen, die umgekehrt der Meinung waren, daß eine volle Umplanung der Wirtschafts- und Gesellschaftsordnung erforderlich sei und daß ein derart neu zu gestaltender sozialer Wohlfahrtsstaat auf die Dauer gesehen die einzige Möglichkeit materieller Inhaltserfüllung des demokratischen Rechtsstaatsgedankens bringe. Das Grundgesetz konnte in dieser Situation nur wenige Entscheidungen treffen. Es hat vielmehr diese inhaltliche Bestimmung des Rechtsgrundsatzes der demokratischen und sozialen Rechtsstaatlichkeit eben um dieser, wenn Sie so wollen Kompromißlage willen, dem einfachen Gesetzgeber und evtl. dem Verfassungsänderungsverfahren überlassen. Was aber dieser Gedanke mindestens ausdrücken soll, ist daß eine Umgestaltung der Wirtschafts- und Gesellschaftsordnung in dieser Richtung, daß nämlich in rechtsstaatlicher Weise in der Wirtschafts- und Gesellschaftsordnung die demokratischen Strukturprinzipien und das demokratische Gerechtigkeitsdenken sich durchsetzen können, technisch möglich ist und objektiv mit rechtsstaatlichem Denken vereinbart werden kann. Das hat uns teilweise schon praktisch die Erfahrungswelt der englischen Entwicklung dargelegt. Ich möchte in dieser Richtung auf die Arbeiten Friedmanns, vor allen Dingen auf »Law and Social Charge in Great Britain«[3] hingewiesen haben. Ich möchte auch nicht vergessen, an die Arbeit von Angelopoulos über »Planisme et Progrès Social«[4] zu erinnern. Damit wird deutlich, daß die Firmierung »demokratischer und sozialer Rechtsstaat« in der Verbindung des demokratischen und des sozialen Moments mit

3 London 1951 [Anm. d. Hrsg.]
4 Paris 1953 [Anm. d. Hrsg.]

dem Rechtsstaatsmoment mindestens ein mögliches Programm zum Ausdruck bringt. Diese Firmierung ist durch Art. 79 Abs. 3 zu einem Rechtsgrundsatz von solchem Rang erhoben worden, daß er dem Verfassungsänderungsverfahren entzogen ist. Damit hat das Grundgesetz zum Ausdruck gebracht, daß es Wirtschafts- und Sozialordnung nicht wieder zu voller Autonomie gegenüber der politischen Ordnung zurückkehren lassen will und dem Gestaltungswillen des demokratischen Staates, der die Gesellschaft und ihre Träger zur Willens- und Wirkungseinheit zusammenfaßt, Raum geschaffen. Wie die Gestaltung nun im einzelnen verläuft, das allerdings hat das Grundgesetz nicht verfassungsrechtlich entschieden, aber es hat durch dieses Bekenntnis zum Ausdruck gebracht, daß diese Gestaltungsaufgabe, auch wenn sie als Gestaltungsaufgabe der bestehenden Gesellschafts- und Wirtschaftsordnung entgegengestellt wird, dem Staat nicht mehr entzogen werden darf, dem Staat, der selbst demokratischer Staat sein muß. Von hier aus gesehen, sind also dem Gedanken der Grundgesetzabänderung Schranken gezogen, Schranken in der Richtung, daß angesichts des Art. 79 Abs. 3 auch durch Grundgesetzänderung diese Gestaltungsmöglichkeit nicht wieder aufgehoben werden darf. Das ist die rechtliche Seite des Problems, deren wir uns bewußt bleiben müssen. Dieser *rechtlichen* Seite steht eine konkrete, *polititische* Seite gegenüber, in der deutlich wird, daß es nun Aufgabe der Wissenschaft von der Politik wird, zu untersuchen, in welcher Richtung derartige Gestaltungsaufgaben laufen können und in welcher Verflechtung die Sozialphilosophien, die hier zum Kampfe gegeneinander antreten, mit konkreten, sozialen Interessen der bestehenden, noch nicht demokratisierten Gesellschaft stehen, um von hier aus weiter zu überlegen, ob und in welcher Richtung wissenschaftliche Objektivierung sich über diese Interessengegensätze erheben und den politischen Kräften, die in der Demokratie in Erscheinung treten, Hilfe leisten kann.

Zurück zum Sozialistengesetz? Der »verfassungsfeindliche« Marxismus und Ritter von Lex*

Am 5. Juli 1955 hat Staatssekretär von Lex als Prozeßvertreter der Bundesregierung sein Schlußplädoyer im KPD-Prozeß vor dem Bundesverfassungsgericht gehalten. Es würde sich kaum lohnen, sich mit ihm auseinanderzusetzen, wenn nicht das »Bulletin des Presse- und Informationsamtes der Bundesregierung« (Nr. 125, S. 1047 ff.) sich seiner angenommen und es der gesamten Öffentlichkeit unterbreitet hätte. Damit wird deutlich, daß es nicht lediglich die mehr oder minder privaten Meinungen eines verspäteten streitbaren Ritters jenes »antimarxistischen« Kreuzfahrer-Heeres enthält, das sich im März 1933 im deutschen Reichstag zusammenfand, um die »Schmach und Schande« des Sieges der Demokratie im November 1918 über den monarchischen Obrigkeitsstaat und die Militärdiktatur der Ludendorff und Hindenburg durch das Ermächtigungsgesetz Herrn Hitlers auszulöschen, wie sich der Fraktionsführer der Bayrischen Volkspartei damals auszudrücken beliebte, sondern ernstlich die Auffassungen der Bundesregierung wiedergibt.
Obwohl reichlich unwahrscheinlich ist, daß das Bundesverfassungsgericht Gedankengänge der Art, wie sie Ritter von Lex ihm vortrug, zur Grundlage seiner Urteilsbegründung machen wird – trotz aller Kritik an manchen seiner Beschlüsse, die wir geltend machen mußten, würden wir es für eine Herabsetzung seines guten Willens halten, die Verfassung zu wahren, wenn wir ihm solche Absichten unterstellen würden –, ist es deshalb politisch und rechtlich unbedingt notwendig, zu seinem Inhalt Stellung zu nehmen und die freiheitsliebenden Kräfte des deutschen Volkes auf die Gefahren hinzuweisen, die hier drohen.
Herr Ritter von Lex will nicht mehr und nicht weniger, als das Verbot der Geschichtsphilosophie des Marxismus erreichen. Was schiert ihn, den tapferen Kämpfer jener »nationalen Erhebung« des Jahres 1933, die mit den verruchten Prinzipien der demokratischen Revolution des Jahres 1918 abgerechnet hat, eine solche Kleinigkeit wie Art. 4 Abs. 1 (Freiheit

* Zuerst in: *Die Andere Zeitung*, 1955, Nr. 15, S. 1 f.

des weltanschaulichen Bekenntnisses) oder gar Art. 5 (Recht der freien Meinungsäußerung) des Grundgesetzes? Der »Wertgehalt des Grundgesetzes«, wie *er* ihn auffaßt, seine Vorstellung von der »Schöpfungsordnung«, die er höchst unbefangen zum obligatorischen Glaubensinhalt der Bundesuntertanen deklariert, seine Überzeugung, daß »die sozialen Unterschiede ausgehen von der Verschiedenartigkeit der Menschen an Verantwortung und Leistung« sind bedroht, wenn jemand die Aufhebung der Klassen und des Staates betreibt, die Realität des Klassenkampfes von oben feststellt und daraus Konsequenzen auch für jene ungeheure Majorität des Volkes zieht, die mangels Einsicht in diese Zusammenhänge nach 1945 die Restauration jener deutschen Sozialordnung hingenommen hat, die uns nach Ausbruch der Weltwirtschaftskrise vor wenigen Jahrzehnten von Brüning über Papen und Schleicher zum Ermächtigungsgesetz geführt hat.

Niemand wird Lex und seinen Hintermännern übelnehmen, daß sie die Ansichten verfechten, die sie haben. Sie mögen *ihre* Auffassung von der »Schöpfungsordnung«, die durch »Verschiedenartigkeit der Menschen an Verantwortung und Leistung« »soziale Unterschiede« garantiert, behalten, selbst wenn sie glauben, daß wirtschaftlicher Erfolg in dieser besten aller Welten jeweils höherer Verantwortung (wofür?) und Leistung (wodurch?) entspräche, und *ihre* Thesen auch künftig vertreten, daß man getrost die Klassengegensätze hinwegphantasieren dürfe, um sie nicht aufheben zu müssen, obwohl es uns mehr als zweifelhaft erscheint, den Vogel-Strauß-Standpunkt der schmalen ökonomischen Oberschicht und ihrer Verbündeten in der hohen Bürokratie als notwendige Konsequenz christlichen Glaubens zu deklarieren. Was soll das alles aber mit dem »Wertgehalt des Grundgesetzes« zu tun haben? Seit dem Ende des Sozialistengesetzes konnte im Deutschen Reich bis zum Jahre 1933 das Denkschema von Marx und Engels frei erörtert und legal zum Programm einer politischen Partei erhoben werden. Will die Bundesregierung ernstlich behaupten, das Grundgesetz gebe ihr die Möglichkeit, Deutschland hinter den Stand an geistiger Freiheit zurückzuwerfen, der seit 1890 selbstverständlich war?

Was widerspricht der Würde des Menschen (Art. 1 GG): Festzustellen, daß die Realität der Klassengesellschaft den Besitzern der großen Produktionsmittel auf den Kommandohöhen der kapitalistischen Wirtschaft Befehlsgewalt über die große Majorität des Volkes verleiht, so daß diese Majorität um ihrer Würde willen genötigt ist, *ihre* Freiheit und Gleichheit zu erkämpfen (also in der Sprache des Marxismus ausgedrückt, ihren Klassenkampf zu führen), – oder so zu tun, als ob diese Realität nicht bestünde? Wer kämpft für die »Seins- und die Weltautonomie« des

Menschen: Wer behauptet, sie sei in einer Gesellschaft bereits verwirklicht, in der z. B. die große Mehrheit der jungen Menschen das Maß an Bildungsgütern, das ihr vermittelt wird, durch die soziale Position und Tradition der Eltern (und zum Teil sogar durch deren konfessionelle Bindung) diktiert erhält, um dann den Rest ihrer »Wertvorstellungen« durch die Profitbedürfnisse der Vergnügungsindustrien zugemessen zu bekommen –, oder wer diese Situation verändern und eine Gesellschaft schaffen will, in der die freie Entwicklung eines jeden die Voraussetzung der freien Entwicklung der Gesellschaft selbst und damit aller wird? Man mag dies Ziel für utopisch halten (niemand will das dem Ritter von Lex verbieten) – aber ist es mit Art. 1, 2 und 3 des Grundgesetzes wirklich unvereinbar, deren Inhalt aus einer leeren Deklaration und einer juristischen Fiktion in soziale Realität verwandeln zu wollen? Widerspricht es dem Grundgesetz, das die Freiheit von Forschung und Lehre ausdrücklich garantiert, die reale Verknüpfung von individuellem Schicksal und Klassenschichtung aufzudecken und die Auffassung zu vertreten, daß die dauernden Interessen der Arbeitnehmer (und insbesondere der Arbeiterklasse) mit denjenigen der Menschheit (und damit der Moral) übereinstimmen?

Man mag über die marxistische Lehre vom Staat (die ihn nur insofern für einen Staat, eine besondere, gegenüber der Gesellschaft verselbständigte Unterdrückungsorganisation hält, als er noch der Herrschaft einer Klasse über andere Klassen dient) sehr verschiedener Meinung sein, – aber kann ernstlich bestritten werden, daß der Staat mindestens *auch* der Aufrechterhaltung bestimmter sozialer Machtverhältnisse dient, und ist es undemokratisch, ihn in ein Instrument der realen Interessen der Majorität verwandeln zu wollen? Das aber ist der wirkliche Inhalt der Lehre von der Demokratie, der Herrschaft des Proletariats und der permanenten Revolution im »Kommunistischen Manifest«.

Will wirklich, wer an Stelle der Beherrschung des Staates durch die bisher privilegierten Schichten seine Unterwerfung unter die Bedürfnisse der zum Selbstbewußtsein erwachten Majorität, seine Umwandlung in deren Instrument zwecks Beseitigung der Klassenstruktur der Gesellschaft setzen will, die rechtliche und reale Gleichheit und die Freiheit irgendeines Menschen beseitigen, oder will er nicht vielmehr die Bedingungen schaffen, die für jeden Menschen Freiheit und Gleichheit erst praktischen Inhalt geben? Hat Ritter von Lex noch nichts davon gehört, daß es der Sinn des Gleichheitssatzes der modernen Verfassung ist, durch rechtliche Differenzierung inhaltlich ungleichen Tatbeständen gerecht zu werden, um inhaltliche Gleichheit möglich zu machen? Kann man »Klassen« die Menschenrechte absprechen, wie Herr von Lex seinen Gegnern unter-

schieben möchte, oder sind nicht vielmehr Menschenrechte Rechte der Individuen, die es erst sicherzustellen gilt? Hat er noch nichts davon gehört, wie energisch einst Rosa Luxemburg im Spartakusprogramm darauf verwiesen hat, daß der revolutionäre Marxismus und der Klassenkampf des Proletariats soziale Institutionen, nicht aber Menschen bekämpfe und eben deshalb die Beseitigung der Menschenrechte für Individuen und den Terror ablehnt? Wer hat endlich in der jüngsten deutschen Sozialgeschichte die Menschenrechte mit Füßen getreten: die revolutionären Marxisten oder diejenigen, die Herrn Hitler in genauer Kenntnis aller Verbrechen seiner Partei und der Zusammenhänge des Reichstagsbrandes das Ermächtigungsgesetz genehmigt haben?
Wo behauptet endlich das Grundgesetz, das in Art. 9 Abs. 3 das Koalitionsrecht sichert, die sozialen Gegenspieler seien »Sozialpartner« mit prinzipiell übereinstimmenden Interessen, die ohne sozialen Kampf durch bloße »Verständigung« (die etwas anderes ist als ein jeweilig befristeter Machtausgleich durch Kompromiß) auf einen Nenner gebracht werden können? Hier wird Ritter von Lex besonders deutlich: Er erklärt den (inhaltlich, nicht notwendig der Form nach) revolutionären Klassenkampf und den Massenstreik für schlechthin »verfassungsfeindlich«. Was legitimiert ihn hierzu, abgesehen von seinen »ordnungs«- und obrigkeitsstaatlichen Phantasien? Hat er völlig vergessen, daß Art. 20 des Grundgesetzes diesen Staat als demokratisch und sozial bezeichnet, daß die Demokratie in Deutschland im November 1918 durch Massenstreiks der Arbeiter und Soldaten begründet, im März 1920 durch Massenstreiks verteidigt und nach 1930 durch den Verzicht auf rechtzeitige Anwendung der Waffe des Massenstreiks verspielt wurde? Will er den Massenstreik auch im täglichen Ringen der sozialen Gegenspieler um »sozialen Ausgleich« verbieten?
Das Plädoyer des Ritters von Lex hat systematisch – und, wie uns scheint, bewußt – vermieden, die stalinistische Entartung des Marxismus und die KPD *konkret* anzugreifen. Es hat allgemeine Thesen des Marxismus (die zu Zeiten des Erfurter Programms Gemeingut der deutschen Sozialdemokratie waren) aus dem Zusammenhang gerissen, fehlinterpretiert und mit einer Fehlinterpretation des »Wertgehalts« des Grundgesetzes konfrontiert, um die Ablehnung der Herrschaftsformen der stalinistischen SED und der DDR durch die breiten Massen des deutschen Volkes zu einem Generalangriff auf die Theorie des proletarischen Klassenkampfes, auf die Meinungsfreiheit und auf das Streikrecht zu mißbrauchen.
So wenig wahrscheinlich es auch ist, daß das Bundesverfassungsgericht ihm in diesen Bahnen folgen wird, so sehr ist es notwendig, daß das deutsche Volk wachsam bleibt, um alle Pläne in Bundesregierung und

hoher Bürokratie rechtzeitig zu durchkreuzen, auf dem seit Brünings und Papens Zeiten so bewährten kalten Wege die Demokratie aufzuheben und den Obrigkeitsstaat erneut zu etablieren.

Bundesverfassungsgericht und Widerstandsrecht*

Das Grundgesetz der Bundesrepublik Deutschland ist als Ergebnis zweier Kompromisse entstanden:
Erstens mußten die westlichen Besatzungsmächte, die ursprünglich einen westdeutschen Teilstaat begründen wollten, den Wunsch der deutschen politischen Kräfte hinnehmen, nur ein provisorisches Staatsfragment zu bilden, das sich als Station auf der Bahnstrecke zur Neubegründung eines gesamtdeutschen Staates empfindet (Art. 146 GG).
Zweitens haben sich die großen politischen Parteien, die im Parlamentarischen Rat vertreten waren – in Wirklichkeit also die Repräsentanten der Interessen und der politischen Ideologien der gegeneinander ringenden sozialen Klassen –, auf ein kompliziertes System von Grundrechten und formalen Regeln für die künftige Verteilung der Sphären der politischen Macht und für die Erzielung späterer politischer Kompromisse geeinigt, das in der Deklaration sein Dach findet, die Bundesrepublik Deutschland sei ein »demokratischer und sozialer Bundesstaat« (Art. 20 GG).
Beide Kompromisse finden ihre innere Einheit im demokratischen Legitimationsgedanken, denn wirklich demokratisch legitimiert, im Willen des einheitlichen Volkes zu seiner Selbstbestimmung verankert, kann nur ein deutscher Gesamtstaat sein, der auf der gemeinsamen demokratischen Entscheidung der Nation beruht, solange der Wille zur politischen Einheit in dieser Nation enthalten ist.
Obwohl zur Zeit des Inkrafttretens des Grundgesetzes die Währungsreform schon hinter uns lag, die im Westen auf der politischen Entscheidung der amerikanischen Besatzungsmacht, im Osten auf dem Eingreifen der Sowjetmacht beruhte, und obwohl deshalb die Grundzüge des restaurativen Systems in Westdeutschland bereits deutlich zutage traten, wirkten damals die geschichtlichen Erfahrungen der Zersetzung und des Untergangs der Weimarer Republik noch so stark nach, daß sich auch die

* Zuerst in: *Die Andere Zeitung*, 1955, Nr. 5, S. 1 f.

bürgerlichen Parteien zu dem Anerkenntnis bereit finden mußten, die Umwandlung Deutschlands in eine soziale Demokratie bilde die Voraussetzung der Erhaltung auch der politischen Volksherrschaft.
Die provisorische Verfassungsordnung des Grundgesetzes läßt gleichwohl viele negative Seiten ihrer Kompromißhaftigkeit erkennen. In zahlreichen Einzelbestimmungen des organisatorischen Teils wird das Bekenntnis zur politischen Demokratie nicht zur Konsequenz geführt. Der Grundrechtsteil läßt nur in wenigen Bestimmungen den Schluß zu, daß das Bekenntnis zur sozialen Demokratie sich in ihm bereits verwirklicht habe (so z. B. in Art. 3 Abs. 2, Art. 15). Gleichwohl bleibt das Bekenntnis zur sozialen Demokratie in Art. 20 im Gesamtzusammenhang des Grundgesetzes allen seinen Einzelbestimmungen übergeordnet. Sie finden an diesem Bekenntnis ihre Schranke und werden durch den Rechtsgrundsatz, den es enthält, bei sinngemäßer Auslegung der Verfassung an ihren richtigen Standort verwiesen.
Das Grundgesetz hätte niemals zustande kommen können, wenn ihm nicht die Arbeitnehmerschaft, repräsentiert durch die sozialdemokratischen Mitglieder des Parlamentarischen Rates, trotz vieler Bedenken zugestimmt hätte. Für sie war das Bekenntnis, das in Art. 20 ausgesprochen wird, und war vor allem dessen Überordnung über alle Einzelteile der Verfassung die Vorbedingung für ihre Mitwirkung an der Entstehung des westdeutschen Staatsfragmentes. Für sie war aus dem gleichen Grunde, weil nämlich die Demokratie die Vorbedingung für die soziale Emanzipation der Arbeitnehmer darstellt und weil sich Demokratie in Deutschland nur in einem gesamtdeutschen Staate endgültig verwirklichen läßt, die deutliche Beschränkung der Geltungsdauer des Grundgesetzes und der Existenz des besonderen westdeutschen Staatsfragmentes durch Art. 146 und das Bekenntnis zum gesamtdeutschen demokratischen Staat die unabdingbare Voraussetzung ihres Einverständnisses mit diesem Kompromißwerk.
Ihrem Wesen nach beruht jede Verfassung entweder auf einer eindeutigen politischen Entscheidung oder auf einem Kompromiß mehrerer politischer Kräfte. Sie verpflichtet also die der Verfassung unterworfenen Volksmassen nur so lange dazu, den Staatsorganen Gehorsam zu leisten, als diese Grundlagen respektiert werden, die allein die Verfassung legitimieren können. Deshalb ist vom Standpunkt der westdeutschen Arbeitnehmer und der demokratischen Sozialisten aus gesehen diese Unterwerfungspflicht nur so lange gegeben, als das Bekenntnis zur demokratischen Einheit des deutschen Volkes (Art. 146 GG) und das Bekenntnis zur progressiven Verwirklichung der sozialen Demokratie (Art. 20 GG) von den Organen des westdeutschen Staatsfragmentes beachtet wird. Die

Arbeitnehmer und die demokratischen Sozialisten sind – durch ihre soziale Position und ihr politisches Bekenntnis eindeutig gebunden – die geborenen Hüter der Demokratie in der rechtlichen und der realen Verfassung unseres Staates. In dieser Funktion haben 1920 die Gewerkschaften und die sozialistischen Parteien durch ihren Generalstreik die Weimarer Republik gegen den Kapp-Putsch verteidigt. Mit dem gleichen geschichtlichen Auftrag haben sie 1922 die Initiative ergriffen, um das Republikschutzgesetz gegen völkische Mordbuben zu erzwingen und die Sabotage der reaktionären Justiz gegenüber dem Weimarer Staat in Schranken zu halten. Als sie im Jahre 1923 nicht mehr die Kraft hatten, die Überrumpelung der Republik durch Klassenkräfte ihrer sozialen Gegenspieler unmöglich zu machen, haben sie die Wirksamkeit jener Verfassungsnormen der Weimarer Verfassung verspielt, die auch damals Ansatzpunkte zur Realisierung sozialer Demokratie enthielten. Rechtswissenschaft, Rechtsprechung des Reichsgerichts und der meisten anderen höheren Gerichte haben sofort die Gelegenheit benutzt, diese Verfassungsnormen als zu nichts verpflichtende Programmgedanken aufzufassen und dadurch zu entwerten. Als dann in der großen Wirtschaftskrise nach 1929 Reaktion und Faschismus zum letzten Schlage gegen die politische Demokratie ausholten, gelang es nicht mehr, diesen Anschlag abzuwehren, weil sich durch die verhängnisvolle Entscheidung der preußischen Staatsregierung nach dem Staatsstreich Papens Gewerkschaften und Arbeiterparteien verleiten ließen, ihre historische Aufgabe, die Demokratie durch außerparlamentarische Aktion zu schützen, der Entscheidung des »Staatsgerichtshofes des Deutschen Reiches« zu unterwerfen. Es erwies sich, daß dies Gericht weder in der Lage noch willens war, Demokratie und Menschenrechte vor dem Zugriff der Reaktion zu bewahren.

Das Grundgesetz der Bundesrepublik Deutschland hat unzweifelhaft in seinen Artikeln 93 und 94 dem Bundesverfassungsgericht eine viel stärkere Position zugebilligt, als sie jener Staatsgerichtshof der Weimarer Republik einst hatte. Es mag ruhig dahingestellt bleiben, ob – als das Grundgesetz entstand – die sozialdemokratischen Mitglieder des Parlamentarischen Rates richtig gehandelt haben, als sie der starken Stellung zustimmten, die hier für ein Gericht begründet wurde. In jedem Falle muß aber auch die Position des Bundesverfassungsgerichts als bloßer Bestandteil der gesamten demokratischen Ordnung verstanden werden, die Art. 20 GG begründet. Sie ist dem Grundgesetz nicht übergeordnet, sondern unterworfen. Deshalb bleibt sie notwendig an das Bekenntnis zur demokratischen Ordnung gebunden. Also ist auch das Bundesverfassungsgericht weder Herr der Auslegung der Verfassung, noch Hüter der demokratischen Ordnung. Es ist lediglich ein Hilfsorgan des wirklichen Hüters der Verfassung, nämlich des Volkes. Erfüllt es diese seine Funktion nicht, weil es sie nicht zu erfüllen wünscht, macht es sich zum Opfer nicht-demokratischer traditioneller Vorstellungen der Juristen, oder kann es seine Funktion nicht erfüllen, weil eine grundlegende Verschiebung der Machtverhältnisse in den Staatsorganen sich zeigt oder einzutreten droht, durch die die Demokratie gefährdet oder gesprengt wird, so ist das Volk verpflichtet, unmittelbar zu handeln. Art. 93 und 94 des Grundgesetzes wollten und konnten die Erfahrungen des Konfliktes zwischen Preußen und dem Reich, der durch den Staatsstreich Papens 1932 ausgelöst wurde, nicht auslöschen. Das Widerstandsrecht des Volkes gegen undemokratisch und verfassungswidrig ausgeübte öffentliche Gewalt besitzt deshalb höheren Rang als die Funktionen des Bundesverfassungsgerichtes.

Diese Erkenntnis wurde in zwei Landesverfassungen, die heute noch geltendes Recht sind, vor der Abfassung des Grundgesetzes festgehalten: In Art. 19 der Verfassung Bremens und Art. 147 Abs. 1 der Verfassung des Landes Hessen. Im Parlamentarischen Rat hat niemand angenommen, daß diese Verfassungsnormen durch das Grundgesetz außer Kraft gesetzt worden seien. Auch nach Abfassung des Grundgesetzes und nach seinem Inkrafttreten hat die Verfassung von Berlin in Art. 23 Abs. 3 sich zur gleichen Auffassung bekannt.

Gleichwohl hat der erste Senat des Bundesverfassungsgerichts in einem Beschluß, der gelegentlich des Verbots-Prozesses gegen die KPD in den letzten Märztagen 1955 erging, folgende Auffassung geäußert: »Das Bonner Grundgesetz verleiht in wesentlich weiterem Umfange als die Verfassungen anderer demokratischer Staaten über die parlamentarische Kontrolle hinaus die Möglichkeit, gegen etwaige Verfassungsbrüche – welchen Ausmaßes auch immer – oder gegen verfassungswidrige Handlungen eines Verfassungsorgans, sogar des Gesetzgebers selbst in einem gerichtlichen Verfahren vorzugehen. Solange diese Gerichtsbarkeit unbehindert in Anspruch genommen werden kann, ist ein Widerstandsrecht für jedermann, auch für politische Parteien, schlechthin ausgeschlossen.«[1]

Diese These des Bundesverfassungsgerichtes kann nicht unwidersprochen hingenommen werden. Würde sie von den demokratischen Kräften des deutschen Volkes, von der Gewerkschaftsbewegung und den Sozialisten, übernommen, so wäre nicht nur die soziale Demokratie, sondern auch die politische Demokratie zum zweiten Male gescheitert. Selbst wenn man unterstellen wollte, daß das Bundesverfassungsgericht in allen Fällen zur

1 Pfeiffer/Strickert (Hrsg.), *KPD-Prozeß*, Bd. 2, Karlsruhe 1956, S. 125 [Anm. d. Hrsg.]

Verteidigung der Demokratie entschlossen wäre, wäre es im Falle eines Staatsstreichs von oben, der sich auf die Machtmittel des Staatsapparates stützen kann, auf sich allein gestellt nicht in der Lage, das geringste zu unternehmen. Haben sich die Machtpositionen einer zum Staatsstreich entschlossenen Regierung oder einer zum Verfassungsbruch entschlossenen Parlamentsmehrheit, die sich auf den Apparat des Staates, seine bewaffnete Macht und seine Verwaltungsmaschine stützen können, gefestigt, so bleibt auch dem Bundesverfassungsgericht kein anderer Weg, als ihn vor 22 Jahren der Staatsgerichtshof für das Deutsche Reich im Streite zwischen Preußen und der Papen-Regierung gegangen ist: Es hätte lediglich die Wahl, ob es sich durch ein juristisch richtiges Urteil selbst in die Luft sprengen will, weil es weiß, daß der Inhaber der Macht sein Urteil nicht respektieren und das Gericht beseitigen wird, wenn es in einer Weise entscheidet, die zwar der geschriebenen Verfassung, aber nicht mehr der Machtlage entspricht, oder ob es sich durch einen faulen Kompromiß seiner Pflicht zu entziehen gedenkt.
Das Verfassungsgericht kann also die Pflichten, die ihm das Grundgesetz aufbürdet, im Falle einer groben Verfassungsverletzung praktisch nur dann erfüllen, wenn die demokratischen Kräfte in der Bevölkerung ihre Widerstandspflicht kennen und sie sofort betätigen. Denn wenn dem Staatsstreich oder der groben Verfassungsverletzung unmittelbar die wirkungsvolle Massen-Aktion der demokratischen Kräfte des Volkes entgegentritt, wird jene Festigung der verfassungsfeindlichen Machtpositionen unmöglich, die zur Hoffnungslosigkeit auch der Position des Verfassungsgerichtes führen muß. Der Beschluß des Bundesverfassungsgerichts hebt deshalb in seiner objektiven Wirkung die Funktion des Bundesverfassungsgerichtes, die ihm das Grundgesetz zugewiesen hat, selbst auf, falls sich die demokratischen Kräfte des deutschen Volkes dieser Meinung des Bundesverfassungsgerichtes unterwerfen.
Hinter diesem Beschluß des Bundesverfassungsgerichtes verbirgt sich eine gefährliche Wandlung der herrschenden Meinung in der deutschen Staatslehre zum Problem der Bedeutung der Demokratie. Es ist bezeichnend, daß die zweite Auflage eines der wichtigsten Kommentare zum Bonner Grundgesetz, der durch *Hermann v. Mangoldt* begründet wurde und durch *Friedrich Klein* fortgeführt wird, die Auffassung vertritt, daß unter »demokratischer Zielsetzung nicht so sehr das Prinzip der Volkssouveränität als vielmehr die Prinzipien des Rechtsstaates und der Liberalität zu verstehen sind« (S. 42). Das Prinzip der Demokratie ist aber gerade die Souveränität des Volkes. Das Prinzip des »Rechtsstaates« ist an sich inhaltsleer und kann mit den verschiedensten Akzenten verbunden werden. Das Prinzip der Volkssouveränität führt zu der unabdingbaren

Konsequenz, daß das Volk, wenn es sie bedroht weiß, sich in jeder Form zum Widerstand erheben und seine Souveränität sichern kann und muß. Das Prinzip des »Rechtsstaats« – so, wie es von der Majorität der Staatsrechtslehre z. Z. vertreten zu sein scheint – wird hier von den Kommentatoren des Grundgesetzes dem Prinzip der Volkssouveränität entgegengestellt. Nach der Absicht des Bonner Grundgesetzes, wie sie in Art. 20 deutlich hervortritt, ist aber gerade dies Prinzip des Rechtsstaats dem der Demokratie eingebettet und also untergeordnet worden.
Der gleiche Beschluß des Bundesverfassungsgerichts läßt leider auch an einer zweiten Stelle erkennen, daß der erste Senat den Bahnen folgt, wie sie in dieser Wendung von der demokratischen zur liberalrechtsstaatlichen Staatslehre vorgezeichnet sind. Das Bundesverfassungsgericht erkennt zwar an, daß Art. 146 die Politik der Wiedervereinigung vorschreibt. Aber es vertritt die Meinung, die Auffassungen jener Kräfte, die gegenwärtig die Bundesregierung stellen, und die im bloßen Staatsfragment der Bundesrepublik bereits den vollen deutschen Staat repräsentiert sehen wollen (Scheuner), seien verfassungsrechtlich gesehen gleichberechtigt mit den Auffassungen derjenigen politischen Kräfte, die im Gedanken der Wiedervereinigung und der konkreten Überwindung der gegeneinander stehenden Staatsfragmente den Auftrag der Bundesrepublik erblicken. Die Wahl zwischen »jener Politik, die vor einer engeren Verbindung mit der Organisation des Atlantikpaktes und derjenigen, die nach einer solchen Verbindung die Wiedervereinigung wolle«, liege »im Bereich des verfassungslegitimen politischen Ermessens«[2]. Das Bundesverfassungsgericht hat auch hier sowohl die politische Bedeutung des Kampfes um die Verträge als auch die verfassungsrechtliche Stellung des Art. 146, der im Zusammenhang der Gewährleistung der Demokratie zu sehen ist, verkannt. Es leuchtet ein, daß die auf lange Frist vereinbarte Bindung eines deutschen Staatsfragmentes an ein militärisches Bündnissystem fremder Mächte, das im Gegensatz zu Mächten steht, die an der Wiedervereinigung Deutschlands mitzuwirken haben, der Durchführung der Wiedervereinigung entgegensteht. Der demokratische Grundgedanke des Grundgesetzes kann sich erst im wiedervereinigten Deutschland voll entfalten. Erst wenn die Nation, deren Wille zur politischen Einheit fortbesteht, ohne territoriale Trennung in ihrer Einheit politische Entscheidungen fällen kann, ist sie zu so schwerwiegenden politischen Entscheidungen fähig, wie sie sich in der Bindung an militärische einseitige Sicherheitssysteme niederschlagen. Jede partielle Bindung widerspricht dem Grundgedanken der Demokratie und also Art. 146 in seiner inneren

2 Ebenda. [Anm. d. Hrsg.]

Verbindung mit Art. 20 des Grundgesetzes. Das Bundesverfassungsgericht hat in seiner Saar-Entscheidung[3] die Überlegungen verwirklicht, die in diesem Beschlusse vorgezeichnet waren. Es hat damit in doppelter Weise zu erkennen gegeben, daß es sich nicht nur der Möglichkeit begeben hat, im Falle einer ernstlichen Verfassungsverletzung die Voraussetzungen seiner eigenen unabhängigen Entscheidung durch den Appell an den Widerstandswillen der demokratischen Kräfte des Volkes zu sichern, sondern daß es darüber hinaus auch in den entscheidenden Problemen der Einheit des deutschen Volkes und der Wiedervereinigung des deutschen Staates versagt.

Die demokratischen Kräfte des deutschen Volkes müssen aus dieser Lage ihre Konsequenzen ziehen. Die Gefahr gewaltsamer Beseitigung der letzten demokratischen Positionen im Gefüge des Staatsfragmentes Bundesrepublik muß im gleichen Maße wachsen, in dem sich der Apparat dieses Staatsfragmentes immer deutlicher in den Apparat eines souveränen selbständigen Staates zu verwandeln droht. Sie muß und sie wird doppelt zunehmen, wenn unter diesen nicht-demokratischen Bedingungen und in der Situation des restaurativen Gesellschaftsgefüges der Bundesrepublik eine neue bewaffnete Macht entsteht. Die demokratischen Kräfte des deutschen Volkes, die großen Organisationen der Arbeitnehmer und die Partei der demokratischen Sozialisten, sind in dieser Lage die einzigen Garanten für die Bewahrung demokratischer Freiheit. Sie müssen sich stets dieser Verantwortung bewußt sein. Die Erhaltung der demokratischen Grundlagen des westdeutschen Gemeinwesens, der Schutz der Demokratie, hängt davon ab, ob und wieweit sie entschlossen und gewillt sind, das demokratische Widerstandsrecht, das ihnen keine Entscheidung irgendeines Gerichtes absprechen kann, als Widerstandspflicht aufzufassen. Gewiß genügt es im Falle einer nicht politisch entscheidenden, unwesentlichen Verfassungsverletzung, das Bundesverfassungsgericht anzurufen und an seine Autorität zu appellieren. Wird aber die demokratische Struktur der westdeutschen Gesellschaft ernstlich bedroht, so kann nur das entschlossene Handeln der demokratischen Kräfte des deutschen Volkes die Demokratie retten. Niemand wird dem Bundesverfassungsgericht jede Autorität absprechen wollen. Eine Arbeiterbewegung und eine wirklich demokratische Partei, die ihre Bereitschaft, notfalls auch außerhalb der Schranken formeller Legalität, gestützt auf die Grundgedanken der demokratischen Legitimität, die dem Grundgesetz zugrunde liegen, die Demokratie zu verteidigen, von der vorher durch ein Gericht erteilten Genehmigung abhängig machen wollten, hätten jedoch ihre historische

3 BVerfGE 4, S. 157 ff. [Anm. d. Hrsg.].

Mission preisgegeben und damit die Demokratie verraten. Demokratie beruht auf der ständigen Bereitschaft der demokratischen Kräfte des Volkes, sie zu schützen. Diese Bereitschaft im Ernstfall in demokratischen Massenaktionen praktisch zu zeigen, bleibt der geschichtliche Auftrag der deutschen Arbeiterklasse und aller anderen demokratischen Kräfte des Volkes, was auch immer das Bundesverfassungsgericht beschließen möge.

Vorbereitung zum Hochverrat?*

Während des Dritten Reiches wurden tausende und abertausende Gegner des nationalsozialistischen Gewaltregimes wegen Vorbereitung eines hochverräterischen Unternehmens »rechtens« ins Zuchthaus geschickt. Es begann damit, daß die Kommunisten und die Angehörigen der linken sozialistischen Gruppen in dieser Weise behandelt wurden. Dann kamen – nach der Programmerklärung des sozialdemokratischen Parteivorstandes im Januar 1934[1] – auch die Sozialdemokraten an die Reihe. Von nun an kannte die Ausdehnung des Hochverrats-Paragraphen keine Grenzen mehr.

Es ist dem Gedächtnis der heutigen Generation weitgehend entfallen, daß diese merkwürdige Methode der Rechtsprechung ihre eigene Geschichte hat. Sie hat keineswegs erst mit dem Dritten Reich begonnen. Schon das kaiserliche Deutschland hatte seine Existenz damit eingeleitet, daß es zunächst einmal die entschiedensten Gegner jener räuberischen Annektion der Provinzen Elsaß und Lothringen, die das Verhältnis zwischen dem deutschen und französischen Volk auf Jahrzehnte vergiftet hat, August Bebel und Wilhelm Liebknecht, unter dem gleichen Vorwand einsperrte. Damals hat zuerst das Leipziger Schwurgericht und dann das Reichsgericht eine Interpretation der Hochverratsbestimmungen des Strafgesetzbuches vorgenommen, die von nun an jeder Willkür politisch voreingenommener hoher Richter Tür und Tor geöffnet hat.

Ein besonderes Kapitel, das noch immer systematischer Darstellung harrt, ist die politische Justiz der Weimarer Republik.[2] Die Reichsanwaltschaft, deren würdiges Mitglied jener Herr Jorns war, der sich bei systematischer Verdunkelung des Mordes an Karl Liebknecht und Rosa Luxemburg,

---

* Zuerst in: *Funken*, 1955, Nr. 8, S. 113 ff.

1 *Das Prager Manifest von 1934*, hrsg. vom Emigrationsvorstand der SPD, abgedruckt in: W. Abendroth, *Aufstieg und Krise der deutschen Sozialdemokratie*, 3. Aufl. Ffm 1972, S. 114 ff. [Anm. d. Hrsg.]

2 Siehe dazu die inzwischen vorliegende Untersuchung von H./E. Hannover, *Politische Justiz 1918-1933*, Ffm 1966 [Anm. d. Hrsg.]

begangen unter vorsätzlichem Mißbrauch seiner richterlichen Gewalt durch Begünstigung der Täter, seine Sporen verdient hat, und das Reichsgericht haben in diesen Zeiten nicht nur, wie jedermann weiß, den Landesverratsparagraphen unter grober Verhöhnung seines wirklichen Sinnes in ein Kampfinstrument gegen jede Opposition verwandelt, sondern sich gleichfalls des Hochverratsparagraphen zu ähnlich erbaulichen Zwecken bedient. Wirklicher Hochverrat gegen die Demokratie, wie er im Kapp-Putsch, im Hitler-Putsch, in der Tätigkeit der Schwarzen Reichswehr zutage trat, ist dagegen praktisch ungesühnt geblieben. So war der Übergang von den Zeiten der Weimarer Republik, in der mancher Richter sich unter Protektion des höchsten deutschen Gerichtes der Rechtsordnung als einer politischen Waffe gegen Arbeiterbewegung und Demokratie bedient hatte, zu der Justiz des Dritten Reiches zunächst auch für die Richter dieses Staates fast unmerklich und nur graduell. Nachdem einmal das Rechtsbewußtsein der berufenen Wahrer der Rechtsordnung soweit aufgelöst war, daß Angehörige mißliebiger politischer Gruppen, vor allen Dingen der politischen Linken, für diese Herren außerhalb der Rechtsordnung standen, wurde ihnen der Weg zur Hitlerschen Justiz nicht schwer. Erst als die Auflösung der Rechtsbegriffe und der Achtung vor dem alten liberalen Grundsatz der Gleichheit vor dem Gesetz so weit ging, daß nun auch Angehörige »honoriger« Schichten der Willkür des Dritten Reiches ausgesetzt waren, begann es manchen zu dämmern, was sie vorher angerichtet hatten.

In der Bundesrepublik Deutschland ist jener richterliche Apparat, dessen Tätigkeit so viel zur Auflösung des Rechtsbewußtseins in der Weimarer Republik beitrug und der so eifrig half, die demokratischen Grundlagen des Staates schon damals zu unterhöhlen, in seiner personellen Zusammensetzung längst restauriert worden. Es soll keineswegs bestritten werden, daß manche seiner Mitglieder aus den Ereignissen gelernt haben und ihr Rechtsbewußtsein etwas schärfer geworden ist. Es scheint uns fraglich, ob sich derartige Schamlosigkeiten heute ohne weiteres wiederholen ließen, wie sie etwa in dem Freispruch des Oberleutnants Marloh, des Verantwortlichen für die Ermordung der Angehörigen der Volksmarinedivision[3], oder in dem Freispruch der korporierten Mordbuben der Marburger Universität, die nach dem Kapp-Putsch harmlose Bürger aus Bad Thal »umlegten«[4], zu Tage kamen, oder auch solche Dinge, wie sie sich das Reichsgericht im Falle Wandt oder Ossietzky zuschulden kommen ließ.[5] Aber der merkwürdige Verlauf einer Unzahl von Prozessen, die

3 S. dazu ebenda, S. 45 ff. [Anm. d. Hrsg.]
4 S. dazu ebenda, S. 98 ff. [Anm. d. Hrsg.]
5 S. dazu ebenda, S. 186 ff. In der von Carl v. Ossietzky herausgegebenen *Weltbühne* erschien

Terrorakte während des Dritten Reiches betreffen, und der Vergleich der Strafmaße in denjenigen Prozessen, worin diese Unmenschlichkeiten zur Sprache kamen, mit denen in jenen Prozessen, worin Kriegsgefangenendelikte abgehandelt wurden, läßt doch durchaus darauf schließen, daß insgesamt die Mentalität der großen Masse der deutschen Richterschaft unverändert blieb. Zu Zeiten der Weimarer Republik war es Professor Gumbel, der sich in systematischen statistischen Untersuchungen solcher Dinge annahm und den Gesamtcharakter der Justiz enthüllte[6], der dann auch in einem Bericht des Reichsjustizministeriums zu seinen Arbeiten leider bestätigt werden mußte. Zur Zeit hat sich noch niemand dieser Dinge angenommen. Damals brachte die regelmäßige Berichterstattung der Zeitschrift »Die Justiz«, des Organs des Republikanischen Richterbundes, derartige Probleme ständig zur Diskussion und zur Sprache. Die heutige Arbeitsgemeinschaft sozialdemokratischer Juristen hat anscheinend andere Sorgen.

Die Restauration des alten Justizapparates, die schon wieder in allen Bereichen der politischen Justiz merkwürdige Blüten treibt (wenn auch hoffnungsvolle Ausnahmen, wie z. B. die Remer-Anklage und das Remer-Urteil[7] und das Verhalten einiger Oberlandesgerichtspräsidenten, keineswegs unerwähnt bleiben sollen), beginnt, sich auf die Judikatur des Bundesgerichtshofes auszuwirken. Noch steht der Landesverratsparagraph nicht zu solch schönen Dingen offen, wie zu dem berühmten Wandt- oder Ossietzky-Urteil. Dafür wird aber das Hochverratsverfahren wieder angewendet. Nun soll keineswegs behauptet werden, daß hochverräterische Unternehmen in der Bundesrepublik nicht vorbereitet werden können oder gar nicht vorbereitet werden. Die edlen Pläne des

---

am 12. März 1929 ein Aufsatz, der andeutungsweise von der geheimen militärischen Zusammenarbeit zwischen der Reichswehr und der Sowjetunion sprach. Diese Zusammenarbeit verstieß gegen den Versailler Friedensvertrag. Ossietzky wurde vom Reichsgericht wegen des Verrats militärischer Geheimnisse zu einem Jahr und sechs Monaten Gefängnis verurteilt. [Anm. d. Hrsg.]

6 E. J. Gumbel, *Zwei Jahre Mord*, Berlin 1921, ders., *Vier Jahre politischer Mord*, Berlin 1922, ders., *Denkschrift des Reichsjustizministers zu Vier Jahre politischer Mord*, Berlin 1924, ders., *Verräter verfallen der Feme*, Berlin 1929, ders., *Laßt Köpfe rollen*, Berlin 1932. Einen Extrakt dieser Bücher gibt der Band E. J. Gumbel, *Vom Fememord zur Reichskanzlei*, Heidelberg 1962 [Anm. d. Hrsg.]

7 Auf einer Versammlung der Sozialistischen Reichspartei am 3. Mai 1951 hatte der ehemalige Generalmajor Remer die Widerstandskämpfer des 20. Juli 1944 als Hoch- und Landesverräter bezeichnet. Am 15. März 1952 wurde Remer von der dritten großen Strafkammer des Landgerichts Braunschweig wegen übler Nachrede in Tateinheit mit Verunglimpfung des Andenkens Verstorbener zu drei Monaten Gefängnis verurteilt. Der Vorsitzende der Strafkammer, Landgerichtsdirektor Heppe, erklärte, daß sich die Widerstandskämpfer des 20. Juli 1944 gegen den nazistischen Unrechtsstaat erhoben hätten und ihnen daher unter keinen Umständen der Vorwurf des Landesverrats gemacht werden könne. (*Archiv der Gegenwart*, 1952, S. 3389). [Anm. d. Hrsg.]

B.D.J. seeligen Angedenkens, mißliebige Politiker, die nicht in jenes merkwürdige Gemisch von früheren Nazis und amerikanischen Geheimagenten passen, das durch diese Organisation repräsentiert wurde, in Listen zwecks »besonderer Behandlung« zu erfassen[8], und die Naumann-Affäre[9] lassen vielmehr darauf schließen, daß durchaus gewaltsamer Umsturz und gewaltsame Beseitigung der Grundlagen des Grundgesetzes in manchen Kreisen ernstlich vorbereitet werden. Bis jetzt hat aber keine Bundesanwaltschaft und auch kein Bundesgerichtshof an diesen Dingen unter Berücksichtigung des Hochverratsparagraphen Anstoß genommen.

Dagegen scheinen die Stalinisten dem Bundesgerichtshof so gefährlich zu sein, daß er nun in ständiger Rechtsprechung ihre Führer je nach Laune einsperrt. Wir stehen nicht im Verdacht, mit den Stalinisten zu sympathisieren. Es soll auch nicht bestritten werden, daß die Diktatur der Stalinisten, die sie sicher gern errichten würden, wenn sie könnten, mit Demokratie nichts gemein hat; zwischen bloßem Wunschtraum und Vorbereitung einer Aktion bestehen aber Unterschiede. Sind Träume strafbar? Es steht ebensowenig zur Debatte, daß die Handhabung der Justiz als politische Waffe gegen jeden Oppositionellen in der sowjetischen Besatzungszone in stärkerem Maße erfolgt, als sich das in diesen Urteilen des Bundesgerichtshofs abzuzeichnen beginnt. Aber gleichwohl scheint uns,

---

8 Am 18. September 1952 enttarnte die hessische Polizei den »Technischen Dienst des Bundes Deutscher Jugend«. Es handelte sich um eine Geheimorganisation, die sich auf einen Partisanenkampf, vorgeblich nach einem östlichen Angriff, vorbereitete. In Proskriptionslisten wurden linksstehende Politiker erfaßt, die im Fall X liquidiert werden sollten. Die Mitglieder der Organisation waren in Waldmichelbach im Odenwald mit Schalldämpferpistolen, 12 cm Granatwerfern, Spreng- und Sabotagemitteln ausgebildet worden. Der «Bund Deutscher Jugend« wurde von der Bundesregierung und amerikanischen Kreisen finanziell unterstützt. Gegen die leitenden Funktionäre des »Bundes Deutscher Jugend« und seiner Geheimorganisation wurde von der Bundesanwaltschaft ein Ermittlungsverfahren wegen Geheimbündelei, staatsfeindlicher Tätigkeit in einer verfassungsfeindlichen Vereinigung, Bildung eines Mordkomplotts etc. eingeleitet. 1955 stellte die Bundesanwaltschaft den Antrag, die Beschuldigten außer Verfolgung zu setzen. (*Archiv der Gegenwart* 1952, S. 3698 f., D. Posser, *Haben wir zweierlei Recht in der Bundesrepublik?, Stimme der Gemeinde*, 1955, Nr. 17, S. 386 ff.) [Anm. d. Hrsg.]

9 Am 15. Januar 1953 wurde von der britischen Besatzungsmacht eine Gruppe ehemaliger Nationalsozialisten verhaftet. Ihnen wurde vorgeworfen, Pläne für eine Wiederergreifung der Macht in Westdeutschland entwickelt zu haben. Zur Gruppe der Verhafteten gehörte der ehemalige Staatssekretär im Goebbelschen Propagandaministerium, Dr. Werner Naumann. Am 28. Juli 1953 wurde Naumann durch einen Beschluß des Bundesgerichtshofs auf freien Fuß gesetzt; es bestünde weder dringender Tatverdacht noch Flucht- und Verdunkelungsgefahr. Am 3. Dezember 1954 lehnte der Bundesgerichtshof die Eröffnung des Hauptverfahrens gegen Naumann ab: der Tatbestand einer verfassungsfeindlichen Vereinigung nach § 90 a StGB sei so lange nicht erfüllt, so lange die gegen die verfassungsmäßige Ordnung gerichtete Vereinigung nicht begonnen habe, politische Wirksamkeit in der Öffentlichkeit zu entfalten. (*Archiv der Gegenwart*, 1953, S. 3824, 4100; 1954, S. 4886). [Anm. d. Hrsg.]

daß nicht nur jeder Sozialist, sondern jeder rechtlich Denkende überhaupt wissen müßte, daß Interpretationskünste an Paragraphen des Strafgesetzbuches und an offenkundigen politischen Tatbeständen, welche die politische Betätigungsfreiheit noch so sehr abzulehnender oppositioneller Gruppen einschränken, die Gleichheit vor dem Gesetz und die Freiheit der politischen Meinungsäußerung unterhöhlen müssen, wenn sie von – vielleicht den Urhebern unbewußten – politischen Ressentiments getragen werden. Wird einem Gericht gestattet, den Anhängern einer beliebigen Auffassung Absichten zu unterstellen, die sie augenscheinlich nicht gehabt haben können, um sie auf Grund derartiger »Feststellungen« strafrechtlicher Verurteilung zu unterwerfen, so ist das Ende sehr wohl abzusehen: diese Art Judikatur muß auf dieselben Geleise führen, in denen die Rechtsprechung am Ende der Weimarer Republik gelaufen ist, jene Rechtsprechung, die sich dann ohne jede weitere Vermittlung so hervorragend in das System des Dritten Reiches einordnen ließ.
Der 6. Strafsenat des Bundesgerichtes hat sich in mehreren Urteilen der angeblich auf Vorbereitung zum Hochverrat gerichteten Tätigkeit der Kommunisten angenommen. Die Gründe des ersten Urteils dieser Art vom 6. Mai 1954[10] gegen Reichel und Beyer liegen inzwischen gedruckt vor. Die Gründe des Urteils vom 2. August 1954[11] gegen Neumann, Dickel und Bechtle waren dem Schreiber dieser Zeilen nicht, die des Urteils vom 4. Juni 1955[12] gegen Josef Angenfort und Wolfgang Seiffert nur in Form eines Protokolls über die mündliche Urteilsbegründung zugänglich. Schon die Gründe des publizierten Urteils geben einen interessanten Einblick in die Vorurteile, von denen sich der Senat leiten ließ. Wenn aus der Verwendung etwa des Wortes »revolutionärer Kampf« darauf geschlossen wird, daß ein gewaltsamer Umsturz hic et nunc, hier und heute, ins Auge gefaßt worden sei, so ist es schwer, diese Logik zu charakterisieren, ohne unhöflich zu werden. Ein einfacher Einblick der Mitglieder des Sentats in die übliche marxistische Literatur der deutschen Sozialdemokratie vor 1914 hätte genügt, um sie zu überzeugen, daß z. B. Marx und Engels, die sicher niemals darauf verzichtet hätten, sich als revolutionäre Sozialisten zu bezeichnen, diesen revolutionären Inhalt durchaus nicht notwendig und immer mit der Vorstellung einer äußerlich revolutionären Form verbunden haben. Übrigens ist auch die Behauptung des Senats, daß jenes Programm der KPD vom November 52, das zur Grundlage der Anklage wurde, das Ziel enthalte, das Ostzonenregime auf

10 BGHStr 6, S. 336 ff. [Anm. d. Hrsg.]
11 W. Wagner (Hrsg.), *Hochverrat und Staatsgefährdung, Urteile des BGH,* Bd. 1, Karlsruhe 1957, S. 19 ff. [Anm. d. Hrsg.]
12 BGHStr 8, S. 102 ff. [Anm. d. Hrsg.]

die Bundesrepublik auszudehnen, durch nichts, aber auch durch gar nichts belegbar. Auch das weitere Argument, daß die Kommunisten in sicher unvertretbarer und unerfreulicher Weise in diesem Programm und der anschließender Agitation die Regierung Adenauer und die Führung der sozialdemokratischen Opposition gleichmäßig verketzert haben, läßt auf derartige Absichten nicht schließen. Wenn das Gericht mit der Behauptung kommt, wer nicht nur die gegenwärtige Regierung, sondern auch die gegenwärtige Oppositionsführung angreife, wolle also die verfassungsmäßige Grundordnung und die Institution des Parlaments, der Regierungsmehrheit und der Opposition beseitigen, so ersetzt es Tatsachenvorstellungen durch willkürliche Interpretation der Absichten derjenigen, die eine derartige Kritik äußern. Das zentrale Argument des Gerichts, um zur Feststellung einer aktuellen hochverräterischen Aktion, die vorbereitet werden sollte, zu gelangen, ist in diesem ersten Urteil der von jeder Logik ungetrübte Schluß, wer Kundgebungen, Demonstrationen und auch Streiks vorsehe, wolle im Zweifel auch Gewaltakte dabei provozieren, wenn er – was allerdings allgemein bekannt ist – das bestehende politische System für ablehnenswert halte. Er wolle das um so mehr, wenn in dem Aufruf zu derartigen Aktionen auf mögliche Opfer des Kampfes hingewiesen werde. Daß aber erstens zwischen dem, was man entfernt wünscht und dem, was man aktuell für durchsetzbar hält und deshalb sich zum konkreten Ziel setzt, keine Kongruenz bestehen muß, scheint diesen Richtern gänzlich entgangen zu sein. Daß zweitens, wer von Opfern eines Kampfes redet, damit nicht unbedingt Tote zu meinen braucht, auch wenn er Floskeln wie »Gefallene« gebraucht, und daß selbst der, der mit Toten rechnet, nicht Tote meinen muß, die in einem Angriffskampf etwa gegen die Polizei gefallen sind, sondern sich auch umgekehrt gerade in Anbetracht der deutschen Geschichte vorstellen kann, daß ebenso willkürlicher Mord und Terror auf linksgerichtete Massen losgelassen wird, wie das in den Jahren nach 1919 der Fall war und sich nach 1933 in sattsam bekannter Weise wiederholt hat, ist den Herren Mitgliedern des 6. Senats des Bundesgerichtshofes offensichtlich unbegreiflich. Und endlich: hält der Senat denn wirklich die Kommunisten für so blödsinnig zu glauben, daß ein bewaffneter Aufstand gegen die Besatzungstruppen in Westdeutschland auch nur die geringste Aussicht auf Erfolg haben könnte? Hätten die Kommunisten derartig abenteuerliche Vorstellungen, so hätte der 6. Senat irgendeinen Versuch unternehmen müssen, den Beweis dafür zu führen. Statt dessen begnügt er sich damit, eine Polemik gegen die verbreitete Stimmung, »gegen die da oben kann man ja doch nichts machen«, die offensichtlich der Aufrechterhaltung der Bereitschaft zu Aktionen, aber keineswegs zu Gewaltaktionen diente, ohne irgendein weiteres Argument dahin zu deuten, daß die Kommunisten mit dem Gedanken gespielt hätten, mindestens die Bundesrepublik in die Verlegenheit zu bringen, die Waffenhilfe der Besatzungsmächte anzurufen. Was derartige Argumentationen noch mit Logik zu tun haben sollen, bleibt gänzlich unerfindlich. Wie der Senat diese Art seiner »Feststellungen« mit seinem Versuch vereinbaren will, sich gegen den Vorwurf zu schützen, »daß er eine nicht genehme Gesinnung bestrafe, also die freiheitliche demokratische Ordnung des Grundgesetzes in ihr Gegenteil verkehre«, muß ihm überlassen bleiben. Wenn der Senat in den Urteilsgründen behauptet, er habe die Angeklagten nicht wegen ihrer Gesinnung und ihrer politischen Überzeugung zur Verantwortung gezogen, sondern deshalb bestraft, »weil sie sich für die Verwirklichung eines nach Gegenstand und Ziel, Mittel und Zeitpunkt bestimmten und gefährlichen hochverräterischen Unternehmens mit Eifer und Nachdruck betätigt haben«, so ist er jedenfalls den Nachweis sowohl für das »hochverräterische Unternehmen« als auch für den Zeitpunkt, den Gegenstand und das Ziel und das konkrete Mittel dieses Unternehmens in jeder Weise gänzlich schuldig geblieben. Er hat den Beweis jeweils durch willkürliches Hineininterpretieren seiner Thesen in den Vorsatz der Angeklagten ersetzt.

Das Urteil des 6. Strafsenates des Bundesgerichtshofes gegen Angenfort und Seiffert hat die Gefahren, die schon aus den bisherigen Hochverratsurteilen für die Bewahrung der politischen Freiheit in der Bundesrepublik Deutschland drohen, erheblich gesteigert. Leider liegen die Urteilsgründe dieses Urteils bisher nur in der mündlichen Fassung vor, in der sie verkündet wurden. Obwohl es im allgemeinen üblich ist, mit einer Kritik so lange zu warten, bis die schriftliche Ausfertigung des Urteils erfolgt ist, zwingt die hohe politische Bedeutung einiger Erwägungen des Senats, die mündlich vorgetragen wurden, zu sofortiger Debatte, wenn die Öffentlichkeit nicht eingeschläfert werden soll. Der 2. Strafsenat des Bundesgerichtshofes hatte in einem Urteil vom 24. 2. 1954 (2 StR 431/53) schon einmal behauptet, daß auch der Streik »Gewalt« darstelle, insbesondere der Massenstreik. Doch hatte das Urteil gegen Reichel und Beyer die Frage noch durchaus offen gehalten, ob im Falle des Massenstreiks auch eine Gewaltmaßnahme im Sinne der Hochverratsparagraphen vorliege. Im Urteil gegen Angenfort hat der 6. Strafsenat diese Frage eindeutig bejaht. Mit vollem Recht haben Generalstaatsanwalt Dr. Fritz Bauer (Braunschweig)[13] und Oberlandesgerichtspräsident Dr. Schmid (Stutt-

13 F. Bauer, *Politischer Streik und Strafrecht, Juristenzeitung*, 1953, H. 17, S. 651 ff. [Anm. d. Hrsg.]

gart)[14] in ihren Aufsätzen eingehend dargelegt, daß der Streik kein Mittel der Gewalt, sondern Mittel eines typisch gewaltlosen Widerstandes bzw. Mittel einer typisch gewaltlosen sozialen Aktion sei. Es kann auch nach der gesamten Entstehungsgeschichte des Gesetzes nicht der mindeste Zweifel daran bestehen, daß insbesondere bei den Normen über Hochverrat bei »Gewalt« lediglich an äußere Gewalt, an unmittelbare Einwirkung äußerer Art auf Personen oder Sachen gedacht worden ist. Wird der Gewaltbegriff in dieser Weise ausgedehnt, so gelangt man ins Uferlose. Extensive Interpretation strafrechtlicher Begriffe hebt aber, ob man will oder nicht, den Grundsatz auf, daß keine Tat bestraft werden kann, für die nicht vorher durch Gesetz Bestrafung vorgesehen war. Worin soll sich zudem der Streik, also die Verweigerung der Arbeitsleistung, von üblichen Konkurrenzmaßnahmen des Wirtschaftslebens unterscheiden? Auch eine Preisunterbietung, auch eine Verweigerung des Verkaufs von Waren, selbst eine Preiserhöhung kann für große Bevölkerungsgruppen schwierige Veränderungen ihrer Situation mit sich bringen, die sie unter Druck setzen und gefährden. Will man jede Handlung oder Unterlassung, die nicht unmittelbar sondern mittelbar zu Situationen führen kann, in der irgendwelche Dritte sich beeinträchtigt fühlen, als »Gewalt« im Sinne irgendeines Paragraphen des Strafgesetzbuches oder gar des Hochverratsparagraphen charakterisieren, so bleibt am Ende keine Grenze übrig. Dann ist der Grundsatz der Freiheit nichtverbotenen Verhaltens, auf dem notwendig jede moderne Rechtsordnung beruht, der beliebigen Willkür der Gerichte preisgegeben.

Es ist typisch, daß die gleichen »Liberalen«, die heute den Grundsatz der freien Marktwirtschaft betonen, der ja auf der unzulässig absolut gesetzten »Freiheit« des sozialen Verhaltens geradezu beruht, dazu schweigen, daß Rechtswissenschaft und Judikatur in zunehmendem Maße beginnen, diesen Grundsatz der Freiheit des sozialen Verhaltens in die Luft zu sprengen, weil sich vorläufig dieser Angriff schon nicht mehr obrigkeitsstaatlicher, sondern immanent totalitärer Tendenz auf die Positionen derjenigen Schichten beschränkt, für die die Verweigerung der Arbeitsleistung ein mögliches Kampfmittel darstellt, also auf die Arbeitnehmer. Daß Artikel 12 des Grundgesetztes der Bundesrepublik Deutschland jeden Arbeitszwang verbietet, ist offenbar weder dem Bundesgerichtshof noch den Rechtswissenschaftlern bewußt, die mit derartigen Argumenten kommen. Aber auch diese »Liberalen« sollten sich erinnern, daß sie schon einmal durch ihr Schweigen daran mitschuldig wurden, daß dann der

14 R. Schmid, *Zum politischen Streik, Gewerkschaftliche Monatshefte,* 1954, H. 1, S. 1 ff. [Anm. d. Hrsg.]

totalitäre Staat sich auch gegen sie selbst gerichtet hat. Hinter der These, daß die kollektive Verweigerung der Arbeitsleistung, also der Streik, an sich verbotenes Gewaltmittel sei und nur in Sonderfällen, wo nämlich die Rechtsordnung ihn ausdrücklich zuläßt, legitimiert erscheine, verbirgt sich im Grund nichts als die Tendenz, alles soziale Handeln der Reglementierung durch die Juristenwelt zu unterwerfen.
Wird der Begriff der »Gewalt« im Hochverratsparagraphen in dieser unzulässigen Weise ausgedehnt, so wird am Ende jedes politische Verhalten, dessen Tendenz den Strafsenaten nicht in den Kram paßt, je nach Willkür als Vorbereitung eines hochverräterischen Unternehmens gedeutet werden können, solange es sich nicht auf die Abgabe des Stimmzettels beschränkt und soweit es von politischen Kräften ausgeht, die irgendwelche nach Auffassung der hohen Richter verfassungswidrige Bestrebungen verfechten. Es soll nicht verschwiegen werden, daß uns dann ungeheuerliche Gefahren drohen: schon hat der Präsident des Bundesarbeitsgerichtes Prof. Nipperdey in einem Vortrag vor der Juristischen Studiengesellschaft in Karlsruhe behauptet, die Aufhebung der sogenannten »Sozialen Marktwirtschaft« unseres Bundeswirtschaftsministers sei bereits mit der Verfassung inhaltlich unvereinbar. Es bedarf kaum eines Hinweises, daß diese These Nipperdeys mit irgendeiner vernünftigen Interpretation des Willens des Parlamentarischen Rates nichts mehr zu tun hat, wie er sich im Grundgesetz niedergeschlagen hat. Wenn man schon beginnt, den Kern des Hochverratsparagraphen, nämlich den Begriff der Gewalt als des entscheidenden Mittels, das unter Strafe gestellt wird, völlig aufzulösen, so ist es nur ein Schritt weiter, wenn man am Ende auch die Ziele, die einem aus irgendeinem Grunde nicht passen, weil sie nicht in das restaurative Muster der heutigen Gesellschaft hineingehören, als absolut verfassungswidrig erklärt. Das Ergebnis wäre, daß binnen kurzem jede auf Sozialisierungsforderungen oder auf soziale Planwirtschaft gerichtete politische Tätigkeit als Vorbereitung eines hochverräterischen Unternehmens gedeutet werden könnte.
Im Urteil gegen Angenfort ist der 6. Strafsenat dann auch im Strafmaß weit über das hinausgegangen, was er sich bisher geleistet hat: 5 Jahre Zuchthaus sind eine Strafe, die für das gleiche Delikt noch in den ersten Jahren des Dritten Reiches gar nicht hätte verhängt werden können, weil drei Jahre Zuchthaus die Höchststrafe für Vorbereitung eines hochverräterischen Unternehmens war. Sieht die öffentliche Meinung, sieht vor allen Dingen die sozialdemokratische Presse, die bisher zu diesen Dingen völlig geschwiegen hat, und die Juristenwelt der sozialdemokratischen Partei dieser Entwicklung weiter untätig zu, so verleugnet sie die besten Traditionen der linksliberalen und auch der sozialistischen Juristen vor

1933 und macht sich im gleichen Maße an der weiteren Entwicklung mitschuldig, wie zweifellos in jenen Jahren jene Masse der bürgerlichen Juristen und der bürgerlichen Presse mitschuldig geworden ist, die aus Haß gegen die politische Linke über die Verirrungen der Justiz geschwiegen hat. Der Kampf gegen die Gefahren, die von dieser Judikatur her drohen, hat nichts mit irgendwelchen Sympathien für die Politik der KPD oder der FDJ und für den Stalinismus zu tun. Wird er allein den Stalinisten überlassen, so ist er um so aussichtsloser, als ja den Stalinisten mit Recht entgegengehalten werden kann, daß ihre politische Justiz nicht minder willkürlich zu arbeiten pflegt. Aber Freiheit ist immer Freiheit für den Andersdenkenden gewesen. Und also muß die Freiheit auch solcher Menschen, die stalinistischen Sirenenklängen erlegen sind, solange geschützt werden, als sie eindeutig das Strafgesetz nicht verletzt haben. Deshalb ist es die Pflicht und Schuldigkeit eines jeden, dem an der Bewahrung von Rechtsstaatlichkeit und Freiheit liegt, derartigen Entwicklungen Widerstand entgegenzusetzen. Vor allem die sozialistische Arbeiterbewegung in allen ihren Richtungen, die zweifellos das nächste Opfer derartiger Praktiken der Justiz sein wird, muß in ihrem eigensten Interesse, aber auch und vor allem um der Bewahrung der politischen Freiheit willen, die stets ihr Ideal gewesen ist, endlich zu diesen Fragen die Stimme erheben.

Zum Verbot der KPD*

Das Urteil des 1. Senats des Bundesverfassungsgerichtes vom 17. August 1956,[1] durch das die Kommunistische Partei Deutschlands zum dritten Mal illegalisiert wurde, hat in der deutschen Öffentlichkeit kein günstiges Echo gefunden. Die kommunistischen Parteien aller übrigen großen bürgerlich-demokratischen Staaten sind legal. Auf dem europäischen Kontinent sind die Kommunisten in denjenigen Staaten verboten, in denen – wie in Spanien und in Portugal – faschistische oder katholisch-obrigkeitsstaatliche Diktaturen den zweiten Weltkrieg überlebt haben oder – wie in Griechenland – die durch das Ausland begünstigte Gegenrevolution den Sieg der Demokratie nach dem Zusammenbruch der nationalsozialistischen Vorherrschaft verhindert hat. Die Entwicklungstendenz in der Bundesrepublik, die nunmehr SS-Offiziere in ihre neu gegründete Wehrmacht einordnet und deren Kommandeuren erlaubt, an der Gründung von Traditions-Vereinigungen jener »Legion Condor« mitzuwirken, die im Auftrage Hitlers die spanische Republik zerstören half, in Richtung auf die Beseitigung demokratischer Meinungsfreiheit und Wiedererrichtung mindestens eines obrigkeitsstaatlichen Systems wird durch dies Urteil allzu deutlich belegt. Die Bundesrepublik hat nunmehr in der Auseinandersetzung mit der Deutschen Demokratischen Republik für jedermann offensichtlich den Anspruch verspielt, als Garant freier geistiger Auseinandersetzung im politischen Leben zu gelten.

Die Kritik am Verbot der Kommunistischen Partei Deutschlands hat sich jedoch im allgemeinen nur gegen die Bundesregierung, nicht gegen das Bundesverfassungsgericht gerichtet. Sie wird – auch soweit es sich um die Stellungnahme der offiziellen Sozialdemokratie und gewerkschaftlicher

---

* Zuerst in: *Sozialistische Politik*, 1956, Nr. 9, S. 4 ff. Vgl. auch den Aufsatz W. Abendroth, *Das KPD-Verbotsurteil des Bundesverfassungsgerichts. Ein Beitrag zum Problem der richterlichen Interpretation von Rechtsgrundsätzen der Verfassung im demokratischen Staat, Zeitschrift für Politik*, 1957, S. 350 ff., abgedruckt in: W. Abendroth, *Antagonistische Gesellschaft und politische Demokratie*, 2. Aufl. Neuwied 1972, S. 139 ff.

1 BVerfGE 5, S. 85 ff. [Anm. d. Hrsg.]

Instanzen handelt – nicht damit begründet, daß die Verteidigung des Rechtes auf freie Meinungsäußerung und freie Parteigründung unbedingt erforderlich und und daß es unzulässig ist, Organisationen, deren Mitglieder im Kampf gegen das Dritte Reich ihren Mann gestanden haben, dem Zugriff der politischen Polizei und der Verfassungsschutzbehörden auszusetzen, die vielfältig von ehemaligen Nationalsozialisten durchsetzt sind und diese Organisationen zum Freiwild einer Rechtssprechung zu machen, deren »Unparteilichkeit« weitgehend an das erinnert, was sich die deutsche Justiz nach 1918 geleistet hat. Niemand fragt heute danach, wie es möglich ist, daß die Mordbuben des »Bundes Deutscher Jugend« straffrei geblieben sind[2] und daß die Naumann-Affäre[3] niedergeschlagen wurde, während Hunderte und Aberhunderte von Funktionären der FDJ und anderer durch die KPD geleiteter Organisationen wegen Staatsgefährdung oder Vorbereitung eines hochverräterischen Unternehmens eingekerkert wurden.

Die deutsche Arbeiterklasse hat das Verbot der KPD gelassen hingenommen. Die KPD hat sich in den Jahren nach ihrem ersten neuen Aufstieg im Jahre 1946 durch ihre Identifizierung mit Stalins Terror-Herrschaft in der Sowjetunion und jedem Schritt, den die führende SED-Clique unter Ulbricht in der DDR getan hat, so weit auch von den entscheidenden Teilen des Proletariats isoliert, daß jede, auch die bescheidenste Solidaritäts-Aktion ausgeblieben ist. Der in der bürgerlichen Presse, die das Verbot an sich durchaus kritisiert, weithin vertretenen Begründung ihrer Opposition gegen das Vorgehen der Bundesregierung, daß nunmehr der KPD in ihrer Illegalität der Weg zu neuem und unkontrollierbarem Aufschwung, zur »Infiltration« der Gewerkschaftsbewegung frei gegeben sei, fehlt also jede reale Basis. Eine Partei, die durch die Diskussionen nach dem XX. Parteitag der KPdSU ohnedies erschüttert war, und die keinerlei Rückhalt in den Massen mehr hatte, kann nicht darauf rechnen, in illegaler Arbeit zu neuem Leben zu erwachen. Gleichwohl ist die Behauptung des Vorstandes des DGB unsinnig, die KPD habe ihr Verbot selbst willentlich provoziert, um auf diese Weise der Enthüllung ihrer Einflußlosigkeit zu entgehen.

Bei dieser Sachlage konnte das Verbot der KPD vom Standpunkt der Bundesregierung und der herrschenden Klassen aus gesehen *nicht* die Aufgabe haben, den Stalinismus und die KPD zu treffen. Die Bundesregierung hat es aus mehreren Gründen gebraucht: Einerseits bot der Antrag auf Verbot der KPD ein willkommenes Hilfsmittel, in einer Zeit,

---

2 S. Anmerkung 8 oben S. 86. [Anm. d. Hrsg.]
3 S. Anmerkung 9 oben S. 86. [Anm. d. Hrsg.]

in der noch reale Chancen zur Wiedervereinigung Deutschlands bestanden haben, Verhandlungen über die Wiedervereinigung bis zur Unmöglichkeit zu erschweren; andererseits war er geeignet, eine Grundsatzentscheidung des Bundesverfassungsgerichts zu provozieren, in der die angebliche Unvereinbarkeit der Ziele der marxistischen Arbeiterbewegung mit der »freiheitlichen Demokratie« im Sinne des Grundgesetzes festgestellt wurde, um dadurch eine Waffe zu erlangen, mit deren Hilfe im Ernstfalle jede proletarische Klassenorganisation getroffen werden könnte. Das war vom Standpunkt aller jener Kräfte aus gesehen, die an der Wiederaufrüstung und an der Wiedererrichtung obrigkeitsstaatlicher Machtverhältnisse in Deutschland interessiert sind, um so erforderlicher, als die Entwicklung der Massenstimmung zum Aufrüstungsproblem in der Periode der Einführung der allgemeinen Wehrpflicht und die Frage nach der Verteilung der Lasten für die Aufrüstungskosten Grund zu der Annahme bieten, daß die Periode der politischen Stagnation, die sich als Folge der Hochkonjunktur in der Bundesrepublik ergeben hat, nicht mehr lange währt. Sobald die breiten Massen beginnen, sich gegen den Wehrdienst ihrer Jugend und gegen Verkürzung ihres Anteils am Sozialprodukt zur Wehr zu setzen, ist es nützlich, alle Kräfte, die diesen Massenwiderstand organisieren könnten, von vornherein grundgesetzwidrigen Verhaltens verdächtigen zu können, und wenn möglich, ihnen zwecks Diskreditierung in der Öffentlichkeit das Etikett illegaler stalinistischer Betätigung aufzukleben. Das Schlußplädoyer des Vertreters der Bundesregierung im KPD-Prozeß, des Staatssekretärs Ritter von Lex, ließ an der Tendenz keinen Zweifel zu, das Bundesverfassungsgericht zu einer Urteilsbegründung hinzudrängen, die jede ernstliche Diskussion marxistischer Probleme als verfassungswidriges Verhalten charakterisieren sollte. Unter diesen Umständen ist es schwer, zu verstehen, daß die Führung der SPD und des DGB und daß auch die führenden sozialdemokratischen Juristen sich in ihrer Stellungnahme zum KPD-Verbot auf die Kritik am Verhalten der Bundesregierung beschränkt haben. § 31 Abs. 1 des Bundesverfassungsgerichts-Gesetzes bindet alle Organe der öffentlichen Gewalt im Bereich des westdeutschen Staatsgebildes an die Entscheidungen des Bundesverfassungsgerichtes, also auch an das Urteil zum KPD-Verbot. In der westdeutschen Lehre vom öffentlichen Recht ist es streitig, wie weit auch die Urteilsgründe, soweit sie den Urteilstenor tragen, an dieser verpflichtenden Wirkung teilnehmen. Deren eingehende Analyse und kritische Opposition gegen diese Urteilsgründe wäre also die dringlichste nächste Aufgabe der deutschen Arbeiterbewegung, wenn sie ihre Handlungsfreiheit und auf längere Sicht die Legalität ihrer Organisationen erhalten will. Statt dessen hat fast die gesamte deutsche Presse mit

Einschluß der Zeitungen, die der Sozialdemokratie nahestehen, ohne zureichenden Grund die Ansicht vertreten, das Bundesverfassungsgericht habe das Verbot der KPD gemäß Artikel 21 des Grundgesetzes geradezu aussprechen müssen, nachdem die Bundesregierung auf ihrem Antrag bestanden hat.
Die Urteilsgründe des Bundesverfassungsgerichtes[4] machen auf Seite 597 des amtlichen Sonderdrucks aus dem dritten Band der Entscheidungen des BVG deutlich, daß die Befürchtung, seine Erwägungen könnten sich eines Tages auch gegen die Sozialdemokratie richten, auf allem andern denn auf bloßer Spekulation beruht: Hier wird darauf hingewiesen, daß auch eine klassische demokratische Partei durchaus verfassungswidrig werden könne. Auch in den übrigen Teilen der über 60 Druckseiten umfassenden Begründung stützt sich das Bundesverfassungsgericht in keiner Weise auf die bürokratisch-terroristische Entartung des Stalinschen Systems, dem sich die KPD jahrelang untergeordnet hat und die unzweifelhaft mit freiheitlicher Demokratie unvereinbar ist, sondern versucht die Verfassungswidrigkeit aus einer Analyse der Gedankengänge von Marx, Engels und Lenin und teilweise auch Stalins abzuleiten, die angeblich mit dem »Wertgehalt« des Grundgesetzes unvereinbar seien. Es entwickelt dabei – ohne auch nur den geringsten Versuch zu unternehmen, seine Überlegungen auf Normen des Grundgesetzes oder die Motive des Parlamentarischen Rates bei der Abfassung des Grundgesetzes zu stützen – *die These, daß das »Wertsystem« der freiheitlichen Demokratie verbiete, die bestehende bürgerlich-kapitalistische Wirtschafts- und Gesellschaftsordnung grundsätzlich und im Ganzen abzulehnen* (S. 642 und 644) *und den Menschen als Mitglied einer Klasse anzusehen* (S. 644). Angeblich widerspreche es der Würde des Menschen, die Klassenstruktur einer Gesellschaft real zu analysieren (S. 646). Es behauptet, die »freiheitliche Demokratie« im Sinne des Grundgesetzes lasse es nicht zu, den wirtschaftlichen Tatbestand der Lohnarbeit im Dienste privater Unternehmer als Grundlage der Ausbeutung allgemein kennzeichnen zu lassen (S. 647), obwohl im Parlamentarischen Rat zur Zeit der Verabschiedung des Grundgesetzes bestimmt kein einziger Abgeordneter daran gedacht hat, das Bekenntnis zu der marxistischen Analyse der kapitalistischen Gesellschaft illegalisieren zu wollen. Jeder Versuch, eine wissenschaftliche Theorie des politischen Handelns aufzustellen, die ein Ziel der geschichtlichen Bewegung als verbindlichen Richtpunkt erscheinen läßt, wird durch das Bundesverfassungsgericht als im Widerspruch zum Wertsystem der »freiheitlichen Demokratie« stehend abgelehnt (S. 642). Der Theorie des proletarischen

4 Pfeiffer-Strickert (Hrsg.), *KPD-Prozeß*, Bd. 3, Karlsruhe 1956 [Anm. d. Hrsg.]

Klassenkampfes als eines Mittels zur Aufhebung der Klassengegensätze in einer klassenlosen Gesellschaft wird das angeblich durch das Grundgesetz proklamierte Ziel des Ausgleichs der Klassengegensätze, der Klassenversöhnung, entgegengehalten, ohne daß auch nur der geringste Anhaltspunkt für diese Interpretation aus dem Wortlaut und den Normen des Grundgesetzes entnommen werden könnte. Bei alledem nimmt es nicht wunder, daß die Urteilsgründe als besonderen Vorwurf einen Aufsatz Stalins aus dem Jahre 1906 (Anarchismus oder Sozialismus? Sämtliche Werke Bd. 1 S. 298 f.) zitieren, der nichts enthält, was nicht gleichzeitig durch Karl Kautsky oder vorher durch Karl Marx oder Friedrich Engels in großer Prägnanz und Klarheit formuliert wäre (S. 695). *So ist durch diese Art der Argumentation die klassische deutsche Sozialdemokratie des Erfurter Programms in der gleichen Weise angegriffen, wie es die KPD ist.* Dieser Teil der Urteilsgründe ist inhaltlich nichts anderes, als eine nachträgliche Rechtfertigung des Sozialistengesetzes von Bismarck aus dem Jahre 1878. Kann irgend jemand ernstlich der Öffentlichkeit glauben machen, daß es der Sinn des Werkes des Parlamentarischen Rates gewesen sei, die Grenzen für den Meinungskampf der politischen Parteien in einer demokratischen Republik enger zu ziehen, als es das kaiserliche Deutschland nach 1890 getan hat? Ist es unter diesen Umständen zu verwundern, daß das Bundesverfassungsgericht der KPD zum besonderen Vorwurf macht, daß sie eine Veränderung der Eigentumsverhältnisse zur ökonomischen Entmachtung des Monopolkapitals und seiner Helfershelfer erstrebt (S. 716/717)? Daß in Artikel 27, der ein Jahr *nach* dem Grundgesetz entstandenen Verfassung des Bundeslandes Nordrhein-Westfalen genau die gleiche Forderung erhoben wird, hat offenkundig das Bundesverfassungsgericht vergessen! Damals haben dieser Norm nicht nur die jetzt verbotene KPD, sondern auch die SPD und das Zentrum und sogar Teile der CDU ihre Zustimmung gegeben!
Das Bundesverfassungsgericht versucht darüber hinaus zu behaupten, daß außerparlamentarische Aktionen, die unmittelbar und fortgesetzt Einfluß auf das Parlament ausüben, die im Mehrparteisystem liegende Schutzfunktion für die freiheitliche Demokratie gefährden (S. 660). Wie es bei dieser Art der Begründung dann zu der Konsequenz gelangen will, den Mandatsverlust der Abgeordneten einer verbotenen Partei auszusprechen (S. 746 und Bundesverfassungsgerichtsentscheidung Bd. 2, 1/72 ff.) mag seiner eigenen Logik überlassen bleiben.
Die Urteilsgründe des Bundesverfassungsgerichts verweisen immer wieder – und zu Recht – darauf, daß die »freiheitliche Demokratie« im Sinne des Grundgesetzes – wie schon Artikel 20 durch die Forderung des sozialen Bundesstaats erkennen läßt – eine offene Situation schaffen

wollte, in der dem demokratisch organisierten Volk das Recht gegeben wird, seine Wirtschafts- und Sozialverfassung frei zu gestalten und also auch umzugestalten. Das kann dann aber keineswegs bedeuten, daß diesem Volk verboten werden könnte, umgestaltende *Entscheidungen* zu fällen und also auch die bürgerlich-kapitalistische Wirtschaftsordnung abzuschaffen und durch eine sozialistische zu ersetzen, die gleichzeitig die Demokratie zu ihrer wahren Konsequenz führt. Dadurch, daß das Bundesverfassungsgericht der Arbeiterklasse als der stärksten sozialen Gruppe in diesem Volke verbieten will, im Bündnis mit anderen Schichten diesen Umschwung zu realisieren, hat es in Wirklichkeit unternommen, die Normen dieser Verfassung gegen ihren Sinn umzuinterpretieren. Gewiß wird niemand behaupten, daß die Bundesverfassungsrichter gegen ihre bessere Erkenntnis gehandelt hätten. Das kann und soll noch nicht einmal für jenen Präsidenten des Gerichts unterstellt werden, dessen enge Beziehungen zur Abendländischen Aktion allzu bekannt sind. Aber es hat in weiten Teilen der Urteilsbegründung diesen Sinn des Grundgesetzes dahin umzudeuten versucht, daß jede ernstliche Umgestaltung der westdeutschen Situation untersagt wird, weil es den Geist der Normen dieses Grundgesetzes und die Motive der Verfassungsgeber durch den Geist ersetzt hat, der sich in der Situation der Restauration und der kapitalistischen Hochkonjunktur der Köpfe großer Teile der deutschen Bildungsgeschichten und der Bürokratie des Staates bemächtigt hat. Dieser innere Widerspruch zwischen dem Normensystem des Grundgesetzes und der Ideologie der Urteilsgründe ist den Richtern nicht immer ganz entgangen. Deshalb versucht das Urteil immer wieder, seine eigenen Behauptungen einzuschränken und verwickelt sich dadurch in zahllose innere Widersprüche. Es hat z. B. die unmögliche Behauptung, die das Gericht in einem Beweisbeschluß während des Prozesses einmal aufgerollt hatte, daß es ein Widerstandsrecht in der Bundesrepublik nicht geben könne, in allen entscheidenden Punkten aufgegeben und durch eine im wesentlichen zutreffende Untersuchung dieses Problems ersetzt (S. 737). Doch ändert das nichts daran, daß das Urteil insgesamt weder juristisch-logisch haltbar ist noch in seinen politisch-soziologischen Überlegungen wissenschaftlicher Kritik standhält.

Politisch ist das Urteil im höchsten Maße gefährlich. In einer Zeit, in der die obrigkeitsstaatlichen Tendenzen in der Bundesrepublik Deutschland durch die Wiederaufrichtung der Wehrmacht unter Heranziehung auch früher eindeutig nationalsozialistischer Offiziere überaus gestärkt werden, muß die Diskriminierung des Marxismus als der politischen Theorie jener Arbeiterklasse, die als einzige Sozialschicht im Jahre 1933 Hitler Widerstand geleistet hat, in den Urteilsgründen des höchsten deutschen

Gerichtes dazu beitragen, die Gewichte weiter zu Ungunsten der demokratischen Bestandteile der westdeutschen Verfassung zu verschieben, wenn nicht die wenigen wirklich demokratischem Denken verbundenen deutschen Juristen und die Arbeiterklasse derartigen Fehlentwicklungen entschieden entgegentreten. Es bleibt deshalb zu hoffen, daß das Schweigen der demokratischen Verfassungsrechtler und die Untätigkeit der SPD und des DGB zu den Urteilsgründen bald gebrochen wird, nachdem nun endlich die Urteilsgründe veröffentlicht worden sind. Es wäre nützlich, wenn dies Urteil auch internationaler Kritik unterzogen würde. Die Europäische Menschenrechtskonvention, die von der Bundesrepublik ratifiziert wurde, könnte die Handhabe dazu bieten, das Verbot der KPD zum Gegenstand einer internationalen Erörterung vor der Europäischen Menschenrechtskommission und vielleicht später vor dem Europäischen Gerichtshof zu machen.

Die Anwendung der §§ 80 ff. StGB auf den Streik in der Bundesrepublik*

Wenn wir uns mit der Judikatur des Bundesgerichtshofes zur Frage der möglichen Beziehungen zwischen dem Kampfmittel des Streiks und den Hochverratsnormen unseres Strafgesetzbuches auseinandersetzen, so wird zunächst eine geschichtliche Überlegung erforderlich.

Das Problem der Beschränkung des Streikrechts mittels Normen des Strafgesetzbuches ist, wie wir alle wissen, ein altes Problem. Ich möchte jetzt nicht etwa allseitig seine Geschichte entwickeln, aber wir alle erinnern uns aus der Entwicklung nach der Konstituierung der Bundesrepublik Deutschland, daß es schon einmal in den Mittelpunkt der öffentlichen Debatte gerückt wurde, nämlich im Zusammenhang mit den gewerkschaftlichen Aktionen im Ringen um die Gestaltung des Mitbestimmungsrechtes in den Grundindustrien um die Jahreswende 1950/51. Damals hatte der Deutsche Gewerkschaftsbund unter Führung Hans Böcklers einen Streik angekündigt, dessen Ziel sein sollte, Bundesregierung und Parlament auf die gewerkschaftlichen Zielsetzungen hinzuweisen und den unternehmerischen Gegendruck auszuschalten. Sofort setzte in bestimmten juristischen Kreisen ein Gegenangriff ein – Sie werden sich der durch den damaligen Justizminister vertretenen Auffassung entsinnen –, der von der Behauptung ausging, daß die Androhung eines derartigen Streiks darauf gerichtet sei, künftige Maßnahmen des Gesetzgebers zu beeinflussen, und daher den Tatbestand des § 105 StGB erfülle. Es kam in diesem Falle nur zur Streikandrohung, nicht zum Streik, aber immerhin zur kollektiven Kündigung der Metallarbeiter und Bergarbeiter des Ruhrgebietes. Zum praktischen Austrag kam diese Auseinandersetzung damals nicht, obwohl das restaurative Klima der Bundesrepublik auch einzelne Strafrechtslehrer, die den politischen Wunsch hatten, die Einwirkungs-

---

* Vortrag vor Verteidigern in politischen Strafsachen, zuerst in: *Referate der Arbeitstagung und Gesamtaussprache des erweiterten Initiativausschusses für die Amnestie und der Verteidiger in politischen Strafsachen am 4./5. Mai 1957 in Frankfurt am Main,* Heidelberg o. J., S. 22 ff. Der Text ist um die Einleitungspassage, die sich auf die vorherige Diskussion bezieht, gekürzt.

möglichkeiten der Arbeitnehmer-Organisationen einzuschränken, dazu verführte, sich diese den Erwägungen des Gesetzgebers fremde Interpretation § 105 zu eigen zu machen. Die gleiche Fragestellung wiederholte sich bei der Auseinandersetzung um das Betriebsverfassungsgesetz. Obwohl die Situation relativ parallel war und obwohl anläßlich der Demonstrationen und Demonstrationsstreik-Ankündigungen des DGB in dieser zweiten Auseinandersetzung abermals von einem Teil der Hochschullehrer, von einem großen Teil der juristischen Öffentlichkeit und auch vom Bundesjustizminister die Meinung geäußert wurde, daß diese Streikandrohung und – konkret genommen – der kurzfristige Buchdruckerstreik den Tatbestand des § 105 StGB erfüllt habe, kam es auch damals nicht zur Anklageerhebung.
Im Zusammenhang mit diesen Vorgängen und dem Meinungsklima, das durch sie in einem großen Teil der juristischen Öffentlichkeit erzeugt wurde, muß – wie mir scheint – die Judikatur des Bundesgerichtshofes zu dem Problem der Verschränkung des Kampfmittels des Streiks und des Hochverrats gesehen werden. Soviel sei als historische Erinnerung vorangeschickt.
Der Bundesgerichtshof hat in einem in Band 6 seiner Entscheidungen in Strafsachen abgedruckten Urteil[1] gegen einige Führer der KPD zum ersten Male dieses Thema erörtert, damals noch in einer Weise, die keineswegs die Konsequenzen zog, die dann im Angenfort-Urteil gezogen worden sind. Der Bundesgerichtshof hatte zu erwägen, ob die Anregung zu Streiks, die Agitation für Streiks und evtl. ein Streik selbst das Tatbestandsmerkmal der Gewalt im Sinne des § 80 StGB erfüllen kann. Wir alle kennen – ich brauche mich nach den gestrigen Diskussionen nicht lange darüber auszulassen – die funktionelle Unterscheidung der Hochverratsnormen des Strafgesetzbuches gegenüber den Staatsgefährdungsnormen. Hier stehen lediglich die Probleme des Hochverrats zur Debatte, und zwar die Interpretation des Mittels der Gewalt im Sinne des § 80 StGB, die dann im Einzelfalle auch die Anwendung der §§ 81, 84 StGB ermöglicht. Unzweifelhaft wurden ursprünglich als Gewalt im Sinne des § 80 nur *physische* Mittel, unmittelbar oder mittelbar gegen Personen gerichtete Gewalt, darauf gerichtet, deren Widerstand zu brechen, verstanden. Diese Beschränkung des Gewaltbegriffes auf physische Gewalt – ich verweise in diesem Zusammenhang auf RGStr 66, 355 – entsprach – das war damals unbestritten – auch dem Sinne des Gesetzes, wie die Stellung der Hochverratsparagraphen im Gefüge des Strafgesetzbuches auswies. Man wollte durch die Hochverratsnormen den Staat dagegen schützen,

1 BGHStr 6, S. 336 ff. [Anm. d. Hrsg.]

daß durch physische Gewalt – mit der idealtypischen Vorstellung des bewaffneten Aufstandes – die verfassungsmäßige politische Ordnung gesprengt werde. Dieser Terminus »Gewalt« hatte im sonstigen Gefüge des Strafrechts übrigens durchaus den gleichen Inhalt. Ich erinnere daran, daß etwa bei der Charakterisierung dieses Begriffes im Zusammenhang des § 240 StGB das Reichsgericht in RGStr 64, 115 formuliert hat, daß nur die mittels physischer, körperlicher Kraft erfolgende Einwirkung auf einen anderen zur Beseitigung eines tatsächlich geleisteten oder bestimmt erwarteten Widerstandes »Gewalt« sei.

Bei der Erwägung, inwieweit etwa Gewalt gegen Sachen auch als Gewalt in diesem Zusammenhang des § 240 StGB aufgefaßt werden könnte, hat das Reichsgericht in RGStr 7, 269 darauf hingewiesen, daß sie – aber eben physische, körperliche Gewalt – nur dann als Gewalt in diesem Sinne gewertet werden könne, wenn diese Gewalt gegen Sachen auch als *physische* Einwirkung auf Personen empfunden werden könne oder sich mittelbar physisch auf Personen auswirkt (vgl. z. B. RGStr 61, 157 und 20, 356). Die Stinkbombenentscheidung des BGH im NJW 54, 438 ist von hier aus zu verstehen. Auch in diesem Zusammenhang blieb jedoch physische, körperliche, menschliche Aktivität das charakteristische Merkmal der Gewalt.

Nun hat in einem anderen Zusammenhang der Bundesgerichtshof geglaubt, man könne eventuell eine Erweiterung dieser Interpretation des »Gewalt«-Begriffes vornehmen, nämlich dadurch, daß im Zusammenhang des § 249 StGB auch das Eingeben von Narkotika als Gewalt verstanden worden ist (BGHStr 1, 1 und 145). Aber wie mir scheint war damit – ich will durch diese Erwägung keineswegs diese Entscheidung als unbedingt richtig hinstellen und mich den Einwendungen nicht verschließen, die von Meyer in NJW 1950, 683 ff. gegen diese Entscheidung vorgebracht worden sind – gleichwohl kein völliger Bruch mit der alten Vorstellung erfolgt. Denn immerhin handelt es sich ja bei dem Eingeben von Narkotika immer noch um einen aktiven körperlichen Eingriff, wenn auch in einer besonderen Form. Dabei war übrigens bedeutsam und begrüßenswert, daß sich in dieser Entscheidung – vgl. BGHStr 1, 148 – der Bundesgerichtshof ausdrücklich dagegen verwahrt hat, daß man etwa aus § 177 Abs. 1 (letzter Nebensatz) StGB Analogien herleiten dürfe.

Im § 177 wird der Mißbrauch einer Frau, nachdem sie zu diesem Zwecke in einen willenlosen oder bewußtlosen Zustand versetzt worden ist, unter Strafe gestellt. Der Bundesgerichtshof wollte jedoch an den Gewaltbegriff selbst durch extensive Interpretation anknüpfen, ohne ihn durch Übernahme dieser Wendung des Gesetzgebers in § 177 zu erweitern. Übrigens mußte der Bundesgerichtshof diese Erwägung schon deshalb anstellen, weil in einer früheren Entscheidung das Reichsgericht – in RGStr 72, 349 – sich auf den damaligen § 2 StGB, also die nationalsozialistische Lehre vom gesunden Volksempfinden, berufen hatte und der Bundesgerichtshof nun den Verdacht ausräumen mußte, er wolle ähnlich argumentieren, wenn er zum gleichen praktischen Ergebnis gelange. Aber wir wollen diese Problematik jetzt dahingestellt sein lassen. Wie mir scheint, ist auch diese Narkotika-Entscheidung zum Gewaltbegriff in § 249 – der Gewaltbegriff hier übrigens auf einen völlig anderen Tatbestandszusammenhang bezogen – nicht geeignet, ihn in totale Auflösung zerfallen zu lassen; denn auch bei der Einwirkung von Narkotika handelt es sich ja immer noch um die physische Einwirkung, die körperliche Einwirkung auf einen anderen Menschen, die von außen an diesen anderen Menschen herangetragen wird, und zwar durch ein aktives Handeln. Das Reichsgericht hatte früher auch schon im Zusammenhang des § 113 StGB bei den Erörterungen über den Gewaltbegriff das Erfordernis dieses *aktiven Handelns* gegenüber einem anderen Menschen unterstrichen. Ich verweise in diesem Zusammenhang auf RGStr 2, 411 und auf RGStr 41, 82.

So war also, wie man im übrigen auch zu diesem Sonderproblem, das im Zusammenhang des Raubes bei Narkotika auftaucht, stehen möge, doch in der bisherigen juristischen Vorstellung der Gewaltbegriff sehr konkret umschrieben, nämlich dadurch, daß einerseits diese Gewalt ein aktives physisches, körperliches Einwirken voraussetzt, daß andererseits also passives Verhalten normalerweise nicht genügen kann, um den Begriff der Gewalt zu erfüllen.

Der Bundesgerichtshof hat in seiner im 6. Band abgedruckten Entscheidung (vgl. insbesondere S. 340) gegen führende Mitglieder der KPD im Zusammenhang mit deren sogenanntem »Nationalen Befreiungsprogramm« zum ersten Male begonnen, Erörterungen darüber anzustellen, wie es mit diesem Gewaltmoment in Zusammenhang der §§ 80, 81 StGB im Falle von Streiks und Streik-Androhungen stünde. In dieser Entscheidung kam der Bundesgerichtshof noch keineswegs zu der Überzeugung, daß etwa ein Streik diese begrifflichen Merkmale der Gewalt an sich zu erfüllen im Stande sein, sondern diskutierte lediglich dieses Problem und ließ es im übrigen noch dahingestellt. Er kam gleichwohl zu der Konsequenz, daß die KPD damals konkret ein bestimmtes hochverräterisches Unternehmen vorbereitet habe. Mir liegt es fern, hier im übrigen auf diese Entscheidung einzugehen, die mich ja nur in diesem Zusammenhang interessiert. Der BGH deduzierte dabei in der Weise, daß er folgerte, die KPD habe damals zu Streikaktionen aufgerufen und diese Streikaktionen auch zu Massenstreiks und eventuell zum Generalstreik steigern wollen. Aber er gelangte erst durch eine weitere Konstruktion zur Anwendung

der §§ 80, 81 StGB: Die KPD habe, indem sie zu Streiks aufforderte und indem sie diese Aktion mit anderen Demonstrationsformen, die sie einleiten wollte, kombinierte, von vornherein damit gerechnet – wie sich das aus Formulierungen des Programms ergebe –, daß sich diese Aktionen in einer Weise steigern würden, die gewaltsame Zusammenstöße, aber durchaus im Rahmen der alten, vorgenannten Gewaltvorstellung unvermeidlich mache. Diese Unterstellung gab damals dem Bundesgerichtshof erst die Möglichkeit, bei der Bewertung dieser Vorgänge auf die Vorbereitung eines hochverräterischen Unternehmens zu schließen. Ich will hier nicht untersuchen, ob diese Konstruktion vertretbar war. Ich persönlich bin der Meinung und habe sie damals auch geäußert, daß hier ein unzulässiges Hineinkonstruieren von Vorstellungen, die konkret nicht beweisbar waren, in den Vorsatz der Angeklagten des damaligen Prozesses erfolgte. Aber darüber kann man streiten, und das braucht uns im jetzigen Zusammenhang auch nicht zu tangieren. In dieser Entscheidung war gleichwohl – und gerade diese Konstruktion machte das besonders deutlich – noch keineswegs behauptet, daß ein Streik bereits Gewalt im Sinne des § 80 StGB darstellen könne. Immerhin war hier bereits angekündigt, daß eventuell eine andere Konkretisierung des Verhältnisses von Streik und Gewalt durch die Judikatur des Bundesgerichtshofes erfolgen werde.
Wie ist objektiv das Verhältnis von Streik und Gewalt i. S. des StGB zu beurteilen? Gestatten Sie, daß ich hier zunächst eine allgemeine sozialhistorische Erörterung einflechte, bevor ich zu den späteren Vorstellungen des Bundesgerichtshofes im Angenfort-Urteil Stellung nehme. Der Streik ist – sozialhistorisch und juristisch gesehen – nichts anderes als kollektive Arbeitseinstellung zu bestimmten Zwecken, die im allgemeinen mit der Vorstellung verbunden wird, daß man die Arbeit später wieder aufnehmen werde. Dabei unterscheidet sich der Streik als eine Verhaltensweise der Arbeitnehmer, die im Ringen gegen ihre sozialen Gegenspieler, eventuell auch gegen deren Einfluß auf die öffentliche Gewalt, bestimmte Wirkungen erzielen will, sehr deutlich von den vor der Entstehung dieses Kampfmittels üblichen Kampfformen früherer Arbeitnehmerschichten. In der frühen Periode der ersten Industrialisierung, in der Periode der sogenannten ursprünglichen Akkumulation, reagierten die Arbeiter unmittelbar gewaltsam. Das unvorstellbare Elend in Arbeitnehmerschichten, das damals entstand, ist von diesen Arbeitnehmerschichten zum Teil durch außerordentlich heftige konkrete Gewaltmaßnahmen beantwortet worden. Denken Sie in England an die Ludditen-Bewegung, denken Sie in Deutschland an die Weber-Bewegungen der dreißiger und vierziger Jahre des vorigen Jahrhunderts: Sie waren gewaltsame Aktionen, die sich gegen

die Maschinerie, zum Teil auch gegen die Arbeitgeber persönlich wandten. Die Maschinerie wurde zerstört, in manchen Fällen wurden die Arbeitgeber durch körperliche Gewalt jeder Art bedroht. Diese Phase der ersten Reaktion der ungebildeten und verelendeten Arbeitnehmer gegenüber der neuen Erscheinung der Industrialisierung hat nach den Erfahrungen weniger Jahre bald geendet, zum Teil wegen des außerordentlich scharfen Eingreifens der staatlichen Gewalt gegenüber diesen Aktionen, die sie ihren Teilnehmern als sinnlos erscheinen lassen mußten. Denken Sie an die Sondergesetzgebung Englands gegen die Maschinenstürmer, die Lord Byron in seiner berühmten Oberhausrede scharf bekämpft hat. Die neue soziale Schicht der Arbeitnehmer begriff, daß mit diesem gewaltsamen Verhalten zur Besserung ihrer sozialen Lage und zur Änderung der politischen Zustände nichts zu erreichen war. Erst nach Ablauf dieser ersten Phase des Verhaltens von Arbeitnehmern gegenüber dieser neuen sozialgeschichtlichen Erscheinung der Industrialisierung entsteht die nächste Verhaltensform. Auf diese erste Phase war in Deutschland durch die Staatsgewalt meist mit den klassischen Mitteln des bisherigen Strafrechts reagiert worden. Der Begriff der Gewalt-Delikte war bereits existent, und so reichte das herkömmliche Strafrecht durchaus aus, um diese Vorgänge zu treffen. Daß in Einzelfällen – wie in England und einzelnen deutschen Staaten – noch verschärfende Sondergesetzgebungen anliefen, änderte prinzipiell an dieser Lage nichts. Die nächste Form der Arbeitnehmerreaktionen verlief jedoch durchaus anders. Sie verlief nämlich in der Weise, daß als neues und wirksameres Mittel des Arbeitskampfes die kollektive Verweigerung der Arbeitskraft erkannt wurde. Dieses Mittel wurde zwar auch mit strafrechtlichen Mitteln durch die den Arbeitgebern sozial verbundene obrigkeitsstaatliche Gewalt bekämpft. Hier brauche ich in diesem Zusammenhang nicht auf Einzelheiten der Reaktionen des Gesetzgebers einzugehen. Sie wissen, was der Kampf um das Koalitionsrecht bedeutet hat. Sie werden sich wahrscheinlich auch aus der deutschen Gesetzgebungsgeschichte erinnern, daß die Sondergesetze gegen Arbeitnehmerkoalitionen, die nun allerorts entstanden, um sowohl die Arbeitgeber gegen ihre sozialen Gegenspieler zu begünstigen, als auch die monarchisch-obrigkeitsstaatliche politische Ordnung gegen die Demokratie zu schützen, häufig Koalitionen nur dann unter Strafe stellten, wenn sie dieses Mittel des kollektiven Arbeitskampfes durch Arbeitseinstellung, durch Streik verwenden wollten, wenn sie kollektiv den Einsatz der Ware Arbeitskraft zu verweigern bereit waren. Dabei bedurfte es hier jedoch der Formulierung völlig *neuer strafrechtlicher Tatbestände.* Ich erinnere hier an die Gesetzgebung der verschiedensten deutschen Länder nach dem deutschen Bundestagsbeschluß von 1845 und später nochmals nach dem Bundestagsbeschluß von 1854. Denn an sich war zunächst die bloße Verweigerung der Betätigung des Arbeitnehmers, des Einsatzes der Arbeitskraft, gleichgültig, ob sie individuell oder kollektiv erfolgte, ein Verhalten, das nach den generellen Vorstellungen des damaligen liberalen Strafrechts in Verbindung mit dem damals noch ernstlich gewahrten Grundsatz nulla poena sine lege nicht greifbar war. Hier bedurfte es deshalb eines konkreten Einschreitens des *Gesetzgebers.*

Im Fortgang der Entwicklung wurde diese ganze Vorstellungswelt abgestreift und führte die wachsende soziale Kraft des industriellen Proletariats dazu, daß das das Streikrecht umfassende Koalitionsrecht den Arbeitnehmern zufiel und allgemeine Anerkennung fand, wenn es auch bis zum Sturz des monarchischen Obrigkeitsstaates mit vielfältigen Einschränkungen belastet blieb. Insofern ist eine kontinuierliche, ungebrochene Linie von der sächsischen Gewerbeordnung 1861 über § 152 der Gewerbeordnung des Norddeutschen Bundes bis zu jenen Verordnungen des Rates der Volksbeauftragten deutlich zu erkennen, die die letzten Streikrechtsschranken beseitigt haben, eine Linie, die auch durch die gescheiterte Zuchthausvorlage des Jahres 1899 nicht unterbrochen, sondern nur durch die totalitäre Diktatur Hitlers gebrochen werden konnte. Damit war dieses neue Hindernis der Sonderstrafgesetze, die aber neue Sondertatbestände statuieren mußten, für die Anwendung dieses Kampfmittels der kollektiven Arbeitseinstellung zunächst entfallen. Aber gerade diese Entwicklung zeigt deutlich, daß dem Gesetzgeber zur Zeit der gegen das Streik- und Koalitionsrecht gerichteten Sondergesetzgebung durchaus bewußt war, daß diese kollektive Verweigerung der Arbeitskraft jedenfalls *nicht Gewalt* im Sinne der damaligen strafrechtlichen Vorstellungen war. Wollte man diese kollektive Verweigerung des Einsatzes der Arbeitskraft, wollte man den Streik treffen, so bedurfte es der Formulierung spezieller, gegen dieses Verhalten – gegen die Verweigerung des Einsatzes der Arbeitskraft – gerichteter Gesetze. Sie war lediglich ein passives, kein aktives Verhalten und wurde auch als solches gewertet. Sie war auch keine Unterlassung, die gegen eine – öffentlich-rechtliche – Rechtspflicht zum Handeln verstieß. Wurde gestreikt, obwohl der konkrete Arbeitnehmer noch durch seinen Arbeitsvertrag gebunden war, handelte es sich gleichwohl lediglich um die Verletzung einer privatrechtlichen obligatorischen Verpflichtung aus diesem Vertrag. Infolgedessen war durchaus deutlich, daß dieses passive Verhalten, dieses bloße Unterlassen des Einsatzes der Arbeitskraft, nicht Gewalt war und mit denjenigen strafrechtlichen Normen nicht getroffen werden konnte, die Gewaltverhalten zum Gegenstand haben.

Das ist die sozial-geschichtliche und gesetzgebungs-geschichtliche

Grundvoraussetzung der Beurteilung des Gesamtproblems, und an diesem historisch gegebenen Zusammenhang hat sich bis heute nichts geändert. Das Bewußtsein, das in der damaligen Arbeitnehmerbewegung entstand und in dieser Form von der Gesamtgesellschaft akzeptiert wurde, daß nämlich das Unterlassen des Einsatzes der Arbeitskraft, auch wenn es ein kollektives Unterlassen des Einsatzes der Arbeitskraft war, das genaue Gegenteil von Gewalt, eine gewaltlose Auseinandersetzung sei, ist in der Arbeitnehmer-Bewegung und grundsätzlich auch bis in unsere Zeit in der gesamten Gesellschaft durchaus bestehen geblieben. Wenn wir aber den Gewaltbegriff im § 80 StGB zu interpretieren haben, so müssen wir von dem konkreten Inhalt ausgehen, den dieser Gewaltbegriff für das Gesetz und für das Rechtsbewußtsein der Rechtsgemeinschaft zur Zeit der Entstehung des Gesetzes hat. Es wäre unzulässig, wenn wir einem konkreten rechtstechnischen Begriff einen anderen Inhalt geben würden. Denn würden wir es zulassen, daß konkrete Begriffsmomente in einem strafrechtlichen Tatbestand nachträglich durch interpretierende Ausweitung, die die Grundlage des Inhalts völlig verschiebt, verändert werden, so hätten wir eine der Grundlagen unseres strafrechtlichen Lebens, nämlich den Sinn des Satzes nulla poena sine lege, verletzt oder verfälscht. Wir hätten gleichzeitig, da dieser Satz durch Art. 103 Abs. 2 GG in das Verfassungsrecht der Bundesrepublik eingegliedert ist, einen schweren Verstoß gegen das Grundgesetz herbeigeführt. Eben deshalb ist die Analogie im Strafrecht verboten und jede extensive Interpretation, die zu einer Grundlagenverschiebung in der Konstruktion eines strafrechtlichen Tatbestandes führt, unzulässig.
Der Bundesgerichtshof hat in der *Angenfort-Entscheidung* (vgl. hierzu Walter Wagner, Hochverrat und Staatsgefährdung, Karslruhe, 1957, S. 108 ff., insbes. S. 180 ff. u. BGHStr 8, 102 f.) die Vorstellungen, die er in der vorhin erörterten Entscheidung vertreten hat, verlassen, daß der Appell an den Streik nur dann im Zusammenhang der §§ 80, 81 StGB als Appell an das Mittel der Gewalt aufgefaßt werden dürfe, wenn zumindest mit diesem Appell die Vorstellung verbunden sei, daß der Streik in ein physisch-gewaltsames Verhalten, in unmittelbar gewaltsame Auseinandersetzung mit dem Staate, umschlagen müsse. In der Angenfort-Entscheidung hat sich der Bundesgerichtshof vielmehr auf den Standpunkt gestellt, daß bereits der Streik selbst Gewalt im Sinne des § 80 sein könne, daß also auch die Drohung mit dem Streik Drohung mit Gewalt sei.
Es ist wichtig, daß wir uns hier die Gründe, die der erkennende Senat angeführt hat, sehr eingehend ansehen. Er geht davon aus, daß es Ziel der geplanten Aktionen gewesen sei, die Ausschaltung der Bundesregierung

und des Bundestages in der durch die Wahlen gegebenen Zusammensetzung herbeizuführen.
Wir wollen zunächst einmal akzeptieren, daß auf diese Verfassungsorgane in einer Weise eingewirkt werden sollte, die ihre weitere Tätigkeit unmöglich macht. Aber die Urteilsgründe argumentieren nun so: Dazu sei nicht in irgendeiner Form ein Gewaltmittel alten Stils gegen die Mitglieder der betroffenen Staatsorgane erforderlich gewesen. Vorstellungen solcher Art gehörten einer vergangenen Zeit an. Die Gegenwart kenne andere Methoden des gewaltsamen Umsturzes. Der Begriff der Gewalt im Sinne des § 80 StGB habe zwar früher körperliche Kraftentfaltung erfordert. Entscheidend könne aber nur die Zwangswirkung sein, die von irgendeiner Form des Verhaltens ausgehe. Diese Auffassung stehe mit der Entwicklung in Einklang, die der Begriff der Gewalt allgemein in Schrifttum und Rechtsprechung genommen hat. Und nun wird auf jene Entscheidung BGHStr 1, 145 im Zusammenhang des § 249 hingewiesen, die ich vorhin erörtert habe.
Der Bundesgerichtshof fährt dann fort: Gehe man von dieser Betrachtungsweise aus, dann könnten Demonstrationen und Streiks keineswegs als typische Mittel der Gewaltlosigkeit angesehen werden. Jeder Streik stelle eine »aktive Kraftentfaltung« dar. Damit brauche zwar nicht notwendig eine Zwangswirkung erstrebt zu werden, jedoch könne das sehr wohl der Fall sein. Ob diese körperliche Kraftentfaltung, der Streik, eine Zwangswirkung ausübt, hänge von der Art und dem Umfang des Streiks und auch davon ab, auf wen eingewirkt werden solle. Die Frage, wann ein Streik rechtswidrig ist, habe mit dieser Erwägung nichts zu tun.
Nun folgen in den Urteilsgründen Ausführungen über die Unterscheidung verschiedener Streikarten. Es wird darauf hingewiesen, daß bei Massen- oder Generalstreiks in einem stark industrialisierten und dicht besiedelten Lande wie der Bundesrepublik die Versorgung der Bevölkerung mit den lebensnotwendigen Gütern und Diensten aussetzen könne und daß diese Lage ein reibungsloses Miteinanderarbeiten der verschiedenartigen Betriebe und Tätigkeiten, aber auch der Behörden störe. Würden wesentliche Teile dieses komplizierten Mechanismus in erheblichem Umfange und für geraume Zeit stillgelegt und trete – wie beim Generalstreik – eine Lähmung des öffentlichen Lebens ein, werde auch das ordnungsmäßige Funktionieren des Staatsapparates unmöglich gemacht. Dann müßten sich zwangsläufig chaotische Zustände entwickeln. Kombiniere sich das mit Massendemonstrationen, so werde die Lage um so bedrohlicher. Ein derartiges Verhalten von Massen der Arbeitnehmer müsse dann von der Volksvertretung und der Regierung als ein auf sie persönlich ausgeübter Zwang empfunden werden, wenn ein für die Bevöl-

kerung unerträglicher Zustand der Unordnung eintrete, dem sie nicht mehr wirksam begegnen könne. Das Argument, daß der Kapp-Putsch-Generalstreik rechtmäßig gewesen sei, spiele hier keine Rolle. Damals habe es sich um die – durch das Widerstandsrecht gerechtfertigte – Verteidigung gegen unrechtmäßig ausgeübte und revolutionär entstandene Gewalt gehandelt.
Sie sehen, daß in dieser Argumentationsreihe des Bundesgerichtshofes der wesentliche Ausgangspunkt die Vorstellung ist, daß sich in der Gegenwart die Formen eines möglichen Angriffs auf die Staatsgewalt wesentlich verändert hätten und daß man daher den § 80 – im Zusammenhang also auch § 81 StGB – sozusagen zum Tode und zur Bedeutungslosigkeit verurteile, wenn man an der früheren begrifflichen Interpretation des Gewalt-Moments festhalte.
Nun mag zunächst einmal fiktiv vorausgesetzt werden, daß diese ganze sozialgeschichtliche Überlegung in bezug auf die Technik des Umsturzes richtig sei. Sie ist es übrigens – wie die Tatsachen ausweisen – nicht. Wir alle wissen, daß es in vielfältigen Staaten auch in der jüngsten Periode unserer Geschichte durchaus noch gewaltsamen Umsturz im klassischen Sinne, also durch physischen, gewaltsamen Kampf um die Macht, durch bewaffneten Aufstand oppositioneller Gruppen gegeben hat, wenn auch in jüngster Zeit nicht in Westdeutschland, so doch in zahlreichen anderen Ländern und am 17. Juni 1953 – in politisch möglicherweise durchaus berechtigter Weise – in der Sowjet-Zonen-Republik. Man denke als jüngstes Beispiel an die ungarische Entwicklung. Man denke nur daran, welche Vorgänge sich im permanenten Bürgerkrieg in Algerien zutragen, und man denke z. B. an die Form des physisch-gewaltsamen Staatsstreiches, die dem Regime Perons ein Ende setzte. Wir wollen nicht an die jüngsten Vorgänge in Jordanien rühren, die sich als Beispiel eines gewaltsamen Staatsstreichs »von oben« gegen Parlamentsmajorität und Regierung anbieten. Es wäre also durchaus utopisch anzunehmen, daß der § 80 ff. StGB gegenstandslos und bedeutungslos geworden wäre, falls man an der bisherigen Begriffsbestimmung der Gewalt festhält. Aber wäre es wirklich ein Argument, das eine völlige inhaltliche Veränderung der Norm durch Änderung der Interpretation tragen könnte, wenn das der Fall wäre? Bekanntlich hat der Bundesgesetzgeber diese Probleme in seiner Weise lösen wollen. Der Bundesgesetzgeber, der durchaus sah, daß sich neben das Schutzbedürfnis des Staates gegen gewaltsamen Umsturz im alten Sinne andere Notwendigkeiten durch die eventuelle Veränderung der Formen einer politischen Umwälzung gestellt haben, hat eben deshalb das neue System der Staatsgefährdungsbestimmungen geschaffen und in das Strafgesetzbuch eingeordnet. So bedenklich im einzelnen manche

dieser Bestimmungen sein mögen – ich beabsichtige hier *nicht*, de lege ferenda zu sprechen –, so machen sie doch deutlich, daß die gesetzgebende Gewalt diese Problematik ordnen und sie nicht den Erfindungskünsten der richterlichen Gewalt anvertrauen wollte. Es ist zwar richtig, daß das geschützte Objekt bei den Hochverrats- und Staatsgefährdungsbestimmungen nicht in vollem Maße identisch ist. Aber das ändert nichts an der grundsätzlichen Einstellung des Bundesgesetzgebers, der durchaus verstanden hat, daß – wenn für die Staatsgewalt neue Gefährdungsmomente entstehen – neue strafrechtliche Mittel, neue Normen geschaffen werden müssen, daß er also dann die Aufgabe habe, entsprechende neue Strafandrohungen und neue Tatbestände zu statuieren, die dieser Situation gerecht werden.

Dabei hat, wie wir alle wissen, der Bundesgesetzgeber gerade an dieses spezielle Problem des Streiks durchaus gedacht. Er hat § 90 StGB geschaffen und dadurch deutlich gemacht, in welchem Falle er dieses neue potentielle Angriffsmittel gegen die öffentliche Ordnung, nämlich den Streik, unter Strafe stellen will, den er möglicherweise als »Kraftentfaltung«, aber in Übereinstimmung mit Realität und Sozialauffassung als *passive*, nicht als aktive Kraftentfaltung, als Kraftentfaltung durch *Unterlassen* des Kraft- und Arbeitseinsatzes eingeschätzt hat. Ich brauche hier auf die Tatbestandsmerkmale des § 90 und die Inkonsequenzen der Judikatur, die die strafrechtliche Bekämpfung politisch gerichteter Streiks und ihrer Vorbereitung eventuell darüber hinaus auf § 90a stützen möchte, nicht im einzelnen einzugehen. Jedenfalls hat aber das Gesetz durch § 90 klar zu erkennen gegeben, daß und in welcher Weise der Streik in die Überlegungen über die Notwendigkeit des Schutzes der Staatsgewalt eingeschlossen worden ist. Daraus folgt, daß eine Überlegungsreihe an der richtigen Interpretation der auf den Schutz der politischen Ordnung gerichteten Normen vorbeigehen muß, die an dieser Beurteilung der Lage durch den Gesetzgeber vorbeisieht.

Der Gesetzgeber hat anerkannt, daß neben die Gefährdung der Staatsgewalt durch den Verfassungshochverrat im alten Sinne eine neue Gefährdungsmöglichkeit getreten ist, und hat, was durchaus in seiner Zuständigkeit lag – hier ist nicht zu prüfen, ob im einzelnen die Regelungen dieses Abschnittes und eventuell auch des § 90 de lege ferenda wünschenswert sind – nicht nur die Hochverratsbestimmungen dem Strafrecht wieder eingefügt, sondern daneben neue strafrechtliche Tatbestände formuliert. Daraus folgt, daß der Bundesgesetzgeber *nicht* gewollt haben kann, daß strafrechtliche Begriffe, die er unverändert der früheren Systematik der Staatsschutz-Normen entnommen hat, also die in § 80 StGB verwendeten termini, durch die Judikatur anders interpretiert werden, als sie früher

verstanden worden sind. Deshalb geht die ganze Überlegungsreihe des Bundesgerichtshofes über die angebliche Wandlung des Gewalt-Begriffes in § 80 prinzipiell fehl.
In Wirklichkeit muß diese Interpretationsmethode – ganz abgesehen vom konkreten Problem des Streiks – in unendliche Gefahren führen. Sie läßt es als möglich erscheinen, einen vom Gesetz in völlig eindeutigem und konkretem Sinn formulierten Begriff, der als Tatbestandsmerkmal in eine Strafnorm einfließt, durch extensive Interpretation in Wirklichkeit in ein aliud zu verwandeln. Dadurch wird jedoch – abermals vom Problem des Streiks völlig abgesehen – jene Grundlage des Verhältnisses zwischen der Strafrechtsnorm und dem freien Raum für das Verhalten des Einzelnen in der Gesellschaft angetastet, die vom Standpunkt rechtsstaatlichen Denkens aus – vom Standpunkt des *liberal*-rechtsstaatlichen Denkens, wie es unserem Strafrecht zugrundeliegt – entscheidend ist. Artikel 103 Abs. 2 des Grundgesetzes will verhüten, daß ein Bürger für ein Verhalten bestraft werden kann, das nicht durch zur Zeit der Tat bestehende Normen mit Strafe bedroht war. Steht den Gerichten – auch wenn es sich um höchste Gerichte handelt – frei, die Begriffe, die in diesen Normen Verwendung finden, nach ihrer Meinung veränderten geschichtlichen Situationen anzupassen, so sind diese Gerichte ermächtigt, im Wege einer den Sinn des Gesetzes veränderten Interpretation das zu tun, was die Verfassung dem Gesetzgeber mit Recht verwehrt hat: rückwirkend neue Strafnormen zu setzen.
Es ist auch unzulässig, etwa als Hilfsüberlegung für eine derartige verändernde Interpretation eines klar umschriebenen strafrechtlichen Begriffes – wie hier des Gewaltbegriffs in § 80 StGB – auf Veränderungen des Inhalts anderer Strafnormen zurückzugreifen.
Man mag über § 240 und § 253 StGB in der heutigen Form denken, wie man will. In beiden Fällen findet als Mittel des strafbaren Verhaltens neben dem klar umschriebenen Begriff der Gewalt nun der sehr dehnbare Begriff der Drohung mit einem empfindlichen Übel Verwendung, die durch das Erfordernis der Rechtswidrigkeit, praktisch also durch eine dem Richter anvertraute Interessenabwägung, ausgependelt werden muß, um diese Normen verwendbar zu gestalten. Hellmuth Meyer glaubt, schon dadurch sei Art. 103 Abs. 2 GG tangiert, daß durch diese Umschreibung praktisch dem Richter, nicht dem Gesetzgeber, im Einzelfalle die Funktion zugeschoben ist, abzuschätzen, welche Drohung mit einem empfindlichen Übel rechtswidrig und zu verwerfen sei. Für unsere heutigen Überlegungen ist ein Rückgriff auf diese Auseinandersetzung im einzelnen nicht erforderlich. Aber es wäre durchaus unzulässig, aus der Entwicklung der Gesetzgebung in diesen beiden Fällen darauf zu schlie-

ßen, daß der Begriff der Gewalt sich verändert habe. Der Begriff der Gewalt ist in seiner konkret greifbaren Beschränkung auf die aktive, physische Einwirkung auf Personen oder Sachen bestehen geblieben. Wird diese Argumentationsreihe des Bundesgerichtshofes fortgesetzt, die im FDJ-Urteil des BGH begonnen wurde, bleibt diese Erweiterung des Gewaltbegriffes in §§ 80, 81 StGB, wie sie im Angenfort-Urteil vorgenommen wurde, bestehen, so gibt es kaum noch eine Schranke gegen eine weitere Auflösung dieses Gewaltbegriffes. Wenn man das passive Verhalten, das in der Verweigerung des Einsatzes der Arbeitskraft durch Arbeitnehmermassen zu Tage tritt, als Gewalt charakterisieren will, so kann man morgen mit gleichem Recht an die berühmte Formulierung von Karl Marx anknüpfen, daß die *Theorie* zur »materiellen Gewalt« werde, wenn sie die Massen ergreift (Zur Kritik der Hegelschen Rechtsphilosophie, Einleitung, MEGA I, 1/1, S. 621), und also die bloße Verbreitung oder auch schon die Erarbeitung einer Theorie zur Gewalt im Sinne des Strafrechts umdeuten. Der Widersinn dieser extensiven Interpretation eines strafrechtlichen Begriffes, der weder ein sozialphilosophischer Begriff sein will noch kann, wird hier besonders deutlich. Aber in diesem Zusammenhang darf nicht vergessen werden, daß diese Wendung des Bundesgerichtshofes – von der ich hoffe, daß sie der Bundesgerichtshof selbst in absehbarer Zeit aus besserer Einsicht rückgängig machen möge – im Gesamtzusammenhang der vielfachen Diskussionen über die Zulässigkeit und die Grenzen außerparlamentarischer Aktionen überhaupt erfolgt ist. Die vielfältigen Diskussionen, die ursprünglich an die gewerkschaftlichen Aktionen im Kampf um die Mitbestimmung anknüpfen, in denen damals die Anwendbarkeit des § 105 StGB gegenüber Gewerkschaftsführern erwogen wurde, während bei viel drastischeren Aktionen anderer Sozialgruppen von derartigen Spekulationen niemals die Rede war, haben in den Köpfen der führenden Repräsentanten der oberen Sozialschichten und auch der Juristenwelt Spuren hinterlassen, die zu dieser Wendung erst die – sicherlich unbewußt gebliebene – gefühlsmäßige Grundlage geboten haben. Diese Diskussionen haben eine Stimmung entstehen lassen, für die Massendemonstrationen und Streiks dubios erscheinen. Sicherlich ist es ein staatsrechtliches Problem von hoher Bedeutung, inwieweit die Einwirkung auf die öffentliche Gewalt durch außerparlamentarische Aktionen zulässig ist, in welchen Grenzen sie möglich und vom staatsrechtlichen Standpunkt aus billigenswert ist. Dabei ist von der verfassungssoziologischen Einsicht auszugehen, daß im modernen Sozialstaat das Sozialprodukt ständig durch den Staat umverteilt wird, ganz gleich, um welchen Staat es sich handeln möge, daß also der Staat ständig auf das Leben aller sozialen Gruppen einwirkt und einwirken muß. Daher sind alle sozialen

Gruppen zu einem aktiven Verhalten gegenüber der Staatsgewalt und zu ständigen Versuchen gezwungen, Einfluß auf den Staat zu gewinnen, Einfluß, der sich keineswegs allein in den Vorgängen der verfassungsrechtlich institutionalisierten Formen der Wahlen zum Parlament und der Arbeit des Parlaments erschöpft und erschöpfen kann. Diese Situation, die objektiv die Voraussetzung jeder modernen demokratischen Ordnung bildet, soll durch die demokratischen Formen der Verfassung möglichst weitgehend kontrolliert werden. Die Einwirkungsversuche der sozialen Gruppen können dabei aber nicht als grundsätzlich illegitim erscheinen. Sie sind, je nachdem, um welche Sozialgruppe es sich handelt, außerordentlich verschieden und reichen von den Mitteln der Finanzierung politischer Parteien und des Lobbyismus bis zur demokratischen Methode der Massenkundgebungen und gegebenenfalls Streiks, die denjenigen Sozialgruppen adäquat sind, die keine unmittelbare ökonomische Kommandogewalt besitzen.

Daß das Mittel des Streiks allgemein zu diesen Mitteln der Entscheidung zwischen den sozialen Gruppen und also auch zwischen den sozialen Gruppen im Ringen um die Willensbildung der Staatsgewalt gehört, wird durch das Staatsrecht der Bundesrepublik nicht ausgeschlossen, sondern anerkannt. Das wird auch vom Bundesverfassungsgericht gesehen. Ich erinnere in diesem Zusammenhang nur daran, was das Bundesverfassungsgericht in der KPD-Entscheidung darüber – nicht immer sehr konsequent – ausgesagt hat (BVerfGE 5, 242). Auch der Bundesgerichtshof hat sich dieser Erkenntnis nicht vollkommen verschließen können und in der Angenfort-Entscheidung darauf hingewiesen, daß Streiks, Demonstrationen und außerparlamentarische Aktionen an sich möglich seien. Er hat aber unterlassen, zu erkennen, daß diese Aktionen, in welcher Form sie im übrigen auch stattfinden mögen, nur deshalb rechtlich möglich sind, weil sie an sich nicht als Mittel der Gewaltsamkeit i. S. § 80 StGB angesehen werden, da es – wie Max Weber in »Politik als Beruf« richtig festgestellt hat – zum Wesen des modernen Staates gehört, das Monopol der (physischen) Gewaltausübung in der Gesellschaft für sich in Anspruch zu nehmen. Deshalb beginnt die Strafbarkeit derartiger Vorgänge erst dort, wo sie in physische Gewalthandlungen umschlagen, solange das Strafrecht nicht – wie in § 90 – eindeutig zu einem Sondertatbestand etwas anderes aussagt.

So führte gerade auch diese Überlegungsreihe wieder dahin, den alten Gewaltbegriff, den klar erkennbaren Gewaltbegriff, den Gewaltbegriff im Sinne der ursprünglichen Interpretation des § 80 StGB, der eindeutigen Beschränkung auf physische Gewalt gegen Personen oder Sachen wiederherzustellen. Jeder Versuch der Auflösung der durch das Gesetz verwen-

deten Begriffe muß die Funktion der Rechtsnormen im sozialen Prozeß in Frage stellen. Ihre Funktion ist es, das soziale Verhalten, das erlaubt ist, gegenüber dem sozialen Verhalten, das nicht erlaubt ist, zu differenzieren. Diese Differenzierung, die Sache des Gesetzes und also des Gesetzgebers ist, versucht die richterliche Gewalt zuweilen im Widerspruch zu den Prinzipien des gewaltenteilenden Rechtsstaats an sich zu ziehen, indem sie das Gesetz nicht gemäß der ratio legis, sondern nach ihren subjektiven – meist unkritischen – geistesgeschichtlichen oder soziologischen Vorstellungen interpretiert. Diese Tendenz zeigt sich leider in der Judikatur seit Jahren in vielfältiger Weise, ich erinnere an jenes Urteil des Bundesarbeitsgerichtes (1 AZR 167/55 vom 13. 1. 1956), das – offensichtlich ohne Kenntnis des Verfassungsrechts der deutschen Länder – versucht, sich das Recht anzumaßen, richterliche Werturteile über die Institute des Volksentscheids und Volksbegehrens abzugeben.
Wir müssen uns darüber klar sein, daß jede Tendenz dieser Art, in der sich die Judikatur oder die Rechtswissenschaft herausnimmt, bisher klar umschriebene, vom Gesetzgeber als klar umschrieben vorausgesetzte Begriffe interpretativ langsam auszuhöhlen und dadurch völlig umzugestalten, in sehr bedenkliche Bahnen führt. Sie gefährdet das durch die verfassungsrechtliche Ordnung, insbesondere durch Art. 20 GG, gewollte Gleichgewichtsverhältnis der Gewalten. Sie macht die Normen eines Gesetzes zum Spielball der jeweiligen ideologischen Wertung durch den Juristen und bringt dadurch das Gesetz in das Zwielicht der Auseinandersetzung zwischen den jeweils miteinander ringenden Ideologien und gefährdet dadurch seine Friedensfunktion, seine Legitimation durch die Anerkennung aller sozialer Gruppen in der Gesellschaft, die meist einander widersprechender Ideologien folgen. Ideologische und auch rechtsphilosophische Auseinandersetzungen stehen in der modernen industriellen Gesellschaft notwendig im Widerstreit der verschiedenen großen sozialen Gruppen, die es in dieser Gesellschaft gibt, gleichgültig, ob sich der einzelne Jurist dessen bewußt ist oder nicht (vgl. dazu W. Friedmann, Legal Theory, 2. Aufl., London 1949, S. 406). Deshalb sollte der Richter desto schärfer darauf achten, in der Rechtsanwendung das Normensystem nur an seinem objektiven Gehalt zu messen und sich vor jeder Interpretation zu hüten, die den Norm-Inhalt und dadurch den Willen des Gesetzes verletzt, weil nicht er, sondern der Gesetzgeber die jeweils erforderlichen Entscheidungen und Kompromisse zwischen ringenden Ideologien und die Anpassung des Normensystems an neue Lagen zu bewirken hat.
Das Angenfort-Urteil hat leider in seiner Uminterpretation des Gewalt-Begriffes ein Beispiel dafür geliefert, wie der Richter nicht verfahren sollte. Es ist offenkundig – ohne daß sich der Senat darüber klar war – von

einer negativen Bewertung des Streiks ausgegangen, dessen prinzipiell gewaltlosen Charakter es verkannt hat, und darin jener Stimmung innerhalb der sozialen Oberschicht gefolgt, die ihm grundsätzlich die Legitimität bestreitet und ihn nur ausnahmsweise zugelassen sehen will. Die Rechtsordnung hat aber nur im Falle des § 90 StGB den Streik als solchen unter Strafe stellen wollen und ihn auch dort nicht als Gewalt im Sinne der sonstigen strafrechtlichen Normen charakterisiert.

Man kann nun natürlich über den Zusammenhang zwischen der Willensbildung im Volke, die sich mit den Mitteln der außerparlamentarischen Auseinandersetzung und auch eventuell des Streiks vollzieht, und der Willensbildung der Staatsorgane außerordentlich verschiedene Vorstellungen haben. Hier entsteht ein weites Feld für sozialwissenschaftliche und verfassungsrechtliche Diskussionen. Aber selbst wenn man diese Formen der außerparlamentarischen oder vorparlamentarischen Auseinandersetzung mittels Massenaktionen und Streiks auch für permanent erforderlich und für das wichtigste die Wahlentscheidungen vorbereitende Moment im Gesamtprozeß der Willensbildung des das Volk integrierenden Staates hält, sind keineswegs die Verfassungsgrundsätze, die in §§ 88 StGB verzeichnet sind, geleugnet, werden also auch die Konsequenzen in § 90a StGB nicht herbeigeführt, wie anscheinend im SDA-Urteil[2] irrig angenommen wurde, das im übrigen außerhalb dieser Erörterung steht. Der Bundesgerichtshof sollte sich hüten, der Gefangene jener Vorstellungswelten zu bleiben, wie sie sich seit den großen Streikdrohungen des DGB 1950/51 und im Ringen um das Betriebsverfassungsgesetz in Teilen der deutschen Öffentlichkeit, besonders in ihren Oberschichten, entwikkelt haben. Die unkritische Übertragung sozial-philosophischer und verfassungstheoretischer Auffassungen einzelner Sozialschichten in die Judikatur, die meist dem Richter unbewußt bleibt, bildet eine erhebliche Gefahr für die Fortentwicklung unseres Strafrechts wie auch für die Fortentwicklung unseres Verfassungsrechts. Sie hat sich in der Judikation des BGH zum Verhältnis von Gewaltbegriff und Streik in § 80 StGB konkretisiert. Es bleibt die Aufgabe der öffentlichen Meinung, durch ihre Kritik dem BHG zu helfen, zu einer Judikatur zurückzufinden, die mit dem Gesetz übereinstimmt.

2 Das Urteil des BGH ist abgedruckt in: W. Wagner (Hrsg.), *Hochverrat und Staatsgefährdung, Urteile des BGH,* Karlsruhe 1957, Bd. 1, S. 285 ff. Das Urteil richtete sich gegen die »Sozialdemokratische Aktion« (SDA); nach einer Klage der SPD änderte sie ihren Namen in »Sozialistische Aktion«. [Anm. d. Hrsg.]

Um den Sozialisierungsartikel des Grundgesetzes*

Die FDP – die Partei, welche sich der SPD als einzig möglicher Koalitionspartner nach den Bundestagswahlen anbietet – hat beantragt, Artikel 15 des Grundgesetzes, der die Verstaatlichung von Produktionsmitteln ermöglicht, in ein Verbot jeglicher Vergesellschaftung umzuwandeln.[1] Sie will dadurch wohl den Zugang zu jenen Wahlfonds zurückgewinnen, die ihr nach dem Bruch mit Adenauer[2] von der »deutschen Wirtschaft« gesperrt worden waren. Zugleich will sie den reaktionärsten Wählerschichten im Bürgertum, in der Akademikerschicht und im Kleinbürgertum beweisen, daß sie nach wie vor ein energischer Vertreter des deutschen Kapitalismus geblieben ist, wenn sich auch ihre taktischen Auffassungen über die beste Form dieser Interessenvertretung von denen der CDU-Führung unterscheiden.

Die gleiche CDU, die einst – im Jahre 1947 – im Ahlener Programm die Vergesellschaftung entscheidender Teile des Monopolkapitals gefordert hat, die den Artikeln 39 bis 41 der hessischen Verfassung und noch 1950 (wenn auch schon nicht mehr geschlossen) dem Artikel 27 der nordrhein-westfälischen Verfassung ihre Zustimmung gegeben hat, in dem diese Sozialisierung nicht nur ermöglicht, sondern gefordert wurde, hat auf

---

* Zuerst in: *Sozialistische Politik*, 1957, Nr. 7, S. 2 f.

1 Am 2. Juli 1957 beschloß der Ältestenrat des Deutschen Bundestages, den Antrag der FDP, ein Sozialisierungsverbot in das Grundgesetz aufzunehmen, nicht mehr auf die Tagesordnung zu setzen. Der Fraktionsgeschäftsführer der CDU, Rasner, erklärte jedoch gleichzeitig, daß die CDU nicht gegen das Ziel der FDP sei, es aber für richtiger halte, die Frage zu einem späteren Zeitpunkt zu beraten. (*Archiv der Gegenwart*, 1957, S. 6535 f.). [Anm. d. Hrsg.]

2 Am 20. Februar 1956 wurde der nordrhein-westfälische Ministerpräsident Arnold (CDU) mit den Stimmen der SPD und FDP abgewählt; an seine Stelle trat der SPD-Abgeordnete Steinhoff. Die FDP hatte die Koalition mit der nordrhein-westfälischen CDU aufgekündigt. Diese Entscheidung richtete sich im wesentlichen gegen den Plan der von der CDU geführten Bundesregierung, die Verhältniswahl vollkommen abzuschaffen und durch ein Mehrheitswahlsystem zu ersetzen. Die FDP versuchte, die Intention der CDU, sich durch ein derartiges Mehrheitswahlrecht auf längere Zeit die absolute Mehrheit zu sichern, zu durchkreuzen. In Bonn schied die FDP aus der Koalition mit der von Adenauer geführten CDU aus. (*Archiv der Gegenwart*, 1956, S. 5643 ff.). [Anm. d. Hrsg.]

dem Hamburger Parteitag durch Dr. Rasner und Dr. Meyers ihr Einverständnis mit dem Vorstoß der FDP verkündet, weil sie im Wettbewerb um die radikale und entschiedene Vertretung der Kapitalinteressen nicht hinter der FDP zurückbleiben kann. Sie hat auch offen zugegeben, daß ihr Ahlener Programm nur dem wahrhaft »christlichen« und »demokratischen« Zweck gedient hat, das zu verhindern, was es versprochen hat, mit anderen Worten dem Zweck, die Arbeitnehmermassen hinters Licht zu führen.

Noch immer sagt das Grundgesetz in Artikel 20, der gemäß Art. 79 Absatz 3 jeder Verfassungsänderung entzogen ist, die Bundesrepublik sei ein »sozialer und demokratischer« Staat, eine »soziale Demokratie«. Wenn dieser Rechtsgrundsatz einen vernünftigen Sinn haben soll, bedeutet er, daß dem (nach den Vorstellungen dieser Kompromißideologie) im Staat demokratisch organisierten Volk das Recht zusteht, seine gesellschaftlichen Verhältnisse in Richtung auf soziale Homogenität umzuplanen, wie das einst – im Jahre 1930 – der Staatsrechtler Hermann Heller formuliert hat. Wie soll das noch möglich sein, wenn die Sozialisierung ausdrücklich verboten worden ist? So ist der Antrag der FDP verfassungswidrig, ein Anschlag auf die rechtlichen Fundamente des Grundgesetzes. Was schiert sich das deutsche Kapital und seine Armee politischer und juristischer Klopffechter darum? Was interessieren sich die deutschen Staatsrechtslehrer, die wohlbestellten Professoren der deutschen juristischen Fakultäten heute noch für die Exegesen, die sie zu diesem Problem 1951 auf ihrer Göttinger Tagung betrieben haben? (Vgl. Heft 10 der Veröffentlichungen der Deutschen Staatsrechtslehrer, Berlin 1952, insbes. S. 102 ff., S. 122 f., S. 151 f., S. 173.)

Als das Grundgesetz entstand, herrschten andere Machtverhältnisse zwischen den Klassen, als sie nach 8 Jahren monopolkapitalistischer Restauration, nach 8 Jahren politischer Herrschaft des Bundesverbandes der deutschen Industrie und der Kabinette Adenauers bestehen.

Damals war das Monopolkapital geschlagen. Die bürgerlichen Klassen besaßen kaum noch Selbstbewußtsein. Die Neuentwicklung ihrer Machtinstinkte stützte sich lediglich auf die Politik der westlichen Besatzungsmächte, insbesondere der Vereinigten Staaten. Lediglich das mangelnde Klassenbewußtsein der deutschen Arbeiterklasse und die Nichtexistenz einer zu zielbewußter sozialistischer Politik fähigen Führung konnte den Übergang zu sozialistischen Maßnahmen verhindern. Inzwischen hat die eindeutige Wiederherstellung der kapitalistischen Besitzverhältnisse seit der Währungsreform unter zielbewußter Leitung einer entschlossenen antisozialistischen Wirtschaftsführung und Regierung das Bild gründlichst verwandelt.

So kann jetzt, wie einst bei der Umwandlung der Weimarer Republik in die autoritäre Diktatur, der verhüllende Schleier der letzten sozialstaatlichen Normen abgeworfen werden – wenn die deutsche Arbeiterbewegung dies widerstandslos hinnimmt!
Fällt der Artikel 15 GG, wird er in ein Sozialisierungsverbot verwandelt, so ist die Definition der Bundesrepublik als soziale Demokratie laut Artikel 20 in eine kaum verhüllte Lüge verwandelt. Den Gewerkschaften ist damit während des Höhepunktes der internationalen Rüstungskonjunktur und ihres deutschen Reflexes, des »deutschen Wirtschaftswunders«, die Möglichkeit entzogen, in der unvermeidlich kommenden Periode des Konjunkturrückganges in legaler Weise die Forderung ihres Münchner Programmes in politische Wirklichkeit zu verwandeln. So ist freie Bahn geschaffen, das KPD-Verbotsurteil des Bundesverfassungsgerichts schon heute als Ausgangspunkt einer allgemeinen Sozialistenverfolgung zu gebrauchen. SPD und DGB schweigen bis heute, anstatt – im Interesse ihrer Selbsterhaltung – die Massen aufzurütteln und den unverschämten Vorstoß des Klassengegners im Wahlkampf als scharfe Waffe gegen sie zu kehren.
Die SPD hat darauf verzichtet, im Wahlkampfprogramm für 1957 als unmittelbare Aufgabe der künftigen Bundesregierung Sozialisierungseingriffe zu fordern. Im gegenwärtigen Stadium der kapitalistischen Hochkonjunktur sind die Mittelschichten, vor allem die sogenannten »neuen« Mittelschichten – in Wirklichkeit, d. h. ihrem sozialen Status nach, Arbeitnehmer mit zurückgebliebenem politischen Bewußtsein – vielleicht noch nicht für Sozialisierungsmaßnahmen zu gewinnen. Aber es ist heute schon durchaus möglich, die aggressivsten friedensgefährdendsten Gruppen des Kapitals und ihre Adenauer-Regierung zu schlagen und weitere soziale Konzessionen an die Arbeiterklasse im Rahmen des kapitalistischen Systems zu erzwingen. Man kann die Reaktion nur schlagen, wenn man ihre eigenen Widersprüche entwickelt und zunächst als Opposition innerhalb der Restauration siegt. Man kann und soll zu solchen Zwecken auch gegebenenfalls Koalitionen eingehen. Koalitionen sind eine besondere Form des Kompromisses. Weshalb sollten sie verboten sein, wenn man mit ihrer Hilfe die atomare Bewaffnung der Bundeswehr und die Kernwaffenstationierung verhindern, die Gefahr des atomaren Selbstmordes Deutschlands mindern kann?
Aber man wird zum Gefangenen der Restauration, wenn man dabei in Kauf nimmt, seine eigenen Ausgangspositionen preiszugeben. Längst sind die sozialliberalen Ideologen – die Schiller und Deist – zu Repräsentanten der Ideologie der kapitalistischen Restauration im Lager der sozialdemokratischen Partei und der sozialen Gruppe geworden, deren Lebensinter-

esse es ist, die Restauration zu überwinden. Die Übernahme der Phrasen von der »Beteiligung der Arbeitnehmer an der Vermögensbildung der deutschen Wirtschaft und ihrer Unternehmen« im Rahmen des kapitalistischen Systems in das sozialdemokratische Wahlprogramm ist ein bedenkliches Zeichen für die Gefahren, die hier drohen. Sie ist auch die Erklärung für die selbstmörderische Passivität der Partei- und Gewerkschaftsinstanzen gegenüber dem Anschlag der FDP und CDU auf das Grundgesetz.

Dieser Anschlag gibt der SPD die Chance, den verhängnisvollen Einfluß der CDU auf katholische Arbeitnehmergruppen zu brechen, wenn sie den Mut hat, die Tradition des Ahlener Programms und des Münchener Gründungs-Programms des DGB gegen das wirkliche, heutige Verhalten dieser Partei zu stellen. Sie gibt dem DGB die Möglichkeit, seine Einheit gegen die Machinationen seiner »christlichen« Spalter zu schützen und seine ehrlichen katholischen Führer, die dem Münchner Gründungsprogramm treu sind, von den Agenten des Klassenfeindes im eigenen Lager zu trennen, die unter Mißbrauch des christlichen Glaubens lediglich die kapitalistische Sozialordnung verteidigen wollen.

Es ist Pflicht des DGB, seine Mitglieder aufzufordern, nur solche Parteien zu wählen, die eindeutig gegen einen Antrag Stellung genommen haben, der die Verwirklichung des Programms des DGB für immer unmöglich machen soll. Es ist Pflicht der SPD, im Wahlkampf diesen Antrag als das zu demaskieren, was er ist – als Angriff auf die Grundlagen der sozialen Demokratie und des Grundgesetzes.

Mit einer solchen Politik könnte der Wahlkampf zu einem mächtigen Hebel werden, um das Steuer der bundesrepublikanischen Politik herumzureißen. Sie würde die Möglichkeit einer Koalition zu konkreten Zwekken nicht versperren. Für eine sozialdemokratische Partei bleibt ein Bündnis mit anderen Kräften gegen einen gefährlichen Feind auf der Grundlage eines konkreten Programms zur Verwirklichung fest umschriebener, fortschrittlicher aber noch nicht sozialistischer Maßnahmen (Abwehr der atomaren Bewaffnung, Aufhebung der Dienstpflicht, Außenpolitik der Verständigung mit dem Ostblock und den unterentwickelten Ländern, Unterstützung der abrüstungswilligen und verständigungsbereiten, gegen Dulles und das Pentagon gerichteten Kräfte in der sogenannten »westlichen« Welt, konstruktive Wiedervereinigungspolitik, sozialpolitische Verbesserungen) durchaus zulässig, solange sie ihr eigenes Wesen wahrt, ihre eigenen Positionen, ihre eigenen Unterschiede gegenüber den Partnern dieses taktischen Bündnisses deutlich macht und den Boden, den sie für sich bereits gesichert hat (in diesem Falle die Möglichkeiten, die Art. 15 GG für die Zukunft bietet), nicht preisgibt.

Verzichtet sie aber um einer solchen Koalition willen auf ihr eigenes Gesicht, auf die Mobilisierung der Massen zur Verteidigung ihrer eigenen – verfassungsrechtlich gegebenen – Zukunftsaussichten, so macht sie umgekehrt sogar die Verwirklichung des konkreten Programms unmöglich, um dessen willen sie die Koalition eingehen will.
Schon einmal wurde die deutsche Sozialdemokratie auf dem Höhepunkt einer restaurativen kapitalistischen Hochkonjunktur durch die Empörung der Massen über die negativen Seiten dieser Restauration in eine Koalition gespült – im Jahre 1928. Die Partei hatte damals den Sinn dieses Ereignisses nicht verstanden. Sie übernahm in der Kieler Parteitagsrede Rudolf Hilferdings dessen Glauben an die professorale Ideologie des Kapitalismus, an die Ewigkeit der Konjunktur, einen Glauben, der von den Managern der großen Konzerne und den kapitalistischen Zynikern der Macht natürlich nicht geteilt, aber als Opium für die Massen stets aufrechterhalten wird. So wurde die Wirtschaftskrise, die während der Regierungsausübung dieser Koalition ausbrach, zum Ausgangspunkt der entsetzlichsten Katastrophe, welche die deutsche und die internationale Arbeiterbewegung, das deutsche Volk und die Menschheit je erlebt haben, zum Ausgangspunkt des Aufstiegs und des Sieges des Faschismus, aber nicht des Sieges des Sozialismus. Am Ende der Regierung Hermann Müller stand die Diktatur des Generalfeldmarschalls und seiner Kamarilla, die Regierung Brüning. In Frankreich hat Mollet ein ähnliches »Vorbild« geliefert. Soll es die deutsche Sozialdemokratie, soll es die Führung des DGB wiederholen?
In der Stellungnahme der großen Organisationen der Arbeiterbewegung zum Antrag der FDP entscheidet sich vielleicht schon, ob es möglich ist, das Kabinett Adenauer in den Wahlen zu schlagen. Aber es entscheidet sich gewiß, welchen Weg die künftige Koalitionsregierung einschlagen wird, falls es einmal gelingt, die Mehrheit Adenauers zu zerschlagen: den Weg Hermann Müllers und Mollets oder den Weg zur Verteidigung der Demokratie und des Friedens heute und zum Sozialismus bei Beginn der kommenden Krise.
Die Arbeiter des Volkswagen-Werkes und die IG Metall haben ihren Willen zur Verteidigung des öffentlichen Eigentums und der Einfallstore gemeinwirtschaftlicher Gestaltung in der heutigen politischen Ordnung durch einen Massenstreik unmißverständlich zum Ausdruck gebracht. Es gilt, gegen den FDP-Antrag in gleicher Weise an die Massen zu appellieren. Das ist der einzige Weg, am 15. September Adenauer zu schlagen und eine Koalition vorzubereiten, die nicht in die sichere Niederlage, sondern zum Aufstieg von Demokratie und Sozialismus führt.

Das Urteil im Prozeß Agartz*

Die westdeutsche Arbeiterbewegung verfügt nur über wenige Wirtschaftswissenschaftler, die das Rüstzeug marxistischen Denkens beherrschen. Das Dritte Reich hat unter den marxistischen Intellektuellen in Deutschland aufgeräumt. Schon vorher war in der Konjunkturperiode der Weimarer Republik ein großer Teil früher bedeutsamer marxistischer Köpfe und mit ihnen eine erhebliche Gruppe des Nachwuchses den Sirenenklängen reformistischer »Realpolitik« erlegen, seit Rudolf Hilferding auf dem Kieler Parteitag der SPD 1927 den Glauben an die krisenlose Periode des organisierten Kapitalismus aus den Illusionen der offiziösen Hochschul-Nationalökonomie übernommen hatte. Zweifellos haben Rudolf Hilferding und auch die besten unter den jüngeren Volkswirten der Arbeiterbewegung die Lehren zur Kenntnis genommen, die ihnen bald darauf die Geschichte erteilt hat, und begonnen, sich mit Otto Bauers glänzender Analyse der Weltwirtschaftskrise und des gegenwärtigen Stadiums monopolistisch-kapitalistischer Entwicklung ernstlich auseinanderzusetzen. Der Terror des Dritten Reiches hat diese Generation physisch vernichtet oder in alle Welt zerstreut.

So war Viktor Agartz, der diese Tradition marxistischen Denkens weiterführte und geistig souverän genug war, sie auf die besonderen Bedingungen des restaurierten westdeutschen Kapitalismus anzuwenden, geistig einsam. Er war der beste ökonomische Kopf, über den die westdeutschen Arbeitnehmer verfügten. Solange er das WWI des DGB beeinflussen konnte, bestand die Hoffnung, daß unter seiner Führung in systematischer Erziehungsarbeit eine neue Gruppe der Arbeiterbewegung ergebener Fachkräfte entstehen könnte. Sein großes Referat auf dem Frankfurter Kongreß des DGB,[1] dessen überzeugende und glänzende Analyse der

---

* Zuerst in: *Sozialistische Politik,* 1958, Nr. 1, S. 2 f.

1 Viktor Agartz, *Wirtschafts- und Steuerpolitik, Grundsätze und Programm des DGB.* Referat auf dem dritten ordentlichen Bundeskongreß des DGB in Frankfurt am Main vom 4.-9. 10. 1954, Köln 1954 [Anm. d. Hrsg.]

sozialökonomischen Machtverhältnisse in der Bundesrepublik den ganzen Kongreß mitriß, schien dieser Hoffnung recht zu geben, obwohl schon damals deutlich war, daß die wissenschaftlichen Hilfskräfte der großen Industriegewerkschaften im allgemeinen aus Kräften rekrutiert waren, die weder aus ihrer persönlichen Tradition moralisch-politische Bindungen an die Ziele der Arbeiterbewegung noch irgendwelche Kenntnisse marxistischer wissenschaftlicher Arbeit aufzuweisen haben.
Der Sturz von Viktor Agartz als Leiter des WWI war deshalb ein schwerer Schlag für die deutsche Arbeiterbewegung. Seine Begleitumstände ließen gleichzeitig bereits deutlich werden, daß er auf dem Parkett bürokratischer Intrigen, das leider nicht nur den Staatsapparat, sondern auch die sozialen Apparate in der Bundesrepublik charakterisiert, kein gewandter Tänzer war. Der Isolierung, in die er nun getrieben wurde, fiel er politisch zum Opfer: Er glaubte mit vollem Recht, daß es nützlich und notwendig sei, auch für die Zukunft ein geeignetes Publikationsorgan zu schaffen, zu sozialökonomischer Untersuchung der Bedingungen des Ringens der westdeutschen Arbeiterklasse, nachdem die »Mitteilungen des WWI« nunmehr begonnen hatten, sich in eine wenig interessante statistische Zeitschrift umzuwandeln. Er ließ sich jedoch dazu verleiten, seine »Wiso« durch den stalinistischen FDGB finanzieren zu lassen. Das war zwar psychologisch verständlich, weil er sich – bisher nur gewohnt, von großen Apparaten getragen zu operieren – auf die mühselige Kleinarbeit des Neubeginns aus dem Nichts nicht umstellen konnte. Es war aber politisch ein katastrophaler Fehler. So wenig Viktor Agartz von stalinistischen Illusionen gefangen wurde, so wenig er stalinistischen oder halbstalinistischen Gedankengängen in der »Wiso« Konzessionen gemacht hat, so sehr hätte er wissen müssen, daß SED und FDGB ihm eines Tages die Rechnung präsentieren würden, und daß jedes Bekanntwerden dieser Zusammenhänge die marxistischen Gruppen in der deutschen Arbeiterbewegung aufs schwerste kompromittieren würde.
In der Geschichte jeder politischen Bewegung spielen politische Fehler ihrer Führer eine große Rolle. Sie sind dazu da, überwunden zu werden. Es gibt keinen politischen Führer und erst recht keinen Wissenschaftler, der von sich behaupten könnte, er habe niemals Fehler gemacht. Die bürgerliche Welt der Bundesrepublik in holdem Verein mit den Ideologen aller Bürokratien (leider auch eines Teils der Bürokratien der Gewerkschaften und der SPD) hält Viktor Agartz – einen der ganz wenigen produktiven Köpfe, die es nicht nur in der deutschen Arbeiterbewegung, sondern in der deutschen wissenschaftlichen Welt gibt – wegen dieses Fehlers für einen moralisch und politisch toten Mann. Wir, die wir seinen Fehler begründet und scharf kritisieren, haben nicht den geringsten

Anlaß, in diesen Chorgesang einzustimmen. Die Pharisäer, die hier Steine werfen, sollten sich lieber überlegen, welches pseudowissenschaftliche Geschwätz sie in den Jahren zwischen 1933 und 1945 publiziert haben. Auch in den Arbeiterorganisationen kann man sich nicht erlauben, Viktor Agartz wegen dieses Fehlers für einen erledigten Mann zu halten, wenn man gleichzeitig als führende Wirtschaftsexperten und in anderen wissenschaftlichen Führungsstellen frühere Mitglieder der NSDAP verwendet. Die Charakterprobe des Kampfes gegen ein totalitäres Regime hat Viktor Agartz jedenfalls bestanden. Trotz seines kindlichen Verhaltens gegenüber der Führung des FDGB hat er durch sein Referat vor der Moskauer Akademie der Wissenschaften, in dem er die stalinsche Deutschland- und Polenpolitik heftig kritisierte, eindeutig gezeigt, daß sein Finanzierungsfehler zwar ein schwerer politischer Irrtum, aber kein moralisches Vergehen war. Uns bleibt ein Rest von Hoffnung, daß er intellektuell und charakterlich stark genug bleibt, der Versuchung zu widerstehen, aus der Diffamierungskampagne, die er jetzt erdulden muß, unsinnige politische Konsequenzen zu ziehen.

Der Prozeß gegen ihn hat ihm und seinen verdienstvollen Verteidigern Heinemann und Posser die Gelegenheit gegeben, der Rechtsprechung der Bundesrepublik und damit den Tendenzen, die den gegenwärtigen restaurativen Erscheinungen entgegenstehen und vor allem der Erhaltung demokratischer Meinungsfreiheit einen großen Dienst zu erweisen.[2] Die Anklagebehörde hatte behauptet, es sei strafbar, wenn Persönlichkeiten der Bundesrepublik Beziehungen zu führenden Gremien der Sowjetzone aufnähmen und mit ihnen Gespräche führen. Sie hatte darüberhinaus die Auffassung vertreten, daß sich die Methoden marxistischer Analyse, wie sie in der »Wiso« vertreten waren, gegen die in § 88 des Strafgesetzbuches genannten demokratischen Verfassungsgrundsätze wenden. Der dritte Strafsenat des Bundesgerichts hat demgegenüber eindeutig beide Versuche, das geltende Strafrecht durch gewaltsame Umdeutung in ein brauchbares Instrument für beliebige Hexenjagd zu verwandeln, abgewiesen.[3] Das Bundesverfassungsgericht hatte im KPD-Urteil durch Fehlüberlegungen und Fehlthesen, die allerdings durch manche Nebenbemerkung eingeschränkt wurden, die Bundesanwaltschaft zu diesem Vorgehen ermutigt. In früheren Urteilen hatte leider auch der Bundesgerichtshof die erforderliche Klarheit in seiner juristischen Begriffsbildung vermissen

---

2 Die Plädoyers von Gustav Heinemann und Diether Posser sind abgedruckt bei H. G. Hermann, *Verraten und verkauft,* Fulda 1959, S. 229 ff. [Anm. d. Hrsg.]

3 W. Wagner (Hrsg.), *Hochverrat und Staatsgefährdung, Urteile des BGH,* Bd. 2, Karlsruhe 1958, insb. S. 204, S. 210 f. [Anm. d. Hrsg.]

lassen. Wir haben ihn wie das Bundesverfassungsgericht deshalb häufig kritisieren müssen. Im Falle Agartz hat jedoch der Bundesgerichtshof erkannt, daß man diesen gefährlichen Erscheinungen eine Schranke setzen müsse, wenn man rechtsstaatliches Denken und den Grundsatz der Meinungsfreiheit in Westdeutschland erhalten will. Er hat ausdrücklich bestätigt, daß die marxistische Denkmethode, wie sie in der »Wiso« Anwendung gefunden hat, nicht außerhalb der Legalität des Grundgesetzes steht. Ihm gebührt dafür Dank und Anerkennung: Zweifellos hat Mut dazu gehört, sich dem Strom jener »öffentlichen Meinung«, wie sie vom Deutschen Industrieinstitut der Unternehmer-Verbände gemacht wird und leider auch bei einem Teil der Presse und der angeblich so sehr auf ihre Freiheit bedachten »Wissenschaft« Unterstützung findet, zu widersetzen.

Es wäre verfrüht, deshalb die Gefahren, die der Legalität sozialistischer Kritik in Westdeutschland drohen, für endgültig überwunden zu halten. Das Deutsche Industrieinstitut hat in einer Erklärung zum Prozeß Agartz nach wie vor behauptet, daß marxistisches Denken mit der »freiheitlich-demokratischen Grundordnung« unvereinbar sei. Es soll nicht bestritten werden, daß es mit jener »Freiheit« wirklich unvereinbar ist, für die das Deutsche Industrieinstitut eintritt: Der Freiheit nämlich, demokratische Willensbildung durch Parteifinanzierung systematisch zu verfälschen und das wirtschaftliche und soziale Leben den Ambitionen der »Wirtschaft« zu unterwerfen. Der Bundesgerichtshof hat jedenfalls – wie sein Urteil in Sachen Agartz zeigt – über den Sinn der Meinungsfreiheit in einem demokratischen Staat andere Auffassungen. Es ist die Pflicht der Arbeiterbewegung, ihn so energisch zu unterstützen, daß er auch künftig dem geistigen Druck der Gegenseite nicht erliegt.

Demokratische Wachsamkeit tut not!*

Der Beschluß des 2. Senats des Bundesverfassungsgerichts vom 27. 5. 1958[1] hat dem Antrag der Bundesregierung entsprochen, die Durchführung des hamburgischen Gesetzes zur *Volksbefragung über Atomwaffen* vom 9. 5. 1958 bis zur Entscheidung über die Vereinbarkeit des Gesetzes mit dem Grundgesetz auszusetzen.

Diese Entscheidung entspricht – vor allem auch in ihrer Begründung – nicht der durch Grundgesetz und Bundesverfassungsgerichtsgesetz geschaffenen Rechtslage.

Gemäß § 32 BVerfGG ist der Erlaß einer Einstweiligen Anordnung zur vorläufigen Regelung eines Streitfalles nur in Ausnahmefällen möglich, wenn dies nämlich zur Abwehr schwerer Nachteile, zur Behinderung drohender Gewalt oder aus einem anderen Grund zum gemeinen Wohl dringend geboten ist.

Das Bundesverfassungsgericht hat sich zwar wiederholt auf den Standpunkt gestellt, daß Einstweilige Anordnungen eventuell auch in einem Normenkontrollverfahren – wie es hier vorliegt – zulässig seien (BVerfGE 1, 86; 1, 282; 2, 103). Es hat mit dieser Auffassung in der Literatur erheblichen Widerspruch gefunden: *Eyermann-Fröhler,* Kommentar zum Verwaltungsgerichtsgesetz, § 51, Anhang I 3 c; § 25 Anm. II 3 a und *Hans Lechner,* Bundesverfassungsgerichtsgesetz, § 32 Anm. 3 a S. 184. Auch wenn man sich im übrigen der Auffassung des Bundesverfassungsgerichts anschließt, die derartige Einstweilige Anordnungen im Normenkontrollverfahren für *zulässig* hält, hätte es gleichwohl das gewichtigste Argument seiner Kritiker berücksichtigen müssen, daß nämlich die Gefahr vermieden werden müsse, daß das Gericht sich vorläufig die Rechtsauffassung des Antragstellers zu eigen mache und dadurch praktisch-politisch *die endgültige Entscheidung vorwegnehme.* Es hätte deshalb an die Frage, ob der nach seiner Meinung an sich zulässige Antrag auf Einstwei-

---

* Zuerst in: *Gewerkschaftliche Monatshefte,* 1958, H. 7, S. 395 ff.

1 BVerfGE 7, S. 367 ff. [Anm. d. Hrsg.]

lige Anordnung *begründet* sei, äußerst genaue Erwägungen anknüpfen müssen.
Mit vollem Recht hatte deshalb der 2. Senat in den Gründen seines Urteils vom 24. 2. 1954 darauf hingewiesen, daß derjenige, der den Erlaß einer Einstweiligen Anordnung begehrt, *schlüssig* dartun müsse, daß ihm Rechte zustehen, die der Antragsgegner verletzt. Die Bundesregierung ist aber im vorliegenden Falle zu einem *schlüssigen* Vorbringen, daß Hamburg durch das Volksbefragungsgesetz in Rechte des Bundes eingegriffen habe, *nicht* in der Lage gewesen. *Adolf Arndt* hat in NJW 1958 S. 337 gefordert, daß bei Erlaß einer Einstweiligen Anordnung die Erwägung, wie die spätere Entscheidung in der Hauptsache lauten wird, eine entscheidende Rolle zu spielen habe. Der 2. Senat hat nunmehr entschieden, daß es darauf nicht ankommen könne, sondern daß nur *offensichtlich* unbegründete Vorbringen zur Hauptsache die vorläufige Regelung durch eine Einstweilige Anordnung ausschließen. Er hat an diese einschränkende Erwägung, die eine summarische Abschätzung der Erfolgschancen in der Hauptsache ablehnt, die Behauptung geknüpft, daß grundsätzlich davon ausgegangen werden müsse, »daß, wenn verfassungsrechtliche Meinungsverschiedenheiten zwischen Bundesverfassungsorganen oder zwischen dem Bund und einem Lande sich zu einem Streit vor dem Bundesverfassungsgericht verdichten, der Ausgang des Hauptverfahrens so sehr offen ist, daß von einer Unhaltbarkeit der einen oder anderen Rechtsauffassung nicht mehr die Rede sein kann«. Damit drückt er sich durch eine angebliche Vermutung, die für die Schlüssigkeit des Vorbringens der Bundesregierung bzw. von Landesregierungen spricht, vor der eigenen Prüfung des Schlüssigkeitsproblems – durchaus im Gegensatz zu der vorher zitierten früheren Argumentation des gleichen Senats. Politisch hat es dadurch eine aus geradezu obrigkeitsstaatlichem Denken abgeleitete grundsätzliche Autoritätsstärkung der in diesen Sätzen der Begründung des neuen Beschlusses genannten höchsten staatlichen Organe bewirkt.
Das Vorbringen der Bundesregierung gegenüber dem Land Hamburg war *objektiv* schon deshalb nicht schlüssig, weil es sich auf keine konkrete Norm des Grundgesetzes berufen konnte. Selbst wenn man den in Teilen der Staatsrechtslehre gängigen undemokratischen Ideologien folgen wollte, daß angeblich die »repräsentative Demokratie« des GG in einem ausschließenden Gegensatz zur unmittelbaren Beteiligung des Volkes an politischen Entscheidungen stehe, so konnte die Durchführung einer Volksbefragung, die nach Sinn und Inhalt des hamburgischen Gesetzes keine verpflichtende Wirkung gegenüber Bundesorganen zur Folge haben sollte, einen Einbruch in irgendwelche Bundeskompetenzen und also in Rechte des Bundes nicht herbeiführen. Auch im Verhältnis zwischen dem

Bund und dem Lande Hamburg konnten und sollten durch das strittige hamburgische Gesetz keine Rechtsfolgen erzeugt werden. Wie das Land Hamburg die nach seiner Meinung erforderliche Information seines Senats über die Volksmeinung zu beliebigen Fragen regelt, ist nach der grundgesetzlichen Ordnung seine eigene Sache; sie ist es auch dann, wenn der hamburgische Senat die Kenntnis der Volksmeinung zum Motiv seiner eigenen politischen Stellungnahmen machen will, wie etwa seiner künftigen Weisungen an die Träger seiner Bundesratsstimme. Deshalb ist nicht einzusehen, welche nicht sofort überschaubaren Grundfragen des Bundesverfassungsrechts, deren Schlüssigkeit nicht sofort übersehen werden konnte, im Hauptverfahren darüber hinaus noch aufgeworfen werden könnten.
Ist die Schlüssigkeit des Vorbringens eines Antragstellers die *eine* Voraussetzung des Erlasses einer Einstweiligen Anordnung, so bildet die Dringlichkeit der Abwehr schwerer Nachteile gegenüber dem gemeinen Wohl die andere Bedingung zu einer derartigen vorläufigen Regelung. Mit Recht verweist *Willi Geiger* (Kommentar zum BVerfGG, § 32 Anm. 3 S. 119) darauf, daß nach dem Willen des Gesetzes von der Ermächtigung zu Einstweiligen Anordnungen nur in dem Umfang Gebrauch gemacht werden dürfe, in dem die Einstweilige Anordnung *unabweisbar* ist. Es ist an sich richtig, daß ein derartiges dringendes Bedürfnis auch im Falle von Volksbefragungen eventuell einmal vorliegen kann. Der 2. Senat hat sich in seiner Entscheidung vom 27. Mai 1958 auf die damals gewiß angebrachten Erwägungen berufen, die im Südweststaatstreit zur Aussetzung der Abstimmung vor der Entscheidung in der Hauptsache geführt haben (BVerfGE 1, 2). Damals ging es darum, daß eine Abstimmung nicht vorzeitig stattfinden durfte, die auf Grund des zweiten Neugliederungsgesetzes unmittelbare rechtliche Folgen herbeiführen sollte. Aber gerade dies Neugliederungsgesetz war strittig: Unter diesen Umständen wären also wirklich die Stimmberechtigten verwirrt worden und wäre möglicherweise das Abstimmungsergebnis verfälscht worden, wenn die Abstimmung gleichwohl vor der rechtlichen Klärung veranstaltet worden wäre. Diese Argumentationsreihe hat aber offensichtlich mit dem gegenwärtigen Rechtsstreit zwischen der Bundesregierung und Hamburg nicht das geringste zu tun. Die Hamburger Volksbefragung soll – wie jedermann bekannt ist und auch jeder Wähler weiß – keinerlei unmittelbare rechtliche Folgen bewirken. Sie dient lediglich der Information des Senats und der Öffentlichkeit in einer Frage, die an sich mit strittigen *Rechts*verhältnissen gar nichts zu tun hat, sondern lediglich politischer Art ist. Das Ergebnis dieser Volksabstimmung kann also gar nicht dadurch verfälscht werden, daß irgendeine rechtliche Position, die die Voraussetzung der

Volksbefragung bildet, ungeklärt bleibt. Die Berufung des 2. Senats auf seinen Beschluß vom 9. September 1951 geht also an der gegenwärtigen Sachlage völlig vorbei.
Es ist jedoch politisch-ideologisch interessant genug, daß in den Gründen des 2. Senats darauf hingewiesen wird, die Ablehnung einer Einstweiligen Anordnung hätte in der Bevölkerung »ungerechtfertigte Schlußfolgerungen« hervorrufen können und dadurch als Argument im Kampf um die Abstimmungsberechtigten eine »nicht unerhebliche Rolle« zu spielen vermocht; gerade deshalb sei der Erlaß der Einstweiligen Anordnung notwendig gewesen. Seit wann darf es als Motiv einer gerichtlichen Entscheidung dienen, daß evtl. die Bundesregierung eine Enttäuschung erlebt und also einen Autoritätsverlust erleidet? Ist es ein *rechtliches* Argument, daß die Regierung unter allen Umständen in solchen Situationen, die sie selbst durch Stellung verfehlter Anträge in einer rechtlichen Auseinandersetzung erzeugt hat, vor Bloßstellungen bewahrt werden muß? Im übrigen: Welcher Anhaltspunkt besteht eigentlich dafür, daß die politische Sachentscheidung der Bevölkerung in einer anderen politischen Frage – nämlich der der Atombewaffnung – von dieser Erwägung überhaupt berührt wird? Und umgekehrt: Der gleiche 2. Senat, der in dieser Überlegung – so verfehlt sie ist – die juristische Argumentation durch politische Erwägungen über die Notwendigkeit der Wahrung praktisch der Autorität der Bundesregierung ersetzt hat, will dann im letzten Teil seiner Begründung zu der Folgerung gelangen, »daß die mit der Einstweiligen Anordnung möglicherweise verbundene zeitlich begrenzte Verschiebung der Volksbefragung« ihren Ausgang nicht beeinflussen könne. Jeder politische Soziologe wird wissen, daß die Vertagung einer Volksbefragung auf einen viel späteren Zeitpunkt allerdings den Beteiligungswillen der Wähler stets erheblich beeinträchtigen wird. So zeigt sich auch hier, daß das Bundesverfassungsgericht besser getan hätte, sich auf streng juristische Erwägungen zu beschränken, statt sich in das für seine Richter verständlicherweise fremde Gelände politischer Argumentation zu begeben.
Die Entscheidung hat die endgültige Sachentscheidung des Bundesverfassungsgerichts zu der Problematik der verfassungsrechtlichen Zulässigkeit des hamburgischen Gesetzes rechtlich noch nicht vorweggenommen. Es bleibt zu hoffen, daß darin das Gericht sich nicht in uferlose Spekulationen über willkürliche gedankliche Konstruktionen zum Grundgesetz – wie sie in einem Teil der Staatsrechtslehre üblich geworden sind – einlassen wird, sondern den Normen des Grundgesetzes folgt und die Auffassung der Bundesregierung zurückweist.
Gleichwohl ist es erforderlich, zu sehen, daß das Bundesverfassungsge-

richt erneut der Gefahr erlegen ist, die streng juristische Interpretation des Grundgesetzes, zu der es bestellt ist, durch politische Erwägungen, deren Tendenz ihm zwar unbewußt bleiben mag, die aber mangels energischen Auftretens der demokratischen Kräfte des Volkes bei der gegenwärtigen restaurativen Stimmung in der Bundesrepublik notwendig in obrigkeitsstaatliche Bahnen gleiten, zu ersetzen. Es bleibt daher die Pflicht der demokratischen Kräfte des Volkes – vor allem also der *deutschen Gewerkschaftsbewegung* – mit Wachsamkeit und Energie das kritische Denken der Bevölkerung mit dem Ziel der Bewahrung der Demokratie zu mobilisieren.

Arbeiterklasse, Staat und Verfassung*

Volksbefragungsverbot und Programmentwurf

Vor 1918 war seit Jahrzehnten der Kampf für die politische Demokratie in Deutschland zum Monopol der Sozialdemokratie geworden, nachdem der bürgerliche Liberalismus längst seinen Frieden mit dem monarchischen Obrigkeitsstaat geschlossen hatte. So unklar auch die Vorstellungen der damaligen Sozialdemokratie über Einzelprobleme des politischen Aufbaus, der Organisationsformen des demokratischen Staates der Zukunft und seiner juristischen Struktur im übrigen sein mochten – an der *Inhaltsbestimmung* der politischen Demokratie als lebendige Teilnahme der breiten Massen am politischen Leben im Sinne ihrer Selbstbestimmung und der Entscheidung aller politischen Grundprobleme durch das Volk selbst bestand kein Zweifel. Eben deshalb vereinte sich der ganze Haß nicht nur der militärischen, bürokratischen und »wissenschaftlichen« Diener des Hohenzollern-Staates, sondern auch der feudalen und bürgerlichen Klassen und ihrer Nachläufer aus den Mittelschichten gegen die demokratischen Ideale und gegen ihre politische Repräsentanz in der Partei der deutschen Arbeiterklasse.

Der Zusammenbruch von 1918 machte diese frühe ideologische Position der geschlagenen Oberschichten zunächst unmöglich. Sie stellten dem demokratischen Ziel der Arbeiterbewegung nun die Vorstellung der »reinen« Demokratie (bei Bewahrung der Macht der alten Bürokratie und Militärs und der ökonomischen Vormachtstellung der herrschenden Klassen) entgegen. Es gelang den alten herrschenden Klassen, die Unklarheit in den Köpfen der arbeitenden Massen über Form und Inhalt der Demokratie sich zunutze zu machen, so daß große Teile der Arbeiterbewegung die Frage nach dem *Klassen-Inhalt* der Weimarer Republik nicht mehr stellten.

* Zuerst in: *Sozialistische Politik*, 1958, Nr. 10/11, S. 3 f.

So war es dem großen Kapital möglich, die Weimarer Republik zunächst in eine eindeutig *bürgerliche* Republik zu verwandeln, in der jede unmittelbare demokratische Regung der Volksmassen Schritt um Schritt zurückgedrängt wurde. Unter Beihilfe eines Juristenstandes, der nur in obrigkeitsstaatlichen Bahnen denken konnte (bevor er mit fliegenden Fahnen zum Faschismus überlief), gelang es, Stück für Stück der demokratischen und sozialen Teile des formalen Verfassungs*rechts* durch Umdeutungskünste wirkungslos zu machen, weil ein großer Teil der Arbeiterklasse in formal-abstrakter »Staatstreue« vergaß, die *klassenpolitische* Bedeutung dieses Umwandlungsprozesses zu überprüfen und seine – allein wirklich demokratische – außerparlamentarische Macht gegen diese Machtverschiebung, ohne jede Rücksicht auf die Scheinlegalität dieser Angriffe des Staatsapparates auf ihre demokratischen Rechte, zum Schutze der demokratischen Entwicklungsmöglichkeiten innerhalb der Weimarer Republik, einzusetzen. Die Führung der damaligen Sozialdemokratie blieb im Banne dieser Ideologie republikanischer »Staatstreue«, die jede klassenpolitische Analyse des Wesens und der Rolle der Staatsgewalt in der kapitalistischen Gesellschaft ausschloß. Sie wurde deshalb ebenso unfähig wie die KPD – die längst ihres inneren demokratischen Lebens beraubt und stalinistischer Hörigkeit verfallen war –, die Arbeitermassen zum Kampf um die politische Macht zu führen, als die Wirtschaftskrise nur noch die Alternative zwischen sozialistischer Demokratie oder nationalsozialistischer Barbarei übrig ließ.
Mit dem Siege des Faschismus konnte das Finanzkapital und sein Staatsapparat die Maske wechseln. »Demokratie« und »Rechtsstaatlichkeit« wurden mühelos abgestreift. Der bürgerliche Staat trat wieder unverhüllt als das auf, was sein Wesen ausmacht: als rücksichtslose und unter gegebenen Umständen unmenschliche Diktatur zur Bewahrung der bürgerlichen Gesellschaft und des bürgerlichen Eigentums und seiner Machtpositionen nach innen und zur Durchführung einer imperialistischen Politik nach außen. Nicht zu Unrecht sagt die bürgerliche Rechtswissenschaft, Hohenzollern-Monarchie, Weimarer Republik und Drittes Reich seien »identisch« gewesen: der Staat sei in allen drei Staatsformen der gleiche geblieben.
Die deutsche Sozialdemokratie zeigt nun in ihrem Grundsatzprogramm die Absicht, sich über die *heutige* Stellung gegenüber dem gegenwärtigen westdeutschen bürgerlichen Staat, der Bundesrepublik Deutschland, und gegenüber dem Prinzip der Demokratie Rechenschaft abzulegen. Im Programmentwurf ist jedoch von der wirklichen geschichtlichen Erfahrung des deutschen Volkes mit dem Verhältnis von Staatsgewalt und Demokratie keine Rede. Statt dessen wird die philosophische Spekulation

des Genossen Arndt über das »Wesen« der Demokratie und des Staates angeboten.
Es wäre gewiß ungerecht, nicht anzuerkennen, daß er dabei den Sinn des Geredes von der »repräsentativen« Demokratie, mit dessen Hilfe die bürgerliche Staatsrechtswissenschaft gegenwärtig die letzten, echten demokratischen Chancen innerhalb des Systems des Grundgesetzes auszuschalten trachtet, zutreffend enthüllt. Aber die Frage nach der *Klassennatur und Klassenstruktur* der Bundesrepublik wird nur zaghaft angedeutet. Vor allem fehlt neben der realen Analyse die Feststellung, daß im Staat der bürgerlichen Gesellschaft nur die Arbeitnehmer, ihre Gewerkschaften und politischen Parteien in vollem Maße Demokratie verkörpern und durch *ihren Klassenkampf gegen die Klassenherrschaft des Finanzkapitals* die gegenüber den Gliedern der Gesellschaft verselbständigte und daher entfremdete Staatsgewalt der Demokratie unterwerfen und demokratische Verfassungsnormen mit lebendigem Inhalt erfüllen könnten. Darf das Programm der deutschen Sozialdemokratie bei seiner Stellungnahme zum politischen Kernproblem, zur Staatsgewalt, so tun, als ob die Geschichte der letzten 40 Jahre niemals stattgefunden hätte? Darf die Partei auf einen strategischen Plan verzichten, der die Verteidigung der demokratischen Möglichkeiten, die das Bonner Grundgesetz und die Landesverfassungen formal-rechtlich noch enthalten, vorsieht und der die Eroberung der politischen Macht und damit den Aufbau der sozialistischen Demokratie vorbereitet?
Darf sie das in einer Zeit, in der sich täglich neu erweist, daß diese demokratischen Möglichkeiten auf dem Papier stehen und zerfetzt werden, wenn man die Entscheidung über sie jenem Staatsapparat überläßt, der zum guten Teil von ehemaligen treuen Dienern des Dritten Reiches, zum anderen Teil von hoffnungslosen Apologeten obrigkeitsstaatlicher Doktrinen gebildet wird? Sind der Dönitz-Rummel[1] und der Eisele-Skandal[2] nicht zutreffende Illustrationen dazu? Spricht nicht jene Mitteilung Bände, wonach der Wuppertaler Oberstaatsanwalt die Einlei-

---

1 1958 erschienen in der Illustrierten *Quick* die Memoiren von Admiral Dönitz, Hitlers Nachfolger als Staatsoberhaupt. Die Memoiren sind im Stile einer Selbstrechtfertigung gehalten: »[. . .] Die Idee der Volksgemeinschaft im sauberen nationalen und sozialen Sinne und die hierdurch erfolgte innere Einigung [hatten] mich begeistert.« (*Der Spiegel*, 1958, H. 23, S. 31 ff. [32].) [Anm. d. Hrsg.]

2 Obersturmführer Dr. Eisele war u. a. im KZ Buchenwald Lagerarzt. Er führte zahllose sadistische medizinische Versuche an Lagerinsassen durch. 1945 wurde er im Dachau-Prozeß und 1947 im Buchenwald-Prozeß (vor einem sowjetischen Militärgericht) zum Tode verurteilt. 1952 wurde er freigelassen. In der Bundesrepublik erhielt er eine Heimkehrerentschädigung und einen Aufbaukredit. In München wurde er als Kassenarzt zugelassen. Im Prozeß gegen den KZ-Aufseher Sommer wurde er wegen weiterer Mordtaten schwer belastet. Seiner Verhaftung entging er durch eine – bemerkenswert leichte – Flucht nach

tung des Strafverfahrens gegen den heute dort wieder tätigen Staatsanwalt Dr. Bruchhaus, dem die Beantragung von Todesstrafen gegen Hitler-Gegner vorgeworfen wird, mit der Begründung ablehnt, es sei unmöglich, einem heute in der Bundesrepublik wieder tätigen Juristen nachzuweisen, daß er vor 1945 die Unrechtmäßigkeit der damaligen Terrorpraxis der nationalsozialistischen Diktatur erkennen konnte?

Die Urteile des Bundesverfassungsgerichts gegen Hamburg, Bremen und Hessen zur Frage der Volksbefragung gegen die Atombewaffnung zeigen deutlich, wohin die Bundesrepublik auch von solchen Trägern des Staatsapparates geführt wird, die nicht der Komplizenschaft zum Dritten Reich schuldig sind, wenn die Partei der Arbeiterklasse über keinen strategischen Plan zur Verteidigung der Demokratie, über keine klare sozialwissenschaftliche, also klassenpolitische Einsicht in ihr eigenes Wesen und in das Wesen der Demokratie verfügt. Das Bundesverfassungsgericht hat zwar nicht – wie es die Bundesregierung ursprünglich erreichen wollte – generell jede Form der plebiszitären Beteiligung des Volkes an der Stellungnahme zu politischen Grundfragen endgültig als verfassungswidrig verketzert. Aber es hat den Ländern verboten, zu solchen – also praktisch zu allen wirklich entscheidenden – politischen Fragen Volksbefragungen durchzuführen, die im Bereich der Bundeskompetenzen liegen. Dieses Verbot hat sie durch das Urteil gegen Hessen[3] auch auf die Gemeinden ausgedehnt.

Im Urteil gegen Hamburg und Bremen[4] wirkt die Begründung dieses Schrittes – der sich auf eine nebelhafte Interpretation des an sich schon nebelhaften Begriffs der »Bundestreue«, nicht aber auf irgendeine Norm des Grundgesetzes stützt – um so grotesker, als hier sogar den Landesregierungen untersagt wird, ihre notwendig einheitliche Stimmabgabe im Bundesrat, zu der sie durch das Grundgesetz verpflichtet sind, auf eine vorherige Befragung des Volkes zu stützen. Der Föderalismus des Grundgesetzes wird damit zum bloßen Schein entwürdigt, sobald er reale demokratischen Folgen haben könnte. Die »wirklichen Bundesinteressen« können nach dem Hessen-Urteil nur durch die Bundesregierung und die Mehrheit des Bundestages, nicht aber durch das Volk selbst und auf Vorschlag der Opposition demokratisch legitimiert festgestellt werden. Demokratie ist also für die bürgerliche Staatsrechtslehre die Pflicht des Volkes, zu den Plänen seiner hohen Obrigkeiten »ja« zu sagen.

Ägypten. In Kairo praktizierte er als Arzt; seine Praxis wurde von Deutschen gern besucht. (R. Henkys, *Die nationalsozialistischen Gewaltverbrechen*, Stuttgart 1964, S. 70, S. 247 Anm. 104). [Anm. d. Hrsg.]

3 BVerfGE 8, S. 122 ff. [Anm. d. Hrsg.]

4 BVerfGE 8, S. 104 ff. [Anm. d. Hrsg.]

Um so dringender bedarf die Sozialdemokratie illusionsloser Vorstellungen über die Notwendigkeit und die Mittel zur Verteidigung der Reste demokratischer Möglichkeiten und zur Erkämpfung der politischen Demokratie. Einen solchen strategischen Plan durch klare Analysen der Rolle und des Wesens der Staatsgewalt zu liefern – das (und nicht »geisteswissenschaftliche« Spekulation) ist die Aufgabe eines Parteiprogramms.

Von der bürgerlichen Demokratie zur autoritären Diktatur*

Die bürgerliche Demokratie ist die politische Form, die der Struktur der kapitalistischen Gesellschaft in ihrer liberalen Entwicklungsphase angemessen ist. Die Demokratisierung der bürgerlichen Staaten, die in der Periode des Übergangs zur monopolkapitalistischen bzw. oligopolkapitalistischen Phase der modernen kapitalistischen Klassengesellschaft als Korrelat der imperialistischen Weltpolitik der Großmächte erfolgte, war ihrem Wesen nach eine Konzession an den Aufstieg der großen Organisationen der Arbeiterbewegung, ein Ausdruck eines relativen Gleichgewichts der Klassenkräfte (Otto Bauer). Sie verhüllte eine andere, sehr viel wirksamere entgegengesetzte Entwicklungstendenz: Monopolkapitalismus und imperialistische Weltpolitik setzen eine erhebliche Stärkung der politischen Exekutivgewalt des Staates als Notwendigkeit voraus, die zwar während der Hochkonjunktur und der durch sie ermöglichten Produktionserweiterungen, nicht aber während der wirtschaftlichen Krisen mit dauernder Aufrechterhaltung jener liberalen Freiheitsrechte vereinbar ist, die andererseits zum Wesen der bürgerlichen Demokratie gehören. Die Demokratisierung des Wahlrechts und die Steigerung der formellen Einflußsphäre der Parlamente nach dem ersten Weltkrieg lief deshalb mit dem Anwachsen der Macht der militärischen und polizeilichen Exekutivapparate in fast allen kapitalistischen Ländern parallel. Unter diesen Umständen war es in der Periode zwischen beiden Weltkriegen möglich, den Übergang von der demokratischen Verhüllung der bürgerlichen Klassenherrschaft in – dem Schein nach völlig demokratisierten – parlamentarischen Staaten zur brutalen und unverhüllten faschistischen Diktatur ohne große Schwierigkeiten zu vollziehen, sobald die Macht der Arbeiterorganisationen während einer ökonomischen Krise zerbröckelt war.

Als die Bundesrepublik Deutschland ins Leben gerufen wurde, war die ökonomische Macht der großen industriellen Oligopole und Monopole

* Zuerst in: *Sozialistische Politik*, 1958, Nr. 12, S. 1 f.

infolge der Katastrophe des Jahres 1945 noch sehr stark beschränkt. Die erste Phase der sogenannten »sozialen Marktwirtschaft« stand noch im Zeichen liberaler Ideologie und zum Teil auch – mindestens soweit es um die Produktion von Konsumgütern ging – einer vorübergehend reproduzierten liberalkapitalistischen Wirklichkeit. Die Rekonzentration des Kapitals hat sich im Bereich der Bundesrepublik – seit dem leichten ökonomischen Rückschlag vor der Korea-Krise unerhört beschleunigt – dann sehr rasch vollzogen. Wahrscheinlich ist die Konzentration des Kapitals gegenwärtig sehr viel stärker als in der Weimarer Republik.

Die Rechtsnormen des Grundgesetzes standen jedoch noch sehr stark unter dem Vorzeichen der Machtverhältnisse und der Ideologien dieser in Deutschland nach dem Zusammenbruch wiederholten scheinliberalen Entwicklungsphase. Die gegenwärtige politische Entwicklung der Bundesrepublik steht demgegenüber unter dem doppelten Vorzeichen einerseits dieser innenpolitischen Entwicklung, die sich ökonomisch in der Rekonzentration des Kapitals, im sozialen Leben durch die ständige Zurückdrängung des Einflusses aller Arbeitnehmerorganisationen (z.B. durch das Urteil des Bundesarbeitsgerichts gegen die IG Metall)[1] ausdrückt, andererseits der außenpolitischen Integration der Bundesrepublik in den um die USA gruppierten Block der imperialistischen Mächte des sogenannten »demokratischen Westens«. Der Weg zur Wiederherstellung der militärischen Macht in der Bundesrepublik und zu deren atomarer Bewaffnung mußte zur weiteren Aushöhlung der demokratischen und zum weiteren Ausbau der autokratisch-obrigkeitsstaatlichen Elemente des Verfassungslebens führen.

Der Bundesinnenminister hat durch seine Rede auf der Stuttgarter Tagung[2] jener Polizei-»Gewerkschaft«, die als Gegenorganisation gegen den wirklich gewerkschaftlichen ÖTV dem Eindringen bürgerlichen Geistes in die Polizeibediensteten dient, den Willen der Bundesregierung offenbart, diese Verschiebung der realen Machtverhältnisse nunmehr auch zur Veränderung der Rechtsnormen auszunützen. Die Notstands-Gesetzgebung, die Dr. Schröder ankündigt, würde (wie einst der Art. 48 der

1 BAGE 6, S. 321 ff. Den tragenden Grund des Urteils bildete die These, daß eine während der Friedenspflicht von der IG-Metall durchgeführte Urabstimmung als Kampfmaßnahme zu werten sei. – Im einzelnen hat Abendroth dieses Urteil in dem Aufsatz *Innergewerkschaftliche Willensbildung, Urabstimmung und ›Kampfmaßnahme‹«, Arbeit und Recht,* 1959, S. 261 ff. analysiert; er ist wiederabgedruckt in: W. Abendroth, *Antagonistische Gesellschaft und politische Demokratie*, 2. Aufl. Neuwied 1972, S. 251 ff. [Anm. d. Hrsg.]

2 Die Rede wurde am 30. Oktober 1958 gehalten. Die Ausführungen von Gerhard Schröder wurden unter dem Titel *Sicherheit heute. Sind unsere Sicherheitseinrichtungen geeignet, auch schwere Belastungsproben auszuhalten?* im *Bulletin des Presse- und Informationsamtes der Bundesregierung*, 1958, Nr. 203, S. 2017 ff. abgedruckt. [Anm. d. Hrsg.]

Weimarer Reichsverfassung) jene Konzentration der Macht bei der Bundesregierung und den militärischen und polizeilichen Exekutivorganen des Bundes auch rechtlich decken, die vor 25 Jahren den fast reibungslosen Übergang zunächst von der bürgerlichen Demokratie zur präsidialen Diktatur, dann von der präsidialen Diktatur zum nationalsozialistischen Dritten Reich juristisch möglich machte.
Dr. Schröder beruft sich darauf, daß Art. 5 des Generalvertrages vom 23. 10. 1954 der Bundesrepublik geradezu die völkerrechtliche Verpflichtung auferlegt, für eine wirkungsvolle Notstands-Gesetzgebung zu sorgen, falls sie die Vorbehaltsrechte der früheren Besatzungsmächte für die Sicherheit ihrer in Deutschland stationierten Streitkräfte begrenzen will. Es ist zwar richtig, daß der Generalvertrag diese Norm enthält. In Wirklichkeit zeigt das jedoch nur, daß das angeblich zum Schutz der Demokratie geschaffene westliche Bündnissystem von vornherein antidemokratischen Zwecken diente, weil es im Gefüge der imperialistischen Machtpolitik gestanden hat und steht. Weder Art. 5 des Generalvertrages noch Art. 143 des Grundgesetzes (jenes Kompromißgebilde, das einst der SPD die Zustimmung zu den Verfassungsänderungen vom 19. 3. 1956 ermöglicht hat) können den Bundestag verpflichten, die Bundesorgane mit derartigen Zusatz-Ermächtigungen auszustatten. Dr. Schröder wollte ursprünglich die genugsam durch ihre personelle Verbindung mit ehemaligen Abwehrorganisationen des Dritten Reiches ausgewiesenen Verfassungsschutzämter des Bundes und der Länder in Staats-Schutzämter umgewandelt und mit entsprechenden Funktionen ausgestattet sehen. Der Sturm der öffentlichen Meinung hat ihn in diesen Fragen zu leichten Konzessionen hingetrieben, die jedoch den Sinn des ganzen Unternehmens nicht verdunkeln können.
Die Sozialdemokratie, die im Bundestag immer noch über die Sperr-Minderheit gegen Grundgesetz-Änderungen verfügt, muß bei ihrer Stellungnahme von der Erkenntnis ausgehen, daß jede Erweiterung der rechtlichen Befugnisse oberster Bundesorgane in der gegenwärtigen sozialen und politischen Situation in Wirklichkeit die Machtstellung sehr konkret (nämlich reaktionär) zusammengesetzter Bundesorgane stärkt und im Falle einer Krise die Möglichkeit bieten müßte, erneut jenen Weg zu erleichtern, den Deutschland nach Anbruch der Weltwirtschaftskrise 1929 schon einmal zurückgelegt hat. Deshalb ist es illusionär und gefährlich, die Mitarbeit der SPD bei einer Regelung der sogenannten Notstandsrechte in irgendeiner Form in Erwägung zu ziehen, wie das in einem in vielen anderen Fragen brauchbaren Aufsatz von Dr. Adolf Arndt im »Vorwärts« (21. 11. 1958) geschehen ist.
Die ständig wiederholten Vorstöße des Bundesjustizministers Dr. Schäf-

fer zugunsten der Beseitigung des Art. 102 des Grundgesetzes und der Wiedereinführung der Todesstrafe (zudem noch für politische Delikte, für Hoch- und Landesverrat) sind die angemessene Begleitmusik zum Vorstoß Dr. Schröders. Wird der gegenwärtige Staatsapparat der Bundesrepublik Deutschland – vielfältig durchsetzt von Kräften, die ihre Sporen im Dritten Reich verdient haben – einerseits mit wirksamen Ausnahmebefugnissen, andererseits mit der Todesstrafe ausgestattet, so kann am politischen Ergebnis im Falle einer ernsthaften außenpolitischen, sozialen oder ökonomischen Krise ein Zweifel nicht bestehen, wenn nicht der Kampfwille und die Kampfkraft der Arbeiterorganisationen groß genug ist, um wirkungsvoll zurückzuschlagen.
Die Offensive Dr. Schröders und seines Kollegen Dr. Schäffer (der selbst – wie seine Gespräche mit Vinzenz Müller zeigen[3] – durchaus bereit ist, Verhandlungen zu führen, für die er Arbeiterführer köpfen lassen möchte, wenn diese sie in wirklich demokratischem Interesse führen würden) hat deutlich gemacht, wie stark die Gegner der Arbeiterbewegung und des Sozialismus bereits zu sein glauben. Es genügt nicht, diese Pläne nur in Form parlamentarischer Debatten zurückzuweisen. Nur die Mobilisierung der demokratischen Öffentlichkeit, nur außerparlamentarische Kampagnen der Arbeiterorganisationen, der Sozialdemokratie und der Industriegewerkschaften, können die politischen Machtverhältnisse und das soziale Klima in der Bundesrepublik so stark verändern, daß die demokratischen Institutionen und Normen des Grundgesetzes gegen diesen Angriff gesichert bleiben.

3 Am 20. Oktober 1956 traf Bundesjustizminister Schäffer den Ost-Berliner Botschafter der UdSSR, Puschkin, und den General der Nationalen Volksarmee, Vinzenz Müller, in Ost-Berlin zu einem Gespräch über Probleme der Wiedervereinigung. General Müller berichtete, daß dieses Gespräch in seiner Wohnung stattgefunden und etwa drei Stunden gedauert habe. (*Der Spiegel*, 1958, H. 47, S. 22 f.). [Anm. d. Hrsg.]

Obrigkeitsstaat oder soziale Demokratie?*

»Öffentliche Sicherheit«, Verfassungsrecht und Verfassungswirklichkeit

I. Polizeirecht und Verfassungssystem

Seit im Jahre 1794 das Allgemeine Landrecht für die Preußischen Staaten in Kraft getreten ist, steht der Gedanke des Schutzes der »öffentlichen Ruhe, Sicherheit und Ordnung« – in § 10 des 17. Titels des zweiten Teiles dieses Gesetzes klassisch formuliert – nach Auffassung der deutschen Wissenschaft des öffentlichen Rechtes im Mittelpunkt der Tätigkeit der Polizei. Der konkrete *Inhalt* dessen, *was* als öffentliche Sicherheit – zunächst im weitesten Sinne des Gesamtbegriffes, den § 10 II 17 des Pr. A. L. R. erfassen wollte, verstanden – anzusehen ist, hat sich jedoch seit dem Zeitalter des absolutistischen Polizeistaates ebenso verändert wie die *Mittel,* die der Polizei und der Staatsgewalt zu ihrem Schutze zur Verfügung stehen, andere geworden sind. Zwar hat sich die *Terminologie,* die sprachliche Ausdrucksweise der Gesetze, nur in geringem Maße verschoben: § 14 des Preußischen Polizeiverwaltungs-Gesetzes vom 1. Juni 1931 – des charakteristischen Polizeigesetzes der Periode der Weimarer Republik – gab der Polizei den Auftrag, »von der Allgemeinheit oder dem einzelnen Gefahren abzuwehren, durch die die öffentliche Sicherheit oder Ordnung bedroht wird«, und in der Gegenwart wiederholt z. B. § 1 des Hessischen Polizeigesetzes vom 10. November 1954 die gleichen Worte.

In der amtlichen Begründung zu § 14 Pr. PVG. wurde der Begriff der öffentlichen *Sicherheit* dahin definiert, daß er in erster Linie den Schutz der Allgemeinheit und des einzelnen gegen Schäden, die den *Bestand des Staates* oder seiner Einrichtungen und das ungehinderte Tätigsein seines Organismus betreffen, darüber hinaus aber auch die Gewährleistung von Leben, Gesundheit, Freiheit oder Ehre des Einzelnen und der durch die

* Zuerst in: *Gewerkschaftliche Monatshefte,* 1959, H. 6, S. 343 ff.

jeweils geltende Rechtsordnung bestehenden dinglichen und persönlichen Rechte der physischen und der juristischen Personen umfassen solle. Die *»öffentliche Sicherheit«* ist also der Sammelbegriff für den Schutz der *Rechtsordnung* vor rechtswidrigen Angriffen. Demgegenüber geht der Begriff der *»öffentlichen Ordnung«* nach seiner in der Periode des bürgerlichen Rechtsstaats (und zwar schon in ihrer konstitutionell-monarchischen liberalen Phase) durch Rechtsprechung und verwaltungsrechtliche Wissenschaft entwickelten Bedeutung weiter: Er umfaßt den Schutz aller *moralischen Verhaltensnormen* (auch der nicht in den gesetzlichen Vorschriften fixierten), die *nach der jeweils herrschenden allgemeinen Auffassung* zu den unerläßlichen Voraussetzungen des funktionsfähigen menschlichen sozialen und staatsbürgerlichen Zusammenlebens gehören. So hat dieser Blankettbegriff der »öffentlichen Ordnung« auch in jener geschichtlichen Entwicklungsstufe auf dem Wege vom absolutistischen Polizeistaat, dessen »aufgeklärter« Endperiode das Preußische Allgemeine Landrecht ursprünglich entstammte, zum heutigen sozialen und demokratischen Bundesstaat hin, die im Zeichen bürgerlich-liberalen Denkens Staat (und als dessen Organ die Polizei) und Gesellschaft einander schroff entgegenstellte, die Pflichten der Staatsbürger und die Rechte der Polizei gegenüber der Gesellschaft und ihren Gliedern wesentlich über die Grenzen der förmlichen Rechtsnormen hinaus erweitert. Er gab der Polizei die Möglichkeit, auch außerhalb der Schranken des formellen Gesetzes und damit des Begriffs der »öffentlichen Sicherheit« zwangsverbindliche Anordnungen an die Staatsbürger zu erlassen.
Diese Überlegungen machen bereits deutlich, daß dies Begriffspaar »öffentliche Sicherheit« und »öffentliche Ordnung«, als rechtliche und logische Bindung polizeilicher Tätigkeit entstanden, seine inhaltliche Konkretisierung jeweils aus der politisch-gesellschaftlichen Gesamtordnung erfahren hat, in der es funktionierte, aus der Verfassung im materiellen Sinne, und zwar aus ihr allein, solange – vor der Konstitutionalisierung des monarchischen Obrigkeitsstaates (die in Preußen erst durch den Anstoß der bürgerlich-revolutionären Bewegung von 1848 erreicht wurde) – von einer Verfassung im formellen Sinne, deren Normen diese Inhaltsbestimmung logisch vermitteln konnten, noch keine Rede war.

II. Die »öffentliche Sicherheit« im monarchischen Obrigkeitsstaat

Daher war für die Periode der polizeistaatlichen Verwaltung des monarchischen Obrigkeitsstaates mit ihrer grundsätzlich für alle sozialen Ordnungs- und Gestaltungszwecke zuständigen zentral gelenkten Zwangsgewalt, die dem Selbstverständnis ihres Systems nach die allseitige Förderung des Wohles der »beschränkten Untertanen« auf Grund der zur Entscheidung allein berufenen höheren Weisheit des Monarchen, damals der Legitimationsquelle ihres hierarchisch gegliederten Apparates, als ihre Aufgabe ansah, jener Gedanke der Beschränkung der Polizei auf die (negative) Gefahrenabwehr noch nicht voll entwickelt, der dann auf der nächsten geschichtlichen Entwicklungsstufe mit der Polizei den Staat vom positiv gestaltenden Eingriff in die Gesellschaft (und damit in die Rechtssphären ihrer Mitglieder) abhalten sollte: Die »nötigen Anstalten zur Erhaltung der öffentlichen Ruhe, Sicherheit und Ordnung« im Sinne von § 10 II 17 Pr. A. L. R. konnten sich zunächst noch durchaus als positiv gestaltende Maßnahmen erweisen; den Inhalt dessen, was als öffentliche Sicherheit und Ordnung anzusehen war, konnte der Monarch als Chef des Staates – durch diese Verfassung legitimiert – grundsätzlich selbst bestimmen, wenn er auch in der sozialen Wirklichkeit jenem Gleichgewichtsverhältnis privilegierter Klassen verpflichtet blieb, das allein diese relative Verselbständigung der Staatsmacht möglich machte, deren politischer und rechtlicher Ausdruck diese Staatsform war. Deshalb war auch der Polizeistaat verpflichtet, diesem Tatbestand durch die *vermögensrechtliche Sicherung der einzelnen Mitglieder dieser privilegierten Schichten,* gleichgültig, ob es sich um ihre feudalen oder bürgerlichen Teile handelte, durch den Aufopferungsanspruch-Gedanken der §§ 74, 75 der Einleitung zum Pr. A. L. R. Rechnung zu tragen; wenn die »Mitglieder des Staats« nach der monarchisch legitimierten höheren Weisheit der Polizei »einzelne Rechte und Vorteile« »der Beförderung des gemeinschaftlichen Wohls« aufzuopfern gezwungen waren, so mußten sie zwar diesen Eingriff hinnehmen, konnten aber vom Staat (als Fiskus) Entschädigung verlangen und diese Entschädigung auch notfalls im Rechtsstreit vor den Gerichten erzwingen. Doch änderte das nichts am Grundgedanken des Systems, daß diese Verfassung die monarchische Staatsspitze zur – theoretisch – beliebigen Inhaltsbestimmung des Begriffs der »öffentlichen Sicherheit und Ordnung« ermächtigte. So mußte notwendig von nun an der Staat für das Denken des Monarchen und seiner Diener als Herr der Gesellschaft und ihrer Glieder, als den *»Untertanen«* übergeordnete *»Obrigkeit«* erscheinen, die als deren Gegenspieler außerhalb der Gesellschaft zu stehen schien. Andererseits mußten die fortgeschrittenen Teile der bürgerlichen Klassen *auf der Grundlage des gleichen Denkens* den Freiheitsraum des Einzelnen (wenn und soweit er nämlich Vermögenswerte – in der Sprache von § 74 Einl. Pr. A. L. R. »einzelne Rechte und Vorteile« – zu verteidigen hatte) gegen diese Interventionsmöglichkeit der Staatsgewalt und ihrer Polizei mit dem Mittel der Ausschaltung des Gedankens der Pflege des gemeinen Wohls durch die öffentliche Gewalt zu erweitern trachten. Sie mußten ferner mittels der Beteiligung der begüterten (und daher in dieser sozialen Situation der Wende vom 18. zum 19. Jahrhundert auch allein über das Privileg systematischer geistiger Ausbildung verfügenden) Schichten an der Gesetzgebung versuchen, auf die inhaltliche Bestimmung dessen, was als »öffentliche Sicherheit« zu gelten hatte, Einfluß zu gewinnen.

In einer Nation, der wie der unseren im 19. Jahrhundert der Sieg einer demokratischen Revolution versagt blieb, haben sich die Grundelemente dieses Denkens unvermeidlich in das Verfassungssystem und das öffentlich-rechtliche Denken der juristischen Wissenschaft jener Staatsform hinüberretten können, die als Ergebnis eines neuen Kompromisses zwischen dem monarchischen Staatsapparat und den bürgerlichen Schichten die zweite Hälfte des 19. Jahrhunderts und das 20. Jahrhundert bis zum Ausgang des ersten imperialistischen Weltkrieges charakterisiert hat, der konstitutionellen Monarchie. Zwar wurden nunmehr die gesetzlichen Schranken dessen, was als Intervention des Staates in die Gesellschaft anzusehen war, stärker betont. Die Beschränkung der Polizei auf die *Gefahrenabwehr* – ursprünglich gedacht als Freisetzung der Überzeugung, daß die liberal-kapitalistische Konkurrenzwirtschaft durch ihr »freies Spiel der Kräfte« das gesellschaftliche Gleichgewicht automatisch ohne Vermittlung der öffentlichen Gewalt verwirklichen werde – wurde nun durch Wissenschaft und Praxis des Verwaltungsrechts weitgehend gesichert. Die Bindung von Verwaltung und Polizei an das Gesetz, der *liberale Rechtsstaatsgedanke,* wurde mit der Einschränkung durchgesetzt, daß für die Polizei die Hintertür des Schutzes der »öffentlichen Ordnung« – inhaltlich bestimmt durch das gemeinsame Denken der die »öffentliche Meinung« allein beherrschenden führenden Schichten von Bürgertum und Großgrundbesitz über das Sittengesetz – zusätzlich offenblieb, da ja nur der Begriff der »öffentlichen Sicherheit« streng an das Gesetz gekettet war.

Dies Gesetz selbst blieb, nachdem das deutsche Bürgertum auf Grund der Niederlage der Revolution von 1848 aus Furcht vor dem wachsenden Selbstbewußtsein der Unterklassen auf die Demokratie verzichtet hatte, Produkt der (monarchischen) *Obrigkeit,* wenn auch gebunden an die Zustimmung des Parlamentes. Dies Parlament repräsentierte zwar der Idee nach die gesamte Gesellschaft gegenüber der Obrigkeit, praktisch jedoch nur diejenigen Gruppen aus der Gesellschaft, die dies Kompromißgebilde des monarchischen Obrigkeitsstaates grundsätzlich bejahten, die besitzenden Schichten in ihren verschiedenen Gruppierungen. In den meisten deutschen Einzelstaaten war dieser Zustand durch die Konstruk-

tion des ungleichen Wahlrechts rechtlich fixiert. Aber auch das Eindringen des Prinzips des allgemeinen und gleichen Wahlrechts durch die Verfassung des Norddeutschen Bundes und des Deutschen Reiches konnte und sollte ihn nicht grundsätzlich ändern, weil die politische Repräsentanz des sozialen Selbstbewußtseins der durch abhängige Arbeit lebenden Unterschichten, die Sozialdemokratie, außerhalb des Kräftespiels der parlamentarischen Mehrheitsbildung gehalten wurde.
Für diese Verfassungsordnung blieb also der konkrete Inhalt des Begriffs der »öffentlichen Sicherheit« – obwohl nunmehr nicht mehr allein mittels einer materiell-realen Verfassungslage, sondern (ergänzend) mittels einer *formellen* Verfassungsurkunde geleitet – durch ein Gesetzgebungssystem bestimmt, das am Privileg der Obrigkeit gegenüber der ihr unterworfenen Gesellschaft festhielt und sich nicht als Ausdruck der Willensbildung aller Schichten dieser Gesellschaft selbst empfand. Das *Wesen der öffentlichen Sicherheit* wurde in der Gewährleistung und Erhaltung der durch diese Gesetze umschriebenen öffentlich-rechtlichen Lage und der durch sie geschützten rechtlichen Positionen der einzelnen Bürger erblickt, deren Durchsetzung im Streitfall möglichst allseitig rechtsstaatlich zu garantieren als zentrales Anliegen der Wissenschaft des Verwaltungsrechts erschien. Für deren Struktur blieb der Widerspruch zwischen den Interessen des als Obrigkeit der Gesellschaft gegenübertretenden, nicht als deren Teil verstandenen Staates und der individuellen Glieder der Gesellschaft – praktisch jedoch ausschließlich derjenigen, die privilegierte Positionen zu verteidigen hatten – ausschlaggebend.
Das *Wesen der öffentlichen Ordnung* wurde (in Ergänzung der öffentlichen Sicherheit) im Gesamtsystem der moralischen Auffassungen erblickt, die das gemeinsame Interesse der privilegierten Gruppen der Gesellschaft – sei es im Einzelfalle in Übereinstimmung mit den Unterschichten, sei es im Widerspruch zu deren Interessen – darüber hinaus zum Ausdruck brachten. In diesem Verfassungssystem galt also als *»öffentliche Sicherheit und Ordnung«* ein rechtliches und moralisches Normensystem, das die Aufrechterhaltung einerseits *der obrigkeitsstaatlichen Struktur des Staates,* und andererseits der auf den teils vorkapitalistischen, teils kapitalistischen Eigentumsverhältnissen beruhenden *Klassenstruktur der Gesellschaft* garantierte. Daher entsprach es durchaus dem Sinn dieses Systems, die Polizei – den zur Abwehr der Gefahren, die dies Gleichgewichtsverhältnis stören konnten, berufenen Arm des Staates – in einem Geist zu erziehen, der durch diese Grundsituation bestimmt erschien. Sie hatte zwar die Schranken zu beachten, die individuelle, dem Zugriff der öffentlichen Gewalt entzogene Positionen der Glieder der Gesellschaft sei es in Form grundrechtlicher Bestimmungen des formellen Verfassungs-

rechts, sei es in Form gesetzlicher Garantien aufgerichtet hatten. Insofern waren ihre *Mittel* zum Schutz dieser »öffentlichen Sicherheit und Ordnung« gegenüber der Periode des absolutistischen Polizeistaats wesentlich eingeschränkt worden. Die inhaltliche Definition der öffentlichen Sicherheit und Ordnung war nun grundsätzlich der willkürlichen Bestimmung durch den Monarchen allein entzogen, dessen quasi-vertragliche Bindung an die Gesellschaft (praktisch allerdings nur an deren »repräsentative« herrschende Klassen) jetzt durch die Verfassungsurkunde gesichert war und ohne deren durch das Parlament vermittelte Zustimmung keine Gesetzesänderung mehr als möglich galt. Die Grundrechte wurden jedoch nur als Verbürgung dieses von öffentlich-rechtlichen Eingriffen freien Raumes gegenüber der Obrigkeit (und also auch der Polizei) angesehen, nicht aber als Garantie der freien Mitwirkung des Einzelnen an der Selbstbestimmung der Gesellschaft verstanden, vermittelt durch den Staat als deren Instrument. Der Gedanke der Rechtssicherheit und der Gleichheit vor dem Gesetz bezog sich immer noch vor allem auf die Glieder der privilegierten Schichten allein, auf die Unterschichten nur insofern, als deren Interessen nicht mit den Gesamtinteressen dieses Systems in Kollision gerieten. Schikanöser polizeilicher Einsatz gegen selbstbewußte Bestrebungen der Unterklassen (vor allem der Arbeiterbewegung) galt auch weiterhin politisch im Interesse der Verteidigung des Obrigkeitsstaates gegen die Demokratie und sozial im Interesse des Schutzes der Autorität des Unternehmers (und seines Eigentums und der dadurch vermittelten Herrschaftsrechte) gegen die »Begehrlichkeit« der arbeitenden Schichten als selbstverständlicher Bestandteil des Schutzes der »öffentlichen Sicherheit und Ordnung«. Dieser Zusammenhang trat z. B. bei jeder Streikbewegung deutlichst zutage.

Diese durch Verfassungswirklichkeit und Verfassungsrecht der konstitutionell-liberalen bürgerlich-rechsstaatlichen Monarchie bewirkte Inhaltsbestimmung der »öffentlichen Sicherheit und Ordnung« stand einerseits im Zeichen der dialektischen Beziehung von Mittel und Zweck polizeilicher Betätigung, andererseits im Zeichen des dialektischen Zusammenhangs zwischen Verfassungswirklichkeit und Verfassungsnorm. Der intensive Einsatz polizeilicher Mittel gegen die langsam, aber stetig wachsende *Arbeiterbewegung*, deren Ziel die Umgestaltung dieser Ordnung zu einer Demokratie sein mußte (man denke an das Sozialistengesetz und während des ersten Weltkrieges an die Maßnahmen gegen Kriegsgegner), drängte dahin, die rechtsstaatliche Fesselung des ursprünglich absolutistischen Begriffs der »öffentlichen Sicherheit und Ordnung« immer wieder in Frage zu stellen; jeder polizeiliche Eingriff gegen streikende Arbeitnehmer, jede der unzähligen Schikanen gegen Streikposten mußte allgemein den Respekt der öffentlichen Gewalt vor den individuellen Freiheitsrechten gefährden.

III. Die Weimarer Republik

Dieser Widerspruch zwischen dem *Verfassungsrecht* und seiner Normenwelt, die dem Begriff der »öffentlichen Sicherheit und Ordnung« seinen *rechtlich* bedeutsamen Inhalt und seine juristische Funktion zuweisen will, und den sozialen Machtverhältnissen, die die *Verfassungswirklichkeit* bestimmen und weitgehend *praktisch* darüber entscheiden, was die Polizei in ihrer täglichen Arbeit als »öffentliche Sicherheit und Ordnung« ansieht, fand seine äußerste Zuspitzung, als das deutsche Volk sich nach der militärischen Niederlage seines Obrigkeitsstaates und der Revolution des November 1918 im Verfassungswerk von Weimar und den Verfassungen der Länder formell demokratische Verfassungen gegeben hatte. Die normative Inhaltsbestimmung des Begriffs der »öffentlichen Sicherheit und Ordnung« durch die Verfassung hätte sich nun völlig verändern müssen – in welcher Weise, wird bei der Betrachtung der durch das heute geltende Verfassungsrecht im Bereich der Bundesrepublik Deutschland geschaffenen Lage eingehend erörtert werden. Für das frühere Denken in den Kategorien des Obrigkeitsstaates auf der Grundlage des Gegensatzes von allein entscheidungsberechtigter staatlicher Obrigkeit und nur zu kompromißhafter Mitwirkung an der Gesetzgebung berechtigter Gesellschaft war nun die *rechtliche* Grundlage entfallen, nachdem der demokratische Staat seiner Idee nach zu einer Form der politischen Selbstbestimmung der Gesellschaft, die ihre Umformungsprozesse mittels dieser Staatsgewalt bewußt und friedlich selbst leiten wollte, geworden war. Die Grundrechte waren aus bloßen Ausklammerungsrechten eines privaten Freiheitsbereichs des Einzelnen gegenüber einer diesem Einzelnen fremden öffentlichen Gewalt dem Sinn der Weimarer Verfassung nach zu Rechten der Beteiligung an der Willensbildung der öffentlichen Gewalt aufgestiegen. Die Klassenschranken, die der frühere Begriff der »öffentlichen Sicherheit und Ordnung« schützen wollte, standen nunmehr juristisch zu einem Verfassungssystem in Widerspruch, das die Gleichheit vor dem Gesetz zur inhaltlichen Gleichheit, die das Gesetz verwirklicht, wandeln wollte und diese Gleichheit durch seine Wirtschafts- und Sozialbestimmungen zugunsten der abhängigen Arbeitnehmer in Anspruch zu nehmen die Absicht hatte.

Die alten sozial-ökonomischen Machtverhältnisse hatten sich jedoch nicht grundlegend verschoben: Seit den Niederlagen der Arbeiterbewegung im

Januar und März 1919, endgültig seitdem nach dem Kapp-Putsch der Versuch zur Bildung einer Gewerkschaftsregierung gescheitert war, stand fest, daß die soziale Vormachtstellung des feudalen Großgrundbesitzes östlich der Elbe und des seit der Inflation in immer stärkeren monopolistischen Zusammenschlüssen zusammengefaßten Großkapitals im Westen unangetastet blieb. Die Spitzen des exekutivischen und jurisdiktionellen Apparats des alten Staates blieben in ihren Schlüsselpositionen und dachten in den früheren Bahnen weiter. Die Wissenschaft des öffentlichen Rechts – immer noch in den gewohnten Gleisen der obrigkeitsstaatlichen Entgegensetzung der von der Gesellschaft abstrahierten (statt aus den demokratischen Bewegungen der Gesellschaft zu lebendiger Selbstverwaltung und sozialem Fortschritt konstituierten) Staatsgewalt zur Gesellschaft denkend – lieferte die Theorien, mit deren Hilfe die alte Gedankenwelt über die »öffentliche Sicherheit und Ordnung« die demokratische Verfassung unterwandern konnte. Nur wenige Vertreter der Wissenschaft des Verfassungsrechts – vor allem *Hermann Heller* – haben damals die Bedeutung dieses Widerspruchs gesehen, dessen volles Gewicht uns *W. Apelts* Geschichte der Weimarer Reichsverfassung, *Arthur Rosenbergs* Geschichte der Weimarer Republik und *K. D. Brachers* Darstellung ihrer Auflösungsperiode deutlich machen. Die demokratischen Elemente der Verfassungswirklichkeit waren bald auf jene Kräfte reduziert, die vor 1918 die in dessen Bahnen zwar formell legale, aber nicht als gleichberechtigtes politisch-gesellschaftliches Gewicht anerkannte demokratische Opposition gegen den konstitutionell-liberalen Obrigkeitsstaat dargestellt hatten: auf die gewerkschaftlich und politisch organisierte Arbeiterbewegung. Die Staatsgewalt wurde politisch – im Zeichen jenes obrigkeitsstaatlichen Begriffs der »öffentlichen Sicherheit und Ordnung« – immer wieder erst gegen den radikalen, dann auch gegen den gemäßigten Flügel dieser Bewegung mobilisiert, während gegen die unverhüllte Verachtung großer Teile des Staatsapparates gegenüber der demokratischen Verfassung nichts, gegen den Terror und die Mordwellen, die die »völkischen« Wegbereiter des Nationalsozialismus organisierten, fast nichts unternommen wurde.

So wurde dann die normative Ordnung der Weimarer Republik, die Verfassung, zum bloßen Schein: Ihre sozialen und demokratischen Elemente wurden durch Rechtswissenschaft und Rechtsprechung beiseite geschoben; jeder denkbare Ansatzpunkt wurde benutzt, um aus umgedeuteten Teilen des Verfassungswerks die Ideologie des Obrigkeitsstaats wiederherzustellen und erneut zum Leitmotiv der Interpretation dessen zu machen, was als »öffentliche Sicherheit und Ordnung« anzusehen sei. Nach Einbruch der Weltwirtschaftskrise konnte die scheindemokratische

Übertünchung dieser Wirklichkeit so weit entfallen, daß mit Hilfe des Art. 48 WRV ein obrigkeitsstaatliches Regime auch der Form nach wieder funktionierte, wenn auch diesmal nicht mehr mit einem preußischen Monarchen, sondern mit einem königlich preußischen Generalfeldmarschall als repräsentative Spitze und als Legitimationsgrundlage.

Der Weitergang der Wirtschaftskrise ermöglichte von hier aus ohne größere Schwierigkeit die Überführung des autoritären Verwaltungsstaates in die nationalsozialistische totalitäre Diktatur, deren Begriff von »öffentlicher Sicherheit und Ordnung« die Reste obrigkeitsstaatlich-liberalen Verfassungsdenkens bei völliger Vernichtung der liberal-rechtsstaatlichen Schranken-Vorstellungen zugunsten des Bürgers (vgl. dazu z. B. *Theodor Maunz*, Deutsche Verwaltung, 1937) mühelos einschmolz und die zuletzt in ihrer Praxis den organisierten Massenmord als Inbegriff ihrer »Ordnungs«-Vorstellung erkennen ließ. So hatte in der nur formell demokratischen Verfassungsperiode nach der Niederlage des Kaiserreiches im ersten imperialistischen Weltkrieg das obrigkeitsstaatliche Denken über Inhalt, Funktion und Grenzen von »öffentlicher Sicherheit und Ordnung« sich als ein Ferment erwiesen, dessen restaurative Wiederherstellung nach der November-Revolution 1918 das demokratische Verfassungsrecht auflöste, das aber nach seinem vorübergehenden Sieg im Regime der präsidialen Diktatur (seit dem Sturz des Reichskabinetts *Hermann Müller*) jegliches Denken in rechtlichen Bindungen auslöschte und seine eigene rechtsstaatlich-liberale Komponente, die den realen gesellschaftlichen Machtverhältnissen in einer Periode monopol- bzw. oligopol-kapitalistischer Verflechtung der ökonomischen Grundlagen der Gesellschaft zumindest während einer wirtschaftlichen Depression nicht mehr entsprach, abstreifte, um dann – in dieser Weise abgeändert – in den Dienst des totalitären Systems der völlig willkürlichen Diktatur *Hitlers,* der zynischen Gewaltherrschaft des Nationalsozialismus, der deutschen Form des Faschismus zu treten. So hat auf diese Weise die angebliche Betonung der (nur liberalen) Rechtsstaatlichkeit gegenüber den Kräften der sozialen (und also mittels der politischen Gewalt den Gleichheitssatz in der Gesellschaft realisierenden) Demokratie, die falsche These, daß demokratischer Sozialstaat und Rechtsstaat zueinander im unvereinbaren Widerspruch stünden, daß politische Demokratie nicht voll verwirklicht werden könne, wenn sie das autoritäre Element der Obrigkeit, die dem Volke übergeordnet sei, nicht beibehalte, praktisch den Weg zur Auflösung jeder Sicherheit und jeder Ordnung vorbereitet.

IV. Öffentliche Sicherheit und soziale Demokratie

Die Rekonstituierung der politischen Gewalt in Deutschland hat sich nach dem Untergang des nationalsozialistischen Systems in Westdeutschland abermals im Zeichen eines formellen Verfassungsrechts der sozialen Demokratie vollzogen, deren Grundlagen einerseits die Landesverfassungen, andererseits das Grundgesetz bilden sollen. So ergibt sich abermals die Frage, ob es möglich ist, den – solange erhebliche Spannungen in der Gesellschaft existieren – noch immer erforderlichen Begriff der »öffentlichen Sicherheit und Ordnung« als Grundlage ihres Schutzes durch die Gefahrenabwehr mittels der Polizei im Sinne dieses demokratischen Verfassungsrechtes umzudenken und dies Denken in der Verfassungswirklichkeit zur Durchsetzung zu bringen.

Diejenigen Landesverfassungen, die vor dem Grundgesetz entstanden sind, haben von vornherein unter dem Vorzeichen jenes Rechtsgrundsatzes gestanden, der in *Art. 20 Abs. 1 des Grundgesetzes* formuliert wurde: daß nämlich die Staatsgewalt *demokratisch* und *sozial* gestaltet werden müsse. Art. 28 Abs. 1 GG hat darüber hinaus diesen Rechtsgrundsatz zur Normativbestimmung auch für das Landesverfassungsrecht erhoben. Präambel des GG und Art. 146 bringen eindeutig zum Ausdruck, daß die Vollendung dieses Rechtsgrundsatzes nur in einem wiedervereinigten Deutschland möglich ist, das sich auf diesen Grundlagen demokratisch – durch das Volk und seine Willensbildung – seine endgültige Verfassung gibt. Die Verbindung der Elemente der Sozialstaatlichkeit, der Demokratie und des Rechtsstaats im Wortlaut von Art. 28 Abs. 1 GG läßt erkennen, daß nach Auffassung des Grundgesetzes für ein Denken, das die Rechtsstaatlichkeit auf die Form des liberal-konstitutionellen Rechtsstaatsgedankens beschränken und als unvereinbar mit der Sozialstaatlichkeit ausgeben möchte, im Normensystem unseres formellen Verfassungsrechts kein Raum besteht. Die Betonung des demokratischen Prinzips in Grundgesetz und Landesverfassungen hat nur dann einen vernünftigen Sinn, wenn die unvermittelte Gegenüberstellung von Obrigkeit und Volk, das seiner Obrigkeit akklamieren soll und sie günstigstenfalls nur kontrollieren kann, abgelehnt wird, wenn vielmehr davon ausgegangen wird, daß die Staatsgewalt durch das Volk konstituiert wird, also mindestens tendenziell mit dem Volk identisch bleiben muß. Die lebendige Teilnahme des Volkes, vermittelt durch seine demokratisch aufgebauten politischen (Art. 21 GG) und sozialen (Art. 9 Abs. 1 u. 3 GG) Organisationen, das freie Spiel gegensätzlicher politischer und sozialer Tendenzen, die Gleichberechtigung der politischen Opposition mit der Regierung und der sozialen Opposition, der Gewerkschaftsbewegung, mit den wirtschaftlich herrschenden Schichten, ist also die Voraussetzung des Funktionierens eines wirklich demokratischen Staates. Die Grundrechte dienen deshalb nicht mehr nur der Abschirmung eines privaten staatsfreien Raumes für den einzelnen Bundesbürger, sondern mindestens im gleichen Maße der Aktivierung dieser lebendigen Teilnahme am öffentlichen Leben, gleichgültig, ob es sich im unmittelbar politischen oder im zunächst scheinbar allein sozial-ökonomischen Raum vollzieht. Denn im Sozialstaat ist die ständig wachsende Durchdringung der gesamten Gesellschaft mit der Gedankenwelt des Gleichheitssatzes (Art. 3 GG), der ständige Prozeß der Umkonstituierung der Gesellschaft durch die Vermittlung des Gesetzes, durch die eigene demokratische Willensbildung des Volkes (als der Gesamtheit gleichberechtigter Glieder der Gesellschaft) die zentrale Aufgabe der öffentlichen Gewalt. Sie kann aber nur dann gelöst werden, wenn für jedes Glied des Volkes, das diese demokratischen und sozialen Grundsätze akzeptiert, die volle Freiheit seiner Person und des Ausdrucks seiner Überzeugung ständig gewährleistet bleibt und ihm die Chance praktischer Einflußnahme auf diese gemeinsame Willensbildung des Volkes in seinem Staat erhalten wird.

Diese Rechte sind unverzichtbar, weil sie die Voraussetzung der demokratischen Willensbildung darstellen. Sie können also auch nicht durch *Tarifvereinbarungen* beschränkt werden, die stets nur das *äußere Verhalten,* nicht aber die *verbandsinterne Willensbildung* der Gewerkschaften binden können. Die Ausdehnung des Begriffs der (eventuell durch die Friedenspflicht untersagten) »Kampfmaßnahme« auf innergewerkschaftliche Abstimmungsvorgänge im *Urteil des Bundesarbeitsgerichtes gegen die IG Metall* vom 31. Oktober 1958[1] widerspricht daher z. B. dem Sinn der Art. 20 Abs. 1, 5 und 9 Abs. 3 des Grundgesetzes und dem *demokratischen* Begriff der öffentlichen Sicherheit und Ordnung.

Deshalb sind ferner alle Theorien in einer sozialen Demokratie systemwidrig, die wieder – wie es altem obrigkeitsstaatlichem Denken entspricht – den Gegensatz von Staat und Gesellschaft betonen und aus der angeblichen Schranke zwischen der hoheitlich-staatlichen und der nur gesellschaftlichen Sphäre Folgerungen ableiten wollen, die die politische Aktivierung des Volkes, seiner gesellschaftlichen Organisationen und seiner Glieder unterbinden, wie sie z. T. den *Urteilen des Bundesverfassungsgerichtes* im Rechtsstreit zwischen dem Bund und den Hansestädten und zwischen dem Bund und Hessen[2] über die Volksbefragungen zur atomaren Bewaffnung zugrunde liegen. Deshalb sind endlich alle Bestrebungen

1 BAGE 6, S. 321 ff. [Anm. d. Hrsg.]
2 BVerfGE 8, S. 104 ff., 122 ff. [Anm. d. Hrsg.]

systemwidrig, die wirtschaftliche Großunternehmungen, die z. Z. – weil sie sich in öffentlichem Eigentum befinden – mindestens potentiell der Kontrolle des Volkes untergeordnet sind, erneut der Beherrschung durch privilegierte Sozialgruppen (die praktisch sowohl Kommandogewalt gegenüber den wirklichen Produzenten, den Arbeitnehmern, als auch gegenüber den Konsumenten – weil Riesenunternehmungen notwendig Oligopole darstellen – und – durch unkontrollierbare Finanzierung der Organe der öffentlichen Meinung und der politischen Parteien – Kommandogewalt gegenüber der Öffentlichkeit bedeutet) unterwerfen und durch Privatisierung dem Demokratisierungsprozeß in der Gesellschaft entziehen wollen. Daher bildet diese Gedankenwelt der sozialen Demokratie, wie sie in Art. 15 GG und im Landesverfassungsrecht z. B. in Art. 27 der nordrhein-westfälischen Verfassung ihren Niederschlag gefunden hat, verbunden mit den vom Bundesverfassungsgericht im SRP-Urteil[3] bestätigten Prinzipien, die die Freiheit politischer Meinungsbildung und politischer Einflußnahme im Ringen um die Bildung des jeweils konkreten staatlichen Willens garantieren, den Kern jenes Begriffs der »freiheitlichen demokratischen Grundordnung«, der nach dem Willen des Grundgesetzes eindeutig im Mittelpunkt der »öffentlichen Sicherheit und Ordnung« stehen soll.

Dabei ist es unzulässig, diese »freiheitliche demokratische Grundordnung«, wie sie in Art. 18 GG mit Recht als Aktivitätsschranke für den Gebrauch der Grundrechte formuliert wird, in eine nur »repräsentative« demokratische Grundordnung umzufälschen. Das Grundgesetz mag die aktuelle praktische Verwendung unmittelbarer plebiszitärer demokratischer Mittel im wesentlichen auf den Fall des Art. 29 GG und die Garantie der demokratischen Struktur der sozialen Organisationen in Art. 21 GG auf die Garantie der demokratischen Struktur der politischen Parteien beschränkt haben. Das ist lediglich ein *technisches* Problem, bei dem man streiten mag, ob nicht die vielfältigen plebiszitären Möglichkeiten des Landesverfassungsrechts (Bayern Art. 71, 74; Berlin Art. 49; Bremen Art. 70 c; Hessen Art. 124; Nordrhein-Westfalen Art. 68; Rheinland-Pfalz Art. 109; Baden-Württemberg Art. 26, 43 Abs. 1, 60, 64 Abs. 3) die bessere Lösung bieten. Das Wesen der Demokratie besteht jedoch allgemein in der unmittelbaren Beteiligung des Volkes am öffentlichen Leben in seinen sozialen und politischen Verbänden und in seiner öffentlich-rechtlichen und staatlichen Organisation. Die Theorien der sogenannten »repräsentativen Demokratie« haben zum Ergebnis, die Gewählten während der Legislaturperiode erneut als Obrigkeit dem Volk

3 BVerfGE 2, S. 1 ff. [Anm. d. Hrsg.]

gegenüberzustellen und unternehmen also objektiv erneut den Versuch, die Demokratie durch Reaktivierung obrigkeitsstaatlichen Denkens zu unterwandern.

Die *demokratische* »öffentliche Sicherheit und Ordnung« ist also nur dann garantiert, wenn die Freiheit der politischen Willensbildung im Volk, wenn die Grundrechte als Garantien der Teilnahmemöglichkeit für jeden Bürger am politischen Leben und seiner persönlichen Freiheit, wenn die soziale und politische Handlungschance für alle selbst demokratisch organisierten Verbände des politischen und des sozialen Lebens voll gewährleistet bleiben. Die Schranke für diese Aktivität wird lediglich einerseits durch das Monopol des Staates auf physische Gewaltanwendung (und damit die Garantie des friedlichen Charakters der sozialen und politischen Auseinandersetzungen) gesetzt, andererseits durch das Verbot aktiver Bekämpfung dieses freiheitlich-demokratischen Grundordnungssystems in Art. 18 und 21 GG unter Vorbehalt der Entscheidung des Bundesverfassungsgerichtes, durch die im Rahmen von Art. 19 GG erlassenen Gesetze zur Einschränkung eines Grundrechts und durch die in den Grundrechten des Grundgesetzes selbst (z. B. Art. 5 Abs. 3, Art. 8 Abs. 2, Art. 9 Abs. 2, Art. 13 Abs. 3 GG) genannten Grenzen für deren Gebrauch geboten. Die Pläne des *Bundesinnenministeriums,* der Exekutive durch Notstandsbestimmungen weitere Möglichkeiten zur Beschränkung der politischen und sozialen Aktivität zu gewähren, sind mit dem Sinn des Grundgesetzes nicht in Einklang zu bringen. Die Überlegung, daß diese allseitige gesellschaftliche und politische Aktivierung des Volkes in Richtung auf volle Verwirklichung der Demokratie in Staat, Gesellschaft und Wirtschaft, auf allseitige Verwirklichung des Rechtsgrundsatzes der sozialen Demokratie im Sinne von Art. 20 Abs. 1 GG nicht nur das Recht des Volkes und jedes einzelnen Bürgers ist, sondern vor allem auch die Pflicht der öffentlichen Gewalt und ihrer Organe und daher auch der Polizei sein muß, hat vielmehr im Zentrum jeder *demokratischen* Interpretation des Begriffs der »öffentlichen Sicherheit« und des Begriffs der »öffentlichen Ordnung« zu stehen.

Gewiß bleibt dann eine Fülle von gesellschaftlich-technischen Problemen übrig, in denen sich zunächst obrigkeitsstaatliche und demokratische Inhaltsbestimmung dieses Begriffspaares der »öffentlichen Sicherheit und Ordnung« nicht oder nur wenig zu unterscheiden scheinen. Doch bleibt auch in allen diesen Fällen – von der Bekämpfung der Kriminalität bis zur Verkehrsregelung – die entscheidende Differenz bestehen, daß jene Polizei, die Sicherheit und Ordnung schützt, in der Demokratie sich in der Wahl ihrer Mittel nicht mehr als Obrigkeit, sondern als Funktion des gleichen Volkes zu betrachten hat, dessen Gliedern sie im Einzelfall entgegentritt, und dessen im Gesetz formulierten Gemeinschaftswillen sie im Einzelfall konkretisieren oder anwenden soll.

Diese Inhaltsbestimmung jenes Begriffs der »öffentlichen Sicherheit und Ordnung«, der einst im absolutistischen Polizeistaat entstanden ist, ist durch das demokratische und soziale Verfassungsrecht geboten. Die Verfassungswirklichkeit ist in der Bundesrepublik abermals – wie einst in der Weimarer Republik – von diesen Zielen des Verfassungsrechts erheblich abgewichen. Wie in der gesellschaftlichen Situation des Bundesgebiets nach der Währungsreform sich jene Machtverhältnisse wiederhergestellt haben, die einst den Zerfall der Weimarer Demokratie bewirkten und dann in der ökonomischen Krise 1929 nach 1933 die nationalsozialistische Barbarei zum Siege brachten, so haben auch im politischen Gemeinwesen, in der Justiz, in der Verwaltung, im Wissenschaftsgetriebe und selbst in den politischen Parteien, den Parlamenten und den Regierungen des Bundes und der Länder erneut Kräfte eindringen können, die der präsidialen Diktatur nach 1930 und der nationalsozialistischen Barbarei nach 1933 nicht nur gedient haben, sondern auch geistig unterworfen waren oder an ihnen sogar führend mitgewirkt haben. Wie in der Weimarer Periode, dringt also auch jetzt unvermeidlich obrigkeitsstaatliches, oft genug sogar totalitär-faschistisches Denken unterwandernd in die öffentliche Verwaltung, in die Rechtsprechung, in die wissenschaftliche Interpretation des Verfassungs- und des Verwaltungsrechtes ein. Abermals ist die unmittelbare demokratische Aktivität in den großen Verbänden jener Arbeitnehmer, die durch ihre eigene soziale Situation zum täglichen Kampf für die soziale Demokratie genötigt sind, wenn sie ihre eigenen Interessen gegen diejenigen privilegierter Gruppen durchsetzen wollen, der beste und vielleicht letzte zuverlässige Garant demokratischer Freiheit in der Gesellschaft und im Staat. Deshalb ist der Ausbau des Einflußbereiches dieser Organisationswelt nicht (wie manche Politiker und wissenschaftliche Sachverständige sogar in demokratischen politischen Parteien meinen) eine Bedrohung, sondern im Gegenteil die Voraussetzung für die *Bewahrung demokratischer öffentlicher Sicherheit und Ordnung.* Das Bestehen der deutschen Gewerkschaftsbewegung und – wenn auch in geringerem Maße – die Tatsache, daß tausende Beamte jener Polizei, deren Schutz die öffentliche Sicherheit und Ordnung anvertraut ist, sich als Mitglieder der Gewerkschaft Öffentliche Dienste, Transport und Verkehr unter Verzicht auf obrigkeitsstaatliches Privilegien- und Standesdenken in die Front der deutschen Gewerkschaftsbewegung eingereiht haben, gibt der Hoffnung immer noch eine reale Grundlage, daß es trotz aller restaurativen Züge unserer Periode möglich sein wird, die vielfältig entgleiste *Verfassungswirklichkeit* wieder zum demokratischen *Verfassungs-*

recht der Bundesrepublik zurückzuleiten und der Bundesrepublik Deutschland das Geschick des Weimarer Staates zu ersparen.

Die Justiz in der Bundesrepublik*

Ein Nachwort zur Justiz-Debatte des Bundestages am 22. Januar 1959[1]

Die Rechtsordnung ist in jeder klassengespaltenen Gesellschaft gleichzeitig sowohl eines der gewichtigsten Mittel zur Stabilisierung der diese Gesellschaft bestimmenden Machtverhältnisse (und daher ein ständiges Objekt der sozialen Kämpfe zwischen den verschiedenen Klassen) als auch ein Instrument zu ihrer Transformation. In der Periode des Aufstiegs der Arbeiterbewegung im Rahmen der bürgerlichen Gesellschaft war sie in allen Ländern während der ersten Entwicklungsphase lediglich als Instrument zur Unterdrückung der proletarischen Organisationen aufgetreten. Nach der Stabilisierung der gewerkschaftlichen und politischen Massenorganisationen des industriellen Proletariats wurde sie jedoch genötigt, bestimmte Kompromißlagen zu gewährleisten. In Deutschland tritt in der Entwicklung der *Rechtsnormen,* die durch die Justiz jeweils zur Anwendung zu bringen sind, diese zweite Entwicklungsphase deutlich nach der Novemberrevolution 1918 hervor.
Aufsteigende Unterklassen – in der Gegenwart also vor allem das industrielle Proletariat, das sich in der weiteren Entwicklung zu einer breiteren Klasse, die aus allen Arbeitnehmerschichten gebildet wird, erweitert – müssen diejenigen Forderungen, die auf Veränderung der politischen und sozialen Machtstruktur der Gesellschaft gerichtet sind, jeweils in die Form neuer Rechtsnormen umgießen, damit sie durchgesetzt werden können. Das ist sowohl dann der Fall, wenn sie prinzipiell noch im Rahmen der bestehenden Gesellschaftsordnung verbleiben, als auch dann, wenn sie die bestehende Gesellschaftsordnung aufheben und durch eine grundsätzlich andere ersetzen wollen. Das politische Mittel zu dieser Veränderung der vorher lediglich im Interesse der früheren Oberschichten bestehenden Rechtsordnung ist in der gegenwärtigen Situation der

---

* Zuerst in: *Sozialistische Politik,* 1959, Nr. 3, S. 2 f.

1 *Verhandlungen des Bundestages 3. Wahlperiode, 56. Sitzung, Stenographische Berichte,* Bonn 1959, S. 3047 ff. [Anm. d. Hrsg.]

bürgerlichen Demokratie die Einflußnahme auf die formell demokratisch gebildeten Gesetzgebungsorgane des Staates, solange und soweit es sich um Veränderungen innerhalb der bestehenden Gesellschaftsordnung handelt; wird diese Gesellschaftsordnung selbst in Frage gestellt, so genügt im allgemeinen die bloße Einflußnahme auf bestimmte Organe des Staates nicht mehr, sondern wird die Übernahme der politischen Macht durch die politischen und sozialen Organisationen der Arbeitnehmer notwendig, um eine derart grundsätzliche Veränderung der Rechtsordnung herbeiführen zu können.

Die Rechtsordnung ist demnach niemals eine neutrale Größe, die nur aus sich selbst verstanden werden kann, sondern stets Produkt und Gegenstand der politischen und sozialen Kämpfe. Gilt diese Überlegung bereits für das Normensystem (die Verfassung, Gesetze und Rechtsverordnungen, die in einem bestimmten Staat gelten), so trifft sie erst recht auf die Anwendung dieser Normen durch diejenigen Staatsorgane, die sie in der Praxis durchzusetzen haben, also vor allem auch für die *Justiz* zu. In der modernen bürgerlichen Gesellschaft bedarf es seit ihrem Aufstieg aus früheren gesellschaftlichen Systemen einer breiten Schicht speziell vorgebildeter Juristen, um die vielfältigen Verästelungen des komplizierten Rechtsnormensystems zunächst einer liberal-kapitalistischen, dann einer monopol-kapitalistischen Verkehrsgesellschaft handhaben zu können. Die besonderen Traditionen der Angehörigen dieser Schichten – vor allen Dingen der Richter – gewinnen daher unvermeidlich erheblichen Einfluß auf das Rechtssystem selbst, weil diese Schicht bei der Anwendung des Rechtsnormensystems unvermeidlich durch ihre Auslegung der Gesetze ihre eigene Denkweise zur Geltung bringt. Da die Juristen im allgemeinen bürgerlichen Schichten entstammen und auf den Hochschulen, die sie ausgebildet haben, in den Ideologien der bürgerlichen Klassen erzogen wurden, müssen sich aus dieser Situation immer wieder Spannungen ergeben. Durch soziale Unterschichten erkämpfte neue Rechtsnormen, die auf Demokratisierung von Staat und Gesellschaft gerichtet sind, können normalerweise nur durch wachsame und ständige Kritik an der Rechtsprechung lebensfähig gehalten werden.

In Deutschland ist dieser Widerspruch in der Periode der Weimarer Republik besonders deutlich hervorgetreten. Er hat sich damals in derartigem Maße zugespitzt, daß auch diejenigen (wenigen) bürgerlichen Historiker, die sich relativ objektiv mit der Geschichte des Weimarer Systems befaßt haben, vor allem W. Apelt in seiner »Geschichte der Weimarer Reichsverfassung«[2] und K. D. Bracher in seiner »Auflösung der Weimarer

---

2 München 1946 [Anm. d. Hrsg.]

Republik«[3], ihn systematisch dargestellt und seine soziale Bedingtheit erörtert haben. Die Mehrheit der Rechtslehrer an den deutschen Universitäten und die überwältigende Mehrheit der Richter dachten trotz der Weimarer Reichsverfassung in den Bahnen ihrer früheren Verbundenheit mit dem antidemokratischen System des monarchischen Obrigkeitsstaats. Sie mißbrauchten daher ihre Machtstellung zur Auflösung des demokratischen Teils der Verfassungsnormen und der bestehenden Gesetze mit den Mitteln ihrer angeblichen Auslegung, in der politischen Strafjustiz mit dem Inhalt eindeutiger Begünstigung aller Straftaten, die gegen die sozialistische Arbeiterbewegung und die Demokratie gerichtet waren.

In der Bonner Bundesrepublik zeigen sich unvermeidlich immer wieder – in verstärktem Maße seit sie innenpolitisch in eindeutig restaurativer Weise entwickelt wurde – die Züge der gleichen Entwicklung. In der politischen Strafjustiz hat eine große Anzahl kaum verständlicher Urteile, die nationalsozialistischen Terror mehr oder minder entschuldigt haben (Arnsberg, Traunstein, Brettheim, Fall Dr. Eisele, der Fall des Richters Budde[4]) auch die bürgerlich-demokratische öffentliche Meinung in den letzten Monaten stark erregt. Die Gefahren in der Judikatur der Arbeitsgerichtsbarkeit sind durch das Bundesarbeitsgerichtsurteil gegen die IG Metall[5] jüngst deutlich hervorgetreten.

Dabei ist die Gesamtsituation erheblich gefährlicher als in der Periode des Weimarer Staates. Der Weimarer Republik ging der wilhelminische Obrigkeitsstaat voraus, der zwar antidemokratisch gewesen ist, aber im übrigen liberal-rechtsstaatlich funktionierte. Zwischen 1933 und 1945 war das Denken des Justizapparates und weithin das Denken der Rechtslehre durch die unmenschlichen Machenschaften des Nationalsozialismus bestimmt. Der Justizapparat des Dritten Reiches ist aber seiner personellen Zusammensetzung nach im wesentlichen restauriert worden. Die Tendenzen in der Rechtsprechung der Bundesrepublik Deutschland müssen deshalb unvermeidlich Züge zeigen, die auf mehr oder minder offene Entschuldigung dessen gerichtet sind, was damals geschah und Denkgewohnheiten dieser Periode (wie z. B. die »Betriebsgemeinschafts«-Ideologie) in das heutige Rechtssystem übertragen. Wie weit derartige Gefahren reichen, hat der Bundestagsabgeordnete *Jahn* durch seinen Hinweis auf ein Bundesgerichtshof-Urteil vom 7. 12. 1956 in der Justizdebatte des

3 3. Aufl. Villingen 1960 [Anm. d. Hrsg.]

4 Vgl. hierzu die Darstellung des Abgeordneten Jahn (SPD), ebenda, 3069 ff. Einen kritischen Überblick über den Gesamtkomplex der justiziellen Behandlung der nationalsozialistischen Terroraktionen bietet R. Henkys, *Die nationalsozialistischen Gewaltverbrechen,* Stuttgart 1964. [Anm. d. Hrsg.]

5 BAGE 6, S. 321 ff. [Anm. d. Hrsg.]

Bundestages verdienstlicherweise gezeigt.[6] Es vergeht kaum ein Tag, an dem nicht irgendeine Pressemeldung neues Material in dieser Richtung bietet: Man denke nur an jenen vergeblichen Versuch von Herzlet, die »Richter« zur Rechenschaft zu ziehen, die unter Mißbrauch selbst einer nationalsozialistischen Rechtsnorm im Dritten Reich Menschen zum Tode verurteilt hatten und jetzt wieder im Justizapparat der Bundesrepublik fungieren, den der »Spiegel« kürzlich geschildert hat (1959, H. 7, S. 37 f.) oder jenen Tatbestand, den »Geist und Tat« hinsichtlich des Schutzes schildert, den – nicht nur in Hamburg, sondern auch in München – nationalsozialistische Propaganda durch die Justiz genießt (Jg. 1959, H. 2, S. 36 ff.), um wirklich zwei Beispiele herauszugreifen.
Der Generalbundesanwalt *Güde* hat in einer Rede vor der Evangelischen Akademie in Bad Boll, die von der bundesrepublikanischen Presse weit verbreitet wurde, diesen Grundtatbestand halb zugegeben, aber geglaubt, jenen Richtern der Terrorjustiz des Dritten Reiches menschliches Verstehen zugestehen und Wandlungsfähigkeit zubilligen zu dürfen. Eine Judikatur, die zwar im allgemeinen – wie im Prozeß gegen die Mörder des KZs Sachsenhausen – die kleinen Handlager der nationalsozialistischen Barbarei (mindestens, wenn sie völlig unmenschlich waren), ordnungsgemäß zur Rechenschaft zieht, aber weder ihre Auftraggeber noch diejenigen Richter, die Todesurteile am laufenden Band produziert haben, bestraft und vielfältig solche Richter erneut beschäftigt, läßt wenig darauf hoffen, daß dieser Optimismus des Generalbundesanwalts gerechtfertigt ist.
Es wäre mindestens die Pflicht nicht nur der Arbeitnehmerorganisationen und der Sozialdemokratie, sondern auch der bürgerlichen Demokraten, dafür zu sorgen, daß wenigstens diejenigen Richter aus dem Dienst verschwinden, die an den Terrorurteilen des Dritten Reichs unmittelbar beteiligt waren. Die DDR, die über das Aktenmaterial des Volksgerichtshofes und Teile des Aktenmaterials des Reichsjustizministeriums verfügt, hat in regelmäßigen Abständen Listen von Richtern und Staatsanwälten, die in der Bundesrepublik amtieren, aber im Dritten Reich an Todesurteilen gegen Gegner des Dritten Reichs, Fremdarbeiter und die Bevölkerung unterworfener Gebiete verantwortungslos mitgewirkt haben, publiziert.

---

6 Jahn hatte aus dem Urteil des Bundesgerichtshofs vom 7. 12. 1956 folgenden Satz zitiert: »Die Sinnlosigkeit einer Fortsetzung des Krieges auf deutscher Seite schloß denkgesetzlich nicht die Feststellung aus, daß Hanselmann durch seine Tat [er hatte im April 1945 Hitlerjungen die Panzerfäuste weggenommen] mindestens mit bedingtem Vorsatz den Wehrwillen des deutschen Volkes zu zersetzen suchte und die Schlagkraft der deutschen Wehrmacht gefährdete.« *Verhandlungen des Bundestages* a. a. O., S. 3073. [Anm. d. Hrsg.]

Niemand erwartet, daß jede Behauptung der Dienststellen der DDR unkritisch als wahr unterstellt wird. Aber hat nicht der Fall des Oberstaatsanwalts Schweinsberger in Hessen[7] deutlich gemacht, daß sie zumindesten in Einzelfällen richtig sein können? Haben nicht die Anfragen von Labour-Abgeordneten im englischen Unterhaus bewiesen, daß auch in sicher nicht stalinistischen Kreisen des demokratischen Auslands dies Problem gesehen wird?

Es ist unverständlich, daß sich der Bundestagsabgeordnete Dr. Arndt in seiner Rede in der Justizdebatte entrüstet von diesen »Denunziationslisten« der DDR abwendet, weil die Verfasser dieser Liste – was unbestritten sein mag – keinen guten Willen haben, »zur Rechtsstaatlichkeit unserer Rechtspflege beizutragen«. Eine Tatsache hört nicht dadurch auf, Tatsache zu sein, daß derjenige, der sie erwähnt, ein schlechter Mensch ist.

So besteht also die nächste Aufgabe der demokratischen Kritik an der Justiz im Bereich der Bundesrepublik Deutschland darin, dies Problem der personellen Bindung des Justizapparates an den Justizapparat des Dritten Reiches ständig im Auge zu behalten und es immer wieder zur Erörterung zu stellen. Es wird nur dann möglich sein zu verhüten, daß im Falle einer gesellschaftlichen Erschütterung der Justizapparat in frühere Gewohnheiten hinübergleitet und zum Instrument einer neuen brutalen faschistischen Diktatur wird, wenn die erforderliche Kritik an einzelnen Urteilen unserer Rechtsprechung und einzelnen Justizverwaltungsakten mit systematischer Erfassung der durchschnittlichen Tendenzen dieser Rechtsprechung und der sozialen Zusammensetzung des Justizapparates und seiner politischen Traditionen verbunden wird. Es sollte die wichtigste Aufgabe derjenigen Juristen sein, die der gewerkschaftlichen Arbeitnehmerbewegung, der Sozialdemokratie oder der unabhängigen demokratischen Linken angehören, diese Zusammenhänge immer wieder aufzudecken und dadurch die Aktivität der demokratischen Kräfte in Deutschland und der öffentlichen Meinung wachzurufen.

---

7 Den Angaben der DDR zufolge war Schweinsberger Heeresrichter der deutschen Wehrmacht; zuletzt war er Korpsrichter. Schweinsberger wurde 1959 aus dem Justizdienst entlassen, nachdem die hessische Justizverwaltung 1958 in Ost-Berlin durch Beauftragte die entsprechenden Akten eingesehen hatte. Schweinsberger wurde insbesondere vorgehalten, daß er ein Kriegsgerichtsverfahren gegen einen Kriegsverwaltungsinspekteur wegen des Mordes an etwa 75 Juden mit der Begründung zu sabotieren versucht habe, ein in einem derartigen Verfahren gefälltes Urteil verstoße gegen den Nationalsozialismus und entspreche nicht der »vom Führer gewollten Vernichtung des Judentums«. (Ausschuß für Deutsche Einheit, (Hrsg.), *Wir klagen an*, Berlin o. J. (1959), S. 149 ff., W. Koppel, (Hrsg.), *Justiz im Zwielicht*, Karlsruhe o. J., S. 133). [Anm. d. Hrsg.]

Gefährdung des Streikrechts?*

Das Koalitionsrecht der Arbeitnehmer ist in der spätkapitalistischen Gesellschaft die Voraussetzung dafür, daß die demokratischen Freiheitsrechte und die parlamentarisch-demokratische politische Ordnung funktionsfähig bleiben. Die Konzentration der wirtschaftlichen Macht in der Führung jener Kombinationen aus Riesenunternehmungen, die unvermeidlich auf Grund des heutigen Standes der Entwicklung der Produktivkräfte entstehen, drängt zu ihrer Umwandlung in politische Macht und zur Beseitigung der demokratischen Freiheitsrechte, wenn sie nicht durch den Einfluß der demokratisch aufgebauten Organisationen der Arbeitnehmer ausgeglichen werden kann.

Die gewerkschaftlichen Organisationen der Arbeitnehmer können jedoch die Interessen ihrer Mitglieder gegenüber ihrem sozialen Gegenspieler nur erfolgreich vertreten, wenn das Streikrecht gewährleistet bleibt. Deshalb war es in sozialen Krisen stets das Ziel der Unternehmer und ihrer Verbände, das Streikrecht einzuschränken oder zu beseitigen. Die industriellen Konzerne und die Großbanken haben 1922 in Italien, 1933 in Deutschland und 1936 bis 1939 in Spanien deshalb ihre Zustimmung zur Vernichtung des Rechtsstaates und zur Aufrichtung antidemokratischer Diktaturen gegeben, weil durch diese Machtverlagerung das Streikrecht und das Selbstbestimmungsrecht freier gewerkschaftlicher Organisationen ausgeschaltet werden konnte.

Deshalb ist die Verteidigung des Streikrechts und des Koalitionsrechts der Arbeitnehmer die Voraussetzung zur Erhaltung der freiheitlich-demokratischen Grundordnung, die das Grundgesetz in der Bundesrepublik gewährleisten wollte. Die Gewerkschaften sind also nicht nur um ihrer eigenen Interessen und derjenigen ihrer Mitglieder willen, sondern um der Verteidigung der demokratischen Rechtsstaatlichkeit willen verpflichtet, sorgfältig auf die Erhaltung des Streikrechts und der Freiheit und Unabhängigkeit ihrer innerverbandlichen Willensbildung zu achten und jede

* Zuerst in: *Die Quelle,* 1960, H. 4, S. 173 f.

Tendenz scharf zu bekämpfen, die ihre Kampffähigkeit und Unabhängigkeit einschränken oder gefährden könnte.
Die Wiederherstellung jener sozialen Machtstrukturen im Bereich der Bundesrepublik, die für die letzten Jahre der Weimarer Republik charakteristisch waren, hat unvermeidlich zum Wiederaufleben auch jener Bestrebungen geführt, die schon damals gegen das soziale Selbstbewußtsein der Arbeitnehmer und gegen das Streikrecht gerichtet waren. Dabei kommt diesen Bestrebungen zu Hilfe, daß während der 12 Jahre von 1933 bis 1945 große Teile der gebildeten Schichten in der deutschen Gesellschaft in einer geistigen Haltung erzogen wurden, die an diesen Tatbeständen vorbeisah und den sozialen (und daher auch politischen) Widerspruch zwischen den demokratisch legitimierten Ansprüchen der Arbeitnehmer und den lediglich durch den Besitz der wirtschaftlichen Macht legitimierbaren Interessen des Großkapitals nicht erkennen wollte. Die Ideologie der DAF sah im Gegenspiel von Arbeitnehmern und Arbeitgebern, vor allem aber im Streikrecht, ein System, in dem lediglich der »Waffenstillstand« des Tarifvertrages den bürgerkriegsähnlichen »Krieg« zwischen Kapital und Arbeit unterbrach und das deshalb beseitigt werden mußte. Diese falsche Ideologie beherrschte nicht nur die Gesetzgebung, sondern auch die Arbeitsrechtswissenschaft des Dritten Reiches und der »Akademie für deutsches Recht«. Aber sie wird auch von jenen Anhängern der katholischen Soziallehre geteilt, die in den ständestaatlichen Vorstellungen, wie sie im Österreich der Periode Dollfuß' und Schuschniggs, im Portugal Salazars oder im Spanien Francos ihre Verwirklichung gefunden haben, ihr Ideal sehen.
Es bedarf kaum des Hinweises, daß jene fortschrittliche katholische Soziallehre, wie sie durch Prof. Nell-Breuning vertreten wird, mit dieser Vorstellungsweise nichts zu tun hat.
In der Bundesrepublik besteht jedoch die Gefahr, daß durch eine Mischung beider Tendenzen, des DAF-Denkens und romantisch-ständestaatlicher Ideologien, die Rechtsprechung zu gefährlicher Aushöhlung des Streikrechts veranlaßt wird, die mit dem Grundgesetz und richtiger Auslegung der arbeitsrechtlichen Normen nicht vereinbart werden kann. Jenes Urteil des Bundesarbeitsgerichtes vom 31. Oktober 1958 (1 AZR 632/57)[1], durch das die Urabstimmung über den Streik als mögliche Verletzung der gewerkschaftlichen Friedenspflicht hingestellt wurde, ist – wie die Gründe des Urteils zeigen – den Einflüssen derartiger Überlegungen erlegen. Würde die innergewerkschaftliche Willensbildung über einen künftigen Streik als möglicherweise zu Schadensersatz ver-

1 BAGE 6, S. 321 ff. [Anm. d. Hrsg.]

pflichtende Verletzung einer tariflichen Friedenspflicht angesehen, so ist sowohl die Freiheit der gewerkschaftlichen Willensbildung als auch das Streikrecht weitgehend zum Spielball juristischer Auslegungskünste geworden. Deshalb ist das Ringen der IG Metall gegen dies Urteil und ihre Verfassungsbeschwerde eine der zur Zeit wichtigsten Verteidigungsmaßnahmen zur Erhaltung der freiheitlich-demokratischen Grundordnung des Grundgesetzes[2]. Es ist die Pflicht aller Industriegewerkschaften und des DGB, über die Metallarbeiterschaft hinaus alle Arbeitnehmer über den Sinn dieses Kampfes aufzuklären und zu solidarischem Verhalten aufzurufen.

Die Bestrebungen der Bundesregierung, das Grundgesetz durch Notstandsbestimmungen zu ergänzen, erinnern trotz aller Erklärungen des Bundesinnenministers, Notstandsnormen seien nicht zur Abwehr gewerkschaftlicher Streikmaßnahmen gedacht, allzusehr an jene Periode der Weimarer Republik, in der Art. 48 der Weimarer Reichsverfassung zur Ausschaltung der parlamentarischen Demokratie und zur Herabsetzung der Lohn- und Gehaltshöhe herhalten mußte. So gehört auch die Abwehr aller Versuche, grundrechtseinschränkende Ausnahmebestimmungen in das Grundgesetz einzufügen, zur Verteidigung des Streikrechts und der Koalitionsfreiheit: Auch als Art. 48 in der Weimarer Nationalversammlung in die Verfassung eingefügt wurde, waren seine Urheber der Meinung, er werde nur im Falle wirklicher Katastrophen praktische Bedeutung erlangen und könne den freiheitlichen Charakter der Verfassung nicht gefährden. Die Geschichte hat den Bedenken der wenigen Juristen und Abgeordneten, die damals seine spätere Wirksamkeit voraussahen, recht gegeben. Soll sich diese Geschichte wiederholen? Die Gewerkschaften dürfen in keiner Lage – auch nicht in Ausnahmesituationen – der Aufhebung der Koalitionsrechte und des Streikrechts ihre Zustimmung geben. Sie müssen sich ihrer Verantwortung für die Aufrechterhaltung des demokratischen Rechtsstaats jederzeit bewußt bleiben.

---

2 1963 nahm die IG-Metall die Verfassungsbeschwerde zurück. Vorausgegangen war ein Vergleich mit der Arbeitgeberseite, in dem sie auf die Durchsetzung ihrer Schadensersatzansprüche, die ihr vom Bundesarbeitsgericht zugesprochen worden waren, verzichtete. [Anm. d. Hrsg.]

Vom Notstand zum Notdienst*

Als die Bundesregierung dem Bundesrat den Entwurf eines Gesetzes zur Ergänzung des Grundgesetzes betreffend des Notstandsrechts (Bundestagsdrucksache 1800 der 3. Wahlperiode) präsentierte, war ein großer Teil der öffentlichen Meinung über den Inhalt des vorgeschlagenen Artikels 115 a, der in das Grundgesetz eingefügt werden sollte, erschreckt. Im Absatz 2 dieses Artikels wurden der Bundespräsident mit Gegenzeichnung des Bundeskanzlers bei bloßer Anhörung der Präsidenten des Bundestages und des Bundesrates zur Verhängung des Ausnahmezustandes ermächtigt, falls der Bundestag, der normalerweise mit einfacher Mehrheit diesen Ausnahmezustand verkünden könnte, nach Meinung des Bundeskanzlers und des Bundespräsidenten an der Beschlußfassung gehindert sei. Die Ermächtigung der Bundesregierung, im Falle der Verhängung des Ausnahmezustandes die gesetzgeberische Gewalt an sich zu reißen, ging dabei in diesem Entwurf noch wesentlich weiter, als jene Ermächtigung des Reichspräsidenten durch Artikel 48 der Weimarer Reichsverfassung, die einst zur Auflösung des demokratischen Verfassungssystems von Weimar geführt hat: Während damals zwar eine ganze Reihe von Grundrechten durch den Reichspräsidenten aufgehoben werden konnten, aber immerhin das Koalitionsrecht des damaligen Artikels 159 der Weimarer Reichsverfassung gewahrt bleiben mußte, sah der Entwurf der Bundesregierung in Absatz 4 auch die Aufhebung des Koalitionsrechtes des Artikels 9 Absatz 3 des Grundgesetzes vor.
Und auch der Abänderungsvorschlag des Bundesrates ließ jeder Willkür Tür und Tor offen. Die Einsatzfähigkeit der Streitkräfte des Bundes in innerpolitischen Auseinandersetzungen war im Entwurf der Bundesregierung ausdrücklich vorgesehen. Auch die freie Wahl des Arbeitsplatzes (Artikel 12 GG) sollte, im Falle der Verhängung des Ausnahmezustandes, durch die Bundesregierung ebenso ausgeschaltet werden können, wie das

* Zuerst in: *Sozialistische Politik*, 1960, Nr. 8, S. 1 f.

Verbot der Zwangsarbeit (Art. 12 Abs. 2 GG) übersprungen werden durfte.

Leider besteht die Gefahr, daß sich die öffentliche Meinung und auch die parlamentarische Kritik mit der Zeit beruhigt und mit den Plänen der Bundesregierung abfindet. Die Bundesregierung behauptet, zur Verteidigung der freiheitlichen demokratischen Grundordnung sei im Falle politischer oder sozialer Krisen eine derartige Ausnahmenorm erforderlich, obwohl die Väter des Grundgesetzes keinen Zweifel daran gelassen haben, daß nach ihrer Meinung das Gefüge der Artikel 37, 81, 91 des Grundgesetzes zur Bewältigung von inneren Schwierigkeiten im Falle gesellschaftlicher Krisen vollständig ausreicht. Für die Zwecke der Garantie der Verteidigungsfähigkeit des Bundes hatte zudem das verfassungsändernde Gesetz vom 19. 3. 1956 in Art. 17 a zur Einschränkung des Grundrechtsschutzes der deutschen Bevölkerung eingefügt. Als das Grundgesetz entstand, waren sich noch alle politischen Kräfte Deutschlands aus bitterer Erfahrung darüber klar, daß die Ermächtigungen, die einst Artikel 48 der Weimarer Reichsverfassung einzelnen Staatsorganen und damit dem Staatsapparat gewährt hatten, keineswegs die freiheitliche demokratische Verfassungsordnung der Weimarer Republik, sondern den antidemokratischen Staatsapparat gegen diese freiheitliche demokratische Ordnung geschützt hatten.

Vom Standpunkt der demokratischen Kräfte aus gesehen, insbesondere auch vom Gesichtspunkt jener deutschen Gewerkschaftsbewegung aus gesehen, die sich bewußt bleibt, daß Arbeitnehmerinteressen erfolgreich nur bei Wahrung der politischen Demokratie vertreten werden können, dürfen die geschichtlichen Erfahrungen mit Artikel 48 der Weimarer Reichsverfassung niemals vergessen werden. Als diese Notstandsnorm in die Verfassung eingefügt wurde, hat der Abgeordnete Dr. Cohn (USP) vergeblich darauf hingewiesen, daß der Ausnahmezustand ein typisches Herrschaftsinstrument des bürokratischen und militärischen Staatsapparates gegen die Demokratie sei, aber niemals die demokratischen Grundsätze des Verfassungsrechts zu schützen vermöge. Damals haben leider weder die Führung der deutschen Sozialdemokratie noch die Spitzen des ADGB diese Warnung verstanden. Sie haben die soziologisch notwendige klare Unterscheidung zwischen Staatsapparat und Staatsrecht, zwischen Verfassungsnorm und Verfassungswirklichkeit vergessen. Sie haben seit 1930 diese mangelnde Einsicht bitter bezahlen müssen. Sie mußten das damals, obwohl der Staatsapparat, den die Weimarer Republik in Bürokratie und Wehrmacht übernommen hatte, nur mit der Tradition eines noch relativ rechtsstaatlich denkenden bürokratisch-monarchischen früheren Staates belastet war. Wohin würde es führen, wenn diese gleiche

Chance einer staatlichen Apparatur zugebilligt würde, die zu erheblichen Teilen sowohl im Verwaltungs- und Justizsystem wie in der bewaffneten Macht der Kontinuität nicht nur des wilhelminischen Obrigkeitsstaates, sondern des nationalsozialistischen Dritten Reichs verpflichtet ist?
Der Notdienstgesetz-Entwurf der Bundesregierung (Bundestagsdrucksache Nr. 1806) belegt die Gefahr, die auf Grund dieser Überlegung deutlich wird. Dieser Gesetzentwurf soll der Bundesregierung im Verteidigungsfall (Art. 59 a GG) oder im drohenden Verteidigungsfall (§ 1 Absatz 3 des Gesetzentwurfes) die Überleitung der gesamten Wirtschaft in eine wehrwirtschaftliches Planungssystem bei voller Ausschaltung jeder Autonomie der Arbeitnehmer möglich machen. Während die Verkündung des Verteidigungsfalles durch das Grundgesetz noch an bestimmte Voraussetzungen gebunden bleibt, liegt die Verkündung des drohenden Verteidigungsfalles auf Grundlage dieses Entwurfes im freien Belieben der Bundesregierung. Vor Ausbruch eines Krieges hat es in Deutschland derartige Gesetze erst in jenem Dritten Reich gegeben, das auf diese Weise gleichzeitig seine Arbeitnehmer versklaven und seine völkerrechtswidrigen Angriffskriege vorbereiten wollte. Im ersten Weltkrieg kam es erst im Dezember 1916 zu einer Gesetzgebung, die dem Gesichtspunkt wehrwirtschaftlicher Erfassung auf Kosten der Freiheitsrechte der Arbeitnehmer – aber damals noch unter Wahrung von Mitwirkungsrechten der Arbeitnehmervertretungen und der Gewerkschaftsorganisationen – Rechnung getragen hat, dem »Gesetz über den vaterländischen Hilfsdienst«. Der Gesetzentwurf der Bundesregierung knüpft jedoch in seinen Formulierungen nicht an dies Gesetz des monarchischen Obrigkeitsstaates, sondern fast unverhüllt an jene Verordnungen an, die der nationalsozialistische Staat seit 1938 erlassen hat.
Nach den Bestimmungen dieses Gesetzentwurfes ist es möglich, die deutschen Arbeitnehmer schon von der Verkündung auch nur eines drohenden Verteidigungsfalles an in einen Arbeitsdienst hineinzuzwingen, in dem sie dem Notdienstberechtigten – meist einem privaten Arbeitgeber – in einem öffentlich-rechtlichen Dienstverhältnis – also ohne den Schutz ihrer Gewerkschaften und der arbeitsrechtlichen Normen – ausgeliefert sind (§ 41). Ist der Notdienstfall aber einmal verkündet, so wird der gesamte Arbeitsprozeß voll militarisiert und praktisch jedes Arbeitsverhältnis nach Belieben der Heranziehungsbehörden in ein derartiges öffentlich-rechtliches Dienstverhältnis umgewandelt, in dem die Grundsätze der Befehlsunterordnung und nicht mehr des Dienstvertrages gelten. Zur Vorbereitung dieses Umstellungsprozesses kann gemäß § 4 Abs. 1 bereits in Friedenszeiten die Voreinteilung der Bevölkerung in dies totalitäre System vorgenommen werden, das dann durch eine Meldepflicht

abgeschirmt wird. Arbeitsverweigerung und Streik werden gemäß §§ 60 ff. des Entwurfes zur strafbaren Handlung. Selbst die Organisation Todt unseligen Angedenkens feiert gemäß §§ 3 Ziff. 41, 42 und 44 des Entwurfes fröhliche Wiederauferstehung. Dieser Gesamtentwurf, an dessen totalitär-faschistischem Charakter nicht der geringste Zweifel bestehen kann, wird zudem noch Bundesrat und Bundestag als einfaches, nicht verfassungsänderndes Gesetz angeboten. Dabei ist unzweifelhaft jede derartige Form der unfreiwilligen Arbeitsverpflichtung als eindeutig verfassungswidrig gekennzeichnet und hat auch Art. 17 a GG keine Möglichkeit zur Ausschaltung von Art. 12 GG offengelassen.
Bei ihrem Notstandsgesetz-Entwurf hielt es die Bundesregierung noch für notwendig, wenigstens die Aufhebbarkeit von Art. 12 GG im Falle des Ausnahmezustandes zu fordern. Jetzt halten sich die bürokratischen Kräfte schon für stark genug, auch ohne derartige Ermächtigung Art. 12 des Grundgesetzes beiseite zu schieben.
Beide Gesetzentwürfe stehen in engem Kontakt zueinander. Würden sie zum Gesetz werden, so wäre der entscheidende Schritt dahin getan, daß die freiheitliche demokratische Grundordnung, deren Schutz diese Entwürfe angeblich dienen, jederzeit fallengelassen werden könnte, ohne daß dieses Ende des demokratischen Rechtssystems dann im Einzelfall der Bevölkerung unmittelbar bewußt würde. Es bleibt zu hoffen, daß Gewerkschaftsführung und Opposition dies Problem in seiner ganzen Bedeutung erkennen und sich bewußt bleiben, daß ihr Anliegen im Schutz der demokratischen Rechtsordnung, nicht aber in der Illusion bestehen muß, daß man diese Rechtsordnung schütze, wenn man den realen Staatsapparat und die demokratische Ordnung unkritisch gleichsetzt.

Die Entliberalisierung der Bundesrepublik und der politische Funktionswandel des Bundesverfassungsgerichts*

Die Gedankenwelt des liberalen Rechtsstaates war einst geschichtlich das Ergebnis des Ringens der bürgerlichen Klassen mit dem absolutistischen Staat. Seit die europäische Revolution des Jahres 1848 die Arbeiterklasse als selbständige politische Kraft erwiesen hatte, hat dann jedoch die Bourgeoisie in immer geringerem Maße die liberalen Freiheitsrechte gegen eine öffentliche Gewalt verteidigt, die im wesentlichen ihre Geschäfte besorgte. Sie hat künftig immer stärker dazu geneigt, auch die Bindung der Regierung und des Gesetzgebers an die Verfassung, die Bindung der Verwaltung und des Richters an das Gesetz – einst die Grundlagen ihres eigenen politischen Denkens – zunächst in Einzelfällen, die ihren jeweiligen kurzfristigen Tagesinteressen entsprachen, auflockern zu lassen (preußischer Verfassungskonflikt 1862/66; Sozialistengesetz 1878) und dann als zu nichts verpflichtenden Sonntagsglauben zu behandeln, der für die politische Alltagspraxis jede Bedeutung verlor, wenn große politische Probleme, sei es im Kampf gegen die Arbeiterklasse, sei es im Ringen der großen imperialistischen Mächte untereinander, zu entscheiden waren (vgl. die Praxis des Art. 48 in der Weimarer Republik). Nur wenn sie sich sorgen mußte, vom demokratischen Willen der zur großen Majorität der Bevölkerung aufgestiegenen abhängigen Arbeitnehmer überwältigt zu werden, besann sie sich jeweils auf die alten Grundsätze der Rechtsstaatlichkeit zurück, um ihr nützliche Verfassungsnormen schützen zu können, die sie zwar noch im Kompromiß einer Verfassungsentstehung erzielen konnte, von denen sie aber fürchten mußte, sie seien durch die künftige Entwicklung gefährdet. So war es bei der Entstehung der Weimarer Reichsverfassung; so war es abermals bei der Entstehung des Grundgesetzes. Nach dem Zusammenbruch der Politik der deutschen herrschenden Klassen durch die Niederlage Hitlers im zweiten Weltkrieg wollte sie sich gegen derartige Gefahren, die durch eine sozialistische

* Zuerst in: *Sozialistische Politik*, 1961, Nr. 5, S. 1 f.

Bewußtseinsentwicklung der Arbeiter drohten, durch die starke Stellung des Bundesverfassungsgerichts abschirmen.
Die wirkliche Entwicklung der Bundesrepublik ist andere Wege gegangen, als von CDU und FDP in Herrenchiemsee und im Parlamentarischen Rat befürchtet wurde. Die Nachkriegs-Konjunktur und die Konjunktur der Weltaufrüstung im Kalten Krieg haben die Machtstellung der deutschen Bourgeoisie so rasch ansteigen lassen, daß sie bald über die Kompromiß-Lage des Grundgesetzes hinausgewachsen ist und dessen Bestimmungen weithin als Fessel empfindet. Wie sie einst die Weimarer Verfassung rasch wieder abzustreifen versuchte, um am Ende im Dritten Reich jeden Rest rechtsstaatlicher Bindung über Bord zu werfen, so ist ihr das Normengefüge des Grundgesetzes – die Schwächung der Kontrolle der Gesellschaft und der öffentlichen Meinung durch das Gleichgewichtssystem des Föderalismus und vor allem das System der freiheitlichen liberalen Grundrechte – zu eng geworden. Daher hat sie seit dem ersten Strafrechtsänderungsgesetz 1951 in systematischer Arbeit ein neues Gebäude des politischen Strafrechts errichtet, mit dem sie die Arbeiterklasse notfalls in Schranken halten kann. Daher bereitet sie ein Notstandsrecht vor, mit dessen Hilfe das Spiel mit Art. 48 der Weimarer Verfassung wiederholt werden soll. Daher entwirft ihr Kabinett ein Notdienstgesetz, das ihr die Handhabe bietet, die gesamte Arbeiterklasse aus dem freien Arbeitsverhältnis herauszunehmen und unter die unmittelbare halbfeudale Befehlsgewalt der Unternehmer zu stellen. Daher hat die Bundesregierung versucht, sich durch den – juristisch gesehen – unglaublich dilletantischen Putsch der Gründung einer privaten Fernseh-GmbH[1] das Monopol der Beeinflussung der öffentlichen Meinung noch vor den Bundestagswahlen zu sichern.
Die herrschenden Klassen haben dabei heute den Vorteil, diese Unterwanderung des Grundgesetzes in einer Periode zu unternehmen, in der der Widerstandswille der Arbeiterklasse und deren politisches Selbstbewußtsein außerordentlich schwach sind. Die Rechte, die der deutschen Arbeiterklasse in der Weimarer Verfassung zugefallen waren, fielen einst der Spaltung ihrer politischen Kräfte in zwei Parteien zum Opfer, von denen die eine nicht rechtzeitig verstand, daß die Verteidigung dieser demokratischen Rechte durch eine kämpfende Einheitsfront die aktuelle

---

1 Die Satzung für die Deutschland-Fernsehen-GmbH wurde von der CDU/CSU unter Ausschluß der SPD-regierten Bundesländer entwickelt. Der Vertrag über die Fernseh-GmbH, der einen 50%igen Anteil des Bundes und der Länder vorsah, wurde am 25. Juli 1960 vom Bund und von Bundesjustizminister Schäffer als selbsternanntem Treuhänder der Länder unterzeichnet. (*Archiv der Gegenwart,* 1961, S. 8953). [Anm. d. Hrsg.]

Aufgabe sei, die erst die Voraussetzung zum weiteren Vorstoß zum Sozialismus schaffen müsse, während die andere dem Irrtum zum Opfer fiel, man müsse sich nicht nur den demokratischen Rechten, sondern auch dem – antidemokratischen – bürgerlichen Staatsapparat verbunden fühlen. Aber damals war sich immerhin noch – leider nur theoretisch, nicht praktisch – die gesamte Arbeiterbewegung darüber klar, daß die Verteidigung von Grundrechten, politischer Demokratie und Bindung des Staatsapparats an die Verfassung und an demokratisch beschlossene Gesetze in einer Periode, in der diese Ideale der bürgerlichen Revolution von den bürgerlichen Klassen preisgegeben werden, zur Pflicht der Arbeiterbewegung geworden sei. Heute – in einer Zeit, in der (bereits 1951) die sozialdemokratische Bundestagsfraktion jenem § 90a Abs. 3 StGB ihre Zustimmung gab, der die Tätigkeit einer politischen Partei, die später verboten wird, vor deren Verbot in klarer Verletzung von Art. 21 GG (Schutz der politischen Parteien) und von Art. 103 Abs. 2 GG (Verbot rückwirkender Strafnormen) für strafbar erklärte, in einer Zeit, in der die sozialdemokratische Bundestagsfraktion bereit ist, über Notstandsbestimmungen, vielleicht sogar über Notdienstbestimmungen zu verhandeln – ist dieser unbedingte Schutz der Grundrechte und der Rechtsstaatlichkeit leider nicht mehr selbstverständlich, bis es gelingt, die Arbeiterorganisation wieder von dieser ihrer Pflicht zu überzeugen.
So hat nun das Bundesverfassungsgericht zum Mißfallen der Bundesregierung und der CDU die Funktion des Hüters der Freiheit gewonnen. Es hat sie in zwei bemerkenswert mutigen Urteilen wahrgenommen, weil es die Gefahr des Abgleitens der Bundesrepublik in einen undemokratischen Obrigkeitsstaat, der seine Verfassung mißachtet, erkannt hat. Das Bundesverfassungsgericht, dessen Mitglieder in ihrer großen Majorität mit dem terroristischen Justizapparat des Dritten Reiches (im Gegensatz zur Zusammensetzung der Richterschicht der ordentlichen Gerichtsbarkeit) nichts zu tun hatten, fühlt sich den Traditionen der Rechtsstaatlichkeit, der Überlieferung, wie sie im Denken des liberalen Amtsrichters der Mitte des vorigen Jahrhunderts begründet wurde, so stark verbunden, daß es im Fernsehstreit eindeutig zugunsten der Meinungsfreiheit und des Gleichgewichtssystems zwischen Bund und Ländern und also gegen die Umdeutungskünste der Bundesregierung und ihrer Gutachter Stellung zu nehmen gewagt hat.[2] Es hat mit der gleichen Energie die Verfassungsmäßigkeit von § 90a Abs. 3 StGB trotz der Kapitulation aller »honorigen« Bundestagsfraktionen vor dem antibolschewistischen Verfolgungswahn, dem in schlechter Kopie Mc Carthys der Bundestag zum Opfer gefallen

2 BVerfGE 12, S. 85 ff. [Anm. d. Hrsg.]

war, verneint,[3] obwohl – fast selbstverständlich – der Bundesgerichtshof, der würdige Nachkomme jenes Reichsgerichts, dem 1932 Ossietzky zum Opfer gefallen ist, keinen Anstoß an dieser Verfassungsverletzung genommen hatte. Durch diese Entscheidung bleibt – noch – die freie Betätigung in legalen politischen Parteien gegen den Zugriff des Staatsanwalts gesichert. Wer weiß, ob nicht einst die Sozialdemokratie dem Bundesverfassungsgericht für diese Korrektur an der Politik ihrer Bundestagsfraktion dankbar sein muß – im Interesse ihrer eigenen Parteimitglieder –, wenn künftig das Verfassungsgericht durch christ-»demokratische« Bundestags- und Bundesratsmehrheiten umbesetzt sein sollte und das Notstandsrecht praktiziert wird.

Die ihrer sozialen Situation bewußten Arbeiter aber sollten dem Bundesverfassungsgericht für diese juristisch einwandfreien und tapferen Entscheidungen schon jetzt Dank sagen. Wenn mutige bürgerliche Juristen, denen die sozialistischen Ziele der Arbeiterklasse fremd sind, die Verfassung zu schützen versuchen, so wissen die Sozialisten, daß sie nur dann auf längere Sicht Erfolg dabei haben können, wenn die Arbeiterklasse wieder zu so starkem Selbstbewußtsein erwacht, daß nicht nur einige große Industriegewerkschaften (wie die IG Metall), sondern auch ihre politische Partei, die Sozialdemokratie, ihre alte Aufgabe erneut übernimmt, jede freiheitsverletzende und undemokratische Revision des Grundgesetzes und der Gesetzgebung der Bundesrepublik konsequent zu bekämpfen.

3 BVerfGE 12, S. 196 ff. [Anm. d. Hrsg.]

»Spiegel« und Notstand*

Der *Spiegel*-Skandal hat das politische Leben der Bundesrepublik in Fluß gebracht. Unter dem Druck der Rebellion der öffentlichen Meinung gegen die offenkundigen Rechtsverletzungen und die offenbare Verfassungsgefährdung bei der Aktion gegen den *Spiegel*, vor allem auch wegen der scharfen Reaktion der Presse des westlichen Auslands, haben die politischen Parteien im Bundestag die Bundesregierung soweit unter Druck gesetzt, daß zahllose Tatbestände deutlicher wurden, als sie bei Parallelfällen ähnlicher Art aufgedeckt werden konnten.
Nunmehr steht fest, daß die Bundesanwaltschaft die Landesverrats-Bestimmungen in einer Weise auslegt, daß sie für Staatsgeheimnis und für öffentliches Interesse jeweils das hält, was die jeweils interessierten Dienststellen des Bundesverteidigungsministeriums deklarieren. Das gilt auch dann, wenn andere Bundesgeheimdienste anderer Ansicht sind. Sind sie anderer Ansicht, so kann es ihren Obersten passieren, daß sie in das Verfahren einfach einbezogen werden. An der Landesverrats-Rechtsprechung des Bundesgerichtshofs mit seiner Mosaik-Theorie, daß nämlich auch die Zusammenstellung bereits veröffentlichter Fakten ein »Staatsgeheimnis« bilden könne, wagte weder in der Bundestagsdebatte noch, von wenigen erfreulichen Ausnahmen abgesehen, in der öffentlichen Diskussion des ganzen Vorgangs eine wirksame Gruppe zu rütteln. Aber daneben wurde deutlich, daß der Bundesverteidigungsminister Strauß eine Verschwörung der Staatssekretäre inszenieren konnte, um den zuständigen Bundesjustizminister an der Nase herumzuführen und »auf dem kleinen jesuitischen Dienstweg« Diplomaten in anderen Ländern antelefonieren konnte, um durch Auslieferungsverträge und Gesetze nicht legitimierte Verhaftungen einzuleiten. Das alles zudem noch mit stiller Zustimmung des Bundesinnenministers, der nach eigenem Geständnis nicht ganz legale Maßnahmen für praktikabel hält, wenn sie ihm politisch in den Kram passen. Davon, daß für das alles der Bundeskanzler nach dem

* Zuerst in: *Sozialistische Politik*, 1962, Nr. 12, S. 1 f.

Grundgesetz die Verantwortung trägt, ganz abgesehen davon, daß er in Vorwegnahme gegenüber jeder gerichtlichen Verhandlung über den angeblichen »Landesverrat« orakelt, ist auch bei der »liberalen« FDP nur noch sehr begrenzt die Rede. Zwar sind die Minister zurückgetreten oder haben ihre Ämter zur Verfügung gestellt – aber die neue Koalition soll von dem gleichen Bundeskanzler gebildet werden, der immer noch im Amt ist. So ist trotz der Erfolge der Opposition der öffentlichen Meinung an den wirklichen Machtverhältnissen kaum etwas geändert. Einst hieß es mit Recht: »Der Kaiser ging, die Generäle blieben.« Heute gehen die Minister, aber der Kanzler und die Apparate bleiben.

Das alles ging ohne Notstandsgesetz. Die sozialdemokratische Fraktion, von deren Mitwirkung jede Verfassungsänderung abhängt, hat so in dramatischer Weise die Argumente derer bestätigt bekommen, die grundsätzlich jede Notstandsermächtigung ablehnen, weil sie die realen Machtverhältnisse in der Bundesrepublik kennen. Notstands-Normen haben notwendigerweise dehnbare Definitionen der Fälle, in denen sie Anwendung finden sollen, zur Voraussetzung. Man kann sie nicht tatbestandsmäßig eindeutig und scharf umgrenzen. Man kann auch nicht die gewerkschaftlichen Aktionsmöglichkeiten durch klare Bestimmungen im Notstandsfall schützen. Gleichgültig, ob man das Koalitionsrecht aus den Verfassungsnormen ausgrenzt, die im Notstandsfall beeinträchtigt werden dürfen; selbst wenn man durch ausdrückliche Bestimmung im Notstandsartikel den »gewerkschaftlichen Arbeitskampf« als Notstandsgrund ausschaltet: Durch geeignete Verschiebung der Begriffe, wie sie längst durch die Rechtsprechung des Bundesarbeitsgerichts eingeleitet ist, kann jeder Arbeitskampf und jeder Streik als nicht »sozial adäquat« und daher als nicht gewerkschaftlich hingestellt werden. Ist der Notstand in Kraft, dann kann durch Beeinträchtigung der Versammlungsfreiheit, der Freizügigkeit und der freien Wahl des Arbeitsplatzes, durch Dienstverpflichtungen und Unterstellung der Arbeitnehmer unter fast militärische Befehlsgewalt jede gewerkschaftliche Bewegung ohnedies ausgeschaltet werden. Zu welchen Verhöhnungen aller Rechtsnormen durch geeignete »Auslegung« und Umgehung große Teile des Staatsapparats fähig sind, hat der *Spiegel*-Fall wirklich ausreichend bewiesen.

Auch die Sicherstellung der Existenz des Bundesverfassungsgerichtes im Notstandsfall ist keine ausreichende Sicherung. Die Schwerfälligkeit seiner Apparatur hat sich ebenfalls im *Spiegel*-Fall bei der Ablehnung einer »einstweiligen Anordnung« zur Genüge gezeigt. Könnte das Bundesverfassungsgericht nach einer völligen Machtverschiebung durch Anwendung der Notstands-Artikel überhaupt noch etwas korrigieren, ohne seine eigene Existenz abzuschreiben? Seinen noch so guten Willen vorausgesetzt, die Rechtsstaatlichkeit und Reste der demokratischen parlamentarischen Struktur zu wahren – hat nicht das Urteil des Staatsgerichtshofes für das Deutsche Reich zum Preußen-Fall des 20. Juli 1932 demonstriert, wie solche Dinge fast unvermeidlich nach dem Vollzug einer Machtverschiebung laufen müssen?

So ist der Beschluß des DGB-Kongresses von Hannover[1], der mit einer Majorität von zwei Dritteln gefaßt wurde, durch die Ereignisse rascher gerechtfertigt worden, als man sich damals vorstellen konnte. Gleichwohl hält die sozialdemokratische Bundestagsfraktion, die über jene Sperrminorität verfügt, die den ganzen Notstands-Rummel parlamentarisch abschalten könnte, anscheinend noch immer an der Bereitschaft fest, an einer Notstands-Gesetzgebung mitzuarbeiten. Georg Leber hatte die Kühnheit zu behaupten, daß Walter Ulbricht die Ablehnung jeder Notstandsgesetzgebung wünsche, um in der Bundesrepublik die Macht übernehmen zu können. Über die völlige Unsinnigkeit einer solchen Konstruktion sollte schon angesichts der fast lächerlichen Schwäche der Stalinisten in der Bundesrepublik keine Diskussion erforderlich sein. Aber Leber hat darüber hinaus behauptet, man könne durch Notstands-Bestimmungen nicht nur die alliierten Reservatrechte ausschalten, (die praktisch innenpolitisch völlig belanglos sind), sondern im übrigen die Manöver der Exekutive auf Kosten der Rechtsordnung zähmen. Wenn solche Manöver wie im *Spiegel*-Falle schon ohne Notstandsartikel vorkommen können, wie soll man sie dann durch weitere Ermächtigungen zähmen können?

In der Bundesrats-Drucksache 345/62 liegt jetzt der regierungsoffizielle neue Entwurf vor. Er bringt entsprechend den »Forderungen« der sozialdemokratischen Verhandlungskommission die Unterscheidung zwischen dem »Zustand der äußeren Gefahr« (Art. 115 a-h), dem »Zustand der inneren Gefahr« (Art. 115 i-l) und dem »Katastrophenzustand« (Art. 115 m). Aber dabei zeigt sich – wie vorauszusehen war –, daß damit

---

1 Der 6. ordentliche Bundeskongreß des DGB, der vom 22.-27. 10. 1962 in Hannover stattfand, lehnte jede zusätzliche Notstandsregelung ab. In der mit 276 gegen 138 Stimmen verabschiedeten Resolution hieß es u. a.: »Der Bundeskongreß lehnt jede zusätzliche gesetzliche Regelung des Notstandes und Notdienstes ab, weil beide Vorhaben geeignet sind, elementare Grundrechte, besonders das Koalitions- und Streikrecht sowie das Recht auf freie Meinungsäußerung einzuschränken und die demokratischen Kräfte in der Bundesrepublik zu schwächen [. . .] Die Erfahrungen der Vergangenheit haben gezeigt, daß die Demokratie von den Anschlägen ihrer Gegner nicht dadurch geschützt wird, wenn die wesentlichen Grundrechte aufgegeben und die Handlungsfreiheit der demokratischen Institutionen zugunsten einer autoritären Exekutivgewalt eingeschränkt werden. Auch die militärische Erfassung der Arbeitnehmer im Arbeitsprozeß durch ihre Zwangsverpflichtung ist für die Verteidigung unserer demokratischen Freiheit nicht erforderlich und für die Gewerkschaften untragbar.« (*Archiv der Gegenwart,* 1962, S. 10222). [Anm. d. Hrsg.]

die Dinge nicht klarer geworden sind: »Angriff auf das Bundesgebiet« und »Spannungszustand« (drohender Angriff) sollen Exekutive bzw. einen gemischten Notstandsausschuß aus Bundesrat und Bundestag fast allmächtig machen. Daß es nichts zu bedeuten hat, daß nun das Koalitionsrecht nicht aufhebbar wird, wurde oben bereits gesagt. Was »drohender Angriff« ist, aber auch – wie 1939 der Fall des Senders Gleiwitz zeigte – was »Angriff« ist, entscheidet praktisch der, der entscheiden will und die Macht dazu hat. Die Ermächtigungen für den Fall des inneren Konflikts sind zugunsten der Bundesinstanzen in Art. 115 e ebenso umfassend, wenn »Einwirkung von außen« vorliegt. Gibt es irgendeinen Fall, in dem diese Einwirkung nicht behauptet werden könnte? Liegt nicht in dieser Konstruktion geradezu der Anreiz dafür, einen äußeren Konflikt zu konstruieren, um Diktaturgewalt in der Bundesrepublik zu erlangen?

Der Aufstand der öffentlichen Meinung in der Spiegel-Affäre war stark genug, um die FDP zum Rücktritt aus der Regierung und die CDU/CSU-Minister dazu zu zwingen, ihre Ämter zur Verfügung zu stellen. Das alles bleibt wertlos, wenn nicht nur der Bundeskanzler bleibt, sondern auch die sozialdemokratische Bundestagsfraktion nicht dahin gebracht werden kann, den Beschluß des DGB-Kongresses von Hannover zu respektieren und *jede* Notstandsermächtigung abzulehnen. »Verbesserungen« und Versuche, auf der Grundlage dieses Regierungsentwurfs die Diktaturgewalt des Notstands zu zähmen, können im Ergebnis nur Verschleierungen der wirklichen Lage zur Folge haben, aber nicht die ungeheuerliche Drohung abwehren, dem Grundgesetz das Schicksal zu bereiten, das die Weimarer Verfassung einst durch deren Art. 48 erlitten hat. Es gilt jedem Gewerkschaftler und jedem politisch Interessierten die Wahrheit vor Augen zu führen, um zu versuchen, den Aufstand der öffentlichen Meinung weiterzuführen und wenigstens einen defensiven Erfolg zu erreichen.

Verfassungsänderung für zwei Nazirichter?*

Gemäß Artikel 97 Absatz 2 des Grundgesetzes sind die Berufsrichter grundsätzlich auf Lebenszeit angestellt und können nur kraft richterlicher Entscheidung ihres Amtes enthoben werden. Durch § 24 des Deutschen Richtergesetzes vom 8. September 1961 werden die Enthebungsgründe konkretisiert. Das Richtergesetz hatte allerdings in § 116 vorgesehen, daß Richter oder Staatsanwälte, die in dieser Eigenschaft in der Zeit vom 1. September 1939 bis zum 9. Mai 1945 tätig gewesen sind, auf ihren Antrag in den Ruhestand versetzt werden können, falls sie diesen Antrag bis zum 30. Juni 1962 gestellt hatten.

Diese Möglichkeit war deshalb eröffnet worden, weil nach langjährigen Auseinandersetzungen der Bundestag zu der Überzeugung gelangt war, daß es für die Bundesrepublik zu kompromittierend sei, solche Richter und Staatsanwälte im Dienst zu belassen und mit dem Privileg der Unabsetzbarkeit gegen jede Kritik abzuschirmen, denen allzuviel justizförmige Morde in der hochterroristischen Phase des Dritten Reiches nachgewiesen worden sind.

Als nämlich in denjenigen Ländern, die den drei westlichen Besatzungszonen unterstanden, nach dem Untergang des Dritten Reiches die Rechtsprechung wieder aufgebaut wurde, wurde auf das Justizpersonal zurückgegriffen, das vorher dem nationalsozialistischen Staat gedient hatte. Ein sehr großer Teil dieser Juristen war entweder bei den für unmittelbar politische Delikte zuständigen Gerichten (Volksgerichtshof, politische Strafsenate der Oberlandesgerichte), bei den Sondergerichten, die hinsichtlich halbpolitischer Delikte, Wirtschaftsvergehen und »Vergehen« gegen die Rassengesetzgebung das Deutsche Reich und die besetzten Gebiete terrorisierten, oder bei den Kriegsgerichten der Wehrmacht tätig geworden. So war er daran beteiligt, Todesurteile am laufenden Band zu produzieren. Bei der Wiederverwendung dieser Richter und Staatsanwälte

* Zuerst in: *Sozialistische Politik,* 1963, Nr. 4, S. 2, 5.

wurde zunächst normalerweise nicht nachgeforscht, wie weit diese Beteiligung gegangen war.
Auch beim Aufbau der oberen Bundesgerichte wurde nicht anders verfahren. So wenig wie die frühere Mitgliedschaft in der NSDAP als belastend angesehen wurde, nachdem einmal die Schranken der Entnazifizierungsgesetze gefallen waren, so wenig wurde überprüft, ob und in welcher Weise der Bewerber um ein Richteramt Menschen im Interesse der Aufrechterhaltung der nationalsozialistischen Gewaltherrschaft durch Anklageerhebung oder Urteil in den Tod getrieben hatte.
Die Folgen dieser Situation sind in Einzelfällen schon sehr früh hervorgetreten: Schon 1947 versuchte ein bremisches Gericht, noch nachträglich »Fahnenflucht« in der Zeit des Dritten Reiches zu bestrafen. Bald darauf kam es in Kiel zu einem Verfahren, in dem ein Flüchtling aus einem KZ wegen der Gewalt-»Delikte«, die er im Widerstand gegen einen Wiederverhaftungsversuch begangen hatte, verurteilt werden sollte. Zur systematischen Erörterung des Problems ist es aber erst unter dem Druck zahlreicher Listen von im Gebiet der Bundesrepublik amtierenden Richtern und Staatsanwälten gekommen, die von Dienststellen der DDR unter Beifügung von Dokumentationen publiziert wurden.
Auch daraus wurden zunächst keine Konsequenzen gezogen: In mehreren Debatten haben sich die großen Parteien im Bundestag geweigert, auf Grund dieser Listen auch nur Überprüfungen des Richterbestandes einzuleiten. Als dann einige Studenten des SDS Fotokopien von Urteilen und Anklageschriften mit der Unterschrift zu der damaligen Zeit amtierender Richter in Ausstellungen in Universitätsstädten vorführten, und als die öffentliche Meinung der westlichen Bündnispartner der Bundesrepublik langsam mobilisiert wurde, änderte sich jedoch das Bild. Bundesregierung und Bundestagsfraktionen kamen zu der Überzeugung, daß man mindestens bei den tollsten Fällen Abhilfe schaffen solle, um das Ansehen der Bundesrepublik Deutschland unter den Nato-Partnern zu wahren.[1]
Die deutsche Justiz, die in dieser Weise ihren Personalbestand aus dem Dritten Reich in das heutige politische System überführt hatte, war schon sehr früh zu der Entdeckung gelangt, daß in der Beantragung oder Verhängung von Todesurteilen auf Grund offensichtlich rechtswidriger Schein-Normen des Dritten Reichs keine strafbare Handlung liege. Sie hat dann bald gelernt, auch den durch keinerlei Schein-Normen gedeckten Mord an Gegnern des Nationalsozialismus, Juden oder Angehörigen

1 Erst jüngst mußte das Bundesinnenministerium zugeben, daß ein Mann mit der Leitung des politischen Dezernats der Sicherungsgruppe Bonn betraut worden ist, von dem man wußte, daß er der NSDAP schon 1928 bzw. 1929 beigetreten und dann in der Gestapo tätig gewesen war.

sonstiger mißliebiger Nationalitäten als bloße »Beihilfe zum Totschlag«, allerschlimmstenfalls als bloße Beihilfe zum Mord einzugruppieren. Die Folgen dieser Judikatur sind bekannt: Wer »Staatsgefährdungs«-Delikte begeht, muß in vielen Fällen mit wesentlich höheren Strafen rechnen, als derjenige, der das »Kavaliersdelikt« der Erschießung oder Vergasung von Juden begangen hat. Wer – wie Prof. Leibbrandt – als Offizier ein paar Italiener aus dem Hinterhalt erschießen ließ, kann eventuell sogar auf Freispruch rechnen.

Der Lärm in der öffentlichen Meinung des Auslandes hatte aber dann doch den Bundestag dazu veranlaßt, durch § 116 des Richtergesetzes denjenigen Richtern und Staatsanwälten, die allzu viel auf dem Gewissen hatten, die Chance des Pensionierungsantrags einzuräumen. Die Bundesrepublik ist eben ausgesprochen »liberal«: Sie gewährt den Widerstandskämpfern gegen die nationalsozialistische Diktatur für jeden Monat erlittener Haft 150,– DM Entschädigung nach dem BEG, ihren Verfolgern nach wie vor jedoch ihre bewährten Positionen im Richteramt, in der Staatsanwaltschaft und in vielen Fällen auch der politischen Polizei. Sind diese Verfolger dabei allzusehr durch überhöhte Verfertigung von Todesurteilen entgleist, so soll ihnen doch die Chance bleiben, ihre volle Pension in Ehren zu verzehren.

Das Richtergesetz war dabei von der Annahme ausgegangen, daß die allzu sehr belasteten Juristen von dieser Chance bis zum 30. Juni 1962 Gebrauch machen würden. Die Landes-Justizministerien und das Bundesjustizministerium hatten Überlegungen angestellt, wem der Rat zu derartigen Pensionierungsanträgen gegeben werden müsse, um die Kompromittierung der deutschen Justiz in Schranken zu halten. Sie waren dabei gewiß nicht allzu engherzig verfahren: Gleichwohl haben am Ende zwei der Betroffenen diesen Pensionierungsantrag abgelehnt.

Inzwischen ist nicht nur durch die Richterlisten der DDR, sondern auch durch weitere Skandalfälle deutlich geworden, daß die Zahl der an extremen Terrorurteilen beteiligten amtierenden Juristen sehr viel größer sein muß, als die Justizverwaltungsbehörden unterstellt hatten. Jener Arzt, der in Würzburg eine ganze Reihe solcher Fälle aufgedeckt hat[2], war ausnahmslos auf Richter und Staatsanwälte getroffen, denen kein Ministerium den Pensionierungsantrag empfohlen hatte. Wenn der Oberbürgermeister von Würzburg, dessen Mentalität übrigens durch seine Dissertation genügend charakterisiert ist, die Ansicht vertritt, daß wenig Grund

---

2 Der Arzt Dr. Herterich hatte die nationalsozialistische Vergangenheit von Würzburger Richtern und Staatsanwälten aufgedeckt: Der Präsident des Würzburger Verwaltungsgerichts, Schiedermair, und der Oberstaatsanwalt Dr. Kolb mußten ihre Ämter aufgeben. (*Der Spiegel*, 1963, H. 11, S. 31 ff.) [Anm. d. Hrsg.]

bestehe anzunehmen, die Oberschicht und der Justizapparat seiner Stadt sei sehr viel »brauner« in anderen Städten, so wird diese Vermutung nur schwer zu widerlegen sein . . .
Als der Bundestag das Richtergesetz verabschiedete, vertrat er die Meinung, daß eine Änderung von Artikel 97 Absatz 2 GG erforderlich werden könne, falls sich betroffene Richter oder Staatsanwälte weigern würden, von der Chance des ehrenvollen Pensionierungsantrags gemäß § 116 des Richtergesetzes rechtzeitig Gebrauch zu machen. Nun besteht erstens kein Zweifel, daß noch nicht einmal alle, von denen die Ministerien annahmen, daß sie von dieser Möglichkeit Gebrauch machen müßten, diese Möglichkeit genutzt haben. Zweitens ist jedoch eindeutig (auch ohne Zuhilfenahme der Materialen des früheren Reichsjustizministeriums, die den Publikationen der DDR zugrunde liegen) erwiesen, daß der Kreis der Betroffenen wesentlich größer ist, als damals die Ministerien angenommen haben und jetzt unmittelbar feststellbar ist. Deshalb müßte auch der gegenwärtige Bundestag – falls er noch einen Funken von Denkkonsequenz behalten haben sollte – nun Artikel 97 Absatz 2 durch eine Vorschrift ergänzen, die jederzeit die Abberufung von Richtern ermöglicht, die am Terrorsystem des Nationalsozialismus mitgewirkt haben.
Inzwischen wurde jedoch eine Entlastungsoffensive gegen denjenigen hohen Justizbeamten eingeleitet, an dessen demokratischer Zuverlässigkeit, Gegnerschaft gegen das Dritte Reich und humanitärer Gesinnung keinerlei Zweifel bestehen kann: gegen den hessischen Generalstaatsanwalt Fritz *Bauer*. Fritz Bauer hatte in einem (dazu verzerrt wiedergegebenen) Interview mit einer dänischen Zeitung auf faschistische Reststimmungen im Bereich der Bundesrepublik hingewiesen. Sofort erhob sich im Lager der bürgerlichen Parteien und teilweise auch der ihnen hörigen Presse gewaltiger Lärm und wurde gefordert, daß er entlassen werden müsse, weil er das Ansehen der Bundesrepublik im Ausland gefährde. Soll durch diesen Vorstoß die Aufmerksamkeit der Öffentlichkeit von dem Erfordernis der Grundgesetzänderung abgelenkt werden?
Das Problem, das sich hinter diesem Ringen verbirgt, ist von erheblicher Bedeutung. Solange die gute ökonomische Lage in der Bundesrepublik anhält, besteht gewiß kaum eine Gefahr, daß jene Richterschicht, die aus dem Dritten Reich in das neue System hinübergewechselt ist, zu der Gewohnheit der Jahre zwischen 1939 und 1945 zurückkehrt und in Zivil- und Militärjustiz zusammen weit über 20 000 Todesurteile verhängt. Aber sie folgt ähnlichen psychologischen Gesetzen, wie jene Richterschicht vorher, die aus dem wilhelminischen Obrigkeitsstaat 1918 in die Weimarer Republik hinübergewechselt ist. So ist insgesamt (von zahlreichen

rühmlichen Ausnahmen abgesehen) auf Grund der Vorurteile, die sich unvermeidlich wieder einstellen mußten, nachdem die gleiche soziale Gruppe im Justizapparat restauriert wurde, die Tendenz der Judikatur der deutschen Gerichte darauf gerichtet geblieben, in – der Absicht nach – demokratische Gesetze bei deren Anwendung restaurativ-obrigkeitsstaatliches und den Interessen der sozialen Oberschicht entsprechendes Denken hineinzuprojizieren.

Diese Tendenz läßt sich in der strafrechtlichen, in der zivilrechtlichen wie in der arbeitsrechtlichen und verwaltungsrechtlichen Rechtsprechung sehr genau verfolgen. Es ist kein Zufall, daß jenes Gericht, das in seiner gegenwärtigen Zusammensetzung von der Verbindung mit dem nationalsozialistischen Justizapparat frei ist, nämlich das Bundesverfassungsgericht, von dieser Tendenz am wenigstens betroffen wurde und im allgemeinen durch seine Rechtsprechung noch den Anforderungen des demokratischen Rechtsstaates gerecht wird.

Aber um dieser Situation willen ist es – ganz abgesehen davon, daß für sie die personelle Verfilzung mit dem Dritten Reich in gleichem Maße besteht – für die herrschenden Klassen in der Bundesrepublik wichtig, den Justizapparat insgesamt intakt und in seinem Selbstbewußtsein ungebrochen zu erhalten. Würde das Damoklesschwert der Überprüfung der Beteiligung des einzelnen Richters an der Terrorjustiz des Dritten Reiches dauernd über einer großen Zahl von Angehörigen des Justizapparates hängen, wie es bei einer derartigen Änderung des Grundgesetzes der Fall wäre, so wäre das Selbstbewußtsein und damit das zuverlässige restaurative Funktionieren dieses Justizapparats gefährdet. Schon aus diesem Grunde sind die Gegentendenzen gegen die einst 1961 versprochene Revision des Artikels 97 Absatz 2 GG sehr stark und können wahrscheinlich nur dann überwunden werden, wenn auch die öffentliche Meinung des Auslandes erneut im gleichen Maße Lärm schlägt, wie sie in den Jahren 1960 und 1961 auf Grund des Bekanntwerdens der von der DDR verbreiteten Richterlisten Lärm geschlagen hat.

So ist der Kampf um dies Problem der Verfassungsänderung gleichzeitig ein wichtiger Bestandteil des Kampfes gegen die gegenwärtigen restaurativen Tendenzen aller Zweige der deutschen Justiz. Er ist gleichzeitig dringend notwendig, um zu verhüten, daß im Falle von großen sozialen Erschütterungen die Bundesrepublik Deutschland zunächst in einen unverhüllten Obrigkeitsstaat und dann in einen erneut extrem terroristischen, faschistischen Staat verwandelt werden kann.

Der demokratische und soziale Rechtsstaat als politischer Auftrag*

Was heißt: »demokratischer und sozialer Rechtsstaat«?

Artikel 28 des Grundgesetzes[1] enthält die Formel vom demokratischen und sozialen Rechtsstaat, Artikel 20[2] die Formel vom demokratischen und sozialen Bundesstaat. Aber es bleibt höchst problematisch, was diese Formel eigentlich zu besagen hat. Als das Grundgesetz beschlossen wurde, war noch nicht ganz so problematisch, was mit dieser Formel gemeint war.

Nach 1945, nach dem Zusammenbruch des Dritten Reiches und der Befreiung Deutschlands – nicht aus eigener Kraft, sondern durch den Sieg der Alliierten – war im deutschen Volk, mindestens in denjenigen Schichten des deutschen Volkes, die einigermaßen begriffen hatten, was geschehen war, die Überzeugung vorherrschend geworden, daß es nun notwendig sei, nicht nur die politische, sondern auch die gesellschaftliche Struktur Deutschlands zu verändern, weil die Führungsschichten, die herrschenden Klassen der früheren Perioden der deutschen Geschichte, die Verantwortung für den Machtübergang zum Dritten Reich und dann auch die Verantwortung für die Beteiligung an dem Krieg des Dritten Reiches zu tragen hatten.

Die Vorstellung, die gesellschaftliche Struktur zu verändern, war nicht auf Deutschland begrenzt. Die ersten Wahlen zur französischen Assemblée Nationale hatten eine Majorität der beiden sozialistischen Parteien, SFIO[3]

---

* Vortrag auf einer Arbeitstagung der Kirchlichen Bruderschaften 1965, zuerst in: W. Abendroth, *Wirtschaft, Gesellschaft und Demokratie in der Bundesrepublik*, Ffm 1965, S. 7 ff.

1 Art. 28 Abs. 1 GG: Die verfassungsmäßige Ordnung in den Ländern muß den Grundsätzen des republikanischen, demokratischen und sozialen Rechtsstaates im Sinne dieses Grundgesetzes entsprechen ...

2 Art. 20 Abs. 1 GG: Die Bundesrepublik Deutschland ist ein demokratischer und sozialer Bundesstaat.

3 Section Française de l'Internationale Ouvrière; vgl. Wolfgang Abendroth, *Sozialgeschichte der europäischen Arbeiterbewegung*, Ffm 1965, S. 183 f.

und PCF[4], ergeben. Die MRP[5], die christlich-demokratische Partei – selbst erst im Widerstandskampf in dieser Form entstanden –, wollte ebenso keineswegs an den alten wirtschaftsgesellschaftlichen und anderen gesellschaftlichen Strukturen Frankreichs festhalten. Sie wollte durchaus in gleicher Richtung wie die sozialistischen Parteien Frankreich verändern. Bei den Wahlen zur französischen Nationalversammlung zeigte sich also, daß damals diejenigen Parteiengruppierungen die große Majorität besaßen, die eine nicht nur demokratische, sondern auch expressis verbis sozialistische Republik erstrebten. Auch in Italien war die Entwicklung des Jahres 1946 ganz ähnlich verlaufen. Die christlichen Demokraten – nach ihrer Kapitulation vor dem Faschismus in den Jahren zwischen 1922 und 1926 nun »reformiert« aus dem Zusammenbruch wieder aufgetaucht – hatten sich in allen gesellschaftspolitischen Fragen zunächst scharf nach links orientiert. Als große Parteien standen neben den christlichen Demokraten nur die zunächst noch nicht gespaltenen Sozialisten und die Kommunisten. Die Liberalen, die die alte Gesellschaftsstruktur verteidigen wollten, waren auf ein verschwindend kleines Häuflein zusammengeschmolzen. Nicht anders sah es in den anderen europäischen Staaten aus. In England brachten die ersten Wahlen nach 1945 das erste Parlament mit einer absoluten Majorität der Labour Party, die sich seit langem zu ausgesprochen sozialistischen Lösungen bekannte. Der zweifellos einflußreichste Intellektuelle und Theoretiker der Labour Party war damals jener Harold Laski, der sich von seinem pluralistischen Denken der zwanziger Jahre inzwischen zum Marxismus fortentwickelt hatte. So schien es damals, als ob in Europa die Formel »demokratische und soziale Gestaltung des Staates und der Gesellschaft« durchaus einen konkreten Inhalt habe.

Das hatte sich auch in der deutschen Verfassungsentwicklung gezeigt. Wenn man die Landesverfassungen analysiert, die Ende 1946/Anfang 1947 entstanden, so enthielten sie – nicht nur in der sowjetischen, sondern auch in der französischen und amerikanischen Besatzungszone – Normen, die weit über den sozialstaatlichen Charakter der Weimarer Republik hinausgingen.[6] Das, was in Weimar offengelassen worden war, das Problem der Sozialisierung zum Beispiel, wurde hier in den Landesverfassungen zum konkreten, von der Verfassung erteilten Auftrag an den Gesetzgeber. Was etwa in Hessen geschah, fand seinen Niederschlag

4 Parti Communiste Français; vgl. Abendroth, a. a. O., S. 183 f.

5 Mouvement Républicain Populaire.

6 Vgl. etwa Art. 160 der Verfassung des Landes Bayern, Art. 61 der Verfassung von Rheinland-Pfalz, Art. 39, 40, 41 der Verfassung Hessens, Art. 41, 42, 43, 44 der Verfassung Bremens.

ebenso – wenn auch mit kleinen Abstrichen – in den übrigen Landesverfassungen der amerikanischen und der französischen Besatzungszone. Sogar die absolute CSU-Majorität in Bayern beauftragte in der Landesverfassung ausdrücklich den Staat, die Grundproduktion zu vergesellschaften.

Vorgeschichte

Die Formel vom »demokratischen und sozialen Rechtsstaat« hat ihre eigene Geschichte. Sie war zum ersten Mal in der Pariser Februar-Revolution von 1848 in jenem Kompromiß aufgetaucht, der damals von den kleinbürgerlich-demokratischen Parien und den ersten Gruppierungen der französischen Arbeiterbewegung dieser Periode gefunden worden war.[7] Die Formel »demokratischer und sozialer Rechtsstaat«, wie sie damals bereits in Publikationen von Louis Blanc erscheint, hatte durchaus schon konkreten Inhalt. Sie bezog sich einerseits auf das Recht auf Arbeit, das nun als neues Grundrecht formuliert wurde. Dies wird verständlich, weil die Revolution von 1848 die Folge einer schweren Wirtschaftskrise mit Massenerwerbslosigkeit war. Andererseits bezog sich die Formel darauf, den demokratisch organisierten Staat zu beauftragen, selbst Produktionsstätten zu gründen, die von den dort produzierenden Arbeitern – gleichsam als Konkurrenz zur privatkapitalistischen Frühentwicklung – genossenschaftlich verwaltet werden sollten. Diese Gedankenreihe hat damals Louis Blanc mit der Formel vom demokratischen und sozialen Rechtsstaat verbunden, und er hatte sie – zwar nicht wörtlich, aber doch inhaltlich – weitgehend vom Owenismus[8] übernommen, der in den dreißiger Jahren, in den Anfangsstadien der englischen Arbeiterbewegung, hervorgetreten war.
Dann verschwand diese Formel für längere Zeit aus der europäischen Geschichte und tauchte erst mit dem Aufschwung der europäischen Arbeiterbewegung wieder auf. Inhaltlich wurde sie sowohl von den Lassalleanern als auch von den Eisenachern und später von den marxistischen deutschen Sozialdemokraten im Erfurter Programm, aber auch von den Arbeiterparteien aller anderen europäischen Länder aufgegriffen. Sie verschwand dann abermals – dem Scheine nach – in den Auseinandersetzungen der folgenden Periode. Denn die Arbeiterbewegung blieb bis zum Ersten Weltkrieg in allen europäischen Staaten eine Oppositionsbewe-

7 Abendroth, a. a. O., S. 26 f.
8 Abendroth, a. a. O., S. 19 ff.

gung ohne konkrete Hoffnung auf Eroberung der politischen Macht und wurde schließlich durch ihre Kapitulation vor den Führungsschichten bei Beginn des Ersten Weltkriegs in allen Ländern weitgehend kompromittiert.
In den Auseinandersetzungen, die sich an die russische Revolution anschlossen, wurde diese Gedankenreihe umformuliert. Sie wurde zwar von der reformistischen Arbeiterbewegung formell aufrechterhalten, aber in der politischen Praxis weitgehend preisgegeben. In der revolutionären Fraktion der Arbeiterbewegung wurde ihr Inhalt auf die Formel »Diktatur des Proletariats« gebracht. Aber auch in dieser neuen Periode, die mit den Auseinandersetzungen zunächst in der Arbeiterbewegung, aber auch zwischen den europäischen Staaten und dem revolutionären Rußland begann, fand das verfassungsrechtliche Denken zum Teil wieder zur alten Formulierung zurück.

Weimarer Reichsverfassung und soziale Demokratie

Die Weimarer Reichsverfassung hat in ihrem zweiten Hauptteil zwar kein Dachetikett dieser Art geprägt – der Terminus »demokratischer und sozialer Rechtsstaat« fehlt –, gleichwohl sind die individuellen liberalen Grundrechte sehr klar formuliert festgehalten, aber darüber hinaus eine Fülle von sozialstaatlichen Grundrechtsansprüchen normiert. Dabei hat sie auch sehr bewußt – wenn auch sicherlich teilweise als Konzession an die sich rasch nach links entwickelnden deutschen Arbeitermassen – den Grundgedanken der Revolution von 1918, daß man die Großwirtschaft sozialisieren müsse, in Form eines Artikels festgehalten, der die Sozialisierung alles produktiven Eigentums ermöglichte.[9] Die Weimarer Reichsver-

9 Art. 156 der Weimarer Verfassung (WV): Das Reich kann durch Gesetz, unbeschadet der Entschädigung, in sinngemäßer Anwendung der für Enteignung geltenden Bestimmungen, für die Vergesellschaftung geeignete private Unternehmungen in Gemeineigentum überführen. Es kann sich selbst, die Länder oder die Gemeinden an der Verwaltung wirtschaftlicher Unternehmungen und Verbände beteiligen oder sich daran in anderer Weise einen bestimmenden Einfluß sichern.
Das Reich kann ferner im Falle dringenden Bedürfnisses zum Zwecke der Gemeinwirtschaft durch Gesetz wirtschaftliche Unternehmungen und Verbände auf der Grundlage der Selbstverwaltung zusammenschließen mit dem Ziele, die Mitwirkung aller schaffenden Volksteile zu sichern, Arbeitgeber und Arbeitnehmer an der Verwaltung zu beteiligen und Erzeugung, Herstellung, Verteilung, Verwendung, Preisgestaltung sowie Ein- und Ausfuhr der Wirtschaftsgüter nach gemeinwirtschaftlichen Grundsätzen zu regeln.
Die Erwerbs- und Wirtschaftsgenossenschaften und deren Vereinigungen sind auf ihr Verlangen unter Berücksichtigung ihrer Verfassung und Eigenart in die Gemeinwirtschaft einzugliedern.

fassung war darüber hinaus – zweifellos ebenfalls als Konzession der Regierung und der führenden Parteien an die Wählermassen – genötigt gewesen, den Räte-Gedanken mindestens in der Form der wirtschaftlichen Selbstverwaltung und der Beteiligung der Arbeiter auch an der Leitung der Betriebe in Artikel 165[10] festzuhalten. So hatte also die Weimarer Reichsverfassung im wesentlichen diejenigen Rechtsauffassungen positiviert, die von der alten Formel »demokratischer und sozialer Rechtsstaat«, wie sie in der französischen Revolution von 1848 geboren worden war, ausgedrückt wurden. In den späteren Auseinandersetzungen innerhalb der Staatslehre um die Realisierung der Weimarer Reichsverfassung wurde diese juristische Positivierung des materiellen Inhalts dieser ursprünglich politischen Formel in den juristischen Diskussionen dazu benutzt, sie in einen Rechtsgrundsatz umzuformen.

Nach dem Kapp-Putsch wurde in den ersten Reichstagswahlen 1920 der Einfluß der Sozialisten auf die Weimarer Republik gebrochen. Von nun an wurde deutlich, was in Wirklichkeit vorher bereits entschieden war, daß nämlich die Weimarer Republik entgegen dem Text ihrer Verfassung bloß bürgerliche Republik bleiben werde. Das Betriebsrätegesetz von 1920 blieb weit hinter dem zurück, was im Verfassungstext gefordert war. Und der Reichswirtschaftsrat, der nach dem Text der Verfassung zur Gesamtlenkung der Produktion geschaffen werden sollte, blieb provisorisch, ohne jede Kompetenz und ohne öffentliche Auseinandersetzung über seine Pläne.

---

10 Art. 165 WV: Die Arbeiter und Angestellten sind dazu berufen, gleichberechtigt in Gemeinschaft mit den Unternehmern an der Regelung der Lohn- und Arbeitsbedingungen sowie an der gesamten wirtschaftlichen Entwicklung der produktiven Kräfte mitzuwirken. Die beiderseitigen Organisationen und ihre Vereinbarungen werden anerkannt.

Die Arbeiter und Angestellten erhalten zur Wahrnehmung ihrer sozialen und wirtschaftlichen Interessen gesetzliche Vertretungen in Betriebsarbeiterräten und in einem Reichsarbeiterrat.

Die Bezirksarbeiterräte und der Reichsarbeiterrat treten zur Erfüllung der gesamten wirtschaftlichen Aufgaben und zur Mitwirkung bei der Ausführung der Sozialisierungsgesetze mit den Vertretungen der Unternehmer und sonst beteiligten Volkskreise zu Bezirkswirtschaftsräten und zu einem Reichswirtschaftsrat zusammen. Die Bezirkswirtschaftsräte und der Reichswirtschaftsrat sind so zu gestalten, daß alle wichtigen Berufsgruppen entsprechend ihrer wirtschaftlichen und sozialen Bedeutung darin vertreten sind.

Sozialpolitische und wirtschaftspolitische Gesetzesentwürfe von grundlegender Bedeutung sollen von der Reichsregierung vor ihrer Einbringung dem Reichswirtschaftsrat zur Begutachtung vorgelegt werden. Der Reichswirtschaftsrat hat das Recht, selbst solche Gesetzesvorlagen zu beantragen. Stimmt ihnen die Reichsregierung nicht zu, so hat sie trotzdem die Vorlage unter Darlegung ihres Standpunktes beim Reichstag einzubringen. Der Reichswirtschaftsrat kann die Vorlage durch eines seiner Mitglieder vor dem Reichstag vertreten lassen. Den Arbeiter- und Wirtschaftsräten können auf den ihnen überwiesenen Gebieten Kontroll- und Verwaltungsbefugnisse übertragen werden.

Aufbau und Aufgabe der Arbeiter- und Wirtschaftsräte sowie ihr Verhältnis zu anderen sozialen Selbstverwaltungskörpern zu regeln, ist ausschließlich Sache des Reichs.

Die Rechtsprechung der Weimarer Republik hat die sozialstaatlichen Ansprüche, die im Verfassungstext formuliert waren, sehr bald in bloße Leerformeln, in Formeln ohne Inhalt, umgewandelt und behauptet, daß es Programmsätze seien, die keinerlei konkrete Bedeutung und damit auch keinen verpflichtenden Charakter für die Gesetzgebung des Reiches hätten.

Im Fortgang der Dinge verlagerte sich die Macht von den immerhin noch rechtsstaatliche Formen respektierenden Teilen der alten herrschenden Klassen hin zu den Teilen der herrschenden Klassen, die mit dem Gedanken der Diktatur ohne rechtsstaatliche Bindung spielten. Die Rechtswissenschaft dieser Periode, vor allen Dingen die große Mehrheit der Staatsrechtslehrer, stellt sich an die Seite der äußersten Rechten, an die Seite derjenigen Kräfte, die die Reichsverfassung nicht nur in ihren sozialstaatlichen Teilen, sondern auch in ihrem rechtsstaatlichen Teil unterwandern wollten.

Aber eben gegen diese Bewegung, die sich in der Rechtswissenschaft sehr deutlich seit 1928, also schon zur Zeit der Konjunktur, nicht erst zur Zeit der Krise, abzeichnete, erhob sich dann doch Widerspruch, und zwar von seiten der Arbeiterbewegung, die – gespalten in Sozialisten und Kommunisten – jedoch ihre Kraft nicht auszunutzen verstand. Aber es erhob sich auch Widerstand in der Wissenschaft, und zwar im Bereich der verfassungsrechtlichen Exegese. Es war das Verdienst des Staatsrechtslehrers Hermann Heller, darzustellen, daß der wirkliche Inhalt der Weimarer Reichsverfassung durch eben diese Formel der sozialen Demokratie in rechtsstaatlicher Form gekennzeichnet werden könne und daß es die Aufgabe sowohl der Rechtslehre als auch der Arbeiterklasse sei, auf die Verwirklichung dieses Verfassungsinhalts hinzuarbeiten.[11] In der Arbeiterbewegung drängte der Wiener Soziologe Max Adler, ein philosophisch an Kant gebundener Marxist, in der gleichen Richtung.[12] So gab es von der zweiten Hälfte der zwanziger Jahre an neben der Majorität der deutschen Staatsrechtslehrer, die zu zeigen versuchte, der eigentliche Kern der Weimarer Reichsverfassung bestehe in der Präsidialgewalt, in den vaterländischen Verbänden und schließlich im Artikel 48[13], dem Diktaturartikel

11 Hermann Heller, *Rechtsstaat oder Diktatur?* Tübingen 1930.

12 Max Adler, *Politische und soziale Demokratie*, Berlin 1926.

13 Art. 48 WV: Wenn ein Land die ihm nach der Reichsverfassung oder den Reichsgesetzen obliegenden Pflichten nicht erfüllt, kann der Reichspräsident es dazu mit Hilfe der bewaffneten Macht anhalten.
Der Reichspräsident kann, wenn im Deutschen Reiche die öffentliche Sicherheit und Ordnung erheblich gestört oder gefährdet wird, die zur Wiederherstellung der öffentlichen Sicherheit und Ordnung nötigen Maßnahmen treffen, erforderlichenfalls mit Hilfe der bewaffneten Macht einschreiten. Zu diesem Zweck darf er vorübergehend die in den

der Weimarer Reichsverfassung, auf der anderen Seite den Teil der deutschen Staatsrechtslehre, aber auch der soziologischen Wissenschaft, der sich der Verfassung verbunden wußte und darauf drängte, die Weimarer Reichsverfassung aus einem bloß geduldigen Papier in die Realität zu transformieren. Es ist kein Zufall, daß in der gleichen Periode auch bei den freien Gewerkschaften der Gedanke wirtschaftlicher Selbstverwaltung wieder praktische Gestalt gewinnt in einer Programmatik, die auf eine Wirtschaftsdemokratie hinzielt, in der – nach der Formulierung Fritz Naphtalis – zumindest der Machtanteil der Betriebsräte wesentlich erhöht ist, so daß sie wirkliche Kontrollfunktionen in den Aufsichtsräten der Kapital-Gesellschaften ausüben könnten.[14] Darüber hinaus sah dieses Programm Ansätze zu einer wirtschaftlichen Gesamtplanung durch eine überbetriebliche Räteverfassung vor. Die Forderungen der Gewerkschaften blieben jedoch ebenso auf dem Papier stehen, wie die Normen des Verfassungsrechts, zumal deshalb, weil mit dem Beginn der großen Wirtschaftskrise – die 1929 noch niemand in Deutschland erwartet hatte – der Machtaufstieg der faschistischen Massenbewegung begann, der alle Fragestellungen dieser Art verdrängte.

Soziale Demokratie im Verfassungsrecht nach 1945

An die Überlegungen der Weimarer Zeit wollte das deutsche Verfassungsrecht nach 1945 wieder anknüpfen. Deshalb war die Formel »sozialer und demokratischer Rechtsstaat«, die jetzt wieder aufgegriffen wurde, keineswegs inhaltsleer. Im Verfassungsrecht derjenigen Länder, die sich vor der Gründung der Bundesrepublik Deutschland bereits eine Landesverfassung gegeben hatten, war in allen Fällen eine Fülle von Einzelmaßnahmen in dieser Richtung vorgeschrieben worden. Darin unterschieden sich die Landesverfassungen des Westens keineswegs von denen der sowjetischen Besatzungszone. Wie die Volksmassen damals dachten, ist schon daraus zu ersehen, daß sich bei der Volksabstimmung in Sachsen über die

Art. 114, 115, 117, 118, 123, 124 und 153 festgesetzten Grundrechte ganz oder zum Teil außer Kraft setzen.

Von allen gemäß Abs. 1 oder Abs. 2 dieses Artikels getroffenen Maßnahmen hat der Reichspräsident unverzüglich dem Reichstag Kenntnis zu geben. Die Maßnahmen sind auf Verlangen des Reichstags außer Kraft zu setzen.

Bei Gefahr im Verzuge kann die Landesregierung für ihr Gebiet einstweilige Maßnahmen der in Abs. 2 bezeichneten Art treffen. Die Maßnahmen sind auf Verlangen des Reichspräsidenten oder des Reichstags außer Kraft zu setzen.

Das Nähere bestimmt ein Reichsgesetz.

14 Fritz Naphtali (Hrsg.), *Wirtschaftsdemokratie – Ihr Wesen, Weg und Ziel*, Berlin 1929.

Expropriation derjenigen früheren Unternehmer, die in irgendeiner Weise mit der NSDAP liiert gewesen waren, eine über 70prozentige Majorität für diese Enteignung und für die Vergesellschaftung des Eigentums dieser Unternehmer ergab.[15] Als die amerikanische Besatzungsmacht darauf bestand, daß der Sozialisierungs-Artikel 41 der Hessischen Landesverfassung einem Sonder-Plebiszit unterworfen werde, sprach sich auch hier die große Mehrheit der Wähler für die Sozialisierung aus.[16] Die Haltung der deutschen Bevölkerung zu dieser Frage spiegelte sich auch in der damaligen Programmatik der politischen Parteien. Die schärfsten Forderungen in dieser Richtung kamen keineswegs von der Seite der KPD, sondern zunächst von seiten der Sozialdemokratie.[17] Die KPD – durch außenpolitische Rücksichtnahmen auf die Bündnisbedürfnisse der Sowjetmacht behindert – war durchaus bereit, sich mit einer leicht modifizierten bürgerlichen Republik zu begnügen. Das war allenthalben auch an der Verfassungspolitik erkennbar, die die KPD in Deutschland verfolgte. Dieselbe Haltung zeigte sich im Verhältnis von SFIO und PCF in Frankreich, und von PCI und PSI[18] in Italien. Auch dort waren von 1946 bis Ende 1947 die Sozialisten in allen Forderungen, die sich auf die Gesellschaftsstruktur ihrer Länder bezogen, wesentlich radikaler als die Kommunisten.

Aber nicht nur die sozialistischen Parteien vertraten solche Forderungen, sondern auch ein großer Teil der christlichen Demokraten. Es wurde bereits darauf hingewiesen, daß sich das zuerst in Italien und bei der MRP in Frankreich zeigte. In Deutschland war es in der Gründungsphase der CDU nicht anders. Damals gab es eine große Gruppe christlicher Soziali-

---

15 *Archiv der Gegenwart*, 1946/47, S. 797 B (30. 6. 46).

16 Art. 41 der Hessischen Verfassung: Mit Inkrafttreten dieser Verfassung werden
1. in Gemeineigentum überführt: der Bergbau (Kohlen, Kali, Erze), die Betriebe der Eisen- und Stahlerzeugung, die Betriebe der Energiewirtschaft und das an Schienen oder Oberleitungen gebundene Verkehrswesen,
2. vom Staate beaufsichtigt oder verwaltet die Großbanken und Versicherungsunternehmen und diejenigen in Ziffer 1 genannten Betriebe, deren Sitz nicht in Hessen liegt.
Das Nähere bestimmt das Gesetz.
Wer Eigentümer eines danach in Gemeindeeigentum überführten Betriebs oder mit seiner Leitung betraut ist, hat ihn als Treuhänder des Landes bis zum Erlaß von Ausführungsgesetzen weiterzuführen.
Vgl. *Archiv der Gegenwart*, a. a. O., S. 939 A (1. 12. 46): Das von der Militärregierung angeordnete Sonderplebiszit über Art. 41 ergab dessen Unterstützung durch 72 Prozent der abgegebenen gültigen Stimmen.

17 Wolfgang Abendroth, *Bilanz der sozialistischen Idee in der Bundesrepublik*, in: *Bestandsaufnahme – Eine deutsche Bilanz* 1962, hrsg. v. Hans Werner Richter, München/Wien/Basel 1962, S. 233 ff.

18 Partito Comunista Italiano (PCI); Partito Socialista Italiano (PSI). Vgl. Abendroth, *Sozialgeschichte,* a. a. O., S. 184 f.

sten, und die Formel vom »Sozialismus aus christlicher Verantwortung« wurde keineswegs nur von dem seinem Selbstverständnis nach konservativen Berliner Professor von der Gablentz[19] erfunden, sondern war für starke Strömungen in allen Teilen der sich bildenden christlich-demokratischen Partei symptomatisch. So finden sich noch im *Ahlener Programm* der CDU von 1947 eine ganze Reihe von Parolen, die sich auf die Umgestaltung der Wirtschaftsstruktur, auf ein Mitbestimmungsrecht der Arbeitnehmer in den Unternehmungen und auch auf die Vergesellschaftung eines großen Teiles des produktiven Eigentums beziehen. Diese Strömung bewirkte sogar noch nach der Verabschiedung des Bonner Grundgesetzes, daß die Landesverfassung von Nordrhein-Westfalen aus dem Jahre 1950 dem Staat den Auftrag erteilte, alle monopolistischen oder monopolartigen wirtschaftlichen Unternehmungen zu vergesellschaften und zu sozialisieren.[20] Diese Landesverfassung wurde von einem Parlament verabschiedet, in dem CDU, Zentrum und FDP die Majorität besaßen. Sie konnte verabschiedet werden, weil in dieser Frage der Arbeitnehmerflügel der CDU noch mit den beiden sozialistischen Parteien übereinstimmte.

Als das Grundgesetz verabschiedet wurde, war allerdings diese Tendenz im allgemeinen schon weit zurückgedrängt. Denn die amerikanischen Interventionen in das europäische Gesellschafts- und Wirtschaftsgefüge ebenso wie in das politische Gefüge hatten in Deutschland mit der Konstruktion der Bizone und der damit verbundenen Unterwerfung der britischen Besatzungszone unter die Politik der amerikanischen Besatzungsmacht dazu geführt, daß dort allen Tendenzen in dieser Richtung ein Riegel vorgeschoben wurde. Der Leiter des Wirtschaftsamtes der britischen Besatzungszone, Viktor Agartz[21], der die Stabilisierung der Währung – damals ein sehr dringliches Problem – mit gesellschaftspolitischen Maßnahmen verbinden wollte und in diesem Sinne eine Anzahl von Plänen als Einigungsgrundlage für den Kontrollrat ausgearbeitet hatte, wurde abgesetzt. In der Bizone begann – wenn auch langsam und gegen viele Widerstände – die Restauration der alten deutschen Sozial- und Eigentumsverhältnisse. Sie setzte an die Stelle der demokratisch-sozialen Programmatik eine Ersatzideologie, die praktisch die Wiederherstellung

---

19 Otto Heinrich von der Gablentz, *Über Marx hinaus – Programmentwurf für einen christlichen Sozialismus,* Berlin 1946.

20 Art. 27 der Verfassung Nordrhein-Westfalens:
1. Großbetriebe der Grundstoffindustrie und Unternehmen, die wegen ihrer monopolartigen Stellung besondere Bedeutung haben, sollen in Gemeineigentum überführt werden.
2. Zusammenschlüsse, die ihre wirtschaftliche Macht mißbrauchen, sind zu verbieten.

21 Viktor Agartz, *Den Weg gewiesen,* in: *Die Andere Zeitung,* 11. Jg., Nr. 19, 13. 5. 1955, S. 7.

der Wirtschaftsstruktur der Periode vor 1945 verschleierte: die neoliberale Ideologie.

Von der Währungsreform an konnten praktisch die Unternehmerpositionen im alten Sinne und ohne wirtschaftsdemokratische Beschränkungen wieder aufgebaut werden, und der Wiederherstellung der Macht der Einzelunternehmer folgte dann sehr bald – nach der Aufhebung der Entnazifizierungsbestimmungen – die Rekonstruktion der alten großen Konzerne. Diese Entwicklung war zur Zeit der Verabschiedung des Bonner Grundgesetzes schon sehr weit fortgeschritten. Gleichwohl war der Parlamentarische Rat noch genötigt, dem Denken der Periode unmittelbar nach 1945 große Konzessionen zu machen. Er sah sich dazu veranlaßt, weil einerseits die Stellung der beiden Arbeiterparteien im Parlamentarischen Rat keineswegs unbedeutend war und beide Arbeiterparteien damals noch an sozialistischem Denken festhielten und andererseits auch eine Reihe der kleineren christlichen Gruppen in die gleiche Richtung tendierten: große Teile des Zentrums, jener kleinen katholischen Restpartei, die damals noch ihre Rolle spielte, aber darüber hinaus auch der Arbeitnehmerflügel der Christlich-Demokratischen Union. So war das Grundgesetz nur dann durchzusetzen, wenn es gelang, einen Kompromiß zu finden, der diese Tendenzen mindestens mitberücksichtigte. Da aber ausdrückliche Forderungen, die sich auf die Eigentumsstruktur, auf die Verwaltung des Wirtschaftslebens und auf die gesellschaftliche Organisation bezogen hätten, angesichts der Haltung der Alliierten nicht durchsetzbar schienen, mußte man sich damit begnügen, das liberale Grundrechtssystem (weitgehend) festzuhalten und es wenigstens mit dem Gegengewicht der Formel vom demokratischen und sozialen Rechtsstaat zu versehen, um klarzumachen, daß dieser Staat, der nun geboren wurde, keineswegs diejenige Wirtschafts- und Gesellschaftsordnung wiederherstellen wollte und sollte, auf deren Boden das Dritte Reich entstanden war. Darüber hinaus wurde im Grundrechtssystem mit Art. 15[22], dem Sozialisierungsartikel, und Art. 9 Abs. 3[23], der das Koalitionsrecht garantiert, doch einiges an Grundpositionen geschaffen, die klar machten, daß diese Formel nicht als bloßes Aushängeschild ohne Sinn und

22 Art. 15 GG: Grund und Boden, Naturschätze und Produktionsmittel können zum Zwecke der Vergesellschaftung durch ein Gesetz, das Art und Ausmaß der Entschädigung regelt, in Gemeineigentum oder in andere Formen der Gemeinwirtschaft überführt werden. Für die Entschädigung gilt Art. 14 Abs. 3 Satz 3 und 4 entsprechend.

23 Art. 9 Abs. 3 GG: Das Recht, zur Wahrung und Förderung der Arbeits- und Wirtschaftsbedingungen Vereinigungen zu bilden, ist für jedermann und für alle Berufe gewährleistet. Abreden, die dieses Recht einschränken oder zu behindern suchen, sind nichtig, hierauf gerichtete Maßnahmen sind rechtswidrig.

Inhalt formuliert worden war, sondern daß der Rechtsgrundsatz der Art. 20 und 28 die Interpretation der übrigen Verfassungsartikel – also auch des ganzen Grundrechtssystems – beeinflussen und einordnen und darüber hinaus die Chance bieten sollte, die Gesellschafts- und Wirtschaftsstruktur Deutschlands zur Disposition der demokratischen Entscheidung des Volkes zu stellen.

Über diesen Sinn der Formel vom sozialen und demokratischen Rechtsstaat war man sich zunächst im Parlamentarischen Rat durchaus einig, und niemand wagte, ihn offen zu bestreiten. So war auch die Verfassungslehre zunächst genötigt, diesen Tatbestand zu berücksichtigen. Während sich die ersten beiden Staatsrechtslehrer-Tagungen nach dem Zusammenbruch nur sehr allgemein mit Verfassungsinterpretationsfragen beschäftigten, machte die dritte Tagung 1951 Enteignung und Sozialisierung zum Gegenstand der Debatten.[24] Hans-Peter Ipsen[25], der seiner Herkunft nach nicht ohne jede Verbindung mit der Entwicklung vor 1945 war, der sich aber jetzt bemühte, sich der demokratischen Umkonstruktion Deutschlands anzupassen, vertrat die Meinung, daß die Sozialisierungsermächtigung von Art. 15 des Grundgesetzes eben deshalb in Wirklichkeit mehr als eine Ermächtigung, nämlich ein Sozialisierungsauftrag – mindestens gegenüber monopolartigen Unternehmungen – sei, weil das Grundgesetz in Art. 20 und 28 die Formel vom demokratischen und sozialen Rechtsstaat enthalte, daß also das, was in der Nordrhein-Westfälischen Verfassung später in Art. 27 formuliert wurde, nur den realen Sinn von Art. 15 GG in Verbindung mit Art. 20 und 28 GG zum Ausdruck bringe. Infolgedessen sei auch der Hinweis in Art. 15, daß man bei Vergesellschaftung von ökonomischem Großeigentum Entschädigungen zahlen müsse, ganz anders zu verstehen als der gleiche Terminus, der in Art. 14 für den Fall normaler Enteignung stehe. Während bei einer normalen Enteignung – so etwa, wenn eine Gemeinde, um einen Weg bauen zu können, ein Grundstück von einem Bauern benötigt – Äquivalenzentschädigung gewährt, also der wirkliche Wert des weggenommenen Gutes ersetzt werden müsse, sei bei Sozialisierungsenteignungen im Sinne von Art. 15 Äquivalenzentschädigung nicht möglich und auch gar nicht von der Verfassung gewollt. Denn der Sinn der Vergesellschaftung sei es ja gerade, ökonomische Macht, die die Mehrheit der Bürger in sozialer Beziehung dem Willen des ökonomisch Mächtigen unterwerfe, aufzuhe-

---

24 *Ungeschriebenes Verfassungsrecht – Enteignung und Sozialisierung,* Berichte von Ernst von Hippel, Hans Peter Ipsen, Alfred Voigt, Helmut K. J. Ridder, *Veröffentlichungen der Vereinigung der Deutschen Staatsrechtslehrer,* Berlin 1952, Heft 10.

25 Hans Peter Ipsen, a. a. O., S. 74 ff.

ben. Das könne man aber nicht, wenn man in anderer Form genau das zurückgebe, was man durch Sozialisierung genommen habe.

Die Umdeutung als Folge der Restauration

Diese damals überwiegende Meinung änderte sich schon im Jahr darauf. Die Buderus-Werke – heute ein Unternehmen des Flick-Konzerns – klagten gegen das Land Hessen, weil es den Sozialisierungs-Artikel 41 seiner Verfassung in bezug auf ein paar – übrigens wenig ertragreiche – Gruben aus dem Besitz der Buderus-Werke durchgeführt hatte. Die Buderus-Werke wollten aus diesem Anlaß festgestellt wissen, daß der Art. 41 der Hessischen Verfassung nichtig sei. Sie konnten bei dieser Klage vor dem Hessischen Staatsgerichtshof ein Gutachten von Professor Ipsen zu ihren Gunsten vorlegen. Zwar drangen die Buderus-Werke keineswegs durch. Der Hessische Staatsgerichtshof wies ihre Klage ab. Aber von nun an änderte sich die öffentliche Meinung sehr rasch.

Zunächst einmal zeigte sich dies in der Presse, und das nicht zufällig. Der größte Teil der deutschen Presse war bis 1948, im Grunde genommen bis 1950, Lizenz-Presse. Die stärksten Blätter waren diejenigen, die die amerikanische Besatzungsmacht lizenziert hatte, und diese Presse vertrat von Anfang an die Ideologie des Neoliberalismus. Die übrige Presse folgte. Darüber hinaus wurde nun deutlich, daß die erste Koalitionsregierung Adenauer den Weg zur Wiedererrichtung und Verfestigung der alten Gesellschaftsstruktur von vor 1945 bewußt weiter beschreiten wollte und daß die amerikanische Besatzungsmacht dabei hinter ihr stand: einerseits, weil die Vereinigten Staaten, wie jede Weltmacht, sozusagen naiv ihr eigenes gesellschaftliches Gepräge auf das Gebiet, das sie damals noch beherrschten, übertragen wollten, andererseits, weil inzwischen die Politik des Kalten Krieges immer weiter fortschritt und nun die Remilitarisierungsfrage in den Vordergrund trat. Die Vereinigten Staaten waren sich durchaus darüber im klaren, daß sie zur Remilitarisierung ein Bündnis mit den alten Kräften der deutschen Monopolindustrien, die stets für Rüstungspolitik eingetreten waren, eingehen mußten, und daß auf andere Weise wohl auch die Unterstützung jener Generäle der alten deutschen Armee nicht zu gewinnen war, die zum großen Teil im Management der Industrie wieder untergekommen waren.

So lag also machtpolitisch bereits fest, wohin der Weg in der Bundesrepublik Deutschland gehen würde. In der Rechtslehre spiegelte sich das darin, daß ein Teil derjenigen Rechtslehrer, die noch 1951 durchaus anders gedacht hatten, jetzt rasch ihre Meinung änderten, und daß z. B. ein Werk wie das Wirtschaftsverwaltungsrecht von E. R. Huber[26] erschien, in dem behauptet wurde, das Bonner Grundgesetz fordere geradezu die spätkapitalistische Struktur der deutschen Wirtschaft. Sehr bald vertrat auch der Arbeitsrechtslehrer Nipperdey ähnliche Auffassungen. Wie sich sehr rasch zeigte, sah es in der Staatsrechtslehre nicht anders aus. Die Staatsrechtslehrer-Tagung des Jahres 1953 in Bonn[27] – unmittelbar nach den Bundestagswahlen, die auch in der gleichen Richtung entschieden hatten – hörte ein Referat von Ernst Forsthoff zur Frage des sozialen Rechtsstaates. Hier war die Wahl des Referenten, der 1933 die Schrift »Der totale Staat« veröffentlicht hatte, genauso interessant, wie der Inhalt dessen, was von ihm vertreten wurde. Forsthoff kam in seiner Analyse der im Grundgesetz normierten Formel vom sozialen Rechtsstaat praktisch zu dem Resultat, daß es sich um eine reine Propagandaformel, um einen Formelkompromiß im Sinne Carl Schmitts handle, der keinen konkreten Inhalt besitze, den man also auch nicht interpretieren könne und der infolgedessen keine rechtliche Bedeutung habe. Es sei zwar richtig und notwendig, daß der Staat denjenigen Bevölkerungsgruppen, die jeweils in Not gerieten und sich nicht mehr selbst helfen könnten, Unterstützung gewähre – der Staat sei nun einmal Sozialstaat in dem Sinne, daß er mit leichten Korrekturen in die Wirtschaftsgesellschaft eingreifen müsse, um ihren Zusammenbruch zu vermeiden –, aber das sei im Grunde nichts Neues, und das habe es seit der Kaiserlichen Botschaft des Jahres 1881 auch im Wilhelminischen Deutschland durchaus gegeben. Dieser Gedanke habe sich nun weiter ausbreiten müssen, weil inzwischen die Flüchtlinge und selbstverständlich auch die ihres Amtes enthobenen Beamten (Art. 131 GG)[28] entschädigt werden müßten. Aber darüber hinaus habe die Formel vom sozialen Rechtsstaat rechtlich nichts auszusagen, und also könne sie den Gesetzgeber auch zu nichts verpflichten. Denn wie er bei einzelnen derartigen Entschädigungsansprüchen an die öffentliche Hand entscheide, das sei allein Sache des Gesetzgebers, der nach den Notwen-

---

26 Ernst-Rudolf Huber, *Wirtschaftsverwaltungsrecht – Institutionen des öffentlichen Arbeits- und Unternehmensrechts* (Tübingen 1932), 2. erw. Aufl. 1953/54.

27 Ernst Forsthoff, *Begriff und Wesen des sozialen Rechtsstaates* (1. Bericht) in: *Veröffentlichungen der Vereinigung der Deutschen Staatsrechtslehrer*, Berlin 1954, Heft 12, S. 8 ff.

28 Art. 131 GG: Die Rechtsverhältnisse von Personen einschließlich der Flüchtlinge und Vertriebenen, die am 8. Mai 1945 im öffentlichen Dienste standen, aus anderen als beamten- oder tarifrechtlichen Gründen ausgeschieden sind und bisher nicht oder nicht ihrer früheren Stellung entsprechend verwendet werden, sind durch Bundesgesetz zu regeln. Entsprechendes gilt für Personen einschließlich der Flüchtlinge und Vertriebenen, die am 8. Mai 1945 versorgungsberechtigt waren und aus anderen als beamten- oder tarifrechtlichen Gründen keine oder keine entsprechende Versorgung mehr erhalten. Bis zum Inkrafttreten des Bundesgesetzes können vorbehaltlich anderweitiger landesrechtlicher Regelungen Rechtsansprüche nicht geltend gemacht werden.

digkeiten des jeweiligen Tages entscheide, ohne daß irgendein systematisches Konzept durch die Verfassung vorgeschrieben sei. Interessanterweise erhoben sich gegen diese These Forsthoffs nur geringe Widerstände von Nipperdey und von Ridder, der allerdings schon zu schärferer Kritik neigte, und die Gegenstimmen von Drath und mir.[29] Jede Erinnerung daran, daß der Parlamentarische Rat diese Formel deshalb übernommen hatte, weil er den konkreten Inhalt wachhalten wollte, den Hermann Heller ihr zu Ende der Weimarer Republik gegeben hatte, war erloschen.

Das ist die Situation, in der wir uns bis heute befinden. Zwar spielt die Formel des Sozialstaates noch immer eine große Rolle in der Agitation der politischen Parteien und auch gelegentlich in der juristischen Diskussion. Aber es ist interessant zu sehen, daß – wie bei Forsthoff – die Formeln »Sozialstaat« und »sozialer Rechtsstaat« inzwischen jede Verbindung mit der Formel »demokratischer und sozialer Rechtsstaat« verloren haben. Das Grundgesetz dagegen hatte diese beiden Momente sehr bewußt miteinander verbunden, um auszudrücken, daß der Begriff Sozialstaat nicht nur beliebige Ansprüche einzelner an die öffentliche Hand enthalte, sondern den Sinn habe, zu zeigen, daß eine Demokratie nur funktionieren könne, wenn sie sich in die Gesellschaft selbst hinein erstrecke und allen sozialen Schichten die gleiche Chance im Wirtschaftsprozeß biete. Aber diese Überlegung spielte von nun an kaum noch irgendeine Rolle. In den Entscheidungen des Bundessozialgerichts und des Bundesarbeitsgerichts oder den Entscheidungen des Bundesgerichtshofes zeigt sich immer wieder, daß, wenn die Formel »Sozialstaat« gebraucht wird, nie vom *demokratischen* Sozialstaat die Rede ist, gerade so als ob das Bonner Grundgesetz diesen Terminus niemals geprägt hätte.

Sozialprodukt und Rüstung

Die geschichtliche Entwicklung dieses Problems zeigt, worum es hier geht: Der Anteil des Staates am Sozialprodukt der industriekapitalistischen Wirtschaftsgesellschaft wächst seit den achtziger Jahren des vorigen Jahrhunderts. Nur ein sehr kleiner Teil dieser steuerlichen Einnahmen fließt in Form von Subventionen wieder in die Gesellschaft zurück,

---

29 Wolfgang Abendroth, *Leitsätze zum Begriff und Wesen des sozialen Rechtsstaates*, in: *Veröffentlichungen der Vereinigung der Deutschen Staatsrechtslehrer*, Berlin 1954, Heft 12, S. 90 ff. Vgl. auch den Diskussionsbeitrag von Abendroth zum Begriff des sozialen Rechtstaates oben S. 64 ff. [Anm. d. Hrsg.]

während der größere Teil vom Staat zu ganz anderen Zwecken verausgabt wird. Um diese Entwicklung an einem Beispiel festzuhalten, sei hier nur daran erinnert, daß durch das Wehrbeitragsgesetz des Jahres 1913 die erste direkte Vermögenssteuer des Deutschen Reiches lediglich zu Aufrüstungszwecken eingeführt wurde[30], und daß schon lange vorher ein ständig wachsender Anteil der Einnahmen des Reiches für Wehrausgaben verwandt worden ist: man denke an die Flottenaufrüstung, aber auch an die jeweilige Aufstockung des Etats für Landstreitkräfte, die an sich damals Landesangelegenheit, nicht Reichsangelegenheit waren. Hier handelt es sich um keine Besonderheit des Deutschen Reiches, sondern um eine generelle Erscheinung auch in den anderen großen Industriestaaten, in Frankreich, England und – wenn auch damals noch in begrenzterem Maße – in den Vereinigten Staaten von Nordamerika. So hatte also die Umverteilung des Sozialproduktes, die auf diese Weise eingeleitet wurde und deren Durchführung das Charakteristikum des Sozialstaates im Sinne Forsthoffs ist, vor allen Dingen die Aufgabe, im Interesse bestimmter Teile der Wirtschaftsgesellschaft, nämlich der Rüstungsindustrie und der an der Rüstung interessierten Industrien, den anderen Teilen der industriekapitalistischen Gesellschaft einen Teil ihres Profites zu entziehen, um auf diese Weise – was man damals übrigens noch nicht wußte und erst seit Keynes wirtschaftstheoretisch erkannt hat – jenen Gleichgewichtsfaktor für das Funktionieren einer spätkapitalistischen Gesellschaft zu schaffen, der dadurch gebildet wird, daß immer ein großer Teil des Sozialproduktes unwirtschaftlichen Zwecken zugeführt werden muß, wenn bei relativer Vollbeschäftigung die kapitalistische Eigentumsstruktur funktionieren soll.[30a]

Wie sich sehr bald zeigte, war es auch in der Bundesrepublik Deutschland nicht anders. Zwar war zunächst die Umverteilung des Sozialproduktes durch den Bund auf Grund seiner ständig steigenden Steuereinnahmen noch zum Teil Umverteilung im Interesse aller benachteiligten Gruppen. Man denke an das Flüchtlingsproblem und die Entschädigung der jüdischen und – wenn auch nur in begrenztem Maße – der politischen Verfolgten. Allerdings erfolgte gleichzeitig bereits eine erhebliche Subventionierung der Investitionen der Großindustrie durch Steuernachlaß und direkte Förderungsmaßnahmen auf Kosten des Massenkonsums.[31]

---

30 Reichsgesetz über einen einmaligen außerordentlichen Wehrbeitrag vom 3. 7. 1913 *(Reichsgesetzblatt 505).*

30a Vgl. dazu Joan Robinson, *Über Keynes hinaus,* Wien 1962, S. 22 ff. und Theodor Prager, *Wirtschaftswunder oder keines?,* Wien 1963.

31 Kurt Pritzkoleit, *Wem gehört Deutschland? – Eine Chronik von Besitz und Macht* München/Wien/Basel 1957, S. 575.

Das genügte für einige Zeit, um Gleichgewicht und Wachstum der Wirtschaftsgesellschaft zu erhalten. Dann wurde auch die Bundesrepublik in den Strudel der Rüstungskonjunktur hineingerissen. Zunächst spielte die eigene Rüstungsindustrie der Bundesrepublik noch keine große Rolle, sondern die Bundesrepublik wurde sozusagen als Ersatzfaktor für die ausfallende Produktivkraft der Vereinigten Staaten, die von der in den USA sehr früh einsetzenden Hochaufrüstung absorbiert wurde, in den Welthandel einbezogen und konnte dadurch ihre Exporte steigern. Dann beschäftigte die Bundesrepublik mit beginnender Aufrüstung der Bundeswehr die Rüstungsindustrien der anderen großen europäischen Industriestaaten und der Vereinigten Staaten. Diese Form der Umverteilung des Sozialproduktes bedeutete ein Absaugen großer Teile der Steuergelder aus der Gesellschaft, um sie fremder Rüstungsindustrie zuzuführen. Es ist bekannt, welchen Anteil heute der Rüstungsetat am Bundeshaushalt hat. Wie groß die indirekten Rüstungsausgaben – über die offiziellen 18 Milliarden DM hinaus – geworden sind und noch werden, kann man ermessen, wenn man etwa an die Maßnahmen zum Schutz gegen Luftangriffe und dergleichen mehr denkt, die zur Zeit durch die Bundesgesetzgebung vorbereitet werden.
So zeigt sich die Sozialstaatsstruktur der Gegenwart – soweit man noch von Sozialstaat sprechen kann – darin, daß der Staat einen großen Teil des gesellschaftlichen Arbeitsertrages in eine Produktion hinein verlagert, die ihre Verwertung nur im Kriege finden könnte.
Ein weiterer Sektor, auf dem laufend eine Umverteilung von gesellschaftlichen Vermögenswerten erfolgt, ist der Bereich der Landwirtschaft: Wie auch alle anderen Industriegesellschaften unserer Periode, kann die Bundesrepublik ihre Agrarstruktur nur dadurch erhalten, daß sie einen großen Teil ihrer Einnahmen in dieser oder jener Form zur Aufrechterhaltung der heutigen Agrarstruktur – deren Rationalisierung sie anstrebt – verwendet und damit an sich unrentable Teile des wirtschaftlichen Apparates der Landwirtschaft unterstützt.
Darüber hinaus bleibt das generelle Sozialstaatsproblem, das bereits in der Kaiserlichen Botschaft vom Jahre 1881 zum Ausdruck kam, weiter bestehen, daß man nämlich Randschichten der Arbeitnehmer, die ihre Arbeitskraft nicht mehr verwerten können, staatlicherseits helfen muß, weil bloß karitative Zufallshilfe aus dem Familienbereich oder Hilfsmaßnahmen der Kirchen und dergleichen nicht mehr ausreichen. Das Problem der Sozialversicherung und der Subventionierung von anderen Gruppen, die nicht sozialversichert sind, ist zwar immer noch von großer Bedeutung und heute natürlich noch erheblich schwerwiegender als etwa 1881; es bestimmt aber nicht den Gesamtcharakter des Systems, wenn es ihn auch in

einer Weise modifiziert, die man nicht unterschätzen darf. Solange eine Wirtschaftsgesellschaft wie die der Bundesrepublik Deutschland ihre autokratische ökonomische Ordnung mit formell demokratischer politischer und mit rechtsstaatlicher Struktur verbinden will, ist es für die jeweilige Leitung des Staates erforderlich, sich den notwendigen Stimmenrückhalt zu besorgen. Das verleitet dazu, sozialstaatliche Maßnahmen nicht an einer systematischen Planung zu orientieren, sondern an den jeweiligen Überlegungen im Blick auf den nächsten Wahlgang.
Diese Situation wird von der herrschenden Lehre in der deutschen Staatsrechtswissenschaft und in der deutschen Nationalökonomie als von der Verfassung intendiert und als unabänderlich angesehen. Ist eine solche Gesellschaft in einer bestimmten Gleichgewichtslage voll funktionsfähig – und das ist in der Bundesrepublik zur Zeit zweifellos der Fall –, so ist es leicht möglich, diese Situation dazu zu benutzen, auch solche politischen Kräfte, die sich zunächst mit dem ursprünglichen Ziel des Grundgesetzes identifizierten, allmählich mit der inzwischen eingetretenen Entwicklung zu versöhnen. Deshalb wurde auch das Ahlener Programm der CDU bald durch das *Düsseldorfer Programm* abgelöst.[32] Zwar kam es noch 1950 zum Artikel 27 der Nordrhein-Westfälischen Verfassung, aber seine Konsequenzen konnten nicht realisiert werden, weil inzwischen die Bundesregierung die These vertrat, daß eine Sozialisierung Bundessache und nicht Landessache sei.

Volksaktien als Ersatz der sozialen Demokratie?

Seit dieser Zeit ist in der CDU von Sozialisierungsbestrebungen nicht mehr die Rede. Die Arbeitnehmerausschüsse der CDU – die Fortsetzung des alten linken Arbeitnehmerflügels – vertreten zwar noch immer eine Reihe zum Teil sehr progressiver gesellschaftspolitischer Forderungen, aber sie haben längst darauf verzichtet, eine Veränderung der ökonomischen Struktur zu fordern. Das Streben danach wurde abgelenkt, indem man die Mitbestimmungsformel, die bereits eine halbe Widerrufung statt einer Ergänzung der Sozialisierungsformel war, durch die Parole »Eigentum in Arbeitnehmerhand« ersetzte.
Der gleiche Prozeß, der sich in der CDU und deren Arbeitnehmerflügel seit 1949 abgespielt hat, hat sich ab 1953 in mehreren Schüben in der SPD

---

32 Siehe Ossip K. Flechtheim, *Dokumente zur parteipolitischen Entwicklung in Deutschland seit 1945*, Berlin 1963, Bd. 2, S. 53 (Ahlener Wirtschaftsprogramm vom 3. 2. 1947) und S. 58 (Düsseldorfer Leitsätze vom 15. 7. 1949).

und in manchen Gewerkschaftsführungen vollzogen. Dabei ist es erforderlich zu überprüfen, was diese Ersatzformel des Eigentums in Arbeitnehmerhand mit der alten Formel vom demokratischen und sozialen Rechtsstaat noch zu tun hat. Vermögensbildung in Arbeitnehmerhand im Sinne eines Sparvermögens, das Rückhalt in Notperioden gewähren oder die Anschaffung eines Häuschens, eines Autos oder anderer langlebiger Verbrauchsgüter ermöglichen soll, hat es in begrenztem Maße in jeder Konjunktursituation gegeben, solange eine industriekapitalistische Gesellschaftsordnung besteht. Zwar war die Ansammlung eines Sparvermögens in den einzelnen Teilen der Arbeitnehmerschaft nur in unterschiedlichem Ausmaße möglich, in höherem Maße etwa bei mittleren Angestellten oder Beamten als bei den Arbeitern, aber gegeben hat es sie immer. An der Gesellschaftsstruktur im ganzen hat derartiges Eigentum in Arbeitnehmerhand jedoch niemals etwas ändern können, denn es handelt sich dabei gar nicht um Eigentum im strengen Sinne als Verfügungsgewalt über Produktionsmittel, sondern um Ansprüche gegenüber Banken, Sparkassen usw., ganz gleichgültig, ob diese Ansprüche nun die Form eines Sparguthabens, die Form von Obligationen oder sogar die Form von Aktien einer Kapitalgesellschaft haben.[33] Wenn auch theoretisch der Kleinaktionär Miteigentümer einer Gesellschaft ist, so besitzt er doch der Sache nach keine Entscheidungsgewalt, hat also sozialökonomisch keine andere Stellung als der Obligationenbesitzer. Infolgedessen ist die Formel vom »Eigentum in Arbeitnehmerhand« nichts als eine Verschleierungsformel, weil es sich dabei gar nicht um Eigentum, sondern in Wirklichkeit nur um begrenzte Geldansprüche handelt, die als Sparrückhalt aufgestockt werden.[34] Es ist durchaus zu begrüßen, wenn die Spargrundlage der Arbeitnehmer vergrößert wird. Dies ist aber kein Ersatz für eine Demokratisierung der gegenwärtigen Gesamtstruktur der Gesellschaft, in der der Arbeitnehmer in seiner Arbeitsweise fremdbestimmt ist. Die Ideologisierung solcher beschränkter Maßnahmen gehört jedoch in das allgemeine Spiel dieses nicht mehr mit der Demokratie und den Umgestaltungsaufträgen einer Demokratie verbundenen »Sozialstaates«. Dadurch wird auch nicht, wie behauptet wird, eine Sicherung dagegen geschaffen, daß derartige kleine Sparvermögen in einer spätkapitalitischen Industriegesellschaft bei der nächsten größeren Krise durch Inflation oder auch durch schleichende Inflation wieder ebenso entwertet werden, wie es in der jüngsten Geschichte schon zweimal geschehen ist. In Wirklichkeit ist also

33 Vgl. dazu Achim von Loesch, *Die Grenzen einer breiteren Vermögensbildung* Ffm 1965.
34 Rolf Hochhuth, *Der Klassenkampf ist nicht zu Ende*, in: Der Spiegel, 26. 5. 1965, Nr. 22, 19. Jg., S. 28 ff.

diese ganze Formel von der »Eigentumsbildung in Arbeitnehmerhand« – so sehr es an sich von den Gewerkschaften aus verständlich und berechtigt ist, daß sie, weil sie jeden Anspruch des Arbeitnehmers vertreten müssen, auch hier den einzelnen Arbeitnehmern helfen wollen – ein Ausweichen vor dem, was das Verfassungsrecht von unserer Gesellschaft fordert. Dies trifft um so mehr zu, wenn man bedenkt, daß gegenwärtig die Rüstungswirtschaft und der politisch gesteuerte Kapitalexport einen immer größeren Anteil des Sozialprodukts an sich reißen. Es sei hier auf das Musterland der spätkapitalistischen Gesellschaft, die Vereinigten Staaten, verwiesen, die weit mehr als die Hälfte des Etats für die Rüstungswirtschaft verbrauchen und darüber hinaus einen weiteren großen Teil für politisch gezielten Kapitalexport abzweigen. In der Bundesrepublik Deutschland befinden wir uns offensichtlich in dem gleichen Entwicklungstrend. So sehr auch ein Großteil der herrschenden Klasse die Entladung der Rüstung in einer bewaffneten Auseinandersetzung vermeiden möchte, weil dadurch heute jedermann (also auch sie selbst) gefährdet wäre, so erhöht doch das Wettrüsten die Gefahr einer militärischen Katastrophe. Zugleich wird, indem man einen großen Teil des Sozialprodukts für die Rüstungsindustrien abzweigt, Kaufkraft geschaffen, die auf dem Markt kein Warenäquivalent vorfindet. Dadurch wird die inflationistische Tendenz in allen westlichen Industriegesellschaften unvermeidlich.

Das Recht auf Bildung als Voraussetzung des demokratischen und sozialen Rechtsstaats

Neben und anstelle der Rüstung könnten Investitionen für Bildungsaufgaben eingesetzt werden. Als die Formel vom demokratischen und sozialen Rechtsstaat gefunden wurde, derzufolge die Gesellschaft in demokratischer Entscheidung über ihre wirtschaftsgesellschaftliche und soziale Struktur selbst entscheiden darf und entscheiden soll, war damit festgestellt, daß jeder gleichberechtigter Bürger dieser Gesellschaft sei. Dies ist nur möglich, wenn jeder die gleichen Bildungsmöglichkeiten besitzt. Als die Formel gefunden wurde, war noch allgemein deutlich, daß sie nur dann einen Sinn hat, wenn sie nicht nur die Wirtschaftsgesellschaft, sondern auch die Bildungsgesellschaft umfaßt, wenn sie also die gleiche Bildungschance für alle und Bereitstellung großer Mittel der öffentlichen Hand zur Ausbildung aller zur Verfügung stellt. Geschehen ist in dieser Richtung bei aller formalen Freiheitlichkeit der westlichen Industriegesellschaften immer nur dann etwas, wenn Oppositionsgruppen in der Gesellschaft, die von den klassenbewußt denkenden Teilen der Arbeitnehmer geführt wurden, einen starken Druck ausüben konnten. Man denke an die französische Schulgesetzgebung der Periode um die Jahrhundertwende unter dem Ministerium Waldeck-Rousseau, dessen Mitglied der Sozialist Millerand war[35] und weiter an die Education Bill des Kriegskabinetts Churchill, die von einem Ministerium ausgearbeitet wurde, das unter der Leitung der Labour Party stand.[36] In allen diesen Fällen wurde auch den Unterschichten der Gesellschaft die Teilnahme am Bildungsprozeß der Nation, das Kennenlernen von Kulturgütern und der Zugang zur Universitätsbildung grundsätzlich erleichtert und der Bildungsprozeß darauf abgestellt, die Bildungsprivilegien der traditionellen gesellschaftlichen Oberschicht abzubauen. Im Rückblick erkennt man, daß kapitalistisch strukturierte Industriegesellschaften den für ihre eigene Existenz erforderlichen Bildungsstand der Massen ihrer Arbeitnehmer jeweils erst nach Entwicklung ihrer Produktivkräfte hergestellt haben.

Im Gegensatz dazu geht in den Gesellschaften, die sich nicht auf der Grundlage des kapitalistischen Eigentums industrialisieren – etwa in der UdSSR oder heute in China – die Bildungsplanung für eine künftige Industriegesellschaft der tatsächlichen industriellen Entwicklung weit voran. Dies läßt sich gegenwärtig z. B. an der unterschiedlichen Entwicklung in Indien einerseits und in der UdSSR und China andererseits deutlich verfolgen: In Indien, das im Grundsatz seine alte Eigentumsstruktur beibehalten hat und dessen alte herrschende Klassen noch an der Macht sind, hat sich der Prozentsatz derjenigen Kinder, die eine elementare Schulbildung erreichen, seit dem Jahre 1947 nicht mehr erhöht.[37] Im Gegensatz dazu überwand die UdSSR in einem raschen Transformationsprozeß das Analphabetentum und entwickelte sich zu einer Bildungsgesellschaft, die im Endergebnis den modernen westlichen Bildlungsgesellschaften durchaus gleichwertig ist. Ähnliches gilt der Tendenz nach auch für China.[38]

Diese Gesetzmäßigkeit, die die kapitalistische Konkurrenzgesellschaft bereits in ihrer liberalen Periode bestimmte, ist offensichtlich in den spätkapitalistischen Industriegesellschaften durchaus aufrechterhalten worden. Tatsächlich sind die jeweiligen Schübe zu einer Verbesserung des eigenen Bildungssystems entweder Produkte revolutionärer Erhebungen der Unterklassen oder Produkte offenkundiger großer Erfolge der mit solchen Gesellschaften konkurrierenden anderen Systeme. Es ist bekannt,

---

35 Wolfgang Abendroth, *Sozialgeschichte*, a. a. O., S. 76.
36 Abendroth, a. a. O., S. 159 f.
37 Charles Bettelheim, *L'Inde indépendante*, Paris 1962.
38 Simone de Beauvoir, *China – Das weitgesteckte Ziel, Jahrtausende – Jahrzehnte*, Hamburg 1960.

wie der Sputnik des Jahres 1957 in der amerikanischen Gesellschaft ein großes Erwachen bewirkte und dann in der Fernwirkung auch bei uns heute schulreformerischen Ideen neuen Aufschwung gewährte.[39] Das Bildungsproblem hängt mit der wirtschaftsgesellschaftlichen Struktur aufs engste zusammen: Einer hierarchisch gedachten Wirtschaftsgesellschaft entsprechen eine Bildungsbeschränkung für die breiten Massen und ein hierarchisch gestaltetes Bildungswesen. Im Jahre 1949, als das Grundgesetz in Kraft trat, war auch diese Überlegung in der öffentlichen Diskussion noch relativ bewußt. Dies läßt sich verfolgen, wenn man die Zeitschriften der Lehrerverbände oder der Gewerkschaften und die fortschrittlichen evangelischen und katholischen Blätter daraufhin analysiert. Jedoch ist es merkwürdigerweise auch im Grundgesetz nicht gelungen, ein Recht auf Bildung als individuellen rechtlichen Anspruch zu positivieren. Aus dem Grundgesetz läßt sich unmittelbar kein Grundrecht auf Bildung ablesen. Dieser Gedanke tritt 1948/49 in Westdeutschland durch die Polemik gegen das Gesetz über den demokratischen Schulaufbau in der sowjetischen Besatzungszone aus dem Jahre 1946 zurück, das bekanntlich versuchte, unser hierarchisch strukturiertes Schulsystem in ein Einheitsschulsystem mit Entfaltungsmöglichkeiten der verschiedenen Bildungsrichtungen – aber ohne Sonderansprüche auf Bildungsprivilegien für begrenzte Sozialgruppen – umzuwandeln. Von diesem Gesetz ragten wesentliche Teile noch in das Bildungswesen Westberlins hinein. In Westdeutschland jedoch blieb von seinem Grundgedanken wenig übrig. Die Versuche in Bremen und Hamburg – in Städten mit damals sozialdemokratischer Mehrheit –, das bisherige Schulsystem aufzulockern und Förderstufen der verschiedensten Art zu schaffen, um Kindern aus Familien ohne traditionelle Bildungsgrundlage zu höheren Bildungsstufen zu verhelfen, konnten sich nicht voll durchsetzen. Praktisch haben wir in Westdeutschland, in einem Land also, in dem fast 50 Prozent der Berufstätigen Industriearbeiter sind, noch immer nur 5-6 Prozent Studenten aus dieser Arbeitnehmerschicht. So wird deutlich, daß das Recht auf Bildung nicht nur als Rechtsanspruch nicht positiviert wurde, sondern auch in der Gesellschaft zunächst nicht durchgesetzt werden konnte. Wenn auch zweifellos die Bildungsausgaben erhöht wurden, so doch nicht annäherungsweise im gleichen Umfange wie der Wehretat. Die Erhöhungen der Bildungsetats der einzelnen Länder ebenso wie die des Wissenschaftsetats des Bundes bleiben weiterhin zweckgerichtet und zwar nicht in erster

39 Georg Picht, *Die deutsche Bildungskatastrophe, Analyse und Dokumentation,* Olten/Freiburg i. Brsg. 1964.

Linie zu Volksbildungszwecken, sondern für die Grundlagenforschung zur Weiterentwicklung der Wirtschaft.

Die soziale Demokratie als aktuelle Aufgabe

Deshalb müßte eine sozialstaatliche Programmatik, die dem Sinn des Grundgesetzes folgen und den demokratischen und sozialen Rechtsstaat verwirklichen will, so beschaffen sein, daß sie das Fernziel einer Umstrukturierung der gesamten Wirtschaftsgesellschaft in der Richtung ansteuert, daß sie die begrenzte oligopolistische Scheinkonkurrenzwirtschaft – denn von echter Konkurrenzwirtschaft ist keineswegs mehr die Rede – durch eine Planwirtschaft im Interesse der Gesamtgesellschaft ersetzt. Diese Planwirtschaft könnte und sollte durchaus marktwirtschaftliche Elemente verwenden, müßte aber das Gesamtziel des Wirtschaftsprozesses eindeutig bestimmen und sollte Wirtschaftsschwankungen nicht mehr durch Rüstungswirtschaft ausgleichen müssen. Darüber hinaus müßte eine solche Programmatik die Strukturierung der ökonomischen Planung demokratisieren, und zwar von unten nach oben: durch echte Mitbestimmungsrechte der Arbeitnehmer, zunächst im Betrieb, dann in der Unternehmung, die ja meist mehrere Betriebe umspannt, auch gegenüber Managern, die dann nicht mehr über Privateigentum verfügen, sondern gesellschaftliches Eigentum repräsentieren. Gegenüber den Wirtschaftsbranchen sowie in der zentralen Wirtschaftsplanung müßte das Prinzip der demokratischen Willensbildung und Kontrolle gewahrt werden. Außerdem müßte eine solche demokratische und sozialstaatliche Programmatik die Umleitung eines großen Teiles der öffentlichen Ausgaben in das Bildungswesen fordern, um die junge Generation in ihrem Bildungsniveau so weit zu heben, daß sie befähigt wird, Einblick in die Grundlagen des gesellschaftlichen Geschehens zu erlangen und wirklich in der Lage ist, selbstverantwortlich an demokratischen Entscheidungen des Staates mitzuwirken. Dabei wäre bei einer solchen Erweiterung des Bildungswesens darauf zu achten, daß Begabungsrichtungen der verschiedensten Art gleichberechtigt gefördert werden können. Endlich müßten die höhere Ausbildung und die wissenschaftliche Forschung gefördert werden, und zwar nicht nur zweckbegrenzt, wie es in der spätkapitalistischen Gesellschaft geschieht, die in Wirklichkeit die wissenschaftliche Forschung fast nur auf dem naturwissenschaftlichen Sektor erheblich fördert, weil er technologisch verwertbar ist, während die gesellschaftswissenschaftlichen und kulturwissenschaftlichen Bereiche zu kurz kommen.

Diese kritischen Überlegungen geben kein Endziel an, das einmal verwirklicht, ein vollendetes Paradies auf Erden schaffen könnte. Ein derartiges Endziel wurde ernstlich niemals gefordert, aber es gehört zur Übung der Verteidiger des jeweiligen status quo, diejenigen, die den status quo konkret attackieren, der Forderung eines Paradieses auf dieser Erde zu verdächtigen, um desto leichter gegen sie argumentieren zu können. Würde man aber in dieser Weise die Gesellschaft schrittweise umstrukturieren, dann könnte man zweifellos das Funktionieren der Gesellschaft erheblich verbessern. Vor allem könnte man im Endergebnis die innergesellschaftlichen Auseinandersetzungen, die es auch in einer voll demokratisch-sozialstaatlichen – und das heißt sozialistischen Gesellschaft – immer noch geben wird, davon befreien, antagonistische Konflikte der Vertreter einander widersprechender Machtinteressen zu sein. Sie könnten dann in bloße Auseinandersetzungen zwischen den Vertretern verschiedener Auffassungen verwandelt und dadurch objektiviert werden. Mit diesen Überlegungen bleiben wir jedoch zunächst im rein intellektuellen Bereich der Analyse von rechtlichen und politischen Notwendigkeiten im Sinne unserer Verfassung. Leider wissen wir jedoch, daß in dieser Gesellschaft sogar die Tendenz, auch nur den rechtsstaatlichen Charakter der Verfassung zu verteidigen, seit der Verkündung des Grundgesetzes stetig schwächer geworden ist. Dem Verlust des Zieles der demokratisch-sozialistischen Umstrukturierung der Gesellschaft droht nun der Verlust der durch die Verfassung garantierten Rechtspositionen zu folgen.[40] Die Verteidigung des Grundgesetzes gegen die Versuche, es durch »Notstands«-Normen abzuändern, ist deshalb die Voraussetzung dafür, seine Rechtsgrundsätze aus bloßer Theorie in Praxis zu verwandeln.[41]

---

40 Eugen Kogon, Wolfgang Abendroth, Helmut Ridder, Heinrich Hannover, Jürgen Seifert, *Der totale Notstandsstaat*, Ffm 1965.

41 Jürgen Seifert, *Gefahr im Verzuge. Zur Problematik der Notstandsgesetzgebung*, 3. Aufl., Ffm 1965.

Der Notstand der Demokratie
Die Entwürfe zur Notstandsgesetzgebung*

Das Problem des »schleichenden Staatsstreichs«

Eugen Kogon hat in seiner soziologischen Analyse der politischen Folgen des Konzentrationsprozesses des Kapitals[1] darauf hingewiesen, daß mindestens in Deutschland – wahrscheinlich in allen Fällen, in denen die Wirtschaftsgesellschaft durch den Kapitalkonzentrationsprozeß charakterisiert ist – eine ständige und starke Tendenz zur Aushöhlung der Demokratie entstehen muß. Die während einer Konjunkturperiode meist leicht erlangbare Akklamation des Volkes zugunsten des politischen und ökonomischen Machtsystems verändert sich im Moment einer Auflösung dieser Konjunktur oder nach der Entstehung größerer struktureller Erwerbslosigkeit durch Rationalisierung und Automation. Mit der dadurch gefährdeten Zustimmung der Unterschichten einer Nation gegenüber der Machtstellung von Oberschichten muß in den herrschenden Klassen die Neigung entstehen, den faschistischen Antikommunismus wieder in den Vordergrund zu schieben. Der schleichende Staatsstreich beginnt, wie er einst in der Krise 1929 begonnen hat. In diesem Zusammenhang muß auch die Problematik der Notstandsgesetzgebung verstanden werden.
Wir standen 1958, als der Vorstoß des damaligen Innenministers Gerhard Schröder in Richtung auf das Notstandsgesetz begann, 1960, als dieser Vorstoß in einen ersten Gesetzentwurf umgewandelt wurde, und wir stehen heute gewiß nicht in einer Periode beginnender Auflösung der Konjunktur oder gar beginnender Krise. Aber in Wirklichkeit war auch

---

* Zuerst in: E. Kogon, u. a., *Der totale Notstandsstaat,* Ffm 1965, S. 11 ff. Der Aufsatz bezieht sich im wesentlichen auf den Notstandsgesetzentwurf der Bundesregierung vom 31. 10. 1962 (Höcherl-Entwurf, *Bundestagsdrucksache IV, 891*) und auf den Entwurf des Rechtsausschusses des Bundestages vom 17. 3. 1965 *(Ausschußdrucksache IV, 101).* Sämtliche bis 1965 vorliegenden Entwürfe für ein Notstandsgesetz sind in der Broschüre *Der totale Notstandsstaat,* ebenda, S. 69 ff. in Form einer Synopse, die von Jürgen Seifert zusammengestellt und kommentiert wurde, abgedruckt.

1 *Wirkungen der Konzentration in der Demokratie,* in H. Arndt, *Die Konzentration in der Wirtschaft,* Band III, Berlin 1960, S. 1721 ff.

Artikel 48 der Weimarer Reichsverfassung (WRV) eine Chance für die exekutive Gewalt, die entstand, als die Folgen noch nicht deutlich hervortraten. Es ist für undemokratisch denkende Oberschichten durchaus einleuchtend, daß während einer Konjunkturperiode bereits die juristischen Voraussetzungen dafür geschaffen werden, um von der Konjunkturperiode und ihrem politischen System zu dem politischen System während einer Krise übergehen zu können. Artikel 48 WRV damals bedeutete praktisch zunächst nur, daß es technisch möglich wurde, die Demokratie in eine andere Staatsform zu überführen, ohne daß die Massen in der Lage waren, jeden Schritt dieser Transformation dieses politischen Systems zu erkennen, weil dem Scheine nach diese Transformation durch diese Norm gerechtfertigt erschien, sobald nur den Oberklassen diese Veränderung einmal später erforderlich erscheinen sollte. Tatsächlich gelang es dann elf Jahre nach der Annahme dieser Bestimmung durch die Nationalversammlung, den Übergang von der Demokratie zunächst zur bürokratischen Diktatur von Gnaden des Reichspräsidenten und dann zur faschistischen Diktatur fast reibungslos zu vollziehen, ohne daß der Teil der Massen, der die Demokratie weitererhalten wollte, recht wußte, an welcher Stelle der Kampf gegen diese Transformation verfassungsrechtlich einsetzen sollte.
Das Zentralproblem der beabsichtigten Notstandsregelung ist, daß durch sie in unserem politischen System die gleichen Transformationsmöglichkeiten, die gleichen Möglichkeiten der Totalzerstörung der politischen Demokratie und der Rechtsstaatlichkeit geschaffen werden.
Es bleibt zu prüfen, ob der Entwurf Höcherls eine solche Transformation schwieriger macht, als einst der erste Entwurf Schröders, und ob der gegenwärtige Stand der Planungen des Rechtsausschusses des Bundestages geeignet wäre, sie ernstlich zu behindern.

Grundgesetz und Diktaturgewalt

Bei allen Notstandsergänzungen des Grundgesetzes geht es in Wirklichkeit nicht um eine Ergänzung, sondern um eine grundsätzliche Änderung des Grundgesetzes.
Als das Grundgesetz geschaffen wurde, hat der Parlamentarische Rat sehr genau überlegt, wie der demokratisch-soziale Rechtsstaat die Artikel 20 und 28 des Grundgesetzes im Falle von Gefährdungen verteidigt werden sollten. Die Konferenz von Herrenchiemsee hatte in Art. 111 einen Vorschlag geschaffen, der manche Möglichkeiten in Richtung auf die heutigen Entwürfe und den früheren Artikel 48 WRV gebracht hat.

Infolgedessen mußte sich der Parlamentarische Rat, der den Entwurf von Herrenchiemsee zur Grundlage seiner Arbeit gemacht hatte, mit diesem Art. 111 auseinandersetzen. Er hat damals Art. 111 zunächst in seinen Ausschüssen erwogen, dann versucht, ihn aufgrund der geschichtlichen Analyse des Art. 48 WRV zurückzudrängen, um am Ende in einem gemeinsamen Antrag von Zinn (als Vertreter der SPD), von Mangoldt (als Vertreter der CDU) und Dehler (als Vertreter der FDP) zu dem Ergebnis zu gelangen, daß man ihn gänzlich auszulassen habe. Offenbar deshalb, weil es unmöglich ist, die mißbräuchliche Anwendung eines solchen Notstandsartikels zu verhüten.
In der 57. Sitzung des Hauptausschusses des Parlamentarischen Rates vom 5. Mai 1949 wurde dieser Kollektivantrag gestellt. Der Hauptausschuß des Parlamentarischen Rates hat durch seine Annahme eindeutig den Gedanken des Art. 111 des Entwurfes von Herrenchiemsee abgelehnt. So wird bereits hier deutlich, daß alle Behauptungen heute, die dahin zielen, der Parlamentarische Rat hätte sich um das Problem des Notstandes, um das Problem der Verteidigung des Rechtsstaates im Falle der Gefährdung nicht gekümmert, unrichtig sind.
Der Parlamentarische Rat hat sich jedoch nach sorgfältiger Prüfung zu anderen Lösungen des Problems des Schutzes der Verfassung im Gefährdungsfall entschlossen. So entstand ein zweiseitiges System der Verteidigung der Demokratie. Es besteht einerseits darin, daß antidemokratische Organisationen und verfassungswidrige Betätigungen durch die öffentliche Gewalt bekämpft werden können, aber in rechtsstaatlicher Weise – so durch den abgewogenen Zusammenhang von Art. 21, Abs. 2, Art. 9 Abs. 2, Art. 18 des Grundgesetzes –, während andererseits für den Fall der Bedrohung des Bestandes des Bundes und der freiheitlich-demokratischen Grundordnung Art. 91, für den Konfliktsfall im Verhältnis zwischen Land und Bund Art. 37 und für den Gesetzgebungsnotstand Art. 81 geschaffen wurden. Auf diese Weise glaubte der Parlamentarische Rat, das Grundgesetz und den Staat geschützt zu haben. Die geschichtlichen Erfahrungen der fünfzehn Jahre seit der Gründung der Bundesrepublik geben keinen Grund, anzunehmen, daß dieser Schutz nicht ausreichend sein könnte. Hinsichtlich der Bedrohung des Grundgesetzes und der Verfassungsordnung von »unten«, also durch rechtswidrige Aktionen jeder Art, die von der Bevölkerung, nicht von den Behörden, ausgehen, wurden durch § 32 des Bundesverfassungsgerichtsgesetzes mit der Möglichkeit der Einstweiligen Anordnung Regelungen geschaffen, die raschen und wirksamen, aber rechtsstaatlich beschränkten Eingriff der Staatsgewalt gegen Gefährdungen erlauben.
Nicht nur die Analyse der Geschichte des Weimarer Staates, sondern –

darin ist Eugen Kogon durchaus zuzustimmen – die politische Entwicklung vieler paralleler Gesellschaftssysteme zeigt jedoch, daß es viel wahrscheinlicher ist, daß die Demokratie nicht von unten, sondern von »oben«, durch die Organisation des Staates selbst, gefährdet oder aufgelöst wird.
Diese Gefahr ist durch die Wiederbewaffnung der Bundesrepublik verschärft worden. Der Parlamentarische Rat hatte sich zunächst lediglich für die Gründung einer provisorischen Organisation zwecks Vorbereitung zu einem Staat, nämlich zu einem gesamtdeutschen Staat, entschieden, dessen Rechtsordnung das Grundgesetz sein sollte. Das von ihm geschaffene Grundgesetz dieses Staatsfragmentes wurde dann dadurch, daß nach dem Deutschland-Vertrag und der Eingliederung in die Westeuropäische Union und in die NATO die Bundeswehr geschaffen wurde, umgewandelt in die Verfassungsordnung eines selbständigen, souveränen Staates. Und das ist mit anderen Worten die Verfassungsordnung eines Staates, der möglicherweise in einen Krieg verwickelt werden kann. Das ist ein Problem, mit dem das ursprüngliche Grundgesetz nichts zu tun hatte und – solange es Art. 146 des Grundgesetzes ernst nahm – auch nichts zu tun haben wollte. So wurde durch diese Umwandlung des Grundgesetzes und seiner öffentlichen Organisation in einen souveränen, nicht mehr gesamtdeutschen, sondern westdeutschen Staat, tatsächlich eine Veränderung geschaffen, die eine neue Frage stellte, diejenige des Schutzes des Staates im Kriegsfalle.

Verfassungsrecht und Kriegsmöglichkeit

Schon als 1954 Art. 73 Ziffer 1 des Grundgesetzes geändert wurde, wurde dieses Problem angeschnitten. Durch die Verfassungsänderungen im Jahre 1956 wurde es gelöst: durch Art. 17 a, durch Art. 59 a und durch Art. 65 a. Einmal wurde damit die Möglichkeit geschaffen, im Falle einer militärischen Auseinandersetzung diese bewaffnete Macht in einer verfassungsrechtlich legitimierten Weise einzusetzen und zu kommandieren. Andererseits wurde durch Art. 17 a, insbesondere durch Art. 17 a Abs. 2, die Möglichkeit geboten, bestimmte Grundrechte einzuschränken. Die Überlegungen von Art. 17 a Abs. 2 gehen davon aus, daß für die Zivilbevölkerung nur wenige Artikel des Grundgesetzes, nur die Grundrechte der Freizügigkeit (Art. 11) und der Unverletzbarkeit der Wohnung (Art. 13) eingeschränkt werden könnten.
Es ist erstaunlich, daß schon zwei Jahre später, seit 1958, unter Hinweis auf Art. 5 Abs. 2 des Deutschland-Vertrages versucht wird, diese Rege-

lung wieder umzustoßen. Denn um etwas anderes handelt es sich bei der Behauptung im Grunde nicht, daß die Bundesrepublik einer generellen Lösung des Problems des sogenannten äußeren Notstandes bedürfe.

Die Bedrohung des Grundrecht-Systems

Um Einblick in die Änderung des geistigen Klimas zu gewinnen, die seit Beginn der Restaurationsperiode in der Bundesrepublik erfolgt ist, ist es nützlich, sich zu erinnern, wie man zur Zeit der Entstehung des Grundgesetzes über jede Einschränkung der Grundrechte dachte. Damals hat Carlo Schmid mit Recht darauf hingewiesen, daß gerade in Gefährdungssituationen der Schutz der Grundrechte besonders notwendig sei und daß man kein Grundrecht im Falle einer solchen Gefährdungssituation auflockern dürfe. Im Jahre 1949 ging man noch davon aus, daß der Unterschied zwischen den Regelungen, die dem Rechtssystem des Grundgesetzes zugrundeliegen sollen, und dem System eines Obrigkeitsstaates darin erkennbar wird, daß in einem demokratischen Staat die Grundrechte über alles geschätzt und geschützt werden. Das heißt, daß sie gerade in einer Situation geschützt sein müssen, in der ihre Gefährdung deutlich hervortritt. Wenn – gemäß der Vorlage des Rechtsausschusses des Bundestages, die nach dem Stand seiner Beratungen Mitte März 1965 zu erwarten ist – Art. 90 des Grundgesetzes dahin ergänzt werden soll, daß schon im Falle eines nur innenpolitischen Konfliktes oder einer Naturkatastrophe (Art. 91 a) die Versammlungsfreiheit (Art. 8 des Grundgesetzes) und die Freizügigkeit (Art. 11 des Grundgesetzes) »beschränkt«, also praktisch aufgehoben werden können, so zeigt sich, daß jede Auflockerung dieser Überlegung der Väter des Grundgesetzes dahin drängt, nicht nur die liberalen Freiheitsrechte der einzelnen Bundesbürger, sondern auch die Grundlagen der Freiheit der demokratischen Willensbildung des Bundesvolkes in Frage zu stellen.
Das wird vollends deutlich, wenn man die Möglichkeiten analysiert, die nach Meinung der Mehrheit des Rechtsausschusses trotz aller Bedenken, die in der nun siebenjährigen Diskussion über die Notstandsproblematik vorgetragen wurden, und trotz aller »Mäßigung« der Notstandspläne, die auf dem Wege vom ursprünglichen Entwurf Schröders über den Entwurf seines Amtsnachfolgers Höcherl bis zur gegenwärtigen Situation erfolgt sein soll, im Falle der »äußeren Gefahr«, wenn also das Bundesgebiet mit Waffengewalt bedroht wird »oder ein solcher Angriff droht« (Art. 115 a Abs. 1), der öffentlichen Gewalt eröffnet werden sollen.
Was es bedeutet, wenn Presse- und Informationsfreiheit und Freiheit der

Berichterstattung (Art. 5 Abs. 1 Satz 1 des Grundgesetzes) zum Zwecke der Erhaltung des »Verteidigungswillens« – und das schon vor Beginn von Feindseligkeiten – eingeschränkt werden können, hat das deutsche Volk vor 1945 ausreichend kennengelernt.
Daß einerseits der Beitrittszwang zu privaten Vereinen verhängt werden und andererseits der öffentlichen Gewalt das Recht gewährt werden soll, Vereine, also auch eventuell die Gewerkschaften, zu verbieten, wenn sie »die Beziehungen der Bundesrepublik zu einem verbündeten Staat (man denke an das Portugal Salazars!) gefährden« (Art. 115 b Abs. 2 a), ergänzt den fast totalitär-faschistischen Charakter dieser Planung ebenso würdig, wie die Einführung der generellen zivilen Dienstleistungspflicht für Zwecke der Verteidigung außerhalb des Wehrdienstes im geplanten Art. 12 Abs. 2 Satz 2, die sogar außerhalb jeder Notstandssituation die Möglichkeit bieten würde, die Bundesbürger als Dienstpflichtige dienstleistungsberechtigten Arbeitgebern zur Verfügung zu stellen und dadurch aller ihrer Rechte als Arbeitnehmer, vor allem des Streikrechtes, zu berauben. Durch die Einfügung dieses Satzes in Art. 12 würde dessen bisheriger Sinn in sein genaues Gegenteil verkehrt. Würde die Sozialdemokratie dieser Grundgesetzesänderung zustimmen, so wären der 4. August 1914, ihre Zustimmung zum Hilfsdienstpflichtgesetz während des Ersten Weltkrieges, und der 17. Mai 1933[2] beinahe Kinderspiele gegenüber dieser Freigabe der primitivsten Interessen der deutschen Arbeitnehmer und der Gedankenwelt des sozialen Rechtsstaates.
Doch ist es zunächst erforderlich, erstens die Entwicklung der Voraussetzungen zu prüfen, unter denen nach den verschiedenen Entwürfen Notstandsermächtigungen in Kraft treten können und zweitens zu analysieren, wer kraft dieser Ermächtigungen dann Recht setzen und Anordnungen treffen soll.

Die Voraussetzungen des »Notstands« in den bisherigen Entwürfen

Der Entwurf eines Notstandsgesetzes des Bundesinnenministers Schröder war noch von einer Generalklausel der Staatsgefährdung ausgegangen, die die Möglichkeit bieten sollte, den Notstand festzustellen. Diese Generalklausel unterschied sich im Grunde wenig von der Generalklausel des Art. 48 der Weimarer Reichsverfassung. Damals wurde allerdings in den

2 Am 17. Mai 1933 stimmte die Reichstagsfraktion der SPD gegen den Willen des emigrierten Parteien Vorstandes für die »Friedensresolution« Hitlers (W. Abendroth, *Aufstieg und Krise der deutschen Sozialdemokratie*, 3. Aufl. Ffm 1972, S. 68). [Anm. d. Hrsg.]

Rechtsfolgen insofern über Art. 48 hinausgegangen, als durch die Ausschaltbarkeit des gesamten Art. 9 des Grundgesetzes – einschließlich des Art. 9 Abs. 3 – die Möglichkeit gewährt werden sollte, auch die Gewerkschaften ohne Übergang von Art. 48 zum Faschismus – also von der Diktatur der Bürokratie zur faschistischen Diktatur – zu verbieten. Die Opposition im Parlament hat sich, nachdem sie sehr bald von ihrer Ablehnungsposition – die sie einst unter Leitung Menzels gegenüber all diesen Versuchen eingenommen hatte – zu einer Kompromißstellung überging, in entschiedener Weise gegen diese Generalklausel gewandt und verlangt, daß man in kasuistischer Weise klären sollte, in welchen Fällen der Notstand erklärt werden dürfe. Darüber hinaus hat damals die Opposition den Schutz des Art. 9 Abs. 3 auch im Notstandsfalle gefordert.

Der Entwurf Höcherls war formal, nicht aber inhaltlich, ein Zugeständnis an diese damaligen Erwägungen der Opposition. Insofern war es verständlich, daß eine Opposition, die soweit zurückwich, diesen Entwurf – bei allen Abänderungswünschen, die sie im einzelnen hatte – als eine diskutable Grundlage der Auseinandersetzung über das gesamte Problem ansah. Andererseits wurde schon durch den Entwurf Höcherls deutlich, daß diese Veränderung der Gesetzesvorlage in Wirklichkeit die Gefährdungen nicht ausschloß, die sich bei jeder Notstandsänderung des Grundgesetzes notwendig ergeben.

Nach Art. 115 a, wie er in der Bundestagsdrucksache IV/891 vorgeschlagen wurde, wird unterschieden zwischen dem Zustand der äußeren Gefahr, dem Zustand der inneren Gefahr und einem Katastrophenzustand.

Prüfen wir zunächst den Zustand der äußeren Gefahr in Art. 115 a: Der Bundestag kann auf Antrag der Bundesregierung – oder, nach den Vorstellungen des Rechtsausschusses des Bundestages, auch des »Gemeinsamen Ausschusses« aus zwei Dritteln (22) Bundestagsabgeordneten und einem Drittel Mitgliedern des Bundesrates, der nunmehr zum eigentlichen Träger der Notstands-Souveränität werden soll (Art. 115 a) – mit Zustimmung des Bundesrates den Eintritt des Zustandes der äußeren Gefahr feststellen, »wenn das Bundesgebiet mit Waffengewalt angegriffen wird oder ein solcher Angriff droht«. Diese Definition bezieht sich, wie man sofort sieht, auf die Gefährdungssituation, die früher als »Spannungszustand« bezeichnet wurde.

Der »drohende« Angriff auf das Bundesgebiet

Was aber ist ein Angriff? Und was ist ein »drohender« Angriff? Bleiben wir zunächst einmal bei dieser Erwägung. Die Begründung des Entwurfes Höcherls sagte dazu folgendes:
»Bei der zweiten Alternative ist in erster Linie an offenkundige internationale Spannungszustände gedacht, die einen solchen Grad erreicht haben, daß mit einem alsbaldigen bewaffneten Angriff eines fremden Staates oder einer fremden Regierung auf das Bundesgebiet gerechnet werden muß.«
Aber wer gibt die Informationen, die mit solchen Angriffen rechnen lassen? Zu welchen Manipulationen mit der Wahrheit Geheimdienste imstande sind, weiß jeder, der die politischen Prozesse der letzten Jahre gegen Vertreter der äußersten Linken in der Bundesrepublik verfolgt hat. Die Nachrichtenpolitik der Geheimdienste beliebiger, in internationale Konflikte verwickelter Großmächte eröffnet keine erfreulicheren Perspektiven. Die Telefon-Abhör-Affäre des Bundesverfassungs-Schutzamtes[3] macht allzu deutlich, mit welcher Leichtfertigkeit Geheimdienstbeamte mit Rechtsnormen umzugehen bereit sein können. Ist wirklich anzunehmen, daß sie mit Tatsachen weniger leichtfertig verfahren, wenn irgendwelche Machtträger ein Interesse daran haben, Spiegelfechtereien zwecks Begründung von Diktatur-Chancen als Tatsachen erscheinen zu lassen? Haben sie dazu Grund, wenn derjenige Beamte, der den offenkundigen Rechtsmißbrauch des Verfassungsschutzamtes aufgedeckt hat, dann von anderen Teilen der höchsten Bundesbürokratie, von der Bundesanwaltschaft, wegen angeblichen »Landesverrats« strafverfolgt wird, also offensichtlich rechtswidriges Verhalten als schutzwürdiges »Staatsgeheimnis« behandelt wird? Wäre es bei ebenso offenkundigen Lügen anders? Wären aber die wenigen Parteiführer des gegenwärtigen Oligopols der Bundestagsparteien, die Mitglieder des Notstandsausschusses wären, falls die früheren Vorstellungen Höcherls oder die gegenwärtigen des Rechtsausschusses des Bundestages Gesetz würden, im Ernstfall eine

3 Im Herbst 1963 wurde von der *Zeit* und dem *Stern* der Vorwurf erhoben, daß das Bundesamt für Verfassungsschutz über alliierte Stellen in der Bundesrepublik eine Telefon- und Postüberwachung unter Verletzung von Art. 10 des Grundgesetzes durchführe. Ein Untersuchungsausschuß des Bundestages kam am 20. März 1964 zu dem Ergebnis, »daß das Bundesamt für Verfassungsschutz seit etwa 1956 durch Mitteilung von Verdachtsfällen im Rahmen des Austausches von Sicherheitsinformationen die Alliierten zur Einleitung von Verfahren zur Post-, Telefon- oder Fernschreibüberwachung veranlaßt hat«. Der Ausschuß stellte ferner fest, daß die nach dem Deutschlandvertrag und die nach dem Zusatzabkommen zum NATO-Truppenstatut gegebene Möglichkeit beim Vorliegen eines alliierten Sicherheitsinteresses Post-, Telefon- und Fernschreibüberwachung durchzuführen, »in der Praxis sehr weit ausgelegt« wurde. (*Archiv der Gegenwart*, 1964, S. 11220). [Anm. d. Hrsg.]

Sicherung gegen Täuschungsmanöver über eine angeblich »drohende Gefahr« dieser Art? Hat nicht das unter grober Verletzung des Sinnes von Art. 59 Abs. 2 des Grundgesetzes von Bundesminister Strauß und Bundeskanzler Adenauer abgegebene Waffenlieferungsversprechen an Israel, das einer begrenzten Zahl von Abgeordneten aller Parteien und allen Parteiführern bekannt war, die es jedoch vor dem Plenum des Parlamentes auf Verlangen des Bundeskanzlers im Widerspruch zu ihren verfassungsrechtlichen Verpflichtungen geheimgehalten haben, praktisch belegt, wie mühelos eine kleine Gruppe von Parlamentariern auch zur wahrheitswidrigen Annahme eines »Spannungszustandes«, eines »drohenden Angriffes«, hingesteuert werden könnte? Es ist heute jedermann bekannt, welche erfreulichen Folgen die *Spiegel*-Aktion dadurch gehabt hat, daß hier zum ersten Mal nach langer Zeit größere Gruppen des deutschen Volkes gegen einen offensichtlichen Mißbrauch der Staatsgewalt rebellierten. Der Angriff auf den *Spiegel* erfolgte während einer Situation, die hier offensichtlich als »Spannungszustand« beschrieben ist: der Cuba-Krise, die damals im Gange war. Ein Krieg zwischen den USA, dem Bündnis-Partner der Bundesrepublik in der NATO, und der UdSSR schien unmittelbar bevorzustehen. Niemand weiß mit Sicherheit, ob Strauß die Spiegel-Aktion begonnen hätte, wenn nicht der »Schutz« der Cuba-Krise bestanden hätte. Wäre damals Art. 115 a Abs. 1 bereits in Kraft gewesen, so hätte die Wahrscheinlichkeit bestanden, daß der Notstand proklamiert worden wäre. Hätte es dann noch irgendeine Möglichkeit der Rebellion der Öffentlichkeit gegen den Angriff des Ministers Strauß auf die Pressefreiheit gegeben?

Damals zeigte sich, daß es möglich war, eine offenkundig das Verfassungsrecht mißachtende Verschwörung der Staatssekretäre zu organisieren, die ihre eigenen Minister hintergingen, zunächst den eigenen Justizminister. Die Opposition der öffentlichen Meinung konnte, obwohl sie noch nicht durch diesen Art. 115 a zerschlagen werden konnte, zwar erreichen, daß das Kabinett umgebildet wurde, nicht aber, daß die Spitzen der Bürokratie ernsthaft zur Verantwortung gezogen worden sind. Selbst bei der heutigen Rechtslage, noch ohne Notstandsrecht, wurden diese Staatssekretäre nicht zur Rechenschaft gezogen. Auch der damalige Bundeskanzler, der seiner Verachtung gegenüber der Rechtsordnung in der folgenden Parlamentsdebatte durch seine Wertungen des »Spiegel«-Herausgebers Augstein offen Ausdruck gab, durfte bleiben.

In der Begründung der Bundesregierung zum Entwurf Höcherls heißt es auf Seite 9 zur weiteren Erläuterung des »Spannungszustandes«, der Situation des »drohenden Angriffes« weiter:

»Die zweite Alternative wäre aber auch dann als erfüllt anzusehen, wenn aufgrund nachrichtendienstlicher oder anderer geheimer Quellen, die den vorliegenden Erfahrungen nach als zuverlässig gelten können, ein bewaffneter Angriff des fremden Staates oder einer fremden Regierung auf die Bundesrepublik als unmittelbar bevorstehend erscheint oder wenigstens ernstlich mit einem solchen Ereignis gerechnet werden muß, auch ohne daß eine für alle Welt offenkundige internationale Spannung zu bestehen braucht.«

Die Nachrichtendienste und ihr Konkurrenzverhältnis untereinander würden zum entscheidenden Kriterium für Aufrechterhaltung oder (mindestens vorübergehende) Aufhebung des Rechtsstaats, wenn der Gesetzgeber diesen Vorschlägen folgen würde. Die größere Hoffnung auf Bewahrung von Frieden und Freiheit bestünde dann darin, daß sie wenigstens zur Zeit miteinander konkurrieren und sich nicht immer koalieren. Denn hier behauptet das Kabinett, daß es möglich sein müsse, aufgrund der jeweiligen Behauptungen irgendeines Nachrichtendienstes einen »Spannungszustand«, der in Wirklichkeit überhaupt nicht zu bestehen braucht, als Notstand zu proklamieren. Aber es besteht schon kaum eine Chance, den Mißbrauch solcher Möglichkeiten zu verhüten, auch wenn man sich auf den offenkundigen internationalen Spannungszustand beschränken sollte. Man könnte dann die nächste größere internationale Auseinandersetzung ungestraft zu ähnlichen Aktionen benutzen, wie wir sie in der *Spiegel*-Affäre kennengelernt haben.

»Äußere« und »innere« Gefahr

Gerade an dieser Problematik des Spannungszustandes zeigt sich, daß wahrscheinlich politisch-soziologisch überhaupt keine klare Unterscheidung zwischen dem Zustand der äußeren und dem Zustand der inneren Gefahr möglich ist, so streng man juristisch-fiktiv auch diese Differenzierung zu fassen versucht. Es ist kein Zufall, daß Art. 115 i des Entwurfs Höcherl, der den Zustand der inneren Gefahr definiert, unter Ziffer 1 behauptet hatte, ein Zustand der inneren Gefahr liege auch dann vor, wenn der Bestand oder die freiheitlich-demokratische Grundordnung des Bundes oder eines Landes durch »Einwirkung von außen« ernstlich oder unmittelbar bedroht ist. Der Übergang des einen Zustandes zum anderen liegt tatsächlich gedanklich nahe in einer Nation, die, wie die unsere, in zwei Staaten, die einander ablehnen, gespalten ist. Hier kann eine »Einwirkung von außen« immer behauptet werden. Es gibt keine innere Auseinandersetzung in der Bundesrepublik Deutschland, zu der nicht die Presse der DDR zugunsten der jeweiligen Opposition Stellung bezieht. Es gibt keine soziale Auseinandersetzung in der Bundesrepublik, zu der nicht die Presse der DDR jeweils zugunsten der Unterschichten Stellung nimmt und ihrer Ideologie gemäß auch Stellung nehmen muß. Da die bundesrepublikanischen Parteien ihr Ostbüro und die SED ihr Westbüro hat, heißt das stets, daß die Parteien auf beiden Seiten dabei ebenfalls Stellung nehmen und natürlich ihre Anhänger auf der anderen Seite der Grenze mit Material und Nachrichten über die eigene Stellungnahme versorgen.

In der Bundesrepublik ist es fast selbstverständlich geworden, mit dieser Einwirkung ständig propagandistisch zu operieren. Es sei nur an den wilden Streik einiger Arbeitnehmer der Firma Henschel 1962/63 erinnert. Kaum hatte der Streik begonnen, so behauptete die Direktion, der ganze Streik sei ein Unternehmen der Kommunisten und der SED. Übrigens wurde – trotz dieser Behauptung der Direktion – nach Beendigung des Streikes durch einen Kompromiß nicht ein einziges Mitglied der Henschel-Belegschaft entlassen, weil die These, der Streik sei durch SED oder KPD veranlaßt worden, offenkundig falsch war. Darüber wurde dann die »öffentliche Meinung« natürlich nicht unterrichtet. Darf es möglich werden, daß sich derartige propagandistische Thesen auf beiden Seiten der Elbe im (heute noch) rechtsstaatlich organisierten Teil Deutschlands in ein juristisches Argument für die Beeinträchtigung der Rechtsstaatlichkeit verwandeln? Immerhin ist die Begründung des inneren Notstandes durch angebliche »Einwirkung von außen« doch aus den Entwürfen des Rechtsausschusses des Bundestages verschwunden.

Doch zeigen diese Erwägungen, wie begrenzten Wert die Unterscheidung zwischen »äußerem« Notstand, wie er in Art. 115 a ff. nach den Vorstellungen des Rechtsausschusses des Bundestages geregelt werden soll, und »innerem« Notstand, wie ihn der Rechtsausschuß durch Abänderung von Art. 91 des Grundgesetzes bewältigen will, hat. Da der Ermächtigungs-Spielraum zur Durchbrechung des Grundgesetzes im »Zustand der äußeren Gefahr« größer werden soll als im Fall des bloßen inneren Notstandes, entsteht automatisch die Versuchung, ihn in Anspruch zu nehmen, sobald die Führungsgruppen von Staatsapparat und Wirtschaft glauben, ihn zu irgendwelchen innenpolitischen Zwecken zu benötigen und den Grund für diese Inanspruchnahme fingieren. Dürfen wir dabei vergessen, wie leicht sich eine drohende Gefahr, der Fall, daß »ein solcher Angriff droht«, fingieren läßt? Darf außer acht gelassen werden, daß und wie das Deutsche Reich einst, etwa zu Beginn des Zweiten Weltkrieges in den Ereignissen um den Sender Gleiwitz, solche Konstruktionen (damals allerdings zu außenpolitischen Zwecken) unter Mitwirkung keineswegs nur von SS- und Parteistellen, sondern auch des Amtes Canaris, bewirkt hat? Sind Wiederholungen derartiger Dinge in einem Gemeinwesen völlig ausgeschlossen, in dem (vielleicht unvermeidlich) in vielen Teilen des Staatsapparates noch immer Männer eine führende Rolle spielen, die auch vor 1945 dem Staatsapparat gedient haben und dem Dritten Reich damals ideologisch folgten? Könnte nicht auf diese Weise das Bedürfnis nach einer modellhaft in der Verfassung vorkonstruierten Diktaturgewalt geradezu zum Anlaß werden, den europäischen Frieden (vielleicht ungewollt) schwer zu gefährden? Gilt diese Erwägung nicht erst recht in einem deutschen Staat, der seinen östlichen Nachbarstaat auf deutschem Boden ohnedies als nicht nur de jure, sondern auch de facto nicht existent ansieht und dadurch ohnedies erhebliche Elemente der Irrealität in das Zentrum seines rechtstheoretischen und politischen Denkens stellt?

Noch nicht einmal die Definition »eines Angriffs auf das Bundesgebiet mit Waffengewalt« bietet jedoch einen ernstlichen Schutz. Es gibt gerade für die Bundesrepublik immer wieder die Möglichkeit der Grenzkonflikte und Grenzschießereien kleinerer Art. Man denke nur an das Problem der Mauer. Es gibt kaum eine Aussicht zu verhindern, daß dort oder an der (sicher nicht durch das Verschulden der Bundesrepublik) hermetisch verschlossenen Grenze der DDR gelegentlich Reibereien und auch Schießereien entstehen können. Ist das dann ein »Angriff mit Waffengewalt auf das Gebiet der Bundesrepublik?« Könnte nicht allzu leicht durch innenpolitisch entstandenes Wunschdenken die Gefahr einer derartigen Deutung entstehen?

Daß auch der Zustand der inneren Gefahr keine eindeutige rechtliche Umgrenzung findet, wird deutlich, wenn man die Formulierung des Art. 115 i des Vorschlages Höcherl analysiert. Darin wird erstens das Problem der »Einwirkung von außen« – über das wir bereits gesprochen haben – behandelt. Dann wird zweitens der Fall der Gefährdung der demokratischen Grundordnung durch Gewalt oder Drohung mit Gewalt genannt. Wenn man daran denkt, was aufgrund der Entscheidungen des Bundesgerichtshofes alles unter Gewalt verstanden werden kann, muß man befürchten, daß auch dieser Begriff jedem Mißbrauch Tür und Tor öffnet. Ist nicht nach der früheren Judikatur des politischen Strafsenates des Bundesgerichtshofes auch die Drohung mit psychischer Gewalt, also auch bloße Agitation, schon Drohung mit Gewalt?

Und wie steht es mit der »Nötigung eines Verfassungsorgans«, die im Entwurf Höcherl ebenfalls als Grund zum Gebrauch der Ermächtigungen für den Fall des inneren Notstandes vorgesehen ist? 1952 wurde der Zeitungsstreik, der vor der Annahme des Betriebsverfassungsgesetzes durchgeführt wurde – wie vorher bereits die Streikankündigung von IG Metall und IG Bergbau in der Auseinandersetzung über das Mitbestimmungsrecht – von den Juristen, die Arbeitgeberinteressen vertraten, und von der Majorität der Landesarbeitsgerichte als »Nötigung« der Verfassungsorgane angesehen. Die Bundesregierung selbst hat in der Begründung des Höcherl-Entwurfes ausgeführt, daß die Nötigung eines Verfassungsorganes »außer durch Anwendung oder Androhung von Gewalt auch durch die Herbeiführung oder Androhung eines empfindlichen Übels für das Gemeinwohl erfolgen« kann (Bundestagsdrucksache IV/891, Seite 15). So sind auch hier klare Abgrenzungen nicht gegeben. Der Entwurf Höcherls hatte durch die Scheinkonzession der Auflösung der Generalnorm des Entwurfs Schröder in Kasuistik nur die eine Generalnorm durch mehrere scheinkasuistisch verhüllte Generalnormen ersetzt. Insofern ist also die Reduktion der Aufzählung möglicher Anwendungsfälle des inneren Notstandes in den Beschlüssen des Rechtsausschusses des Bundestages auf die Rückkehr zu der ursprünglichen Formulierung von Art. 91 des Grundgesetzes kein Rückschritt (vgl. Art. 91 dieser Vorschläge).

Der Inhalt der Notstands-Ermächtigungen

Wie steht es mit dem Inhalt der Möglichkeiten, die die Erklärung des Notstandes gewähren soll? Das einzige Problem, in dem der Entwurf Schröders wirklich gegenüber dem Entwurf Höcherls und auch gegenüber den gegenwärtigen Vorschlägen des Rechtsausschusses des Bundestages differierte, ergibt sich daraus, daß nun die Beschränkbarkeit und die Aufhebbarkeit von Art. 9 Abs. 3, des Koalitionsrechts, formell weggelassen ist. Sicherlich hat das Kabinett geglaubt, auf diese Weise die Gewerkschaften neutralisieren zu können und den der ursprünglichen Gedankenwelt der Arbeiterbewegung und den Gewerkschaften verpflichteten Abgeordneten der SPD den Übergang leichter zu machen. Abgesehen von dieser Herausnahme des Art. 9 Abs. 3 ist die Möglichkeit zur Einschränkung der Grundrechte nicht ernstlich verändert worden. Diese Herausnahme hat praktisch außerordentlich wenig zu sagen. Wenn es jetzt auch nicht mehr möglich ist, formell die Gewerkschaften im Falle des inneren Notstandes (im Falle des äußeren Notstandes wäre die Lage anders) aufzulösen, so gewährt der Entwurf nach wie vor die Chance, die Arbeit der Gewerkschaften praktisch lahmzulegen. Es sei nur an die Bedrohung der Streikfreiheit dadurch erinnert, daß Art. 12 in einer Weise verändert werden soll, die den Zivildienstgesetzentwurf verfassungsrechtlich legitimiert. Dieser Entwurf unterscheidet sich der Sache nach nicht von dem einstigen Notdienstgesetzentwurf. Es ist danach möglich, praktisch jeden

Arbeitnehmer aus einem freien Arbeitnehmer, der in einem arbeitsvertrags-rechtlichen Verhältnis steht, in einen öffentlich-rechtlicher Befehlsgewalt unterworfenen Arbeitnehmer eines leistungsberechtigten (evtl. privaten) Dienstherren zu verwandeln, dessen Arbeitsverweigerung eben dadurch zur strafbaren Handlung wird. Die Umformulierung von Art. 12 Abs. 2 Satz 2 des Grundgesetzes, die der Rechtsausschuß akzeptiert hat, würde es möglich machen, auch außerhalb jedes Notstandsfalles »Zwecke der Verteidigung« zu erfinden, die eine derartige Militarisierung des Arbeitsprozesses zugunsten der Arbeitgeber jederzeit möglich machen. Die Opposition hat versucht, mit einer besonderen Schutzklausel zugunsten des Streiks die Lage zu verbessern. Dadurch soll ausgeschlossen werden, daß ein Streik unmittelbarer Anlaß zur Proklamation des inneren Notstandes werden kann. Aber auch diese Hoffnung der Opposition, die sich zwar formell im Rechtsausschuß des Bundestages mit diesen Plänen durchsetzen konnte (Art. 91, Abs. 5), ist illusionär. Ein wirklicher Streikschutz wird dadurch nicht geschaffen. Zunächst wird nur der gewerkschaftlich organisierte, nicht aber der spontane (»wilde«) Streik geschützt. Aber auch der organisierte Arbeitskampf bleibt problematisch. Denn Streik heißt dann: legaler Streik. Was aber ist ein legaler Streik? Ein Streik ist nach der Rechtsprechung des Bundesarbeitsgerichts nur dann ein legaler Streik (im Sinne der Streikfreiheit des Art. 9 Abs. 3 GG), wenn er ein »sozial-adäquater« Streik ist. Thilo Ramm hat mit Recht darauf hingewiesen, daß dieser Begriff der »Sozial-Adäquanz«, den Nipperdey in seinem Gutachten zum Zeitungsstreik erfunden hat, ein Fremdkörper in unserem Recht ist. Der notwendig inhaltlich unbestimmte, völlig ideologische Begriff der Sozial-Adäquanz macht praktisch denjenigen, der ihn jeweils interpretiert, zum Herrn der Entscheidungen darüber, was legaler (und damit »gewerkschaftlicher«) Streik ist. Darum würde eine derartige Zusatznorm praktisch den gleichen Interpretationsmöglichkeiten unterliegen, die heute das Bundesarbeitsgericht usurpiert hat, und die die IG Metall im Schleswig-Holstein-Urteil[4] zu spüren bekam. So ist also dieser »Erfolg«, den die öffentliche Meinung und die Opposition der Gewerkschaften gegen die Notstandspläne errungen hat, mehr Schein als Realität. Er würde zum Bumerang, wenn die gewerkschaftliche Ablehnung der Notstandsgesetzgebung sich abschwächen würde.

4 BAGE 6, S. 321 ff. [Anm. d. Hrsg.]

Doch wer soll Träger des Rechts auf Anwendung der Notstandsbefugnisse werden?
Im Falle des inneren Notstandes bleibt die bisherige Regelung von Art. 91 des Grundgesetzes erhalten, die im Ernstfall (der Weigerung einer Landesregierung, in einer Situation eine Gefahr für Bestand oder freiheitlich-demokratische Grundordnung des Bundes zu sehen, die nach Meinung der Bundesregierung eine solche Gefahr ist) der Bundesregierung die Entscheidung darüber zuschiebt, wann diese Voraussetzungen vorliegen, und ob sie eingreifen will. Aber die Neufassung von Art. 91 nach den Vorstellungen des Rechtsausschusses soll die Befugnisse des Bundes in großem Ausmaß erweitern: nicht nur durch die Möglichkeit, den Bundesgrenzschutz und die Bundeswehr einzusetzen, sondern vor allem durch das Recht, die gesetzgebende Gewalt der Länder fast unbeschränkt an sich zu ziehen (Art. 91 Abs. 3), Grundrechtsnormen unbeachtet zu lassen (Art. 91 Abs. 3 a) und praktisch die Landesbehörden generell in Träger bloßer Bundesauftragsverwaltung zu verwandeln (Art. 91 Abs. 2) Dadurch würde die Eigenständigkeit des angegriffenen Landes zur Disposition der Bundesregierung gestellt werden. Sind die Erfahrungen vergessen, die 1923 Sachsen und Thüringen machten und die dann – vergröbert – alle süddeutschen Länder im März 1933 wiederholen mußten? Reicht gegenüber derartigen Befugnissen das bloße nachträgliche Kontrollrecht von Bundesrat (und evtl. Bundestag) aus? Denn wenn auch hinsichtlich des Einsatzes der Bundeswehr formell zunächst die vorherige Zustimmung des Bundestages erforderlich zu sein scheint, so wird durch die Einräumung der Sonderbefugnis, bei »unabweisbarer Notwendigkeit sofortigen Einsatzes« die Bundeswehr ohne diese Genehmigung marschieren zu lassen, auch hier der Bundestag auf eine bloß nachträgliche Kontrolle beschränkt. Wird damit nicht die Eigenständigkeit der Länder in einem Maße gefährdet, das mit Art. 79 Abs. 3 des Grundgesetzes nicht mehr in Übereinstimmung gebracht werden kann? Darf es bei solcher Machtfülle der »Stunde der Exekutive« bleiben, um die Formel Schröders zu gebrauchen?
Wer entscheidet nach den Vorstellungen des Rechtsausschusses über den äußeren Notstand?
Für den Fall des äußeren Notstandes scheint Art. 115 a den Bundestag zum Herrn des Notstandes zu machen. »Der Bundestag«: das heißt nach dem Entwurf noch immer die einfache Mehrheit, und das ist die jeweils herrschende Majorität der im Bundestag gebildeten Regierungskoalition. Es ist jedoch wohl zu hoffen, daß sich insoweit die Überzeugung der

Opposition durchsetzen kann, daß hier Qualifikationsmaßstäbe eingeführt werden, sei es die Zweidrittel-Majorität, sei es eine andere Form der qualifizierten Mehrheit. Denn es ist doch hoffentlich unwahrscheinlich, daß sich die Sozialdemokratie bei allem »Gemeinsamkeits-Drang« zu vollem politischem Selbstmord entschließt.
Aber neben dem Bundestag steht als möglicher Herr des Notstandes für den Fall, daß »dem Zusammentritt oder der rechtzeitigen Beschlußfassung des Bundestages oder des Bundesrates unüberwindliche Hindernisse entgegenstehen«, ein anderes Gremium, ein Notstandsausschuß, gebildet zu zwei Dritteln aus Mitgliedern des Bundestages und zu einem Drittel aus Mitgliedern des Bundesrates. Was diese Delegation, die praktisch die Macht in die Hände nur noch der Fraktionsführung der Parteien legt, dann politisch-soziologisch zu bedeuten hätte, darüber hat uns deren Verhalten bei der verfassungswidrigen Geheimhaltung des politischen Waffenlieferungsabkommens mit Ben Gurion ausreichende Auskunft erteilt.
Der Anpassungswille in modernen Großorganisationen wächst, je höher man im bürokratisierten Management der Parteien und Verbände gelangt. Das ist ein Institutionalisierungsgesetz, das nur schwer zu überwinden ist. Deshalb ist jede Delegation der Macht eines Parlamentes an einen Notstandsausschuß gefährlich.
Die Bundesratsmitglieder dieses Ausschusses würden sich in ihrer Stellung grundsätzlich unterscheiden von den Bundesratsmitgliedern, wie sie im Bundesrat selbst tätig sind. Sie sollen nämlich nicht den Weisungen der Regierungen ihrer Länder unterstehen. Das heißt mit anderen Worten, daß auf diese Weise potentiell oppositionelle Landesregierungen überspielt werden können. Darüber hinaus ist es mehr als problematisch, ob man derartige »Ländervertreter-Abgeordnete«, die entsprechend Art. 38 mit eigener Entscheidungsgewalt ausgestattet wären, noch als echte Bundesratsmitglieder bezeichnen kann und ob man im Falle der Repräsentation durch sie überhaupt noch von einer »Mitwirkung der Länder an der Gesetzgebung« im Sinne von Art. 79 Abs. 3 sprechen kann. Diese Änderung des Grundsgesetzes wäre also wahrscheinlich nichtig.
Dieser Notstandsausschuß, der die Kompetenz der Notstandsverhängung, im übrigen jedoch zusätzlich die Kompetenz der Notstandsgesetzgebung erhalten soll, bleibt noch nicht einmal der einzige Nebenherr des Notstandes.
Die Zuständigkeit des Notstandsausschusses soll diejenige des Bundestages dann verdrängen, wenn entweder das Parlament mit Zustimmung des Bundesrates ihm seine Kompetenz delegiert hat, oder wenn der »Zusammentritt oder die rechtzeitige Beschlußfassung« des Bundestages

unmöglich ist. In Art. 59 a ist schon nach geltendem Recht hinsichtlich der Proklamation des Verteidigungsfalles davon die Rede, daß diese Entscheidung nicht in den Händen des Bundestages liegt, wenn der Zusammentritt des Bundestages unmöglich ist. Inzwischen ist die »Weisheit« der progressiven Auflösung parlamentarisch-demokratischen Denkens weitergelangt. Jetzt soll nicht mehr – um diese Sonderkompetenz zu begründen – die Unmöglichkeit des Zusammentritts allein, sondern auch evtl. die Unmöglichkeit der rechtzeitigen Beschlußfassung des Bundestages zum Kriterium der Ausschaltung des Parlamentes werden. Auch Art. 59 a des Grundgesetzes will der Rechtsausschuß des Bundestages entsprechend ändern. Rechtzeitige Beschlußfassung des Bundestages ist technisch, wie man bei der Abfassung von Art. 59 a noch sehr genau wußte, immer dann möglich, wenn der Bundestag zusammentreten kann. Kann er zusammentreten, so kann er sehr eilig Beschlüsse fassen. Ist durch die Einfügung der Worte »der rechtzeitigen Beschlußfassung« der Fall gedacht, daß der Bundestag nicht »rechtzeitig« über den Notstand Beschluß fassen kann, weil sich im Bundestag keine Mehrheit für diesen Beschluß findet?

Neben diesen Mitträger der Notstandshoheit tritt nach den Vorstellungen des Rechtsausschusses gemäß Art. 115 a Abs. 3 »bei Gefahr im Verzuge« die Befugnis des Bundespräsidenten mit Gegenzeichnung des Bundeskanzlers zur Feststellung des Notstandes, wobei beide die Präsidenten des Bundestages und Bundesrates hören »sollen«, also noch nicht einmal müssen. So bestünde hier die Chance, daß mit der These, Gefahr sei im Verzuge – sie war beim Cuba-Konflikt und ist in jedem anderen internationalen Konflikt möglich – plötzlich Bundespräsident und Bundeskanzler in der Lage sind, Art 48 WRV in eigener Regie zu spielen, wenn sie nur zusätzlich behaupten, der »Gemeinsame Ausschuß« könne nicht schnell genug zusammentreten. Ist aber der entscheidende Tatbestand einmal geschaffen, sind also innenpolitische und militärische Maßnahmen eingeleitet und ist gemäß Art. 59 a (in neuer Fassung) der Krieg, der nach neuer Terminologie »Verteidigungsfall« heißt, völkerrechtlich wirksam erklärt, so wird so leicht kein parlamentarisches Gremium mehr den Mut haben, sich »seinen nationalen Pflichten zu entziehen«, wie es dann abermals heißen würde.

Nicht anders wirkt die Konstruktion, die vorsieht, daß der Notstandsfall auch automatisch eintreten kann. In Art. 115 h des Höcherl-Entwurfes heißt es nämlich, daß, »wenn das Bundesgebiet mit Waffengewalt angegriffen wird und die zuständigen Bundesorgane außerstande sind, sofort die Feststellungen gemäß Art. 59 a oder gemäß Art 115 a zu treffen, ... der Verteidigungsfall sowie der Zustand der äußeren Gefahr als eingetreten« gelten. Der Rechtsausschuß hat diese Lösung in Art 115 a Abs. 5, mit den Konsequenzen in Art. 115 f, übernommen.

Wahlen während des Notstands?

Die Notstandsmaßnahmen, Gesetze, Notgesetze und Notverordnungen sollen außer Kraft treten (Art. 115 c Abs. 4), nachdem der Notstandsgrund entfallen ist. Aber dabei ist die vorgesehene Frist von sechs Monaten mehr als bedenklich. Wozu bedarf es noch eines halben Jahres nach einer Krise der Ausnahmebefugnisse, selbst wenn man den Standpunkt vertritt, sie seien während der Krise unerläßlich? Andererseits wird für den Fall des äußeren Notstandes die Legislaturperiode des Parlamentes um sechs Monate verlängert (Art. 115 e Abs. 1).
Wie steht es mit dieser Verlängerung der Legilsaturperiode des Parlamentes im Kriegsfall? Durch diese Norm wird für den Fall einer militärischen Auseinandersetzung dem Volk die Möglichkeit genommen, auf die parlamentarische Willensbildung über Kriegsziele und Kriegsbeendung mittels der Wahlen Einfluß zu nehmen.
Während des Ersten Weltkrieges haben im Falle des Todes eines Reichstagsabgeordneten jeweils Nachwahlen stattgefunden. Damals – im Jahre 1917 – trat der deutsche Reichstag der radikal annexionistischen Haltung der Obersten Heeresleitung und der Anpassung der Reichsregierung an diese Politik entgegen. Vorher hatte sich nämlich in einigen Nachwahlen (aber auch in Massenstreik-Bewegungen der Rüstungsindustrie) gezeigt, daß das Volk eben diesen annexionistischen Kurs der Spitze nicht mehr billigte. Diese Nachwahlen haben damals ganz erheblich dazu beigetragen, daß Erzberger aufhörte, Anhänger eines »Siegfriedens« zu sein, und daß er Anhänger der Friedensresolution des Reichstages wurde. Schalten wir während eines Krieges das Volk als den Träger der Staatsgewalt von jeder Einwirkungsmöglichkeit aus, so haben wir der Spitze der politischen Gewalt und den Oberschichten die unkontrollierbare Weiterführung der Kämpfe – auch für abenteuerliche Kriegsziele – ermöglicht.

Die Wertung der Gewerkschaften durch die Regierung als Indiz für den Sinn der Grundgesetzänderung

Deshalb bedeutet der Notstands-Gesetzentwurf der Bundesregierung auch in der Form, die er im Rechtsausschuß des Bundestages erhalten hat, trotz seines Vorwandes, den Notstand zu regeln, praktisch den Notstand für die Demokratie und den Rechtsstaat. Gelingt es, diese Normierungen in das Grundgesetz einzufügen, wird das Grundgesetz in eine Richtung gedrängt, die den schleichenden Staatsstreich geradezu legitimiert. Das soll nicht heißen, daß der Staatsstreich bereits in Situationen beginnt, in denen man ihn gar nicht nötig hat. Er wird erst dann erfolgen, wenn – um wieder an Kogons Überlegungen in seiner Untersuchung über das Verhältnis zwischen Politik und Konzentration des Kapitals zu erinnern – die Konformität der mit den »normalen« Mitteln manipulierten öffentlichen Meinung mit der Entscheidung der Spitzengruppen des Managements, der Regierung, der Bürokratie und der Armee gefährdet erscheint. Aber es gehört gerade zum Wesen der Demokratie, daß diese »Gefährdung«, dieser Wandel der öffentlichen Meinung möglich sein muß. Hat man für diesen Fall die Chance des »schleichenden«, nicht unmittelbar sofort als Rechtsverletzung erkennbaren Staatsstreiches, so ist die schiefe Ebene erneut betreten, die das deutsche Volk in seiner ersten Republik schon einmal betreten hat.

Deshalb war es eine anerkennenswerte Leistung im Kampf um die Erhaltung der freiheitlich-demokratischen Ordnung, daß die größte deutsche soziale Organisation, der Deutsche Gewerkschaftsbund, auf seinem Gewerkschaftstag in Hannover diese Probleme offen diskutierte und dann zum Gegenstand eines Beschlusses, der mit Zweidrittel-Majorität angenommen wurde, erhob. Durch diesen Beschluß wurde vor jeder zusätzlichen gesetzlichen Notstandsregelung gewarnt, weil das bisherige System der Sicherung der Demokratie für Bedrohungssituationen im Grundgesetz (Art. 9 Abs. 2; Art. 21 Abs. 2 und Art 18 in Verbindung mit § 32 Bundesverfassungsgerichtsgesetz; Art. 37, Art. 81, Art. 91 und Art. 17 a, Art. 59 a und Art. 65 a) durchaus ausreicht, um den Schutz des demokratischen Staates zu gewährleisten.

Jedes Mehr wird – wie es auch aussieht – ernste Gefahren nach sich ziehen. Jedes Mehr ist in Wirklichkeit nicht eine Ergänzung, sondern eine Durchbrechung des Grundgesetzes mit allen Folgen, die dabei notwendig eintreten müssen. Jedes Mehr wird die Gefahr des Mißbrauchs und damit der Liquidation des Rechtsstaates und der Demokratie erzeugen, gleichgültig ob man diese Konsequenz will oder nicht.

Die Begründung des Entwurfs von Bundesinnenminister Höcherl sagte (Seite 7 des Entwurfs):

»Die politische Entwicklung, besonders auch in Europa, hat in den letzten Monaten dazu geführt, daß alle das Bundesvolk repräsentierenden und unseren Staat tragenden gesellschaftlichen und politischen Schichten und Zusammenschlüsse zu der Erkenntnis gekommen sind, daß das Grundgesetz einer Ergänzung bedarf.«

Diese Behauptung wagte die Bundesregierung am 31. Oktober 1962, nach dem DGB-Beschluß in Hannover, zu verabschieden und am 11. Januar 1963 dem Bundestag zuzuleiten. Diejenigen Kräfte, die in Richtung auf eine Notstandsermächtigung drängen, sehen also in der größten sozialen Schicht des deutschen Volkes, die durch die demokratischen Gewerkschaftsorganisationen repräsentiert wird, keine »den Staat tragende« und das deutsche Volk repräsentierende soziale Gruppierung. Die Bundesregierung fährt in dieser Begründung fort:

»Die geführten Sondierungsgespräche haben gezeigt, daß alle verantwortungsbewußten politischen Kräfte den dem Ernst unserer Lage angemessenen guten Willen haben, eine befriedigende Regelung für den Notstandsfall vorzusehen, und daß lediglich über Ausmaß und Umfang der zu treffenden Sonderregelungen einzelne abweichende Auffassungen bestehen.«

Wenn Worte einen Sinn haben sollen, heißt das, daß nach Ansicht der Bundesregierung der Deutsche Gewerkschaftsbund und die stärksten deutschen Industriegewerkschaften, wie IG Metall, IG Chemie und die Gewerkschaft Öffentliche Dienste, Transport und Verkehr, nicht zu den »verantwortungsbewußten Kräften« im Sinne der Bundesregierung gehören. Kann es eine deutlichere Aussage über den politisch-sozialen Charakter dieser Bundesregierung und damit über den Sinn dieser Notstandsgesetzgebung geben? Es mag sein, daß die Bundesregierung diese provokatorische Nichtbeachtung der Gewerkschaftsbeschlüsse und Nichtachtung der Gewerkschaftsverbände noch nicht einmal bewußt vorgenommen hat, sondern lediglich die unterbewußte Verachtung der Klassen, die sich einst für herrschende hielten, für die »plebejischen« Massenorganisationen der Arbeitnehmer, der großen Mehrheit des deutschen Volkes, zum Ausdruck gebracht hat. Das ändert nichts daran, daß sich gerade dadurch enthüllt, welche Gefahren jede Ermächtigung dieser Art für eine Verfassungsordnung erzeugt, die gemäß Art. 20, 28 des Grundgesetzes einen demokratischen und sozialen Rechtsstaat konstituieren will. Sie kann nur geschützt werden, wenn jede Grundgesetzänderung dieser Art abgelehnt wird.

Die politisch-soziale Problematik der Notstandsgesetzgebung*

Das Notstandsproblem ist eine verfassungspolitische und nicht eine unmittelbar verfassungsrechtliche Frage. Natürlich schließt sie verfassungsrechtliche Techniken ein. Aber die Grundüberlegungen, von denen wir bei ihrer Beurteilung ausgehen müssen, sind Probleme der politischen Bewertung. Wenn mein Kollege Bernhardt aus Frankfurt a. M. hier soeben Rationalität und politische Bewertung als Alternativprobleme bezeichnet hat, so scheint mir das der Sachlage inadäquat zu sein; denn wir müssen politische Probleme rational analysieren; auch das ist eine wissenschaftliche Fragestellung und nicht der Willkür subjektiver Wertung überlassen.

Dabei ist die zentrale Frage, daß es darauf ankommt, die freiheitlich-demokratische Ordnung des Grundgesetzes unter allen Umständen zu stabilisieren und unter keinen Umständen in irgend welcher Weise zu gefährden. Deshalb wären die Fragen hinsichtlich des Notstandes in potentieller äußerer Gefahr, die von den Herren Vorsitzenden des Rechts- und des Innenpolitischen Ausschusses des Bundestages an uns Gutachter herangetragen wurden, wohl besser statt von der Technizität möglicher Verfassungsänderungen eben von dieser zentralen Problematik ausgegangen. Trotzdem kann man natürlich diesen Fragestellungen nicht ausweichen. Nur sind dabei einige Vorüberlegungen notwendig. Es gibt eine ganze Reihe zweifellos rechtsstaatlich funktionierender Demokratien, die solche Fragen sehr viel technischer und technisch unbefangener angehen können als wir in der Bundesrepublik Deutschland. Denn wir müssen hier in der Bundesrepublik nicht nur mit technischen Problemen rechnen, die möglicherweise ein moderner Krieg für geschichtlich gefestigte Demokratien aufwerfen würde, sondern wir müssen auch mit einer anderen Seite der Dinge rechnen, nämlich mit den Problemen des möglichen Miß-

* Vortrag vor dem Rechts- und Innenausschuß des Deutschen Bundestages am 7. November 1967 im Rahmen der Hearings über die Notstandsgesetzgebung, zuerst in: *Stimme der Gemeinde*, 1968, H. 2, Sp. 45 ff.

brauchs der Notstandsermächtigungen, weil wir aus der sozialen Struktur und aus der geschichtlichen Entwicklung unseres staatlichen Gebildes heraus hier besondere Probleme haben, die traditionale und gefestigte Demokratien in dieser Schärfe nicht kennen. Das hat der Gesetzgeber des Grundgesetzes, der Parlamentarische Rat, einst sehr genau gewußt. Daß der Parlamentarische Rat Art. 111 des Herrenchiemsee-Entwurfes abschob, hatte hier seine Wurzeln. Nach meiner Meinung sind diese Probleme für uns desto bedeutsamer und müssen sie bei der politischen Bewertung, wohin man tendieren muß, um so stärker den Ausschlag geben, als die Gefährdungen in der Geschichte der Weimarer Republik, die wir alle kennen und die damals aus Art. 48 Weimarer Verfassung resultierten, in der Situation, in der wir heute stehen, desto drastischer wirken, als die Weimarer Republik nur der Nachfolgestaat eines monarchisch-obrigkeitsstaatlichen Gebildes gewesen ist, das aber gleichwohl erhebliche liberal-rechtsstaatliche Züge aufwies, während die Bundesrepublik Deutschland Nachfolgestaat, wenn auch mit der kurzen Unterbrechung der Besatzungsdiktatur, eines nationalsozialistisch-faschistischen Regimes gewesen ist. Also wirken unvermeidlich Mentalitäten bei potentiell an der staatlichen Willensbildung mitwirkenden Kräften in unsere Situation hinein, die noch weit gefährlicher sind, als es einst die Mentalitäten waren, die damals die verfassungspolitische Entwicklung seit 1930 zur totalen Entgleisung gebracht haben.

Wir müssen deshalb eine Überlegung einbeziehen und bei jeder rechtlichen Konstruktion, die wir vornehmen wollen, berücksichtigen: die Einsicht nämlich, daß keineswegs nur einzelne Personen, sondern ganze soziale Gruppen aus der faschistischen Periode in die neue Ordnung, allerdings nach einem Bruch, übernommen worden sind, die das staatliche System des nationalsozialistischen Staates einschließlich seiner Aufweichung jeder rechtsstaatlichen und jeder demokratischen Bindungsvorstellung und seiner totalen Zerstörung des primitivsten Respektes vor dem Leben des einzelnen Menschen mitgetragen haben. Man könnte hier zwar einwenden, daß inzwischen für diese früheren Mitträger des Dritten Reiches auch ein ideologischer Bruch erfolgt sei. Wir alle wissen jedoch, daß ein großer Teil der höheren Schichten der Bürokratie, soweit er der älteren Generation angehört, ein großer Teil auch der juristischen Bürokratie und – denken Sie nur an den Fall Schnez,[1] der Ihnen allen ja in

---

1 General Schnez wurde 1967 von Bundesverteidigungsminister Schröder als Oberbefehlshaber der NATO-Streitkräfte Europa-Mitte vorgeschlagen. Der NATO-Posten befindet sich in dem holländischen Ort Brunssum. Angesichts von Vorwürfen, die die nationalsozialistische Vergangenheit des Generals betrafen, verzichtete Schnez auf sein Amt in Holland. Als Beweis für die fortdauernde nationalsozialistische Einstellung des Generals hatten die

bitterer naher Erinnerung sein wird – der militärischen Bürokratie, der damals tätig war, heute in unserer Bundesrepublik Deutschland, wenn auch gezähmt durch die grundgesetzliche Ordnung, wieder tätig ist. Gewiß, niemand, der heute in den Staatsapparaten der Bundesrepublik Deutschland tätig ist, würde sich zu dieser Vergangenheit ideologisch bekennen. Aber ändert das etwas daran, daß die Mentalitätsveränderungen, die eben doch – wenn auch nicht ins Bewußtsein gehoben – ihre Fortwirkung haben und gerade in Krisensituationen des Staates ihre Fortwirkung recht deutlich produzieren müssen, wieder virulent werden können? Das gilt aber keineswegs nur für die staatsorganisatorisch tätigen und dann durch die politischen Staatsorgane kontrollierten Gruppen, obwohl auch sie gerade in Ausnahmelagen ihre Willensbildung auf dem Wege z. B. über die Ministerialbürokratie in politische Entscheidungen hineintragen können. Das gilt auch für große Teile der politisch tragenden Schichten, wie sie in den Parlamenten und in den Regierungen selbst tätig sind. Sie wissen alle, daß die moralischen Sperren, die ursprünglich dem Aufstieg von früheren Mitgliedern der NSDAP – nennen wir das Problem ruhig beim Namen – in die Parlamente und in den politischen Parteien im Wege standen, später in einem kontinuierlichen Prozeß so weit im Wege standen, daß nach dem Erfolg des BHE in den Schleswig-Holsteinischen Landtagswahlen 1950 für den Aufstieg in die Parlamente und in die Landesregierungen und in späterer Zeit auch für den Aufstieg selbst in die Bundesregierung solche Implikationen ein ernstliches Hindernis nicht mehr bedeutet haben.

Ich will darüber gar kein Urteil fällen – das stünde mir hier wohl nicht zu; aber es scheint mir notwendig zu sein, daß man die politisch-soziale Problematik, die durch diese Sachlage notwendig produziert ist, bei allem was wir tun, was wir auch als Gesetzgeber, vor allen Dingen als Verfassungsgesetzgeber tun, stets im Auge behalten.

Hinzu kommt eine zweite politische Überlegung, die bei dieser Fragestellung nicht ausgeklammert werden darf, wenn man zu einer realistischen Entscheidung zu den verfassungspolitischen Fragen gelangen will, die durch die Regierungsvorlage angesprochen sind. Die zweite Problematik äußert sich darin, daß heute jedermann annehmen kann, daß die Gefahr eines in Mitteleuropa stattfindenden Angriffskrieges der sogenannten sozialistischen Staaten, also des Blockes, der sich um die UdSSR gruppiert

---

Holländer u. a. auf ein Bewerbungsschreiben von Schnez verwiesen, in dem er seinen Eintritt in die Bundeswehr davon abhängig machte, daß die Frage der »Kriegsverurteilten« auf »honorige Weise« gelöst werde. (*Der Spiegel*, 1967, H. 46, S. 30 f., H. 50, S. 30 f.) [Anm. d. Hrsg.]

und der im Warschauer Pakt militärisch geeint ist, bestimmt nicht mehr besteht. Nach meiner Meinung hat sie übrigens auch niemals bestanden. Daß aber gleichwohl erstens wegen der Rüstungskonkurrenz der Mächte und der Mächtegruppierungen, zweitens wegen der speziellen Problematik, die wir hier in Deutschland haben, die Ausgleichung der Gegensätze zwischen den antagonistischen Bündnissystemen in Europa zur Verhütung von Katastrophen das zentrale Problem für jede rationale Politik sein müßte, liegt auf der Hand. Eben das ist der Grund für die von der Bundesrepublik – ich will ihrer Regierung unterstellen, sicherlich subjektiv ehrlich – betriebene Politik eines solchen tendenziellen Ausgleichs und Abbaus der vorhandenen Spannungen. Aber da die erstgenannte Problematik – nämlich die führende Rolle von Kräften, die einst mit dem Dritten Reich identifiziert waren – auch dem Ausland bekannt ist, keineswegs nur in den sozialistischen Staaten, sondern – wie Sie am Fall Schnez sehen, den ich nur als jüngstes aktuelles Beispiel herausgreife – auch bei einem Teil unserer Bundesgenossen in der NATO, muß trotz des Strebens der Bundesregierung nach diesem Ausgleich dem potentiellen Gegner, um diesen Terminus der NATO zu gebrauchen, der Verdacht kommen, daß jede rechtstechnische Erhöhung der sogenannten Verteidigungsbereitschaft, die faktisch gleichzeitig Kriegsbereitschaft ist, in der Bundesrepublik Deutschland einen ähnlichen Widerspruch ausdrücken könnte, wie er sich zwischen außenpolitischen Friedlichkeitsdeklarationen und innenpolitischen Vorbereitungen auf anderes Verhalten schon einmal in der deutschen Geschichte gezeigt hat. Denn diese Bundesrepublik Deutschland, die 1955 durch ihren Eintritt in das WEU- und NATO-System eine zweifellos endgültige vertragsrechtliche, dann 1956 verfassungsrechtlich abgestützte Entscheidung dahin getroffen hatte, daß sie künftig nicht mehr militärisch irrelevantes bloßes Staatsfragment, sondern ein militärisch (wenn auch nur begrenzt) gerüsteter Staat sein wollte, hatte gleichwohl in den ersten Jahren nach dieser Entscheidung und also in einer Periode, in der die Gegensätze der Mächte und daher auch die Kriegswahrscheinlichkeiten sehr viel größer waren als heute, auf eine verfassungsrechtliche Abstützung dieser erhöhten Abwehrbereitschaft keinen Wert gelegt. Der Prozeß in dieser Richtung setzt praktisch vielmehr erst im Jahre 1958 mit jenem gefährlichen, inzwischen dank des energischen Protests der Öffentlichkeit beiseite geschobenen Vorschlag des damaligen Innenministers Schröder ein. Deshalb muß das Drängen in Richtung auf derartige Grundgesetz-Revisionen mindestens in denjenigen Staaten des Warschauer Paktes, deren Existenz oder deren Grenzen von der Bundesrepublik nicht anerkannt werden, die Zweifel an der Glaubhaftigkeit der Entspannungsbereitschaft der Bundesrepublik erhöhen, die ohnedies

schon wegen der politischen Bindungen eines Teils ihres Führungspersonals vor 1945 recht groß sind.
Wenn wir also verfassungspolitisch entscheiden sollen, ob es richtig ist, unter Voranstellung der technischen Notwendigkeiten für mögliche oder mit mehr oder minder großer Wahrscheinlichkeit entfernt mögliche künftige Kriegsformen Verfassungsrevisionen einzuleiten, dann müssen wir auf der anderen Seite erkennen, daß die Gefahren, die durch ein solches Verfahren gleichzeitig eingeleitet würden, nämlich die Gefahr gesteigerter innenpolitischer Mißbrauchschancen auf der einen Seite, die Gefahr der Einengung der Möglichkeit für andere Staaten zu glauben, daß die Gewaltverzichtsideologie der Bundesrepublik ernst gemeint sei auf der anderen Seite, sehr viel größer sein können als der denkbare technische Nutzen einer noch so durchdachten Verfassungsrevision. Diese Grundüberlegung muß nach meiner Meinung das Vorzeichen jeder Betrachtung des Gesamtproblems der Notstandsverfassungsgesetze bleiben.
Von dieser Überlegung aus möchte ich Ihre Fragen beantworten, zunächst die erste: Reicht das Grundgesetz, wie wir es jetzt haben – ich spreche jetzt nicht zu der inneren Notstandsproblematik, die ja späteren Sitzungen vorbehalten sein soll – aus, wenn außenpolitische Konflikte eintreten würden? Ich möchte dazu zunächst eins sagen: Nutzt man die Möglichkeiten des Grundgesetzes, vor allem diejenigen Möglichkeiten des normalen Gesetzgebungsverfahrens, wie sie sich rechtstechnisch (nicht im Inhalt, den ich für außerordentlich gefährlich halte) am Beispiel der Entwürfe zu den Sicherstellungsgesetzen zeigen, nämlich die Chance, gesetzliche Bestimmungen in geordneter Weise durch das Gesamt-Parlament für den Fall möglicher außenpolitischer Gefahren zu schaffen, die dann nach einem entsprechenden Beschluß dieses Gesamtparlaments mit qualifizierter Mehrheit für den Fall, daß diese Gefahren realisiert würden, mit der Erklärung des Verteidungsfalles in Kraft gesetzt werden; nutzt man diese Möglichkeit aus, und gebraucht man innerhalb solcher Gesetze auch die Chance des Art. 80 GG mit seinen rechtstaatlich begrenzten Verordnungsermächtigungen, dann vermag ich nicht einzusehen, weshalb wir die einzige nach meiner Meinung wirklich denkbare Konfliktform, nämlich die des begrenzten militärischen Grenzkonflikts, der vielleicht einmal eintreten könnte und der dann politisch möglichst rasch bereinigt werden müßte, nicht ohne Veränderung des Grundgesetzes auf der Grundlage seiner Normen regeln könnte. Chancen in dieser Richtung hat Ihnen auch Herr Kollege Ellwein gezeigt, aber Sie haben sie ja selber, wenn auch nach meiner Meinung mit unvertretbarem Inhalt sozusagen in statu nascendi jetzt vor sich und mit z. T. verfassungswidrigem Inhalt bereits einmal verabschiedet.

Für andere Kriegsformen mögen, das will ich gar nicht bestreiten, die Regelungen des Grundgesetzes nicht ausreichen. Hier möchte ich an etwas anknüpfen, was Herr Kollege Kogon mit vollem Recht gesagt hat: Die extremste Kriegsform, die aber für den Fall des Kampfes der beiden großen Machtsysteme auf Leben und Tod wahrscheinlich realisiert würde, ist die Kriegsform des atomar ausgetragenen Konflikts. Meine Damen und Herren, hier gibt es keine potentiell mögliche vorherige rechtliche Regelung für das, was nach dem Abwurf von 4 oder 5 größeren Atombomben in der Bundesrepublik passiert; es gibt sie so wenig, wie es dafür eine rechtliche Regelung gäbe, wenn, jetzt hätten wir einen ganz unmöglichen Fall – ich halte auch den ersten Fall für völlig unwahrscheinlich – der Mond auf die Bundesrepublik Deutschland stürzen würde. Dafür rechtliche Regelungen treffen zu wollen, wäre ein Nonsens.
Sie erinnern sich des Berichtes der 12 Experten, die U Thant für die Problematik der Folgen eines Atomkrieges der Großmächte in Anspruch genommen hat, der uns allen deutlich macht, daß für derartige extreme Bevölkerungsverluste, wie sie zumindest in den industrialisierten Gesellschaften dann eintreten würden, niemand einen Rat geben kann. Dann herrscht eben unvermeidlich das Chaos. Gewiß muß und wird auch im Chaos jemand handeln. Wie er handelt, wer handelt – wer will es bestimmen? Niemand kann präjudizieren, wer dann überhaupt physisch handeln könnte. Jeder Versuch zu einer Normierung wäre deshalb völlig willkürliches Spiel der gesetzgeberischen Phantasie, das abstrakte Diktaturgewalten eröffnet, die für andere Zwecke und in anderer Situation scheinlegal, aber rechtswidrig genutzt werden könnten. Und so gebe ich hier Herrn Kogon völlig recht. Für die Situation eines solchen Quasi-Naturzustandes im Sinne von Hobbes, der dann wiederhergestellt wäre, weiß niemand einen Rat und natürlich ich auch nicht! Auch Sie können keinen Rat dafür schaffen! Denn Sie könnten ihn nur in der Weise schaffen, daß Sie eine extreme Diktaturgewalt für eine solche Situation vorsehen. Erstens wäre das wiederum nach jeder Wahrscheinlichkeitsrechnung ein Problem der völlig sinnlosen Willkür, dabei auszurechnen, wer sie haben und dann noch leben sollte, zweitens würden Sie, wenn Sie diese Frage ernstlich zum Problem machen würden, damit in der von mir vorher geschilderten besonderen Situation der führenden sozialen Schichten der Bundesrepublik Deutschland, bei der unvermeidlich gegenwärtig starken Nachwirkung von Mentalitäten aus früheren Perioden der totalen Unrechtsstaatlichkeit, durch solche Versuche verfassungspolitische Gefahren setzen, die extrem größer wären als der potentielle verfassungspolitische Nutzen, den Sie zu erzeugen vermöchten.
Bleibt das Problem des konventionellen Krieges. Erstens: Was ist heute

ein konventioneller Krieg? Genau wissen es sogar die militärischen Experten nicht, aber sie rechnen bei längerem konventionellen Krieg mit dessen Eskalation zum Atomkrieg. Sie alle spielen dabei mit dem Übergangscharakter zu dem, was dann eben nicht mehr konventioneller Krieg ist, sondern atomarer Krieg, Krieg mit biologischen oder chemischen Zerstörungswaffen und was dergleichen mehr ist. Zweitens: Sie sehen zur Zeit einen konventionellen Krieg vor Ihren Augen. Auch wenn die USA dabei behaupten, sie führten keinen Krieg, so wissen Sie, daß der amerikanische Überfall auf Nordvietnam und der amerikanische Eingriff in Südvietnam faktisch die Lage eines konventionellen Krieges schafft, aber eben eines totalen Zerstörungskrieges, eines so totalen Zerstörungskrieges, daß, wenn Sie sich den Einsatz solcher Waffenmittel, wie sie heute auf Nordvietnam ausgeschüttet werden, auf ein hochindustrialisiertes Land mit Massenbevölkerung vorstellen, Sie sofort erkennen müßten: auch da wäre leider jeder Rat über die mögliche rechtliche Regelung der Situation des in dieser Weise zerstörten Landes zu Ende.
So sind also alle Hilfskonstruktionen, die wir in dieser Richtung anbieten wollen, mehr als problematisch. Alle Hilfskonstruktionen, die in dieser Richtung gedacht werden könnten, enthalten extreme Gefahren, weil wir mit anderen Ausnutzungsmöglichkeiten, nämlich mit der psychologischen Anreizung dazu, diese Hilfkonstruktionen, die dann stets die Einschränkung von Grundrechten und diktaturähnliche Rechte für enge oligarchische Gruppen enthalten, in anderen Lagen scheinlegal zu Mißbrauch zu nutzen, in der Situation der Bundesrepublik Deutschland in ganz anderer Weise rechnen müssen, als in jedem anderen existenten demokratischen Rechtsstaat.
Deshalb habe ich in dieser Beziehung auch erhebliche Bedenken gegen die nach meiner Meinung verdienstlichen, weil der Intention nach wirklich auf rechtsstaatliche Überlegungen reduzierten Vorstellungen des Entwurfs der FDP.[2] Das ändert nichts daran, daß dieser Entwurf der FDP die Debatte insofern auf eine neue Ebene gestellt hat, als er der einzige Entwurf ist, der jede Manipulation während eines unkontrollierbaren »Spannungszustandes« ernstlich unmöglich machen will und versucht, die Rechte der Arbeitnehmer und der Gewerkschaften zulänglich zu schützen. Jedes Spiel mit dem rechtlich ohnedies undefinierbaren (und deshalb stets manipulierbaren) »Spannungszustand« ist extrem gefährlich. Wie gefährlich es ist, wird deutlich, wenn sie sich der dem Kuba-Konflikt parallel laufenden *Spiegel*-Aktion erinnern. Der »Spannungszustand« enthält geradezu die Aufforderung für den, der in einer innenpolitischen

2 *Bundestagsdrucksache V/2130* [Anm. d. Hrsg.]

Konfliktsituation Machtpositionen begründen oder auf die Spitzen kooperierender Parteiführungen im Gemeinsamen Ausschuß beschränken will, außenpolitische Gefährdungslagen zu fingieren und fehlzubewerten. Weil der FDP-Entwurf diese Problematik erkannt hat, hat er, glaube ich, der Gesamtdiskussion trotz meiner übrigen Bedenken ganz erheblich weitergeholfen.

Die Stellung der Sozialisten zu bürgerlicher Demokratie, autoritärem Staat und Faschismus*

Politische Herrschaft der Arbeiterklasse als Voraussetzung der Verwirklichung des Sozialismus

Die Aufhebung des Grundwiderspruchs der kapitalistischen Gesellschaft, des Widerspruches zwischen gesellschaftlicher Produktion und privater Aneignung der Resultate des Wirtschaftsprozesses, setzt die dauerhafte und gesicherte Eroberung der politischen Macht durch die Arbeiterklasse voraus. Systemüberschreitende Reformen, die durch Aktionen der Arbeiterklasse in der kapitalistischen Gesellschaft erkämpft und durch Umformung in staatliche Gesetze kurzfristig gesichert werden, bleiben grundsätzlich bedroht, solange sich die politische Macht nicht in der Hand der Arbeiterklasse befindet. Sie sind Rückschlägen ausgesetzt, die in Krisenperioden bis zum Sieg des Faschismus reichen können, solange das Prinzip der Vergesellschaftung des Eigentums an den ökonomischen Zentren von Produktion, Kreditwesen, Distributionsapparat und Dienstleistungen nicht mittels der Staatsmacht und bei durch die öffentliche Gewalt vermittelter planvoller, unter der Kontrolle der Arbeitenden stehender Koordination durchgesetzt ist. So notwendig also der Kampf um systemüberschreitende Reformen als Teil des ständigen Kampfes um die Erweiterung und Verbesserung der Lebenshaltungsbedingungen der Arbeiterklasse ständig ist, so bleibt er doch Handwerkelei und Stückwerk, wenn er nicht durch den bewußten Teil der Arbeiterklasse, also durch alle sozialistischen Gruppierungen, gleichzeitig immer wieder dazu genutzt wird, diesen in vollem Maße klassenbewußten Kern zu erweitern und dadurch die Gewinnung der Majorität für die Eroberung der politischen Macht vorzubereiten.

An der Bedeutung dieser Grunderfahrung der Arbeiterklasse und ihres sozialistischen Kerns hat sich auch durch die Veränderung ihrer Zusammensetzung in neue Schichtungen nichts geändert, die im ersten Schub

---

* Zuerst in: *Marxistische Blätter*, 1970, H. 1, S. 22 ff.

durch den Übergang vom liberalen Kapitalismus der allseitigen Konkurrenz zum oligopolistischen Kapitalismus (und durch den technologischen Sprung der Entwicklung der Elektroindustrie und der chemischen Industrie) am Ende des vorigen Jahrhunderts, im zweiten Schub durch dessen Verstärkung im Laufe des ersten imperialistischen Weltkrieges und der Zwischenzeit (und durch den technologischen Sprung der Rationalisierungs-Periode), im dritten Schub durch den Übergang zum der ständig ökonomisch-planender Vermittlung der Staatsmacht bedürftigen Monopolkapitalismus der Gegenwart (und durch den technologischen Sprung der Automation, der elektronischen Industrie und der Entwicklung der Kern-Energie) bewirkt worden ist. Neben die industriellen Arbeiter sind innerhalb der Klasse, die vom Verkauf ihrer Ware Arbeitskraft lebt, mit ständig wachsendem ziffernmäßigem Rang erst die unteren und mittleren Angestellten (und Beamten), dann die Majorität der akademisch ausgebildeten Intelligenz getreten, deren Zahl und Funktion innerhalb der Gesamtklasse im gleichen Maße unvermeidlich wächst, in dem die Bedeutung der Wissenschaft als Produktivkraft immer deutlicher hervortritt. Dadurch hat einerseits der Prozentsatz der lohnabhängig Arbeitenden an der berufstätigen Bevölkerung in allen industriell entwickelten Staaten der kapitalistischen Gesellschaft sich so weit vergrößert, daß die noch selbständig tätigen Schichten (in agrarischer, gewerblicher und industrieller Produktion, im Distributionsapparat und in Dienstleistungsberufen) zur relativ kleinen Minorität abgesunken sind. Dadurch ist andererseits das schwierige und in allen Ländern noch äußerst widerspruchsvoll entwickelte Problem entstanden, daß diese neueren Teile der abhängig arbeitenden Klasse sich mit eben den gleichen Mühen (und Zeitverlusten) ihrer wirklichen Situation bewußt werden müssen, wie es einst – in den Jahrzehnten vor dem ersten Weltkrieg – die industriellen Arbeiter mußten. Eben dadurch werden übrigens auch die Zuckungen und Fehler verständlich, die auf diesem Wege die junge Generation der künftigen Intelligenz, die Schüler und Studenten gegenwärtig überwinden muß. Aber alle Schichten der arbeitenden Klasse können ihre Existenz nur (sowohl gegen die Tendenz des Absinkens ihres Anteils am Sozialprodukt als auch gegen die ständige Bedrohung ihrer Bildungschancen und gegen die Gefahr ihrer physischen Vernichtung im Kriege) sichern und die ökonomischen und politischen Voraussetzungen zur Verwirklichung ihrer menschlichen Persönlichkeit schaffen, wenn sie das System der kapitalistischen, durch den Profit der Inhaber der Wirtschaftszentren gesteuerten Wirtschaft durch eine sozialistische Planwirtschaft ersetzen, die sie gemeinsam in demokratischem Zusammenwirken steuern. Diese Wendung können sie andererseits nur durch ihren Klassenkampf gegen die

Inhaber dieser Machtpositionen der existenten Wirtschaftsgesellschaft erzwingen. Um diesen Kampf erfolgreich führen zu können, bedürfen sie jedoch eines stetig sich erweiternden Klassenbewußtseins, das sie den im Interesse der Aufrechterhaltung des bisherigen Systems entwickelten, ihnen durch das bisherige Bildungssystem und die Massenkommunikationsmittel auferlegten traditionalen Denkformen entgegenzusetzen lernen. Dies Klassenbewußtsein können sie wiederum nur durch die Erfahrungen ihrer ständigen Kämpfe um solche (sei es noch systemimmanenten, sei es bereits systemüberschreitenden) Reformen gewinnen, die ihnen tagtäglich durch den immanenten Mechanismus der Widersprüche des kapitalistischen Systems aufgedrängt werden. Sie können das um so besser, wenn sie diese Tageskämpfe relativ legal führen und ihre Erfahrungen in freier und offener demokratischer Diskussion austauschen können.

Die geschichtliche Funktion der bürgerlichen politischen Demokratie für die sozialistische Bewegung

Deshalb hat die sozialistische Bewegung in allen industrialisierten (bzw. im Prozeß der Industrialisierung befindlichen) Staaten seit der Mitte des vorigen Jahrhunderts für die Durchsetzung demokratischer politischer Formen gekämpft und die (zunächst nur bürgerliche) demokratische Republik für die Voraussetzung des politischen Kampfes für den Sozialismus gehalten. Die Bourgeoisie hat seit der Restaurationsperiode des vorigen Jahrhunderts in allen Ländern versucht, ihre Forderungen auf bloße Absicherung ihrer Rechte, auf lediglich liberal-rechtsstaatliche Garantien ihrer Interessen und auf die Kontrolle des Gesetzgebungsverfahrens zu beschränken, während demgegenüber Teile der Intelligenz und des Kleinbürgertums die demokratischen Ziele der Französischen Revolution weiterverfolgen. Das Bündnis zwischen Arbeitern und Kleinbürgern in der französischen Februar-Revolution 1848, das die Juli-Monarchie der Bourgeoisie in Frankreich stürzte, leitete dann jedoch zu jenen Klassenkämpfen über, in denen sich dort die Bourgeoisie zunächst in den Schutz des Bonapartismus geflüchtet hat, während von nun an die Mehrheit der werdenden deutschen industriellen Bourgeoisie – in mehr oder minder schroffem Gegensatz zu den Resten kleinbürgerlich-demokratischer Bewegungen – im Zeichen der Ideologie von »Besitz und Bildung« als der Vorbedingung politischer Mitwirkungsrechte den Kurs des Kompromisses mit den Institutionen der halb-absolutistischen Fürstenstaaten, vor allem Preußens, und den feudalen Schichten relativ konsequent weiterver-

folgt hat, um gegenüber der langsam aufstrebenden sozialistischen Arbeiterbewegung gesichert zu bleiben. Daß dann ein relativ demokratisiertes Wahlrecht 1867 (nach der Kapitulation der liberalen Bourgeoisie im preußischen Verfassungskonflikt) für den Norddeutschen Bund und 1871 für das Deutsche Reich gewährt wurde, war nicht der Initiative der Bourgeoisie, sondern den quasi-bonapartistischen Machenschaften Bismarcks zu verdanken, der sich auf diese Weise Jonglier-Chancen gegenüber allzu großen parlamentarischen Machtpositionen der Bourgeoisie versprach. Um so mehr mußte der Bourgeoisie daran liegen, liberal-rechtsstaatliche Funktionen in ihrem eigenen Interesse auszubauen. Wurden sie von der sozialistischen Arbeiterbewegung als Hebel ihres Aufstiegs genutzt, war sie allerdings schon damals durchaus bereit, sie im Bündnis mit der damals zwar stark von ihr beeinflußten, aber nicht in ihrem Besitz befindlichen Staatsmacht einzuschränken, wie 1878 ihre Zustimmung zum Sozialistengesetz deutlich machte. Allerdings war sie insgesamt in dieser Periode doch noch stark genug an liberal-rechtsstaatliches Denken gebunden, um wenigstens die parlamentarischen Abgeordneten im Falle eines Parteienverbotes vor dem Mandatsverlust zu schützen, weil sie das Parlament als Institution – wenn auch nur im Rahmen seiner geringen Zuständigkeiten – intakt halten wollte. Bekanntlich haben sich weder die Parteien der Bourgeoisie noch die ultra-reformistische SPD um solche »Kleinigkeiten« gekümmert, als das Bundesverfassungsgericht 1956 die KPD verbot und kommunistischen Abgeordneten das Mandat absprach.
Die sozialistische Arbeiterbewegung, ihre Partei und ihre Gewerkschaften, konnte jedoch gleichwohl in Ausnutzung der liberal-rechtsstaatlichen Institutionen und der geringen demokratischen Einsprengungen in das System der Organisation einer Staatsgewalt, die insgesamt seit dem Übergang zum werdenden Oligopolkapitalismus immer stärker (bei erheblichem Bedeutungsverlust früherer Differenzierungen zwischen den divergenten Gruppierungen der bürgerlichen und feudalen Klassen) zur kollektiven öffentlichen Gewalt der herrschenden Klassen bei deutlicher Vormachtstellung der wichtigsten Gebilde der Kapitalkonzentration verschmolz, ihr Denken auf immer größere Teile der Industriearbeiter ausdehnen und sie in stetiger Kombination außerparlamentarischer Aktionen und parlamentarischer Tätigkeit mobilisieren und organisieren, also durch ihre eigene demokratische Aktivität Klassenbewußtsein gewinnen lassen. Dieses Schema der Aneignung von Klassenbewußtsein durch die unterdrückte Klasse der lohnabhängigen Arbeit galt in ähnlicher Weise in der gesamten Periode vor dem ersten Weltkrieg in den anderen voll industrialisierten europäischen Staaten, wenn auch mit einigen, je-

weils historisch bedingten nationalen Modifikationen. So konnte bei *Karl Marx* (Rede von 1872) und *Friedrich Engels* (zuletzt im Vorwort zur Neuauflage der *»Klassenkämpfe in Frankreich«* 1895) die Vorstellung entstehen, daß eventuell die Eroberung der politischen Gewalt durch die zu sozialistischem Denken geführte Arbeiterklasse in der Weise erfolgen könne, daß sie aus der Umwandlung des defensiven Kampfes um Verteidigung demokratischer Rechtsnormen und Positionen gegen die herrschenden Klassen und ihre Staatsgewalt in die Offensive heraus entstehen könne, wenn die Bourgeoisie (und ihre politischen Agenten) um der drohenden (oder bereits entstandenen) Mehrheit der Sozialisten willen gezwungen sei, ihre eigene Legalität zu zerbrechen.
Allerdings hatte in dieser Zeit (und hat noch heute) diese Grundüberlegung auch eine andere Seite: Der Aufbau des Selbstbewußtseins und der ideologischen und organisatorischen Gegenmacht des Sozialismus (als der Reflektion der eigenen sozialen Lage durch die lohnabhängigen Arbeiter) war und ist zwar nur innerhalb der bestehenden Gesellschaft, ihrer Institutionen und ihres Staates möglich, aber nur dann, wenn er auf deren revolutionäre Veränderung gerichtet bleibt. Denn weder die gesamte arbeitende Klasse noch die zur Einsicht in die Notwendigkeit der sozialistischen Revolution (die unvermeidlich ihrem Inhalt nach *qualitativ* Revolution, nicht bloß *quantitative* Reform bleibt, welche *Form – physisch* gewaltsame oder gewaltlose, *äußerlich* legale oder illegale Umwandlung der politischen und sozialen Struktur sie auch immer haben mag) gekommene Minorität industrieller Arbeiter noch ihre intellektuellen Ideologen konnten oder können (entsprechend existenzialistisch-anarchistischen Utopien, wie sie in den Frühformen dieses Weges immer wieder vertreten wurden und wie sie in der Gegenwart *Herbert Marcuse* und seine geistigen Nachfahren vertreten) durch »große Weigerung« aus der bestehenden Gesellschaft austreten, in deren Gesamtzusammenhang (nämlich in deren ökonomischem, politischem und kulturellem Reproduktionsprozeß) sie existieren (und allein existieren können). Sie waren und sind notwendig darauf angewiesen, die Widersprüche dieses Reproduktionsprozesses offenzulegen und zu aktualisieren, um durch demokratische Aktivierung die eigenen Denkprozesse der Massen in derem Handeln und dadurch vermittelt den Umformungsprozeß der Gesamtgesellschaft einleiten zu können. Aus dieser Lage entstand (und entsteht) jedoch andererseits immer erneut (und unvermeidlich) die Gefahr (und die Tendenz), daß die herrschenden Klassen und ihre Staatsmacht, auch wenn sie formell rechtsstaatlich-demokratisch organisiert ist, Teile (und gerade die organisatorischen Spitzen, die glauben, die Ungestörtheit des Organisations- und eventuell des parlamentarischen Vertretungsprozesses ihrer

Klasse ihrer Funktion nach garantieren zu müssen) dieser Gegenmacht der unterdrückten Klasse an das Denken und die Praxis der herrschenden Klassen (zunächst durch *Beschränkung* auf das Denken in Reformen, die man in – unvermeidlichen – Kompromissen mit den herrschenden Klassen immer wieder erstreben muß, um diesen Entwicklungsprozeß insgesamt in Gang zu halten) anpassen, also die Klasse der abhängigen Lohnarbeit und die Sozialisten in den Machtapparat der bestehenden Gesellschaft zu »integrieren«. In die Reihen der Sozialisten wird daher immer wieder diese Gefahr der Transformation der Gegenmacht in eine bloße Einordnungsgröße zugunsten der bestehenden Gesellschaft infiltriert. Ohne ständige kritische Auseinandersetzung mit dem Opportunismus als sich stetig reproduzierender Gefahr werden die Sozialisten niemals erfolgreiche Kämpfe führen können. Die Sozialisten der zweiten Internationale sind ihm bei Ausbruch des ersten imperialistischen Weltkriegs eindeutig erlegen. Andererseits war der rasche Wiederaufstieg der vorübergehend fast völlig isolierten Gruppierungen der Linken während dieses Krieges, der nach dem siegreichen Gegenstoß der russischen Oktober-Revolution auch in den industrialisierten westeuropäischen Ländern den innenpolitischen Zusammenbruch der Militärmonarchien bewirkt hat, nur dank dieser Vorarbeit der Entwicklungsphase vor 1914 denkbar.
Es kann in diesem Zusammenhang nicht erörtert werden, wie (und warum) der 1918 eingeleitete Prozeß der sozialistischen Revolution in Deutschland zerschlagen und auf die Herstellung der bald eindeutig von den politischen Parteien der Bourgeoisie beherrschten ersten deutschen, formell politisch allseitig demokratisch organisierten Republik beschränkt worden ist. Aber in dieser bürgerlich-demokratischen Republik mußten sich die gleichen Probleme erneut stellen, die in der früheren Entwicklungsphase aufgerollt worden waren. Der revolutionäre Flügel der sozialistischen Bewegung war nun – dank der Erfahrungen der Kriegs- und Revolutionsperiode – verselbständigt worden, der reformistische Flügel war seiner Führung nach bereits während der Revolutionsperiode weitgehend zum bloßen Instrument der Konterrevolution abgesunken, die in dieser Situation zunächst unter der Flagge der »bloßen« (also bürgerlichen) Demokratie auftreten mußte, um sie dann – nach der Niederlage der sozialistischen Demokratie – rasch wieder durch die unverhüllte Parole des Kampfes gegen jede Demokratie zu ersetzen. Der revolutionäre Flügel konnte seine zunächst nur kleine Basis rasch erweitern, nachdem er bald begonnen hatte, die Rechte und Möglichkeiten der neuen Verfassungsnormen gegen die Angriffe von rechts zu schützen und zu nutzen. Aber in ihrer (verständlichen) Erbitterung über die gewaltsame (und rechtswidrige) Verwendung der Staatsgewalt gegen Arbeiterbewegung und Sozialis-

mus auch unter der bürgerlichen Demokratie und unter Beteiligung reformistischer früherer Sozialisten auch nach der Konsolidierung der bürgerlichen Demokratie (Beispiel: Zörgiebel – Mai in Berlin 1929)[1] verlernte die Partei des revolutionären Flügels, die KPD, dann vorübergehend, zwischen bürgerlich-demokratischer Rechtsnormen, aufkommender Tendenz zum autoritär-bürgerlichen Staat (Art. 48), der die demokratischen Rechte einzuschränken trachtet, und aufkommendem Faschismus, der sie voll beseitigt und sich die permanente Anwendung brutalsten Terrors gegen jeden Versuch selbständigen Denkens in den Unterklassen (zwecks ungestörter Vorbereitung künftiger Angriffskriege nach außen) unverhüllt zum Ziel setzt, klar zu unterscheiden. Die »Theorie« des »Sozialfaschismus« stand dieser Analyse entgegen. Damit machte die KPD es sich jedoch praktisch unmöglich, die Arbeiter der Partei des reformistischen Flügels, der SPD, rechtzeitig zum Druck auf ihre Führung als Bundesgenossen zu gewinnen und dadurch diese Partei zu nötigen, ihr Versprechen wahrzumachen, das Verfassungsrecht von Weimar gegen seine autoritäre Auflösung durch die Kabinette *Brünings* und *Papens* und dann gegen seine volle Vernichtung durch die faschistische Gegenrevolution der NSDAP unter *Hitler* in gemeinsamem außerparlamentarischem Kampf aller Gruppierungen der sozialistischen Bewegung zu schützen. Wäre es zu diesem gemeinsamen Kampf gekommen, wäre die Zuwendung der noch in kleinbürgerlichen Denktraditionen befangenen Millionenmassen der Angestellten und unteren Beamten zur Partei *Hitlers* in der Weltwirtschaftskrise unwahrscheinlich geworden. Die Bourgeoisie, die am terroristischen Druck der NSDAP auf die sozialistische Bewegung rasch Geschmack gefunden hatte, petitionierte prompt bei ihrem Reichspräsidenten *Hindenburg*, er möge *Hitler* zum Kanzler machen, als die Flut der nationalsozialistischen Stimmen im November 1932 zurückzugehen begann, um den Zerfall der faschistischen Partei zu verhüten. Müssen wirklich diejenigen Studenten von heute, die abermals bereits jeden Terrorakt eines bürgerlichen Staates für faschistisch, jede bürgerliche Klassenherrschaft für Faschismus halten und die deshalb in jeder Ausnutzung der bürgerlichen Demokratie »Revisionismus« wittern, an die bitteren Erfahrungen erinnert werden, die die Sozialisten erst von 1930 bis 1933, dann von 1933 bis zum Ende des zweiten Weltkrieges sammeln mußten?

---

1 Am 1. Mai 1929 galt für Berlin ein Demonstrationsverbot. Der sozialdemokratische Polizeipräsident, Zörgiebel, ließ eine von der KPD organisierte Mai-Demonstration gewaltsam auflösen. 31 Demonstranten wurden bei den Zusammenstößen erschossen. (W. Ruge, *Deutschland von 1917 bis 1933,* Berlin 1967, S. 333 f.) [Anm. d. Hrsg.]

Die Tendenzen zur Veränderung der politischen Herrschaftsformen in der kapitalistischen Gesellschaft der Gegenwart und das Problem der Verteidigung demokratischer Rechte in der Bonner Republik

Nun ist es gewiß unmöglich, die Erfahrungen dieser vergangenen Periode der Arbeiterbewegung und ihres Verhältnisses zu den politischen Formen der bürgerlichen Demokratie ungeprüft und unverändert in die politische Gegenwart zu übertragen. Das wäre in der Bundesrepublik Deutschland noch weniger zulässig als in denjenigen westeuropäischen, formal demokratisch organisierten, aber durch kapitalistische Produktionsverhältnisse bestimmten Staaten, die nicht – wie die Bundesrepublik – dadurch charakterisiert sind, daß sie während zwölf Jahren durch ein extrem intensives faschistisches, nämlich das nationalsozialistische Herrschaftssystem, bestimmt gewesen sind, das in Deutschland zudem nicht durch mindestens mitwirkende eigene politische Aktivität der Volksmassen, sondern nur durch die totale Besetzung des Staatsgebietes durch die alliierten Truppen abgestreift werden konnte.
Denn es gibt unzweifelhaft eine ganze Reihe von Faktoren und Entwicklungstendenzen der politischen Herrschaftsstruktur, die sich als Konsequenz der sozio-ökonomischen Fortentwicklung der Kapitalzentralisation (und des technologischen Sprunges seit dem zweiten Weltkrieg, der die Zentralisation des Kapitals noch weiter akzentuiert hat) in allen industrialisierten kapitalistischen Staaten ergeben. Da das relative Gleichgewicht des ökonomischen Wachstums in allen diesen Staaten unter (für die Erhaltung des Systems erforderlicher) Vermeidung schwerer ökonomischer Krisen nur durch den langsamen Übergang vom in der ersten Phase des Imperialismus entwickelten System systematischer Interventionen der öffentlichen Gewalt in den sozio-ökonomischen Prozeß vor allem zugunsten einzelner Gruppen des Monopolkapitals (aber auch der agrarischen Großproduzenten und notfalls – als Konzession an die Arbeiterklasse nach für sie erfolgreichen Kämpfen – in Form sozialpolitischer Gesetze, andererseits – zur Erhaltung der Massengrundlage des Gesamtsystems – an agrarische Kleinproduzenten) zum System mehr oder minder mittelfristig durchdachter Gesamtplanung des gesamtwirtschaftlichen Prozesses unter Vermittlung der öffentlichen Gewalt gewährleistet werden kann, müssen die herrschenden Klassen und die Spitzen der staatlichen Bürokratie jetzt generell dahin tendieren, die früheren Formen rechtsstaatlich gesicherter Willensbildung in einem (wenn auch nur formal) demokratischen Parlamentarismus langsam, aber konsequent zurückdrängen. Der Gesamttendenz nach suchen sie deshalb das Parlament in ein bloßes Akklamationsorgan für durch die exekutive Gewalt der

Regierung und ihrer hohen Bürokratie, nach Vorverhandlungen mit den Spitzen der Oligopole und Monopole und ihrer Verbände (z. T. natürlich auch mit den Spitzen der Kleinproduzentenverbände und in bestimmten Schranken auch der Arbeitnehmerverbände, die ihres kämpferischen Charakters durch Anpassung beraubt werden sollen) getroffene Entscheidungen zu transformieren. Die Zahl der Gesetze, die aufgrund innerparlamentarischer Initiative zustande kommen, nimmt radikal ab; die Gesetzesinitiative der Regierung nimmt zwar nicht formalrechtlich, aber doch faktisch fast Monopolcharakter an. Die Vorverhandlungen für die Annahme der Gesetze finden nicht mehr in der parlamentarischen Öffentlichkeit der Plenarsitzungen, sondern in nichtöffentlichen Ausschuß-Sitzungen unter Hinzuziehung von »Experten« und Interessenvertretern (vor allem des Managements) statt. Die Posten der höheren Bürokratie, des Managements der großen Konzerne und der Generalität werden auswechselbare Größen. Die demokratische Willensbildung in den Parteien wird – um die demokratische Kontrolle, die der Formierung selbständiger Meinungsbildung und daher einer auf Aufhebung des bestehenden sozioökonomischen Systems und Übergang zum Sozialismus gerichteten Meinungsbildung der stets wachsenden Bevölkerungsmehrheit, die lohnabhängige Arbeit leistet, Denkanstöße bieten könnte und würde, möglichst auszuschalten – grundsätzlich auf deren Spitzen (in den Vorständen der Parlamentsfraktionen und der politischen Organisation) beschränkt, die Chance ihrer Wiederherstellung durch systematische Reduktion der möglichen Zahl der Parteien und also durch Beseitigung des Druckes potentieller Parteienkonkurrenz mittels Wahlrechts-Manipulation soweit als möglich beseitigt. Meinungs- und Pressefreiheit werden tendenziell durch Presse-Konzentration, die anderen politischen Freiheitsrechte mittels Erweiterung der Positionen der Geheimdienste (im Zeichen des Rüstungskapitalismus und des Kalten Krieges) beschränkt. Die herrschenden Klassen versuchen gemeinsam (bei allen Differenzen, die sie im übrigen im Zeichen konkurrierender Machtinteressen der Oligopole haben mögen) die formal-demokratischen Rechtsnormen, die sie einst selbst geschaffen (oder doch wenigstens geduldet) haben, durch die Realität des autoritären Staates der Konzerne und der hohen Staatsfunktionäre zu ersetzen.

Dieser Versuch der herrschenden Klassen stößt jedoch bei jeder neu aufgeworfenen Einzelfrage stets wieder auf den Widerstand der politischen und sozialen Gruppierungen der Gegenklasse, wie wenig sie sich ihrer geschichtlichen Aufgaben (und ihrer endgültigen Ziele) auch sonst voll bewußt sein möge. Dieser Widerstand kann sich auf einen Widerspruch stützen, dem diese Herrschaftssysteme, solange kein endgültiger

Übergang zum Faschismus (wie z. B. in Griechenland) gelungen ist, nicht entgehen können. Die kapitalistischen Herrschaftssysteme Europas konnten nach dem zweiten Weltkrieg nur dadurch stabilisiert und gegen sozialistische Transformation geschützt werden, daß sie den (demagogischen) Anspruch erhoben hatten, die individuelle Freiheit aller Glieder der Gesellschaft vor den Beschränkungen zu bewahren, die damals um der Notwendigkeiten des Wiederaufbaus einer durch den Raubkrieg des Dritten Reiches zerstörten Wirtschaft willen von der sozialistischen Gesellschaft der UdSSR (und der zu hohen Reparationsleistungen aus der Substanz verpflichteten Wirtschaft der werdenden DDR) ihren Bürgern auferlegt werden mußten. Sie mußten ihre formelle Verfassungsordnung dieser Situation anpassen, weil sie in anderer Weise die für die Restabilisierung des europäischen Kapitalismus erforderliche Massenunterstützung (bzw. Passivität an sich zum Sozialismus tendierender Teile der Arbeiterklasse) nicht erhalten konnten. Nun sind aber die herrschenden Klassen der kapitalistischen Gesellschaft überall gezwungen, in mehr oder minder unverhüllter Weise eine Verfassungswirklichkeit zu schaffen, die mit diesem Verfassungsrecht und seiner Ideologie demokratischer Freiheitsrechte voll kollidiert. So kann sich das Selbstbewußtsein der unterdrückten Klassen überall an diesem Widerspruch weiterentwickeln; sie können in der Verteidigung der formaldemokratischen Normen und ihrer Ideologie diese Normen mit realem sozialen Inhalt ausfüllen, indem sie das Verfassungsrecht gegen die Verfassungswirklichkeit schützen. Soweit aus dieser Kampfsituation heraus die formellen Normen sozialen Inhalt gewinnen, kann dieser Inhalt angesichts der unvermeidlichen Notwendigkeit gesamtwirtschaftlicher Planung (die aus der Irrationalität der Planung für die Monopole und durch die Monopole in die Rationalität der Planung für die unterdrückten Klassen und damit für die Zukunft der Gesellschaft durch den aktiven Kampf der Massen gewandelt werden muß) zu sozialistischem Inhalt gesteigert werden. Soweit dieser Kampf für die Verteidigung der Rechte des Parlaments gegen die Exekutive, gegen Aufrüstungstendenzen und Management der Konzerne geführt wird, kann er nur durch außerparlamentarische Mobilisierung Erfolg haben; aber eben dadurch löst er dann die liberal-bürgerliche Ideologie der bloßen Repräsentationsstellung der Parlamentsmitglieder auf und ersetzt sie durch das demokratische Denken, das im Parlamentarier nur den von den wählenden Massen abhängigen Vertreter dieser Massen sieht, mindestens soweit es sich um Parlamentarier handelt, die bereit sind, an der Verteidigung der (zunächst nur formellen) Rechte des Parlaments gegen die Exekutive mitzuwirken. So reproduziert sich die Situation in neuer, verschärfter Weise, wie sie *Engels* 1895 dargestellt hat: Die Verteidigung der Legalität

und der Normen gegen den exekutiven Staatsapparat und die herrschenden Klassen wird zum Ansatz des Kampfes der Arbeiterklasse um die politische Macht selbst, weil herrschende Klassen und Exekutive dahin tendieren müssen, ihre (einst von ihnen geschaffene) Legalität erst auszuhöhlen und dann zu sprengen. Indem die Arbeiterklasse diesen Kampf führt (und tagtäglich, an jeder jeweils aktuellen Frage einleitet) gewinnt sie in dieser Auseinandersetzung politisches Klassenbewußtsein und transformiert sie (zunächst nur für ihr eigenes Denken, bei eventuellen politischen Kampferfolgen aber auch in der Realität) bürgerlich-demokratische Normen in systemüberschreitende Normen mit werdendem sozialistischen Inhalt, den sie dann wiederum nur schützen kann, indem sie die politische Macht übernimmt, um die kapitalistischen Produktionsverhältnisse in sozialistische umzugestalten. Diese Form des Klassenkampfes, wenn sie von den (zunächst nur relativ) klassenbewußtesten Teilen der Arbeiterklasse mit wachsender Einsicht in diese strategische Lage geführt wird, gewährt gleichzeitig die Chance, die ihrer noch jungen Tradition entsprechend weitgehend durch vorgegebenes bürgerliches Bewußtsein gefesselten »neuen« Teile der Klasse der Lohnabhängigen, die Angestellten und die Intelligenz, die ihre Ware Arbeitskraft verkaufen müssen (oder sich als Studenten, Lehrlinge und Schüler auf diese Tätigkeit vorbereiten), an wirkliches Klassenbewußtsein und an realistische Kampfaufgaben heranzuführen, Erkenntnisvermögen und Handlungswillen der lohnabhängigen Klasse zu vereinheitlichen.
Dabei ist diese Form der Klassenauseinandersetzung dadurch bestimmt und ermöglicht, daß sie im Zeichen einer internationalen Lage stattfindet, die durch das Vordringen neu entwickelter Technologie in konkurrierenden gesellschaftlichen Systemen charakterisiert ist: dem imperialistisch-monopolkapitalistischen einerseits, dem sozialistischen andererseits. Der bloße Tatbestand dieses Gegensatzes und der sich relativ rasch entfaltenden Befreiungskämpfe der vom kapitalistischen System kolonial (oder neokolonial) beherrschten »unentwickelten« Nationen verschärft einerseits die Gefahr außenpolitischer Katastrophen, gewährt aber andererseits dieser Klassenauseinandersetzung um die Erhaltung (und damit die Vorbedingung sozialistischer Entfaltung) demokratischer Rechtsstaatlichkeit einen zusätzlichen Akzent: Die Erhaltung der Friedlichkeit (im Sinne der Vermeidung militärischen Kampfes, nicht des unvermeidlichen grundsätzlichen Antagonismus) dieser Koexistenz der Systeme ist angesichts der Entwicklung der modernen Waffensysteme die physische Lebensbedingung der lohnarbeitenden Massen der hochindustriellen Länder; sie liegt aus dem gleichen Grunde im Interesse von Teilen der herrschenden Klasse selbst (nicht aber der Erhaltung des Systems des Spätkapitalismus

als solchem, das umgekehrt an der Erhaltung dieser Friedlichkeit der Koexistenz in langer Perspektive sterben müßte).
Sie kann jedoch nur gewährleistet bleiben, wenn die formalen demokratischen Freiheitsrechte in den kapitalistischen Ländern geschützt, wiederhergestellt und reaktiviert werden. Denn sowohl nach voller Etablierung des (auch im Normensystem auf seinen eigenen Nenner gebrachten) autoritären Staates der Finanzoligarchie und der staatlichen Exekutive als auch nach dem Übergang zu einem auf in einer ökonomischen Rezession mobilisierte Massen mit »mittelständischem« Bewußtsein gestütztem faschistischen System der Kombination von deklassierten Abenteurern und herrschenden Klassen würde, weil jede rationale Kontrolle gegenüber außenpolitischen Gewaltexperimenten und deren innenpolitischer Vorbereitung ausgeschaltet wäre, diese Friedlichkeit der Koexistenz in Europa zur Disposition bloßer Zufälligkeiten gestellt sein. So ist einerseits der Kampf für die Erhaltung (bzw. die Wiederherstellung und den Ausbau) demokratischer Rechte eine Bedingung für den Kampf gegen den Rüstungskapitalismus und für friedliche Koexistenz, wie andererseits der Kampf für friedliche Koexistenz eine Vorbedingung für den Kampf für demokratische Rechte darstellt.
In der Bundesrepublik Deutschland kompliziert sich diese generelle Lage der spätkapitalistischen Staaten mit juristisch formal – demokratischer Verfassung (oder doch mit formal – demokratischen Verfassungsresten) noch dadurch, daß die herrschenden Klassen und die Bürokratie sich weitgehend aus Kräften rekrutieren, die einst an der Machtstruktur des Dritten Reiches mitgewirkt haben, denen also stets die Anerkennung der formal-demokratischen Verfassungsnormen nur äußerlich war. Zur Zeit der »Kanzlerdemokratie« *Adenauers* und der Kommunistenjagd der fünfziger Jahre, aber auch in der Periode der Auseinandersetzungen mit der Studentenbewegung unter der Herrschaft der Großen Koalition haben sie diesen Zusammenhang genügend unter Beweis gestellt. Die Situation in Westdeutschland wird weiter dadurch kompliziert, daß innerhalb der deutschen Nation ein sozialistischer Staat, die DDR, existiert, der von der Bundesrepublik während zweier Jahrzehnte als Bürgerkriegsgegner, als zu annektierendes Gebiet, angesehen wurde. Sie wird endlich dadurch verschärft, daß wegen dieser besonderen Lage das Denken in Klassenauseinandersetzungen auch in der industriellen Arbeiterklasse nur unzulänglich während der Periode des ökonomischen Aufschwungs wiederhergestellt werden konnte, weil der anfänglich geringere Lebensstandard in der DDR auch den im DGB und in der SPD organisatorisch erfaßten Industriearbeitern erfolgreich als Scheinargument gegen den Sozialismus hingestellt werden konnte. Aber diese nationalen Modifikationen der gene-

rellen Situation der Sozialisten in den europäischen Industrieländern verändern die strategische Lage nur quantitativ und nicht qualitativ. Sie ergänzen sie nur insofern, daß der Kampf um die Erhaltung und den Ausbau demokratischer Rechte gegen die herrschenden Klassen, die auf deren Einschränkung und ihre Auflösung drängen und der sich mit dem Kampf zur Verteidigung der friedlichen Koexistenz unlöslich verbindet, hier durch die Notwendigkeit der Erzwingung friedlicher Koexistenz mit dem sozialistischen Staat in Deutschland, um die völkerrechtliche Anerkennung der DDR, eine besondere Betonung erhalten muß. Aber das ändert nichts daran, daß auch hier das aktive Eingreifen der Sozialisten in die Auseinandersetzungen um die Formen des zunächst noch bürgerlichen Staates zugunsten der Normen der bürgerlichen Demokratie, gegen autoritäre Entwicklung und faschistische Bewegung die einzige reale Entfaltungschance zur Vorbereitung des Kampfes um den Sozialismus darstellt, wie andererseits dieser Kampf zur Verteidigung der Demokratie notwendig am energischsten von den Sozialisten geführt werden wird, aber in seinem Verlauf die Majorität aller seiner Teilnehmer zu Sozialisten entwickelt. Jede (noch so modifizierte) Wiederholung der »Sozialfaschismus«-Theorie der dreißiger Jahre würde diesen Kampf gefährden und schlimmere Katastrophen erzeugen, als das deutsche Volk sie seit 1933 hinnehmen mußte.

Kritik der Beschlüsse über das Berufsverbot*

Es scheint, die Würfel seien bereits gefallen. Die Ministerpräsidenten der Länder und der Bundesinnenminister haben am 28. Januar 1972 den Anti-»Radikalen«-Beschluß[1] geboren, dessen Vorspiel durch die Verweigerung der Ernennung Horst Holzers zum Professor durch den bremischen Senat und durch den Anti-Kommunisten-Beschluß des Hamburger Senats eingeleitet worden war. Das allzu offenkundig verfassungswidrige Verfahren, Art. 21 Abs. 2 S. 2 und Art. 18 GG, also das Privileg des Bundesverfassungsgerichts, allein über die angebliche Verfassungswidrigkeit von Parteien und über die Verwirkung von Grundrechten durch Bürger zu entscheiden (und also das Verbot für die Innenminister, sich solche Entscheidungsrechte anzumaßen), im Stile der Methoden der Adenauerschen (bzw. derjenigen Carl Severings im Jahre 1930) Kommunisten-, Sozialisten- und Neutralisten-Hatz im öffentlichen Dienst in den Jahren 1950/51 in aller schönen Offenheit mit Füßen zu treten, wurde zwar nach Herbert Wehners Intervention vermieden. Statt dessen wurde Art. 33 Abs. 2 GG nach bewährten Mustern dadurch ausgeschaltet, daß Art. 33 Abs. 5 (entgegen dem ursprünglichen Sinn der Norm) und der »Eignungs«-Begriff dagegen mobilisiert wurde, und daß die Definition dessen, was »freiheitlich-demokratische Grundordnung« sei, den Anstellungsbehörden (bzw. den Disziplinargerichten) im Einzelfall, nicht mehr unmittelbar an Organisationszugehörigkeit allein geknüpft, wohl aber mit dieser als (vordringlichem) Indiz, zugebilligt worden ist. Was das juristisch zu bedeuten hat, hat Gerhard Stuby in dieser Zeitschrift schon gezeigt (1972, S. 59 ff.)[2]. An der leichtfertigen Verfassungswidrigkeit des Vorgehens der Minister ändert diese Verhüllung nichts, die lediglich bewirkt, daß an Stelle des ursprünglich erwogenen und in Bremen gegen-

* Zuerst in: *Blätter für deutsche und internationale Politik*, 1972, H. 2, S. 125 ff.
1 Abgedruckt: ebenda, S. 124 f. [Anm. d. Hrsg.]
2 G. Stuby, *Stehen wir vor einem neuen Sozialistengesetz? Blätter für deutsche und internationale Politik*, 1972, H. 1, S. 59 ff. [Anm. d. Hrsg.]

über Prof. Holzer praktizierten Verfahrens der unmittelbaren Verletzung des Verfassungsrechts nun das Verfahren der eleganteren Verfassungsumgehung treten soll.
Terminologie und Zeitpunkt des Beschlusses, der im öffentlichen Dienst, im schulischen Lehramt, in der Justiz und an den Hochschulen Kommunisten, Marxisten, andere Sozialisten und kritische Demokraten ausschalten soll, zeigen allzu deutlich, worum es geht – und wie selbstmörderisch die rechts- (und auch die ehemals links-)sozialdemokratischen Minister sind, die sich zu Vorreitern des Denkens in Kategorien eines grundgesetzwidrigen bloßen CDU-Staates machen (mit nunmehr, aber nur vorübergehend, teilweise sozialdemokratischer Spitze), weil sie außerstande sind, auch nur das Geringste aus den Resultaten der Tolerierungspolitik der SPD in der Krisenperiode der Weimarer Zeit gegenüber dem (wie wir heute aus seinen Memoiren wissen, nicht nur vorurteilsgebundenen unbewußten, sondern höchst bewußten) Demokratie-Feind Reichskanzler Brüning zu lernen.
Der *Zeitpunkt* des Beschlusses ist charakteristisch. Als die NPD in der Rezessionsperiode aufstieg, hat niemand einen derartigen Beschluß erwogen. Hätte man ihn übrigens erwogen, wäre er für ihre Mitglieder und Anhänger gleichwohl ungefährlich geblieben; denn wer (und mit welcher politischen Vergangenheit oder welchen Vorurteilen) in Ministerialbürokratie und Disziplinargerichtsbarkeit die Entscheidungen vorbereitet, ist nur allzusehr bekannt. Vielmehr hat sich – angeblich – erst zu einer Zeit eine potentielle »Bedrohung« der »freiheitlich-demokratischen Grundordnung im Sinne des Grundgesetzes« ergeben, die deren Schutz (und zwar mit derart grundgesetzwidrigen Mitteln) erforderlich macht, als ein großer Teil der in der studentischen Revolte kritisch gewordenen jungen Generation begonnen hat, seine Examina zu machen und vorher lediglich gefühlsbetonte, antikapitalistische Vorstellungen in strategische Ziele zu übersetzen. Daß in der gleichen Periode die DKP gegründet wurde, ergänzt nur das Bild. Dieser »Marsch durch die Institutionen«, also – auf deutsch, außerhalb der Intellektuellensprache formuliert – die Erkenntnis, daß die Transformation der Klassengesellschaft in eine sozialistische Gesellschaft unter Verwendung (und also auch mit den Mitteln) der demokratischen Legitimität und Legalität des Grundgesetzes, solange sie irgend gegen autoritäre oder faschistische Bedrohungen erhalten werden kann, erfolgen muß, ist es, der die Verteidiger der Klassenstruktur der Gesellschaft, wie wir sie haben, des sozialökonomischen status quo also, auf den Plan gerufen hat. Will man es verfassungsvergleichend (und soziale Bewegungen vergleichend) ausdrücken: In einem Land, in dem die Kampfformen Fidel Castros und Che Guevaras der realen Situation nicht

adäquat sind, haben die herrschenden Klassen noch wenig Grund zur Furcht, solange und soweit deren Aktions-Maximen von revolutionären Studenten übernommen und propagiert werden. Wollen diese kritisch gewordenen Studenten aber nach dem Vorbild Allendes verfahren, dann fühlen sich die herrschenden Klassen berechtigt und verpflichtet, ohne die Spur irgendeiner Rücksicht auf die ansonsten von ihnen so eifrig beschworenen »ewigen Werte« der Gesetzlichkeit und des Grundgesetzes beides, Gesetzlichkeit und Grundgesetz, auszuhöhlen (oder, wenn die Verteidigung ihrer Klassenposition das nach ihrer Meinung erforderlich erscheinen läßt, mit Füßen zu treten). Deshalb erscheint ihnen der »Marsch durch die Institutionen« (also das Eindringen von Gegnern des Kapitalismus in den Staatsapparat) als das Schreckbild Nummer 1, und der »Kampf gegen die Radikalen« wird zur wichtigsten Aufgabe eben dieses Staatsapparates.

Und hier wird vollends die *Terminologie* enthüllend, die dabei Verwendung findet. »Radikal« denken heißt – wie das Karl Marx einmal formuliert hat – von der Wurzel her, unter voller Aufdeckung der Probleme und konsequent denken. In keiner anderen europäischen Sprache gilt deshalb »radikal« als Vorwurf oder Schimpfwort. Das tut es nur in demjenigen Lande, in dem stets nur Gegenrevolutionen, niemals Revolutionen siegreich waren. In Frankreich nennt sich die z. Z. nur noch relativ demokratische Partei der kleinen Bourgeoisie der Mittelstädte »Radicaux«. Die staatstragende Partei der bürgerlichen Republik Mexiko heißt sogar »revolutionär«. Im Kampf gegen die bürgerliche Demokratie wurde 1818 nach den Karlsbader Beschlüssen und dann erneut nach der Niederlage der bürgerlichen Revolution 1848 der Mythos geboren, wer »radikal« (also von der Wurzel her) denke, sei ein Feind jeder gesellschaftlichen Ordnung; wer »revolutionär« sei, also die bestehende Klassenherrschaft aufheben wolle, sei des Teufels. Der Mensch und Bürger sei also durch Recht, Anstand und Sitte verpflichtet, zur »Mitte«, die »staatstragend« sei, zu gehören und also weder »radikal« noch »revolutionär« (noch, wenn er zur ausgebeuteten Unterklasse gehört, überhaupt) zu denken. In denjenigen bürgerlichen Demokratien, die wirklich einmal längere Zeit Demokratien waren und heute noch mindestens Rechtsstaaten sind – in England, in Frankreich, in Italien, in den skandinavischen Ländern und den Benelux-Staaten –, würde jeder, der »Radikale« aus öffentlichem Dienst und Lehrbetrieb ausschalten oder Kommunisten das Lehramt an den Universitäten verweigern wollte, als Gegner der Demokratie gewertet. Auch die Mittelparteien dieser Länder, die bürgerlich-demokratisch sind, vertreten keine andere Meinung. Der Mythos der »Mitte«, der in der Bundesrepublik, aus der Restauration nach 1815 in alle folgenden Restaurationen überliefert, nun auch vom rechten Flügel der SPD und der gesamten Presse gepflegt wird, hat nur in der Bundesrepublik volle Geltung. In allen diesen Fragen gibt es in Europa nur *eine* Staatengruppe, die sich ebenso verhält wie die Ministerpräsidenten-Konferenz der Bundesrepublik Deutschland: Spanien, Portugal, Griechenland und die Türkei.

Ist die politische Ordnung dieser Staaten identisch mit der »freiheitlich-demokratischen Grundordnung im Sinne des Grundgesetzes«? Hat sie irgend etwas mit dem Normenbestand des Grundgesetzes gemein, das einst bewußt durch Art. 15 die Sozialisierung der Produktionsmittel ermöglichte, durch Art. 14 Abs. 1 und 2 das Recht auf Privateigentum generell relativierte, durch die Formel der »sozialen Demokratie« in Art. 20 Abs. 1 und 28 die Chance garantieren wollte, die sozialökonomische Struktur der Gesellschaft mit demokratischen Mitteln umzugestalten? Ist schon vollständig vergessen, daß vor der Verabschiedung des Grundgesetzes die Verfassungen aller Länder, die nach der Spaltung des Kontrollratsgebietes durch die Londoner Beschlüsse der Westalliierten Gliedstaaten der BRD geworden sind, Bestimmungen kannten, die entweder die Einleitung der sozialistischen Transformation der Gesellschaft möglich machen sollten oder (wie Hessen in Art. 39 ff., Bremen in Art. 42 ff.) zur Pflicht des Staates gemacht haben, daß auch nach der Verabschiedung des Grundgesetzes Nordrhein-Westfalen in Art. 27 seiner Verfassung dem Staat die gleiche Pflicht auferlegt hat? Kann also die »freiheitlich-demokratische Grundordnung im Sinne des Grundgesetzes«, wie sie in Art. 18 und 21 Abs. 2 GG als unbedingt schutzwürdig formuliert und gemäß Art. 79 Abs. 3 unabänderlich ist, als gleichbedeutend mit den Strukturen der bestehenden Wirtschaftsgesellschaft gedeutet werden, wie das in den Forderungen der CDU/CSU tagtäglich geschieht und wie es jene sozialdemokratischen Ministerpräsidenten nachvollziehen, die dem Beschluß vom 28. Januar 1972 ihren Segen erteilt haben? Denn sie wollen die DKP zur angeblich »verfassungsfeindlichen« Partei stempeln, den MSB-Spartakus, die VVN zu verfassungsfeindlichen Verbänden ernennen, nur weil sie die Realisierung dessen fordern, was in Art. 27 der Verfassung Nordrhein-Westfalens als Norm gesetzt ist.

Wie wurde (und ist) das alles möglich? Die »herrschende Meinung« zur »Interpretation« (in Wirklichkeit zur Umdeutung) des normativen Sinns der wichtigsten Generalklausel der bundesrepublikanischen Verfassung wurde von einer Professoren-Schar geprägt, die (wie z. B. die Schule Carl Schmitts, Ernst Forthoff, Hans Peter Ipsen, Ernst Rudolf Huber, Hans Carl Nipperdey, F. A. Freiherr von der Heydte und wie sie alle heißen) ihre Sporen im Verfassungssystem vor 1945 erworben hat und deren

Verzeichnis ihrer damaligen juristischen Leistungen man im »Gelehrten-Kürschner« von 1940/41 nachlesen und dann überprüfen möge. Sie waren – nach der Wiederherstellung der alten Eigentumsstrukturen in der Wirtschaftsgesellschaft und nach der Restauration im CDU-Staat – besonders berufen, als frühere Verfechter des »Führer«-Staates oder aller möglichen Ordnungslehren oder Theorien vom »totalen Staat« nunmehr die »freiheitliche demokratische Grundordnung« durch ihre eigenen Publikationen und diejenigen ihrer Schüler zu definieren, so wie das Bundesverfassungsschutzamt unter seinem derzeitigen Chef, dem vor 1945 hohe Zuchthausstrafen gegen die »hochverräterische« Verbreitung der Wahrheit über den Staat der NSDAP beantragenden Staatsanwalt Dr. Schrübbers, besonders berufen ist, gutachtliche Äußerungen über die Treue von Demokraten, Marxisten und Kommunisten zur »freiheitlichen demokratischen Grundordnung« zu erstatten. Sollen nach dem Willen der Ministerpräsidenten ernstlich solche Interpretationen und solche Stellungnahmen des Verfassungsschutzes zum Maßstab für die Einstellung von Beamten in einer rechtsstaatlichen Demokratie werden? So war es zwar schon einmal 1950 in der Bundesverwaltung des Adenauerstaates nach dessen Antikommunisten-Erlaß, also schon lange vor dem Verbot der KPD durch das Bundesverfassungsgericht. Aber damals gab es noch sozialdemokratische Landesregierungen, die wirklich im Geiste des Rechtsstaates dachten. Das scheint nun anders geworden zu sein, wenn man die Option des bremischen Senats in Sachen Professor Dr. Holzer, wenn man den Beschluß des Senats von Hamburg, wenn man die Reden der sozialdemokratischen Ministerpräsidenten Kühn (Nordrhein-Westfalen) und Kubel (Niedersachsen) als Richtlinien der künftigen Politik der SPD ansehen müßte.

Was das in der Praxis zu bedeuten hätte, wie weit – wenn die SPD auch künftig diese Politik fortsetzen und sich aus Furcht, sonst Stimmen aus dem Reservoir der von der Springer-Presse und Gerhard Löwenthal-Kommentaren im Fernsehen mobilisierten Vorurteile der Wähler zu verlieren, zum Vorkämpfer der Parolen des CDU/CSU-Staates machen ließe – die politisch-soziale Realität der Bundesrepublik und das demokratisch-soziale Normensystem des Grundgesetzes in einen unüberbrückbaren Widerspruch gelangen müßten, in dem dies Normensystem am Ende völlig scheitern müßte, ist nur zu deutlich. Hat man vergessen, daß einst die Weimarer Rechtsverfassung in der Präsidialdiktatur der Brüning- und Papen-Kabinette unter dem Feldmarschall des Kaisers versunken ist, um dann im offenen Faschismus zu enden?

Schon heute macht die Verfolgung vieler Schriftsteller und Beamter diese Gefahr deutlich, die bereits in der Gegenwart Nichtkommunisten und

Nichtmarxisten ebenso trifft wie Kommunisten. Der Schriftsteller Heinrich Böll und der Professor Jürgen Seifert werden von der Presse als Staatsfeinde angeprangert (und letzterer vom niedersächsischen Kabinett mit Disziplinarmaßnahmen bedroht)[3], weil sie für Humanität, Rechtsstaat und Demokratie gegen die Hysterie eingetreten sind, die durch Rundfunk, Presse und leider auch einige Dienststellen der Polizei, der Bundesanwaltschaft und der Staatsanwaltschaft und der Gerichte unter zielbewußter Ausnutzung der (zweifellos kriminellen) unsinnigen »Aktionen« winziger Anarchistengruppen angefacht worden ist. Wie vor dem Sozialistengesetz von 1878 Bismarck den anarchistischen Spuk dazu benutzt hat, die – einst – zwar nicht demokratischen, aber doch bürgerlich-rechtsstaatlichen Parteien zur Zustimmung für das Sozialistengesetz zu gewinnen, so soll heute nicht nur den Spitzen der SPD, sondern auch ihren Mitgliedern und ihren Funktionären jede Erinnerung an den 30. Januar 1933 und an das Ermächtigungsgesetz durch die Dramatisierung der Baader-Meinhof-Gruppe und den Düsseldorfer Schauprozeß[4] aus der Erinnerung vertrieben werden.

Gegenüber der *Führung* der SPD ist dies Spiel der Feinde einer jeden »freiheitlich-demokratischen Grundordnung«, auch derjenigen jenes Grundgesetzes, das einst der Parlamentarische Rat als Kompromiß zwischen der CDU und einer noch anderen SPD beschlossen hat, nämlich des Managements der großen Konzerne, der aus dem Dritten Reich in die Bundesrepublik übernommenen Teile der oberen Ränge des Staatsapparates und ihrer »wissenschaftlichen« und publizistischen Apologeten, nicht erfolglos geblieben.

Sogar der Bundeskanzler ließ sich in seiner Rede »gegen die Gewalt« dazu verleiten, in das verantwortungslose Gerede, der »Staat« dürfe nicht »schlapp« sein, einzustimmen, wie es bekanntlich schon in der Weimarer Republik in allen Hugenberg-Zeitungen zu lesen war. Bei Strauß hätten solche Parolen zweifellos glaubhafter geklungen. Hat Brandt völlig vergessen, daß es in einer rechtsstaatlichen Demokratie darauf ankommt, daß

---

3 Am 23. Mai 1972 stellte der niedersächsische Kultusminister Professor Peter von Oertzen das Ermittlungsverfahren gegen Professor Jürgen Seifert ein. Die Einstellungsverfügung ist abgedruckt in: *Vorgänge*, 1972, H. 7/8, S. 234 ff. Zum Verlauf der Auseinandersetzung vgl. J. Seifert, *Kampf um Verfassungspositionen*, Köln/Frankfurt 1974, Anhang, S. 215 ff. m. w. Nachw. [Anm. d. Hrsg.]

4 In Düsseldorf stand seit Ende Januar 1972 Karl Heinz Ruhland, Mitglied der Baader-Meinhof-Gruppe, vor Gericht. Er war gleichzeitig Kronzeuge der Anklagebehörde. Auf Grund seiner Aussagen leitete die Bundesanwaltschaft eine größere Anzahl von Ermittlungsverfahren ein. (*Die Zeit* 28. 1. 1972, S. 7). In den nachfolgenden Prozessen gegen mutmaßliche oder tatsächliche Mitglieder der Baader-Meinhof-Gruppe wurde die Glaubwürdigkeit des Zeugen Ruhland von seiten der Gerichte in Zweifel gezogen. (*Die Zeit*, 8. 3. 1974, S. 6; *Frankfurter Rundschau*, 27. 3. 1974, S. 9) [Anm. d. Hrsg.]

das Normensystem der Verfassung stark bleibt, und zwar gerade gegenüber dem Staatsapparat? Hat er seine eigene politische Vergangenheit soweit vergessen, daß er nun – zweifellos noch immer wider Willen – jenen Publikationsorganen der Bundesrepublik, die unter der Führung der Springer-Presse und der Löwenthal-Kommentare damit beschäftigt sind, die ungesühnten Tötungsdelikte einer durch diese Presse verhetzten Polizei, von den Schüssen auf Ohnesorg bis zu dem Schuß auf Georg v. Rauch, die Prügelaktionen der Polizei gegen seinen verhafteten Bruder vergessen zu machen, unfreiwillige Hilfe bietet, indem er solche gewiß nicht »schlappen« rechtswidrigen Gewaltakte des Staatsapparates genauso verschweigt wie sie?

Deshalb sollten sich endlich alle Kräfte, die das Grundgesetz und dessen »freiheitliche Grundordnung« (also Rechtsstaatlichkeit und Demokratie) schützen wollen, zu einem festen Block zusammenfinden, der das Grundgesetz nun wirklich »radikal« verteidigt. Entscheidend bleibt es für diese Auseinandersetzung, daß es gelingen muß, die unteren Ränge in der SPD und der Gewerkschaftsbewegung zu so starkem Druck auf eine – wie einst 1930 bei ihrer Tolerierungspolitik gegenüber Brünings Notverordnungsstaat – verfehlte Politik der Leitungen zu mobilisieren, daß in der SPD anstelle der verfassungsverletzenden Beschlüsse der Ministerpräsidenten gegen die »Radikalen« und des Antikommunismusbeschlusses des Parteivorstandes die radikale Verteidigung und Wahrung des Grundgesetzes als politische Zielsetzung siegt.

Das Bundesverfassungsgericht als Ersatzgesetzgeber?*

Bemerkungen zum Urteil des Ersten Senats vom 29. Mai 1973[1] gegen Hochschulreform und Mitbestimmung.

Der Tatbestand

In einem »Vorschaltgesetz für ein Niedersächsisches Gesamthochschulgesetz« vom 26. Oktober 1971 hatte das sozialdemokratisch regierte Land hinsichtlich der Zusammensetzung der Hochschulorgane und der strukturellen Gruppen (Hochschullehrer, wissenschaftliche Mitarbeiter, Studierende, sonstige – also formell nicht unmittelbar wissenschaftlich Tätige und nicht notwendig akademisch ausgebildete Mitarbeiter) versucht, die Hochschulselbstverwaltung stärker als bisher zu demokratisieren. Es war dabei zu weniger entschiedenen und demokratischen Lösungen gelangt als Westberlin und das Land Bremen, in mancher Hinsicht auch als das Land Hessen. Angesichts des gemäß Art. 75 Ziff. 1 a GG bevorstehenden Bundesrahmengesetzes und des ständigen Hin und Her bei seiner Vorbereitung und seiner Entwürfe haben gleichwohl diejenigen Altprofessoren, die im Grunde die alte Ordinarien-Universität erhalten und an ihr höchstens kleine Schönheitskorrekturen zulassen möchten und deren geistiges (und strategisches) Zentrum der »Bund Freiheit (von?) der Wissenschaft« ist, nicht nur eine Flut von polemischer Agitation entfesselt, in der mehr oder minder kühne juristische Theoreme im Vordergrund standen, sondern dazu noch Verfassungsbeschwerden erhoben. Sie werden auf die Art. 3 (Gleichheit vor dem Gesetz), 5 Abs. 3 (Freiheit von Wissenschaft, Forschung und Lehre) und 33 Abs. 5 (Berücksichtigung der hergebrach-

* Zuerst in: *Blätter für deutsche und internationale Politik*, 1973, H. 7, S. 705 ff.

1 Bo R 424/71 und 325/72. Der Aufsatz zitiert das Urteil nach dem hektographierten Urteilstext. Inzwischen ist das Urteil in der amtlichen Sammlung gedruckt: BVerfGE 35, S. 79 ff. [Anm. d. Hrsg.]

ten Grundsätze des Berufsbeamtentums im Recht des öffentlichen Dienstes) gestützt.

Der Urteils-Tenor und die Leitsätze

Der vom Präsidenten des Bundesverfassungsgerichtes, dem früheren CDU-Führer und Bundesinnenminister der Großen Koalition Ernst Benda, geleitete erste Senat hat zwar die Verfassungsbeschwerden insoweit zurückgewiesen, als sie behauptet hatten, die gesamte Rechtsfigur der Organisierung der Hochschulselbstverwaltung auf Grundlage der Gruppen sei unzulässig, weil das Grundgesetz nur die alte Form der Alleinherrschaft der Ordinarien erlaube. Aber er hat das Recht der Gesetzgebung, die Hochschulen des Staates demokratisierend umzuorganisieren, sogleich dem Inhalt nach (im Scheine seiner bloßen Begrenzung) wieder dadurch aufgehoben, daß die hochschulpolitisch wirklich wichtigen Teile des niedersächsischen Gesetzes als unvereinbar mit Art. 3 Abs. 1 und Art. 5 Abs. 3 S. 1 GG erklärt worden sind.
Gemäß den Leitsätzen dieses Urteils muß nämlich nach Meinung des Senats der Staat erstens der »herausgehobenen Stellung der Hochschullehrer Rechnung tragen« (Leitsatz 6) und diese Gruppe der Hochschullehrer »homogen« (Leitsatz 8 a) konstituieren. Er hat zweitens in solchen gruppenmäßig zusammengesetzten Kollegialorganen, die Forschungsprobleme und Fragen der Berufung von Hochschullehrern (also die Ergänzung der privilegierten Gruppe) behandeln, der Gruppe der Hochschullehrer »einen weitergehenden, ausschlaggebenden Einfluß« (Leitsatz 8 c), mehr als die Hälfte der Stimmen, bei Fragen der Lehre, »den ihrer besonderen Stellung entsprechend maßgeblichen Einfluß« (Leitsatz 8 b), d. h. mindestens die Hälfte der Stimmen gewähren. Er muß drittens in allen Fragen von Forschung und Lehre »eine undifferenzierte Beteiligung der nichtwissenschaftlichen Bediensteten aus(zu)schließen« (Leitsatz 8 d).

Die verfassungsrechtliche Gundlage

Alles das wird vom ersten Senat aus Art. 3 Abs. 1 GG (»Alle Menschen sind vor dem Gesetz gleich«) und Art. 5 Abs. 3 S. 1 »(Kunst und Wissenschaft, Forschung und Lehre, ›sind frei‹«) gefolgert und als diesen beiden Normen immanente Begrenzung der Lösung von Problemen der Hochschulverfassung proklamiert, der sich auch der demokratisch legitimierte Gesetzgeber unterzuordnen habe.

Wie man sieht, ist im Grundgesetz und in den beiden herangezogenen Artikeln von Hochschullehren verbal (und von irgendwelchen Formen der Hochschulverfassung) so wenig die Rede wie von irgendeiner Definition oder gar Begrenzung dieses Begriffes: erst recht nicht von Schranken, die dem Gesetzgeber hinsichtlich der Organisation des Hochschulwesens zugunsten einer derartigen, dem Wortlaut nach im Grundgesetz gar nicht erwähnten Gruppe gesetzt werden sollen.
Daß die »Freiheit von Wissenschaft, Forschung und Lehre« Grundrecht eines jeden, noch nicht einmal nur ein Bürgerrecht, sondern ein Menschenrecht ist, ist unbestreitbar. Ebensowenig läßt sich in Zweifel ziehen, daß dies Grundrecht – wie für alle hauptberuflich wissenschaftlich tätigen Menschen – auch für den Hochschullehrer ein besonders wichtiges Grundrecht darstellt, erst recht nicht, daß auch die Hochschule selbst als Korporation, als juristische Person also, es wahrnehmen kann (und ihrem Wesen nach ständig muß). Da im heutigen wissenschaftlichen Prozeß der Forschung (wie der Lehre) die abstraktindividelle Tätigkeit und Leistung unvermeidlich nur innerhalb einer kollektiven denkbar ist, bei der sich also stets erneut die Arbeit (und also auch die Interessen) vieler aufeinander abzustimmen haben, enthält also Art. 5 Abs. 3 S. 1 insofern nicht nur ein gegen den Staat (und innerhalb der Gesellschaft gegen Dritte, man denke nur an Tendenzen der »Wirtschaft«, sich Wissenschaft und Forschung zu unterwerfen) gerichtetes Grundrecht, sondern als institutionelle Garantie, als Rechtsgrundsatz, die permanente Aufgabenstellung an den Gesetzgeber, in dem Teil des Wissenschaftsprozesses (und des Prozesses der Lehre), der unvermeidbar nur kollektiv bewältigt werden kann, dies Zusammenwirken in einer Weise zu ordnen, die sie erstens unter möglichst geringen Reibungsverlusten und zweitens unter möglichst maximaler Berücksichtigung von »Gleichheitssatz« (Art. 3 GG) und demokratischer Selbstbestimmung und Mitbestimmung aller Beteiligten (Art. 20 GG) ordnet. Da in einer (noch) antagonistischen Klassengesellschaft, um deren Existenz das Grundgesetz weiß (z. B. Art. 9 Abs. 3 GG), unvermeidlich das Problem besteht, daß auch in allen kollektiven Zusammenschlüssen die Gefahr droht, daß sich in ihnen objektiv nicht erforderliche Herrschaftsinteressen anstelle eines in Freiheit stattfindenden und Freiheit garantierenden demokratischen Willensbildungsprozesses setzen, gibt es dazu keine Patentlösung, die das Grundgesetz ein- und für allemal bieten wollte und konnte. Die Aufgabe, die aus diesem Rechtsgrundsatz unvermeidlich erwächst, mußte sich dabei am unmittelbarsten dort ergeben, wo durch den Staat konstituierte Institutionen den Wissenschaftsprozeß tragen, also bei der Hochschule. Sie muß sich hier – evtl. in Zukunft in den Schranken der gemäß Art. 75 Ziff. 1 a GG entstandenen Rahmengesetz-

gebung des Bundes – dem Landesgesetzgeber, also den gemäß Art. 28 Abs. 1 GG legitimierten Landesparlamenten, stellen (Art. 70 GG). Über die Art und Weise und die Form, wie der Gesetzgeber diese Aufgabe löst, die sich aus dem Grundsatz von Freiheit der Wissenschaft, Forschung und Lehre notwendig ergibt, über die Konstituierung der für diesen Selbstverwaltungsprozeß von Wissenschaft, Forschung und Lehre an den Hochschulen erforderlichen Organe und die Gruppen, die zur Teilnahme an diesen Organen zu bilden sind, hat der Wortlaut der Normen des Grundgesetzes also schon deshalb geschwiegen, weil er sich – wie die Gründe des Urteils vom 29. Mai 1973 immanent zugeben – nicht mit der Rechtslage, die er (übrigens keineswegs zwischen allen Ländern und noch nicht einmal innerhalb der Länder in vollem Maße einheitlich) vorfand, identifizieren wollte (Urteilsgründe S. 73 ff.) und wegen der unvermeidlich raschen Veränderungen in Umfang und Zielsetzung des wissenschaftlichen Forschungs- und Lehrprozesses und der Zusammensetzung der daran beteiligten Menschengruppen keine für lange Perioden angemessene Patentlösungen geben kann.

Die Urteilsgründe
Gesetzgebungskompetenz des Richters?

Wie kommt bei dieser rechtlichen Ausgangslage der Senat dazu, gleichwohl in Tenor und Leitsätzen angeblich aus Art. 5 Abs. 3 S. 1 und Art. 3 Ziff. 1 Rahmenvorschriften für die Normen über die Willensbildung in den Hochschulorganen in derart detaillierter Weise entnehmen zu wollen, die weitgehend das vorwegnehmen, was gemäß Art. 75 Ziff. 1 a zwar das Recht des Bundesgesetzgebers, aber noch nicht einmal seine Pflicht sein soll, und was unzweifelhaft noch das Recht des Landesgesetzgebers ist? Er hat nämlich – für den Fall, daß sich der Hochschulgesetzgeber für die »Gruppenuniversität« entscheidet (Leitsatz 5) – die Grundlinien für die Struktur der nach seiner Auffassung wichtigsten der an dieser Willensbildung beteiligten Gruppen formuliert (Leitsatz 8 a in Verbindung mit S. 82 u. 98 f. der Gründe) und Mindestbedingungen für die Beteiligung der Gruppen der Hochschullehrer aufgestellt, die in allen wirklich wichtigen Fragen des Hochschulbetriebes ähnlich wie in der alten obrigkeitsstaatlichen überlieferten »Ordinarien-Universität« die Entscheidungen abermals zu einem Internum der Hochschullehrer machen.
Das Minderheitsvotum der beiden überstimmten Richter, Frau Rupp v. Brünneck und Dr. Simon, hat deshalb zu Recht darauf verwiesen: »Mit dieser Entscheidung setzt sich das Bundesverfassungsgericht unter Über-

schreitung seiner Funktion an die Stelle des Gesetzgebers«. Es zeigt dann, daß das Gericht Zweckmäßigkeitserwägungen, die für den Gesetzgeber in seiner Diskussion zu erörtern sein mögen, unzulässig zu unabdingbaren, mit der Verfassungsbeschwerde durchsetzbaren Postulaten erhebt (Abweichende Meinung, S. 2 f.).
Gewiß hatte das Bundesverfassungsgericht schon in manchen anderen Fällen Erwägungen zum Inhalt und zu Fragen der Gesetzgebungstätigkeit gleichsam vorweggenommen, so z. B. in bezug auf die Ausführungsgesetzgebung zu Art. 21 Abs. 3 GG in den beiden Parteiverbotsurteilen (BVerfGE 2, 73 ff. und 5, 122 ff.). Aber bisher war das nur geschehen, wenn ihm – rechtlich zulässig – Entscheidungen aufgebürdet worden waren, denen es sich nicht entziehen konnte, oder wenn der Gesetzgeber – wie zu Art. 3 Abs. 2 – ausdrückliche Gesetzgebungsaufträge der Verfassung mit zeitlicher Begrenzung (Art. 117 Abs. 1 zweiter Halbsatz) nicht erfüllt hatte (BVerfGE 3, 255 ff.). In gleich offensichtlicher Weise wie im vorliegenden Urteil hat es sich derartige Kompetenz-Überschreitungen, die im Wortlaut der interpretierten Verfassungsnorm überhaupt keine Stütze haben und einen derartigen Anhaltspunkt noch nicht einmal behaupten können, bisher niemals erlaubt.
Es wäre für die verfassungsrechtliche Weiterentwicklung der Bundesrepublik verhängnisvoll, wenn – völlig abgesehen vom sonstigen Inhalt des Urteils und von der jeweiligen Stellungnahme zu hochschulpolitischen Problemen – die Träger der gesetzgebenden Gewalt und die sie gemäß Art. 21 GG formierenden politischen Parteien diese Grenzüberschreitung einfach hinnehmen würden. Ganz abgesehen davon, daß Westberlin, das ja nicht zur Bundesrepublik gehört, ohnedies nicht zur Respektierung der Leitsätze des vorliegenden Urteils genötigt ist, sollte auch Bremen (Hessen ist vom Urteil ohnedies kaum betroffen) seine Hochschulgesetzgebung bereits aus diesem Grunde keinesfalls den Erwägungen der Richtlinien anpassen, um die Souveränität des unmittelbar demokratisch legitimierten Gesetzgebers nicht gegenüber einer derartigen Kompetenz-Anmaßung des Bundesverfassungsgerichts in Frage zu stellen. Auch der Bundesgesetzgeber darf sich bei der bevorstehenden Rahmenhochschulgesetzgebung des Bundes nicht durch den Inhalt der Entscheidung für gebunden halten. Die Opposition der offenkundig dem Überzeugungswert der Gründe dieser Entscheidung überlegenen Erwägung der beiden Verfasser der »Abweichenden Meinung« macht deutlich, daß – falls das Bundesverfassungsgericht durch neue Verfassungsbeschwerden anderer Professoren zu einer zweiten Stellungnahme gezwungen würde – durchaus die Hoffnung bestünde, daß dies seine Auffassung revidiert und dadurch sowohl ein schwerer Verfassungskonflikt als auch die Hinnahme

eines Präzedenzfalles vermieden würden, der die Existenz der Bundesrepublik als eines demokratischen Rechtsstaats durch Preisgabe der grundgesetzlich gesicherten Zuständigkeiten der Legislative tendenziell gefährden müßte.
Einst hatte das Bundesverfassungsgericht selbst – man denke an die »Facharzt-Entscheidung« (BVerfGE 33, 125 [159], aber auch 33, 303 [334]) – festgestellt, daß in einem demokratischen Gemeinwesen vor allem der durch das Volk unmittelbar legitimierte parlamentarische Gesetzgeber dazu berufen ist, im öffentlichen Willensbildungsprozeß unter Abwägung der verschiedenen, unter Umständen widerstreitenden (und im Falle großer sozialer Antagonismen unvermeidlich gegensätzlichen) Interessen nach dem Mehrheitsprinzip über die vom Grundgesetz offen gelassenen Fragen zu entscheiden. Jetzt beansprucht der erste Senat, dies für jeden demokratischen Staat charakteristische Kern-Prinzip beiseite zu schieben und selbst die Abwägung der Gesichtspunkte an sich zu ziehen, auf die es für das Gesetzgebungsproblem ankommt. Deshalb ist es von rechtlich wie politisch entscheidender Bedeutung, das Grundgesetz gegen seine Interpreten, die Verfassung gegen das Verfassungsgericht zu schützen und solchen Anfängen rechtzeitig zu wehren. Man sollte sich in den Parlamenten, den politischen Parteien und den auf Demokratie für ihre Existenz angewiesenen gewerkschaftlichen Verbänden der Arbeitnehmer an Willibalt Apelts »Geschichte der Weimarer Reichsverfassung« (München 1946) erinnern, um zu lernen, wie solche Entwicklungen beginnen und wo sie zu enden pflegen.

Die Umkehrung des Gleichheitssatzes

Um eine der am wissenschaftlichen Willensbildungsprozeß beteiligten Gruppen, nämlich die Hochschullehrer, derart bevorrechtigen zu können, wie das im Urteil geschehen ist, und um außerdem noch eine breite Schicht, die zweifellos einen großen (in manchen Fachbereichen den größten) Teil der Lehre trägt und in erheblichem Maße auch in der Forschung tätig ist, entgegen der Entscheidung des niedersächsischen Gesetzgebers unter dem Vorwand der »Homogenität« zugunsten der früheren alleinigen Träger akademischer Selbstverwaltungsrechte aus dieser Schicht ausschließen zu können, mußte die Mehrheit des ersten Senats den Sinn des Art. 3 Abs. 1 GG umformen. Bekanntlich ist es dessen Ziel – wenn man ihn nicht liberal-konservativ als bloße Gleichheit *vor* dem Gesetz, sondern als Verpflichtung für eine Gesetzgebung, der seine grundsätzliche Zielsetzung immanent sein soll, auffaßt, wie es herrschende Lehre und Rechtsprechung nach 1949 getan haben – zur Gleichheit der Möglichkeit für alle, also wenn die Teilnahmerechte an dem Willensbildungsprozeß eines Kollektivs geordnet werden, in Richtung auf Gleichheit der Chancen zu führen. Da – wiederum bezogen auf den Willensbildungsprozeß eines auf wissenschaftliche Lehre und Forschung gerichteten Kollektivs, das gemeinsame Entscheidungen und Vorschläge (z. B. zur Berufung neuer Hochschullehrer) erarbeiten muß – die Voraussetzungen der Beteiligten dabei nicht gleich sind, mag es erforderlich sein, bei der jeweils aktuellen Lösung der Verteilung der Beteiligungsrechte an die Gruppen Differenzierungen zu treffen. Am Prozeß der Arbeit für wissenschaftliche Forschung und Lehre in einer Hochschule sind jedoch alle vier in Niedersachsen genannten Gruppen beteiligt. Das ändert zwar nichts an der dem Gleichheitssatz innewohnenden generellen Zielsetzung der gruppentypischen Unterschiede. Mit Recht weist die »Abweichende Meinung« der beiden gegen das Urteil opponierenden Verfassungsrichter (S. 1) darauf hin, es sei unstreitig, »daß zwischen den einzelnen Gruppen der Hochschulangehörigen gewichtige rechtserhebliche Unterschiede bestehen, deren Nivellierung nach dem Schema ›one man one vote‹ von niemandem befürwortet wird. Jedoch halten wir es für nicht vertretbar, unmittelbar aus der Verfassung detaillierte organisatorische Anforderungen für die Selbstverwaltung der Universität ableiten zu wollen.« Denn das eben sei die konkrete Aufgabe des Gesetzgebers bei der Realisierung des Gleichheitssatzes.

Der Senat behauptet jedoch in seinen Urteilsgründen (S. 83 f.), daß der »allgemeine Gleichheitssatz es verbietet, Gruppen, die sich nach der Art des zu regelnden Lebensverhältnisses in verschiedener Lage befinden, ohne zureichenden Grund einer gleichen Regelung zu unterwerfen, insoweit also in einer das Gerechtigkeits*gefühl* nicht befriedigenden Weise Ungleiches gleich zu behandeln«. Plötzlich ist genereller Inhalt und Zielrichtung des Gleichheitssatzes verschwunden; die Vermutung spricht nicht mehr für die Gleichheit, sondern umgekehrt für die Ungleichheit. Der »zureichende Grund« ist grundsätzlich nicht mehr für die Ungleichheit, sondern für die Gleichheit zu suchen, und er hängt nicht mehr von rationalen Erwägungen, sondern vom »Gefühl« ab. »Gefühle« sind bekanntlich bei antagonistischen Interessenträgern, bei Anhängern des Obrigkeitsstaates oder des Ständestaates und der Demokratie sehr verschieden, und zwischen ihnen kann man zwar durch Streit, nicht aber durch Argumente unterscheiden. Will man vom »Gefühl« her ein Urteil begründen und den hier berufenen demokratisch legitimierten Gesetzgeber korrigieren, dann ist jederzeit jeder beliebige Sprung möglich. Halten sich Verfassungsgerichte (oder andere Gerichte) für legitimiert, von dieser

Grundlage aus die demokratische Gesetzgebungsentscheidung des gewählten Parlaments beiseite zu schieben und selbst als hoher Richter dessen jeweiligen Kompromiß zu ersetzen, dann ersetzen notwendig alle hervorgebrachten Vorurteile und falschen Ideologien, die der eigenen Herkunft entsprechen, das, was die Mehrheit der Gesellschaftsangehörigen, die sich im Parlament repräsentieren soll, will und was sie für die für die Konkretisierung des Gleichheitssatzes in der einzelnen Problematik für die erforderlichen Abwägungen hält. Vae victis, wenn das Schule machen würde und wenn künftig, z. B. bei neuen Mitbestimmungsgesetzen, diese Mehrheit des ersten Senats des BVerfG ähnlich vorgehen würde ... Daran sollten bei ihren Stellungnahmen zu diesem Urteil vor allem die Arbeitnehmer und die Gewerkschaften denken.

Die Hochschullehrer als quasi monopolistische Träger der »Freiheit der Wissenschaft«?

Nur durch das Vorurteil, seit langem bestehende Machtverhältnisse seien eben, weil sie bestehen, mit der »Natur der Sache« notwendig identisch und deshalb sei der Gleichheitssatz die generelle Garantie für deren Erhaltung, nicht aber (in Verbindung mit der demokratischen Sozialstaatsthese des Art. 20 Abs. 1 GG) das Instrument, mit dem der Gesetzgeber die demokratische Transformation der öffentlichen Gewalt und der Gesellschaft verfassungsrechtlich sichern könne, wird der leichtfertige Sprung verständlich, den die Urteilsgründe vollziehen, um die absolute Fixierung der Hochschullehrer-Majorität in Forschungs- und Berufungsfragen und deren faktische Fixierung zu Lehr-Problemen zu entwickeln. Das wird fast unverhüllt von der Mehrheit des Senats in den Gründen ausgesprochen: »Wenn Art. 5 Abs. 3 GG das Prinzip der Freiheit der Wissenschaft aufstellt, so weist er damit innerhalb der an einer Hochschule betriebenen Wissenschaft den Hochschullehrern, denen die Pflege von Forschung und Lehre *vornehmlich* anvertraut ist, eine *herausgehobene* Stellung zu« (S. 82). Noch kurz vorher hatte in den gleichen Gründen der Senat festgestellt, daß es »keiner näheren Begründung bedürfe«, wenn sowohl die wissenschaftlichen Mitarbeiter (S. 80) als auch mindestens ein Teil der Studenten (S. 81) nicht nur am Lehrprozeß, sondern auch am »Wissenschaftsprozeß« (hier als Synonym des Forschungsprozesses) an der Univerität teilnehmen und daß sie also auch Rechte aus Art. 5 Abs. 3 S. 1 GG ableiten könnten. Aber nun ist nach seiner Meinung plötzlich der Gesetzgeber bei der Abwägung der Verteilung der Stimmgewichte auf die Vertreter der einzelnen Gruppen in den Beschlußorganen der »Gruppenuniversität« »zwar (noch) grundsätzlich frei, muß aber die besondere Stellung der Hochschullehrergruppe berücksichtigen und die zum Schutz der freien wissenschaftlichen Betätigung der Hochschullehrergruppe (also *nicht* der anderen Gruppen, der Verf.) erforderlichen Sicherungsvorkehrungen treffen« (S. 85/86). Denn, so behaupten nun die Gründe, die typisierende Einordnung der anderen Gruppen verführe sie zur Verschärfung der Interessengegensätze und damit zur »Fraktionsbildung ... mit einer oft mehr ideologischen als wissenschaftsorientierten Zielsetzung« (S. 86). »Ideologische und politische Einflüsse« drohen deshalb nach der Auffassung der Mehrheit des Senats, »den wissenschaftlichen Sachverstand bei der Entscheidung von Fragen der Forschung und Lehre in den Beschlußorganen zu überspielen« (S. 87), wenn nicht die absolute Majorität der Hochschullehrer-Gruppe die Lage rettet. Denn der Hochschullehrer – und er allein – besitzt eben – sozusagen gruppentypisch und ex officio – a priori schon im »Vorstadium der wissenschaftlichen Überlegung und Planung« »eine spezifische Haltung der Bereitschaft zu geistig-schöpferischem Erkenntnisprozeß« (S. 87), nicht aber in gleichem Maße die Angehörigen der anderen Gruppen.

Was zunächst den Vorwurf der »Ideologie« (die schlicht mit *falscher* Ideologie gleichgesetzt wird) der Nicht-Hochschullehrer und des (ihr entgegengesetzten) »wissenschaftlich-objektiven Denkens« der Hochschullehrer anbetrifft, so läßt sich hier der kindlich-naive Kern dieser »Ideologie der (angeblichen, der Verf.) Ideologielosigkeit« als Herrschaftsideologie zugunsten einer Gruppe kaum noch übertreffen, obwohl er – gleichsam zur Entschädigung – später durch die These eingeschränkt wird, daß »die Möglichkeit, daß naturgemäß auch ihre (der Hochschullehrer, der Verf.) Entscheidung durch sachfremde Motive beeinflußt werden kann, bei einer typisierenden Regelung in Kauf genommen werden müsse« (S. 90). Von der wissenschaftlichen Diskussion über Ideologie-Probleme als methodologische Vorfrage inhaltlicher wissenschaftlicher Auseinandersetzungen hat offensichtlich diese Senatsmehrheit noch nichts gehört (oder sie, wiederum qua Vorurteilsbefangenheit, nicht verstanden). Ihre Thesen sind derart primitiv (und deshalb, wäre man fast versucht zu sagen, ernsthafter wissenschaftlicher Diskussion unwürdig, die der Verfasser dieses Aufsatzes ansonsten selbstverständlich mit den ernsthaften Vertretern des Neopositivismus und »kritischen Rationalismus« für eine wichtige und ständige wissenschaftliche Aufgabe hält), daß sie fast als negatives Beispiel einer Einführungsschrift für Erstsemester dafür geschrieben sein könnten, wie unbewußte Sympathie für Herrschaftsstrukturen in eine Scheinargumentation umschlägt, um sich selbst vor der Mühe weiterer kritischer Prüfung zu bewahren. Weshalb in der

Universität nicht alle an deren Forschungs- und Lehrprozeß beteiligten Grundrechtsträger, sondern *nur* die Hochschullehrer, die die »*eigentlichen* Träger der freien Forschung und Lehre« sind, durch ihre Einflüsse »sachlich« (wie die der anderen »sachfremd«) sind (S. 91), ist auf diese Weise durch einen Zirkelschluß »bewiesen«, der geradezu bilderbuchreif ist. Von Wissenschaftsgeschichte, von Wissenschaftssoziologie, von den universitätsgeschichtlichen Fakten, die sich in diesen Tagen vor aller Augen abspielen, hat offenkundig die Mehrheit des ersten Senats noch nichts gehört. Was stört es sie schon – um nur an ein handfestes Beispiel zu erinnern –, daß die seit den Tagen der Weimarer Republik durch sorgfältigste Berufungspolitik der Ordinarien gewahrte Kriegsunschuldslüge zugunsten des wilhelminischen Deutschen Reiches erst jetzt, nach Fritz Fischers Buch, machtmäßig aber nur durch die eindeutige Rebellion der jungen Wissenschaftler, zertrümmert werden konnte?

Hierzu verweist das Minderheitsvotum darauf, daß innerhalb der (vom Senat insoweit, nämlich in Berufungsfragen, durch sein Majoritäts-Mindestquorum bewußt erhaltenen) Ordinarien-Universität bereits die alte Tradition der »Schulen-Bildungen« und ihrer faktischen Präferenzen der wissenschaftlichen Fortentwicklung (und den dafür erforderlichen wissenschaftlichen Pluralismus) ständig Hindernisse entgegengesetzt habe (S. 10 f., 18). Frau Rupp v. Brünneck und Dr. Simon haben mit vollem Recht daran erinnert: »So unscharfe, von der Verfassung wohlweislich nicht verwendete Formeln wie ›wissenschaftsgerecht‹ oder ›ideologisch-wissenschaftsfremd‹ sind keine geeigneten Kriterien für die Beurteilung gesetzgeberischer Lösungen. Wenn Wissenschaftsfreiheit mitunter als das Verbot, den Begriff der Wissenschaft (durch Gesetz oder Verfassung, also rechtsverbindlich, der Verf.) zu definieren, verstanden wird, dann entspricht das der historischen Erfahrung ...« (S. 22 f.). Aber diese Entscheidung der Senatsmehrheit, die noch nicht einmal die Konsequenz und Geisteskraft zu einer solchen Definition aufbringt, setzt in ihren Gründen und durch ihren Tenor eine solche Definition voraus (und ersetzt, was sie selbst nicht leisten kann, zudem noch durch bloße Vorurteile).

Deshalb ist diesem Teil der Urteilsgründe durch das Minderheitsvotum überzeugend (und in den Urteilsgründen, deren Formulierung zweifellos eine Debatte und Diskussion in den Beratungen des Senats vorausgegangen ist, weder widerlegt noch als Problem erwähnt) entgegengehalten worden, »die verfassungskräftige Institutionalisierung unüberstimmbarer Mehrheitspositionen zugunsten bestimmter Gruppen ist charakteristisch für oligarchische Strukturen. Demokratische Verfassungen sind schon unergiebig, wenn man nach zuverlässigen Kriterien für die Auswahl der so zu Privilegierenden sucht« (S. 13). Da das Grundgesetz eine demokra-

tische Verfassung sein will (Art. 20), war es also keineswegs ein Zufall, daß es in Art. 5 Abs. 3 S. 1 (und – selbstverständlich – in Art. 3 Abs. 1) die Professoren und die Habilitierten nicht nennt. Deshalb ist es bloße Willkür und eine nur sozialpsychologisch, aber nicht juristisch verständliche Vergewaltigung des Grundgesetzes, daß der erste Senat des BVerfG ihm entgegen dem Verfassungswortlaut einen derartigen Inhalt verliehen hat.
Auch »sachlich« – bei objektiver Analyse des wissenschafts-soziologischen Verhältnisses zwischen »wissenschaftlichen Mittelbau« und »Hochschullehrern« – läßt sich diese Interpretation nicht halten. Es unterliegt keinem Zweifel, daß – beim gegenwärtigen Stand der wissenschaftlichen Spezialisierung unvermeidlich – für Sonderdisziplinen das »Sachverständnis« vieler Angehöriger der Assistentenschaft und selbst mancher älterer Studenten größer ist als dasjenige von vielen Hochschullehrern anderer Disziplinen, die dem gleichen Fachbereich angehören. Das gilt sowohl für Forschungs- und Berufungsfragen als auch für manche Lehrprobleme. Und darum wäre es bei allen diesen Fragen sinnwidrig, wenn die Entscheidungen von vornherein allein durch die Vorrechte (und »Kollegialitäten«) des Mehrheitsübergewichts der Hochschullehrergruppe entschieden würden. Dazu sagt das Minderheitsgutachten logisch zwingend: »Entspricht es nicht gerade dem Wesen freier Wissenschaft, daß sich Qualifikation durch das sachliche Gewicht von *Argumenten* ausweist und nicht eine formalisierte Entscheidungsposition beansprucht, durch welche alle übrigen in eine permanente Minderheitenposition verwiesen werden? Der demokratische Gedanke jedenfalls lebt davon, daß in allgemein bedeutsamen Angelegenheiten Mehrheitsbefugnisse auch nicht für Eliten unveränderbar vorgegeben sind, sondern durch Argumente, Fähigkeiten und Überzeugungskraft gewonnen und in ständiger geistiger Auseinandersetzung behauptet werden müssen« (S. 14/15).

Die »Homogenität« der Hochschullehrer

Die ständisch-konservative Uminterpretation des Verfassungsrechts, die sich in Ankopplung an hergebrachte Machtverhältnisse im Hochschulleben in dieser Entscheidung der Senatsmehrheit und ihrer Begründung zeigt, wird dann noch dadurch übersteigert, daß dies Urteil die »Homogenität« der Hochschullehrergruppen in alter Form festschreiben und dem Gesetzgeber verbieten will, andere Gruppen, die unzweifelhaft faktisch den Großteil der Lehre und einen erheblichen Teil der Forschung tragen, in die Gruppe der Hochschullehrer aufzunehmen. Es war zweifellos lange

Zeit – nämlich seit dem letzten Drittel des vorigen Jahrhunderts – so, daß die Lehrbefähigung an der Universität meist nicht mehr durch die Promotion, sondern erst durch einen zweiten Forschungsausweis, die Habilitation, entstand. Durch das häufig – nämlich nach dem zahlenmäßigen Anwachsen des damaligen Bildungsbürgertums – von den Fakultäten oft sehr willkürlich gehandhabte Habilitationsverfahren sorgten diese dafür, daß nur Angehörige recht wohlhabender Schichten, die sich eine derart verlängerte Ausbildung zu leisten in der Lage waren, Hochschullehrer werden konnten.

Jedermann weiß, daß das längst – dem Ansatz nach schon am Ende der Weimarer Periode, in breitestem Maße nach dem Zweiten Weltkrieg – anders geworden ist und daß der Großteil des Lehrbetriebes und ein großer Teil der Forschungsaufgaben an solche lediglich promovierten Kräfte übergegangen sind, die meist um ihrer guten Promotions- (also Forschungs-)Leistung willen in »gehobene« Assistentenrollen mit praktisch eigenem und notwendig meist völlig selbständigem Betätigungsbereich (wenn auch mit formell bis zuletzt gewahrtem »Weisungsrecht« der zuständigen Ordinarien) durch ihre Professoren (zum guten Teil übrigens sogar mit lebenslänglicher Beamtenstellung) geschoben wurden. Das Urteil behauptet nun, ohne irgendeine Spur einer sachlichen Begründung – wenn man von der übrigens meist nur formal noch gewahrten Weisungsbefugnis des Ordinarius absieht – auch nur zu versuchen, dies frühere Herrschaftsrecht des Professors über andere Wissenschaftler festschreiben zu können. Es bezeichnet es als »willkürlich«, wenn der Gesetzgeber Hochschullehrer, die diese Funktion ausüben, zur Gruppe der Hochschullehrer zählt (S. 92 f.). Wer hier wirklich »willkürlich« handelt, der kritisierte niedersächsische Gesetzgeber oder der Senat, ist mehr als problematisch. Die Urteilsgründe stellen auf die »verschiedenen Interessenlagen« ab. Aber die Interessenlagen sind hier nur durch den Herrschaftsanspruch der Ordinarien (und die Gehalts-Skala) zu unterscheiden, nicht durch den angeblich so »freien« Wissenschaftsprozeß und die Aufgabenstellung der beteiligten Wissenschaftler in ihm.

Die nicht-wissenschaftlichen Angestellten und Beamten

Das nicht unmittelbar kraft wissenschaftlicher Ausbildung an den Hochschulen tätige Personal ist – wie auch das Urteil nicht bestreiten kann – ständig für den Lehr- und Forschungsprozeß und daher auch im Wissenschaftsprozeß tätig. Also ist es auch interessenmäßig ständig daran beteiligt und erwirbt durch seine Beteiligung mindestens partialen Sachverstand. Deshalb erfordert es die Gedankenwelt der demokratischen Mitbestimmung, daß das nichtwissenschaftliche Personal auch an den Entscheidungsprozessen mitwirken kann. Da es auch bei Personal- und bei Forschungsfragen »betroffen« ist, muß es also – das Maß muß der Gesetzgeber beurteilen – bei diesen Entscheidungen mitwirken und seine Erfahrungen (nicht *nur* beratend) einbringen können. Es ist deshalb nicht »willkürlich«, wenn der Gesetzgeber es dazu heranzieht, sondern umgekehrt; es gänzlich ausschließen zu wollen, wäre ständestaatliche Willkür.

Das Grundproblem der Entscheidung

Das Minderheitsvotum kann deshalb unwiderlegbar feststellen, daß dieses Urteil Art. 5 Abs. 3 S. 1 GG »sinnwidrig in ein ständisches Gruppenprivileg und Herrschaftsrecht« umzumünzen drohe (S. 2). In Wirklichkeit droht es nicht nur, das zu tun, sondern hat es das getan. Es hat dadurch auch die Möglichkeit des Zusammenwachsens aller am Hochschulleben Beteiligten in einem wirklich gemeinsamen wissenschaftsbezogenen Lernprozeß der gemeinsamen Willensbildung (S. 20 des Minderheitsvotums) praktisch zu verhindern unternommen. Es hat – wie das Minderheitsvotum richtig vermerkt – dadurch die Grundlage dafür geboten, »daß künftig auch andere Gruppen von Grundrechtsträgern auf Grund der Verfassung abgestufte Sonderrechte beanspruchen«. In diesem Urteil sollen »einer aus dem großen Kreis aller Grundrechtsträger ausgegrenzten privilegierten Gruppe Sonderpositionen garantiert werden« (Minderheitsvotum S. 15/16).
Die Bundesrepublik ist aber nach dem Grundgesetz ein demokratischer und sozialer Rechtsstaat, kein Ständestaat.
Dies Urteil ist deshalb eine Gefahr nicht nur für die demokratische Hochschulreform, sondern für *jede* demokratische Reform. Die Zuständigkeiten des demokratischen Gesetzgebers werden durch das Urteil in willkürlicher Mißachtung des Wortlauts des Grundgesetzes durch Schein-Interpretation weggeschoben. Das BVerfG ist nach dem Grundgesetz dazu berufen, den Gesetzgeber zu korrigieren, wenn er »offensichtlich fehlsam« seine Gestaltungsrechte entgegen den Normen (und Generalklauseln) des Grundgesetzes mißbraucht (vgl. dazu S. 19 des Minderheitsvotums und die dort zitierten früheren Entscheidungen des BVerfG). Der erste Senat hat hier jedoch selbst »offensichtlich fehlsam« ohne jeden Anhaltspunkt in einer Norm des Gesetzes die Verfassung fehlinterpretiert

und sich nicht nur als Gesetzgeber geriert, sondern praktisch als Verfassungsgesetzgeber betätigen wollen.
Deshalb ist es die Pflicht aller demokratischen Kräfte und der Gesetzgebungsorgane, vor allem aber auch der Gewerkschaften, im Interesse ihrer Hoffnungen auf erweiterte Mitbestimmungsrechte der Arbeitnehmer, Alarm zu schlagen in der Hoffnung, das Bundesverfassungsgericht zur Selbstkorrektur zu führen. Das ist möglich, wenn der Bundesgesetzgeber im Hochschulrahmengesetz und die Länderparlamente in ihren Hochschulgesetzen diese Entscheidung nicht beachten und dadurch dem BVerfG im neuen Verfassungsbeschwerdeverfahren die Chance zur Anpassung seines Denkens an die demokratischen Normen des Grundgesetzes bieten.

Wer bestimmt in der Bundesrepublik die Politik – Regierung und Parlament oder das Bundesverfassungsgericht?*

Der erste Senat des Bundesverfassungsgerichtes hat – wie das Minderheitsvotum seiner Richter Frau Rupp v. Brünneck und Dr. Simon zutreffend festgestellt hat – in seinem Hochschulurteil vom 29. Mai 1973 die verfassungsrichterliche Entscheidungszuständigkeit weit überschritten und seine eigenen – in diesem Fall fast ständestaatlichen und gegen alle Mitbestimmungsrechte unterprivilegierter Bevölkerungsgruppen gerichteten – Vorurteile fälschlich für den Inhalt des Grundgesetzes gehalten.[1] Damit hat er versucht, Regierung und Parlament ihre Entscheidungsrechte weitgehend zu nehmen. Leider ist nun der zweite Senat in ähnlicher Weise aufgetreten, und diesmal einstimmig. Allerdings war der unbedingt rechtsstaatlich-demokratisch denkende, relativ junge Richter Rottmann vorher als angeblich »befangen« ausgeschaltet worden.

Es ging um den Grundlagenvertrag mit der DDR. Das Urteil vom 31. Juli 1973[2] gibt im Tenor der Bundesregierung, aber – wie die bayrische Landesregierung und Franz J. Strauß aus gutem Anlaß behaupten – in den Gründen der Klage Bayerns gegen diesen Vertrag recht. Es erklärt ausdrücklich jedes Wort dieser Begründung als für die Entscheidung notwendig und »tragend« und also als für die Bundesregierung verbindlich (S. 46). Das fängt mit einer These an, aus der sich allerdings alles, was folgt, ableitet. Es behauptet nämlich schlicht, das Grundgesetz zwinge zu der Annahme, das Deutsche Reich habe die Katastrophe von 1945 überstanden und lebe »juristisch« noch immer, auch wenn es »als Gesamtstaat mangels Organisation, insbesondere mangels institutionalisierter Organe selbst nicht handlungsfähig« sei (S. 19 ff.). Dies gespenstische Wesen habe also gewissermaßen scheintot mehr als 28 Jahre gesund überstanden. Seit

* Zuerst in: *Stimme der Gemeinde*, 1973, H. 18, S. 283 f.

1 Vgl. meine Darstellung in *Der Gewerkschafter*, 1973, S. 298 f. und *Blätter für deutsche und internationale Politik*, 1973, S. 705 ff. S. oben S. 250 ff.

2 2 BvF 1/73. Der Aufsatz zitiert das Urteil nach dem hektographierten Urteilstext. Inzwischen ist das Urteil in der amtlichen Sammlung gedruckt: BVerfGE 36, S. 1 ff. [Anm. d. Hrsg.]

1944 – ein Jahr vor dem faktischen vollen Untergang des Dritten Reiches – hatte zwar der wohl bedeutendste Jurist des deutschen Sprachbereiches, Hans Kelsen, der damals in den USA lebte, das Gegenteil behauptet und ein großer (wohl zahlenmäßig der größte) Teil der internationalen Autoren des Völkerrechts (unter denjenigen deutscher Herkunft z. B. Hans Nawiasky, Georg Schwarzenberger, der in England lehrt, und der Schreiber dieser Zeilen)[2a] ist ihm schon damals darin gefolgt. Auch sagt keine Norm des Grundgesetzes dazu ausdrücklich auch nur ein Wort aus. Deshalb hatte auch das Bundesverfassungsgericht in seiner Beamtenrechtsentscheidung von 1953 das Problem ausdrücklich als »offen« erklärt

---

2a 1947 hat Abendroth die Frage, welches völkerrechtliche Schicksal das Deutsche Reich am Tage der bedingungslosen Kapitulation vom 8. Mai 1945 erlitten hat, im einzelnen untersucht. Er wandte sich gegen die These, daß der deutsche Staat nur seine Handlungsfähigkeit, nicht aber seine Rechtsfähigkeit eingebüßt habe:
»Der Wortlaut des 5. Absatzes der Erklärung der vier Mächte über die Niederlage Deutschlands vom 5. 6. 1945 (Amtsbl. d. Kontrollrats, Beiheft Nr. 1, S. 7) läßt keinen Zweifel darüber zu, daß die vier Mächte die »autorité suprême« über Deutschland gemeinschaftlich übernehmen, und zwar einschließlich aller hoheitlichen Machtbefugnisse der öffentlich-rechtlichen Verwaltungsbehörden jeder Art, auch der Selbstverwaltungsorgane. Die höchste »Autorität« ist aber ihrem Wesen nach nichts anderes als die Souveränität. Hätten sich die Mächte darauf beschränken wollen, im Rahmen der Regeln der occupatio bellica lediglich vertretungsweise für die deutsche Staatsgewalt aufzutreten, ohne die bisherige deutsche Souveränität (= völkerrechtliche Zuständigkeit) vernichten zu wollen, so hätten sie einen großen Teil der Verfügungen, die in der Erklärung vom 5. 6. 1945 und in den Potsdamer Beschlüssen enthalten sind, nicht treffen dürfen. Daraus, daß diese der Haager Landkriegsordnung widersprechenden Verfügungen gleichwohl getroffen wurden, folgt, daß die vier Mächte ihrer Erklärung gemäß nicht als Okkupanten, sondern als Souveräne gehandelt haben, die ihre völkerrechtliche Zuständigkeit aus der Tatsache der gemeinsamen debellatio Deutschlands und der subjugatio der deutschen Wehrmacht als des letzten Stückes der deutschen Staatsgewalt durch die Kapitulationsurkunde vom 8. 5. 1945 ableiten. So nehmen die vier Regierungen in Abs. 6 der Erklärung vom 5. 6. 1945 ausdrücklich das Recht in Anspruch, die Grenzen Deutschlands einseitig festzusetzen und den »Status« Deutschlands bzw. seiner Teile einseitig zu bestimmen. Es ist klar, daß derartige einseitige Maßnahmen mit der Fortexistenz Deutschlands als Rechtssubjekt unvereinbar sind, weil die Verfügung über das Staatsgebiet und die Organisation der Staatsgewalt (den »Status«) nach allgemeinen völkerrechtlichen Grundsätzen ohne Zustimmung des betroffenen Völkerrechtssubjekts schlechthin nichtig wäre. Diese Erklärungen der vier Regierungen setzen also offenkundig voraus, daß die deutsche Souveränität und die deutsche Völkerrechtssubjektivität untergegangen sind, und daß nunmehr kraft des Rechts der Eroberung die vier Siegermächte innerhalb der Bindungen durch die Beschlüsse der Krim-Konferenz gemeinschaftlich über das Gebiet Deutschlands verfügen können.
In den Beschlüssen der Berliner Konferenz werden derartige Verfügungen praktisch vorgenommen. Durch Abschnitt VI, Abs. 2, des Berichts vom 2. 8. 1945 (Amtsbl. d. Kontrollrats, Beiheft Nr. 1, S. 17) wird die Souveränität über die Stadt Königsberg und das benachbarte Gebiet unmittelbar auf die Union der Sowjetrepubliken übertragen. Bestünde die Souveränität Deutschlands fort, wäre Deutschland Völkerrechtssubjekt geblieben, so wäre diese Zuweisung als Verfügung zu Lasten Dritter nichtig. In Abschnitt IV Ziffer 6 des Berichts über die Berliner Konferenz wird die unmittelbare Einleitung der Demontage und des Abtransports von industriellen Ausrüstungsmitteln angeordnet. Es bedarf keines Nachweises, daß diese Bestimmung mit den Artikeln 52, 53 und 55 der Haager Landkriegs-

und nicht entschieden[3]). Erst später hatte es sich – im Zeichen der »roll back«-Politik der USA und des »Kalten Krieges« – der von jener Mehrheit der damaligen deutschen Staatsrechtslehrer, die nicht wie ihre vorhergenannten Gegner im Dritten Reich in die Emigration oder ins Zuchthaus gegangen war, verfochtenen Kontinuitäts- und Identitätstheorie angeschlossen.[4] Nun gut, darüber mochte man in den ersten Jahren nach 1945 noch ernstlich diskutieren und hatte vielleicht das gute Recht, auch zu irren; man mochte also damals einzelne Worte der Präambel und der Artikel 16, 23, 116 und 146 GG derart »dehnen« und zerren, daß dabei diese Ansicht herauskam. Nur sind inzwischen zwei weitere Jahrzehnte ins Land gegangen, ohne daß das angeblich nur scheintote Reich erfolgrei-

---

ordnung vom 18. 10. 1906 (RGBl. 1910, S. 107 ff.) unvereinbar ist. Auch insoweit sind die vier Großmächte demnach nicht als bloße Okkupanten, sondern als Souveräne aufgetreten. Im Gegensatz zu Artikel 56 der Haager Landkriegsordnung, aber in Ausführung der politischen Leitgedanken des Abschnitts III des Berichts der Potsdamer Konferenz (Amtsbl. d. Kontrollrats, Beiheft Nr. 1, S. 14) haben alle Besatzungsmächte ständig sowohl geschichtliche Denkmäler in Deutschland beschlagnahmt als auch in Werke der Kunst und Wissenschaft häufige Eingriffe vorgenommen. Endlich haben die Mächte gemäß Proklamation des Kontrollrats vom 20. 9. 1946 Sektion II 3 a und III 5 das gesamte Gebiet der auswärtigen Beziehungen Deutschlands zu anderen Ländern an sich gerissen und durch Sektion III 7 a der gleichen Proklamation ausdrücklich festgestellt, daß mit dem Tage der bedingungslosen Übergabe alle »diplomatischen, konsularischen, Handels- und anderen Beziehungen« des deutschen Staates mit anderen Staaten aufgehört hätten zu bestehen. Auch diese einseitige Anordnung durch die Mächte bzw. durch den Kontrollrat als deren Gemeinschaftsorgan wäre unzulässig, wenn Deutschland als Völkerrechtssubjekt fortbestünde.

Der Kontrollrat ist seinem Wesen nach, wie aus Abschnitt 1 der Feststellung der vier Regierungen vom 5. 6. 1945 (Amtsbl. d. Kontrollrats, Beiheft Nr. 1, S. 10) und aus Abschnitt A 1 der Beschlüsse der Potsdamer Konferenz (Amtsbl. d. Kontrollrats, Beiheft Nr. 1, S. 14) folgt, auch keineswegs eine deutsche oberste Behörde, die ihre Zuständigkeit aus deutschem Recht abzuleiten vermöchte, wie der Aufsatz von Prof. Dr. Wacke in »Die Neue Zeit« vom 8. 2. 1947 annimmt, sondern lediglich ein gemeinsames Organ der vier Besatzungsmächte, dessen Mitglieder den Weisungen ihrer Regierungen unterworfen sind, und das nur in demjenigen Teil der Angelegenheiten der deutschen Verwaltung tätig wird, der Deutschland als »Ganzes« betrifft (Im Ergebnis gleich: Hans Kelsen *The Legal Status of Germany According to the Declaration of Berlin*, vgl. *Süddeutsche Juristenzeitung*, 1947, S. 5). [. . .]

Das Schicksal der deutschen Rechtsordnung und das Schicksal der Persönlichkeit des deutschen Staates und der deutschen Gebietskörperschaften des öffentlichen Rechts regeln sich also vom Tage der bedingungslosen Übergabe ab nach den völkerrechtlichen Regeln über die Staatensukzession vom Gesichtspunkt der Nachfolgestellung der kondominialen Souveränität der Siegermächte gegenüber dem Deutschen Reich als völkerrechtlicher Persönlichkeit, (vgl. auch Ziffer 4 der Kapitulationsurkunde, *Amtsbl. des Kontrollrats, Beiheft Nr. 1 S. 6*) und nach den positiven Bestimmungen der kondominialen Verträge als der Verfassung des Kondominiums.«

W. Abendroth, *Die Haftung des Reiches, Preußens, der Mark Brandenburg und der Gebietskörperschaften des öffentlichen Rechts für Verbindlichkeiten, die vor der Kapitulation vom 8. 5. 1945 entstanden sind, Neue Justiz*, 1947, H. 4/5, S. 74 f. [Anm. d. Hrsg.]

3 BVerfGE 3, S. 58 (88).

4 Es ist kein Zufall, daß die Urteilsgründe diese frühere Entscheidung nicht erwähnen.

chen Wiederbelebungsversuchen ausgesetzt worden wäre, wenn man von der jetzt in den Ostverträgen auch offiziell aufgegebenen »Alleinvertretungstheorie« absieht. Jedermann weiß, daß es im Völkerrecht die »normative Macht des Faktischen« gibt, und zwar als »allgemeine Regel des Völkerrechts«, die – wie alle Staaten – nach dem Grundgesetz auch die BRD bindet[5] und »den Gesetzen vorgeht«. Hätte also selbst damals, als vor fast 20 Jahren das Bundesverfassungsgericht die (auch damals m. E. falsche) Meinung vertrat, das alte Deutsche Reich existiere noch immer, dies Gericht recht gehabt, so wäre inzwischen unzweifelhaft ein völkerrechtlicher, damit aber auch verfassungsrechtlicher Wandel eingetreten. Denn von einem drei Jahrzehnte nur scheintoten Staat und Völkerrechtssubjekt kann man bestenfalls phantasieren, aber nicht ernsthaft reden. Nachdem einst 1805 der letzte Kaiser des selig entschlafenen »Heiligen römischen Reiches deutscher Nation« die Krone niedergelegt hatte, gab es zunächst auch noch wenige Juristen, die meinten, dies Reich bestehe trotzdem weiter. Aber 1833, 28 Jahre später, als seit 18 Jahren der Deutsche Bund politisch und seit kurzem der Zollverein ökonomisch bestanden, hätte man einen Juristen (oder ein Gericht), der (bzw. das) die Fortexistenz des Heiligen Reiches für eine juristische These gehalten hätte, wohl bestenfalls für ein geeignetes Objekt für Karikaturen gehalten. Auch das war 28 Jahre nach dem geschichtlichen (und also auch rechtlichen) Szenenwechsel.

Der zweite Senat des Bundesverfassungsgerichtes will jedoch Bundesregierung, Bundestag und die gesamte öffentliche Gewalt der BRD dazu zwingen, nicht nur an diese gespenstische These zu glauben, sondern daraus auch allseitige politische Konsequenzen bei der Auslegung des Grundlagenvertrages mit der DDR und bei ihrer künftigen Vertragspolitik mit der DDR zu ziehen. So sind sie dann beide, BRD und DDR, angeblich nicht Rechtsnachfolger des Deutschen Reiches auf dessen früherem Staatsgebiet, sondern – ob sie es wissen oder nicht; leider hat es die DDR immer noch nicht verstanden – mit ihm »teilidentisch« (S. 19). Ob die vier zuständigen früheren Besatzungsmächte in ihren Vereinbarungen über Berlin das Gegenteil sagen oder nicht, Berlin gehört zur BRD (S. 19) und die Bundesregierung muß weiter erstreben, das auch faktisch zu realisieren. Die Grenzen zwischen der BRD und DDR – obwohl Art. 3 Abs. 2 des Vertrages sie als unverletzlich erklärt und beide Staaten sich gegenseitig zur uneingeschränkten Achtung ihrer staatlichen Integrität verpflichten, was das Gericht akzeptiert – sind »nur staatsrechtliche Grenzen, die den Gesamtstaat (nämlich das Deutsche Reich!) einschlie-

5 Art. 25 GG.

ßen« (S. 32), »ähnlich denen, die zwischen den Ländern der Bundesrepublik verlaufen«.
Also bleibt die BRD nicht nur zur Bereitschaft, sondern auch zur »Aufforderung« (an die Bevölkerung der DDR nämlich) »verpflichtet«, sich bzw. ihren Staat gemäß Art. 23 GG an die BRD anzuschließen (S. 37). Das ist dann keine Einmischung in die territoriale Integrität der DDR, wenn man es nur nach der »Identitätsthese« »interpretiert«. Was macht schon die Kleinigkeit aus, daß der »Gesamtvertretungsanspruch« seligen Angedenkens entfallen ist.
Und so geht es weiter. Durch solches Denken sollen Recht (und Pflicht) der Bundesregierung, gemäß Art. 7 des Vertrages weitere Probleme mit der DDR vertraglich zu regeln, inhaltlich »gelenkt« (und das heißt, wenn die Bundesregierung diese »Gründe« nicht geschickt unterläuft, unmöglich gemacht) werden. Zur Frage des Staatsangehörigkeitsrechts z. B. hat das Gericht den Hinweis in Art. 116 Abs. 1, der dem Bund eine Neuregelung aufgibt, schlicht vergessen.
Wer regiert eigentlich die Bundesrepublik Deutschland? Wäre es nicht an der Zeit, daß die demokratischen Organisationen dazu deutlich ihre Meinung sagen, um Regierung und Parlament Mut zu machen, und vielleicht auch um den Mitgliedern beider Senate des Bundesverfassungsgerichtes Anregungen zur Selbstkritik zu geben? Allgemeines Schweigen der Öffentlichkeit kann jedenfalls die Lage so wenig bessern, wie die Taktik der Bundesregierung, sich auf die kritische Auseinandersetzung mit der Presse der DDR zu beschränken.

Der Kampf um die hessischen Rahmenrichtlinien zur Gesellschaftslehre als verfassungsrechtliches Problem*

Die Rahmenrichtlinien-Debatte als typischer Fall

Schulpolitische Veränderungen sind seit der Konstituierung der Länder nach dem Zusammenbruch des Dritten Reiches, erst recht nach der Spaltung Deutschlands und der Bildung der Bundesrepublik Deutschland, stets Gegenstand heftiger politischer und sozialer Auseinandersetzungen gewesen, die zeigten, daß sich in den Kämpfen um »nur« pädagogische (oder gar »lediglich« organisatorische oder didaktische) Probleme grundsätzliche gesellschaftliche Gegensätze widerspiegeln. Das trat bereits 1946 mit dem »Gesetz über die demokratische Schulreform« der Sowjetischen Besatzungszone deutlich zu Tage, in dessen Geltungsbereich zunächst auch West-Berlin lag und dessen Parallele im Westen Deutschlands damals die Einführung der sechsjährigen Grundschule in Bremen und Hamburg war, die dann im Zuge des Sieges restaurativer Tendenzen in der BRD wieder beseitigt wurde. Es wurde erst recht – um auf die hessischen Fragestellungen zu kommen – bei jedem Ansatz zur Verbesserung des Schulwesens in diesem Lande deutlich, der stets von heftigen parteipolitischen Kontroversen begleitet wurde. Zwar wurde in diesem Lande, dessen wichtigste Teile (die einst preußischen Regierungsbezirke Wiesbaden und Kassel und das Land Hessen-Darmstadt) auch vor 1933 und sogar vor 1918 keine Konfessionsschule kannten, nicht – wie in allzu vielen anderen Bundesländern[1] – die Konfessionsschule restauriert,[2] so daß hier ein wichtiger Gegensatz bei der Behinderung der Anpassung der Schulwesen an seine Aufgaben in der modernen industriellen Welt und ihre Demokratisierungsbestrebungen entfiel, der in anderen Teilen der BRD viel zu schaffen gemacht hat (und in manchen noch immer zu

* Zuerst in: *Demokratie und Recht*, 1974, H. 2, S. 192 ff.

1 Z. B. Bayer. Verfassung Art. 135 Abs. 1, S. 3; Nordrhein-Westfäl. Verfassung Art. 12 Abs. 2; Rheinland-Pfälz. Verfassung Art. 29; Saarländ. Verfassung Art. 27 Abs. 2 usw.

2 Art. 56 Abs. 2 Hess. Landesverfassung (HLV).

schaffen macht). Aber sowohl bei der Rationalisierung der schulischen Organisation durch Beseitigung der Kleinstschulen, die keine genügende Klassenzahl anbieten konnten, auf dem flachen Lande in ihren verschiedenen Etappen, als auch bei der Gesamtschul-Problematik gab es immer wieder heftigste Kämpfe, in denen sich jeweils die CDU als Vorkämpfer gegen jede Reform anbot (auch wenn sie heute – wie zur Frage der Zwergschulen – längst vergessen hat oder in der Öffentlichkeit vergessen zu machen versteht, für welche fortschrittsfeindlichen Auffassungen sie einst ins Feld gezogen ist).
So war (und ist es) gewiß nicht erstaunlich, daß sich derartige Kämpfe wiederholen mußten (und müssen), wenn nunmehr inhaltliche Probleme des Unterrichts in den Vordergrund rücken. Hermann Glaser ist zweifellos recht zu geben, wenn er feststellt, daß eine »Fall-Studie« zur Hessischen-Rahmenrichtlinien-Debatte sich als typisches und repräsentatives Beispiel für die gesamte bildungspolitische Auseinandersetzung in der gegenwärtigen Bundesrepublik anbietet[3]. Denn an den Kontroversen um die beiden Auflagen der Rahmenrichtlinien zur Gesellschaftslehre in der Sekundarstufe I (besser noch als an den weniger öffentlichkeitswirksamen, aber nicht weniger wichtigen zum Deutsch-Unterricht) lassen sich die sozialen Gegensätze, die politischen Kämpfe und die ideologischen Ausdrucksformen dieser Widersprüche in geradezu klassischer Weise zeigen, innerhalb deren jede kulturpolitische Streitfrage in der heutigen Bundesrepublik entschieden wird.

Der verfassungsrechtliche Rahmen

Von den Gegnern des ersten Entwurfes (wie von denjenigen, die auch nach den Konkretisierungen der zweiten Auflage an ihrer prinzipiellen Ablehnung dieses Curriculum-Versuches festhalten) wird zu Recht immer wieder daran erinnert, daß das Verfassungsrecht des Grundgesetzes (und der – älteren – Hessischen Landesverfassung) Grenzen wie Richtung jeder Politik (und also auch der Bildungspolitik) bestimmt. Deshalb muß sich sowohl die bestehende schulpolitische Lage (als Verfassungswirklichkeit) als auch jeder Versuch, sie zu ändern, also natürlich auch jedes Experiment mit unterrichtsbestimmenden (oder nur den Unterricht anregenden) Rahmenrichtlinien gefallen lassen, sich an den Rechtsgrundsätzen und an den Normen des Verfassungsrechts prüfen zu lassen.

---

3 Vgl. seinen Aufsatz *Der welke Charme der Reform, Bildungspolitik zwischen Illusion und Resignation* in: *Frankfurter Rundschau* vom 5. 1. 1974, S. 3.

Unmittelbare Aussagen über den Unterrichtsinhalt macht das Grundgesetz nicht. Die Hessische Landesverfassung vom 11. Dezember 1946 nennt in Art. 56 einen von demokratisch-antifaschistischem, damals aber durchaus noch nicht von antikommunistischem Denken bestimmten Rahmen von Lernzielen, nämlich religiöse und weltanschauliche Toleranz und Sachlichkeit[4], Vorbereitung zu einer sittlichen Persönlichkeit, die beruflich tüchtig und politisch verantwortlich dem Volk und der Menschheit dient[5]. In dieser Richtung wird besonders die inhaltliche Revision des Geschichtsunterrichts – der bekanntlich in der Weimarer Republik als eines der gefährlichsten Einfallstore antihumanitär-nationalistischer, antidemokratischer und faschistoider Beeinflussung der Kinder mißbraucht worden war – erörtert[6]. Daß diese Überlegungen antifaschistisch, aber nicht antikommunistisch zu interpretieren sind, wird schon dadurch belegt, daß Träger der Koalitation zur Formulierung und Verabschiedung dieser Verfassung neben der CDU die damals besonders in Hessen noch für ihr eigenes Bewußtsein marxistisch denkende SPD[7] und die KPD gewesen sind. Der kommunistische Minister Oskar Müller hat die Verfassungsurkunde mitunterzeichnet. Um so unverständlicher ist es, daß der Vorsitzende des Hessischen Richterbundes und FDP-Landtagsobgeordnete O. R. Pulch (bekanntlich hat einst die hessische FDP – im Gegensatz zur KPD, die die HLV unterstützte – in Parlament und Plebiszit gegen die hessische Verfassung gestimmt) behauptet[8], die Rahmenrichtlinien (auch in ihrer zweiten Fassung) stünden im Widerspruch zu Art. 56, weil sie »marxistisch« seien. Daß sie das nicht sind, sondern bestenfalls die Erörterung des Marxismus ohne negative vorab gesetzte Vorurteile teilweise möglich machen, soll später gezeigt werden. Aber die Behauptung, daß die Hessische Landesverfassung marxistisches Denken (und sei es nur in Art. 56) als außerhalb des Rahmens verfassungsrechtlich zulässiger Diskussion und Interpretation angesehen hätte, widerspricht ohne jeden Zweifel den verfassungsgeschichtlichen (und deshalb auch den verfassungsrechtlichen) Tatsachen.

Durch die Struktur des Grundgesetzes (wie die der HLV) *vermittelt*, ergeben sich aus dem Verfassungsrecht allerdings deutlich konkretisierbare weitere oberste Leitsätze für das öffentliche Unterrichtswesen, die im Grundgesetz durch die Existenz derjenigen Verfassungsgrundsätze, die

4 Art. 56 Abs. 3 HLV.
5 Art. 56 Abs. 4, HLV.
6 Art. 56 Abs. 5 HLV.
7 Vgl. (neben vielen anderen Darstellungen) Helga Grebing, *Geschichte der deutschen Arbeiterbewegung*, München 1966, S. 253 ff.
8 Otto Rudolf Pulch in: *Frankfurter Allgemeine Zeitung* vom 31. 12. 1973, S. 12.

auch im legalen Verfassungsänderungsverfahren nicht berührt werden können, noch einmal besonders betont sind. Übrigens sollte ursprünglich auch im hessischen Verfassungsrecht das im Grundgesetz erst später eingefügte[9] Widerstandsrecht[10] eine ähnliche Funktion haben, den Rahmen rechtlich möglicher Verfassungsänderung (und daher auch demokratisch legitimer inhaltlicher politischer und wissenschaftlicher Diskussion) zu begrenzen, aber eben dadurch gleichzeitig positiv den Inhalt der Probleme zu charakterisieren, zu deren Kenntnis die heranwachsende Generation dieser (zunächst noch nur politisch) demokratisch organisierten Gesellschaft geführt werden muß. Es ist wohl unbestreitbar, daß es nach dem Willen eines jeden Verfassungsrechts mit demokratisch-sozialstaatlichem Charakter gerade die Funktion des öffentlichen Unterrichtswesens sein muß, die Heranwachsenden fähig zu machen, künftig an von ihnen maximal rational verstandener Bildung des gesellschaftlichen Willens mitzuwirken und den Schutz der Demokratie (Art. 147 HLV, Art. 20 Abs. 4 GG) als eigene Pflicht zu begreifen.

Gemäß Art. 79 Abs. 3 GG sind die Kernpunkte, die diese Problematik umschreiben, neben der für diesen Zusammenhang unwichtigen Föderalismus-Garantie die Rechtsgrundsätze von Art. 1 GG (Schutz der Menschenwürde und daher der Existenz eines Grundrechts- und Menschenrechtssystems, vgl. Art. 3 und 1 ff. HLV) und Art. 20 GG (Garantie der sozialen Demokratie und der Bindung aller Organe der öffentlichen Gewalt, also immanent auch der Schule, an verfassungsmäßige Ordnung, Gesetz und Recht). Daraus folgt – wie das die zweite Fassung der Rahmenrichtlinien zutreffend ausdrücklich feststellt[11] – als oberstes Lernziel die Befähigung zur Selbst- und Mitbestimmung. Die erste Auflage hatte das gleiche oberste Lernziel mit dem gleichen Hinweis auf das Demokratiegebot des Grundgesetzes formuliert, ohne allerdings ausdrücklich die zitierten Normen des GG zu nennen[12]. Daraus, daß nunmehr die einschlägigen Normen ausdrücklich genannt werden, eine »Konzession« an die Vorstellungsreihen des »Hessischen Elternvereins« (einer »mittelständischen« antidemokratischen Kaderorganisation) zu entnehmen, wäre ein Fehlschluß, gleichgültig, ob man ihn zieht, um den eigenen Positionswechsel möglicherweise vorsichtig vorzubereiten (falls nämlich das Hessische Kultusministerium, was zu hoffen wäre, hart bleiben sollte; bekanntlich ist ja auch die ehemalige Pro-Zwergschul-Op-

9 Art. 20 Abs. 4 GG, Gesetz vom 24. 6. 1968.
10 Art. 147 HLV.
11 RRL II, S. 7(II = 2. Auflage.)
12 RRL I, S. 7 (I = 1. Auflage).

position der CDU inzwischen an den Fakten gestorben und deshalb vergessen)[13], oder ob man kraft dieses Siegesbewußtseins ob des angeblichen Zurückweichens des Feindes den Kampf gegen die angeblich verfassungswidrigen Rahmenrichtlinien noch anheizen will[14]. Denn objektiv war die ausdrückliche Betonung dieser Verfassungsartikel in der zweiten Auflage der RRL anstelle des allgemeinen Verweises auf das Demokratiegebot des Grundgesetzes nur eine (sicherlich in vielen Fällen, hoffentlich mehr für die kritisierenden Hochschullehrer und die Öffentlichkeit als für die Lehrer der hessischen Schulen erforderliche) Lesehilfe für alle, die ihr Grundgesetz nicht ausreichend kennen.

Im übrigen hat das einige weitere verfassungsrechtliche Konsequenzen. Es wäre schlicht verfassungsrechtlich unhaltbar, irgendeine über diese Grundsätze hinausgehende, aber aktuell praktisch bestehende sozialökonomische Lage (also etwa die bestehenden Produktionsverhältnisse), eine politische Machtlage, eine Rechtslage oder gar einen gegenwärtig bestehenden, durch Gesetze, Verwaltungsakte oder in anderer Weise (z. B. durch Lehrpläne) bestimmten Zustand des Unterrichtswesens diesem obersten Lernziel entgegenzusetzen. Weil diese obersten Lernziele vielmehr durch die obersten, unveränderlichen Rechtsgrundsätze des Verfassungsrechts normiert sind, müssen die Schüler zu der Einsicht geführt werden, daß sich an diesen Lernzielen jede existente Form ihrer Konkretisierung (falls sie sich als solche versteht, wie es ihrem Anspruch nach z. B. alle Verfassungsnormen und alle anderen Rechtsnormen und öffentlichen Institutionen, sei es in dieser, sei es in jener Weise wollen), aber auch jede sozialökonomische oder politische Zielsetzung messen lassen und legitimieren muß. Denn jede existente Konkretisierung steht – eben abgesehen von diesen obersten Grundsätzen, die sich in das oberste Lernziel transformieren – zur Disposition des sich selbst demokratisch bestimmenden Volkes (und sei es im legalen Verfassungsänderungsverfahren des Art. 79 GG [bzw. Art. 123 HLV]), dessen politisch schon aktive (also bereits wahlberechtigte) wie noch inaktive, erst künftig aktive Individuen durch die Schule zu rationalem Gebrauch ihrer Rechte (und zur Einsicht in ihre Mitwirkungspflichten) zu entwickeln, zu optimal vernünftiger Mitwirkung anzuhalten sind. Und das heißt, daß es die Aufgabe des öffentlichen Unterrichtswesens ist, diese Fähigkeit zu kritischer Einsicht vor allem im Fach Gesellschaftskunde in steter Auseinandersetzung mit der Realität

---

13 Dahin könnte sich die Stellungnahme der längst nur noch rechtsliberalen *Zeit* und Golo Manns entwickeln, vgl. *Die Zeit* vom 14. 12. 1973, S. 17 f.

14 So der leider immer noch nicht aus der SPD ausgeschlossene Philosophieprofessor Hermann Lübbe in *Deutsche Zeitung* vom 14. 12. 1973, S. 3, und der CDU-Redner Dregger im Bundestag am 14. 2. 74.

(die als geschichtlich gewordene begriffen werden muß, deren mögliche Weiterentwicklung und Veränderung sich in einem konkret geographisch bestimmbaren Raum vollzieht), also als Verständnis für einen permanenten Prozeß, an dem alle mit möglichst gleichen Chancen teilnehmen sollen[15], zu entwickeln. Daß gerade dieses Gleichheitsrecht (auch und vor allem hinsichtlich der sozialen Schranken der Bildungs- und also dadurch bedingt auch Mitwirkungschancen) in dieser Zielsetzung reflektiert werden muß, wird in Konsequenz dieser Überlegungen in den RRL verfassungsrechtlich zutreffend ausdrücklich betont[16]. Wenn Ralf Dahrendorf in einem Aufsatz in der »Frankfurter Allgemeinen Zeitung«[17] den RRL unterstellt, sie wollten, weil sie diese Problematik ausdrücklich aufwerfen und in den Fragenkreis, den die Schüler erwägen lernen sollen, einbeziehen, erstens einseitig zur Übernahme sozialistischer Vorstellungen erziehen und zweitens seine eigene (nunmehr rechtsliberal-konservative) Position verdammen, so kann dies Mißverständnis nur darauf beruhen, daß er kritische Fragen, wenn sie nur – falls sie bei diesem oder jenem, der sie beantworten will, zu ihm unerwünschten Ergebnissen führen können – bereits für unzulässig hält und jeden beliebigen anderen Standpunkt (außer dem seinen natürlich) als »antipluralistisch« und »dogmatisch« verwirft.
Grundgesetz und Hessische Landesverfassung sind in diesen Fragen allerdings anderer Meinung als Dahrendorf. Die Hessische Landesverfassung hat einst 1946 – wie damals viele andere Landesverfassungen der Länder des von den Westmächten besetzten Teils Deutschlands[18], wenn auch durchdachter als sie – die sozio-ökonomischen Grundlagen der Gesellschaft in sozialistischer Richtung umgestalten wollen[19], um diese Chancen-Ungleichheiten zwecks entschiedenerer Demokratisierung aller sozialen Prozesse durch Vergesellschaftungsmaßnahmen erheblich einzuschränken. Hier betrachtet sich also das Verfassungsrecht keineswegs als Garanten des status quo der bestehenden (auf welcher Stufe und in welcher Form auch immer kapitalistischen) Produktionsverhältnisse, sondern als deren Transformator in Richtung auf (abermals in welchen Grenzen und in welcher Form auch immer) sozialistische Produktions-

15 Art. 3 Abs. 3 GG; Art. 1 HLV. Die bisherige verfassungsrechtliche Konkretisierung dieses Verfassungsauftrages für das Erziehungswesen (z. B. in Art. 59 HLV) hält sich in engen Grenzen.
16 RRL I, S. 7; II, S. 7/8 in teilweise konkretisierterer Formulierung.
17 Vgl. *Frankfurter Allgemeine Zeitung* vom 1. 12. 1973, S. 19.
18 Rheinland-Pfalz Art. 61; (Süd-)Baden Art. 45; Württemberg-Baden Art. 28; Bremen Art. 42 ff; Saarland Art. 52.
19 Art. 39 ff; im Grundsatz ist später (1950) Nordrhein-Westfalen in Art. 27 Abs. 1 diesem Weg gefolgt.

verhältnisse. Und das Grundgesetz hat durch die innere Verbindung von Art. 20 (sozialer und demokratischer Staat) mit Art. 15 (Zulässigkeit der Sozialisierung) und Art. 14 Abs. 1 S. 2 und Abs. 2 (potentielle Umgestaltung des Inhalts des Eigentums-Begriffes und Sozialpflichtigkeit des Eigentums) mindestens die Chance zur Veränderung der Produktionsverhältnisse ohne Verfassungsänderung bewußt aufrechterhalten. Also kann auch in der Fixierung auf die existenten Produktionsverhältnisse und auf die durch sie (oder in Ableitung durch sie) bestehenden gesellschaftlichen Vorrangpositionen keine verfassungsrechtliche Schranke für zur Bestimmung der eigenen gegenwärtigen oder künftigen Stellungnahme der heranwachsenden Generation erforderliche kritische Fragestellungen liegen. Ob sie dann im Sinne Dahrendorfs, dessen Recht auf Vertretung seiner Position niemand bestreitet, wenn er auf den Monopolanspruch für sie verzichtet, den er erhebt, oder in anderem Sinne beantwortet werden, ist Sache des Volkes (und der maximal zu rationalisierenden Entscheidungen und Kompromisse seiner heute oder erst künftig aktiven Individuen, die es bilden), aber – auch nach deren eigenem Anspruch – gewiß nicht der RRL. Nur haben eben – und das im offenkundigen Widerspruch zu den aus dem Verfassungsrecht ableitbaren Bildungsaufgaben der Schule – allzu oft die bisherigen, durch ältere Lehrpläne der drei beteiligten schulischen Fächer (Gemeinschaftskunde, Geographie und Geschichte), um deren Integration bzw. (soweit noch nicht möglich) Kooperation es hier geht, bestimmten Unterrichtsinhalte die Antworten dogmatisch (und zwar in prokapitalistisch-konservativem Sinne) vorweggenommen, statt sich – wie es die Aufgabe der Schule in einer sozialen Demokratie sein sollte – darauf zu beschränken, die Schüler durch kritisches Fragen und systematische Anleitung zu kritischer eigener Aufarbeitung von Materialien und Diskussionen divergenter Auffassungen ihre eigenen Interessen erkennen und ihre eigene Antwort finden zu lassen.
Die Transformation des Unterrichts aus dogmatischer Kenntnisvermittlung (z. B. in bloßer Fakten- oder Institutionenkunde) in durch ständiges, an erfahrbarer Realität entwickeltes (und daher von aktuell als gegeben erkannten oder an im Geschichtsprozeß, der die aktuellen Konflikte bedingt, aufgefundenen) Fragen nach Konflikten und ihrer jeweils konkreten Lösung, nach den gesellschaftlichen Interessen, die sie bestimmen, und nach möglichen sozio-ökonomischen Problemstellungen, die in ihnen hervortreten, ist also nicht nur eine Konsequenz pädagogischer oder didaktischer Theorien, sondern in der sozialen und rechtsstaatlichen Demokratie des Grundgesetzes auch ein Auftrag des Verfassungsrechts an die Schule. Von hier aus mindestens tendenziell begriffene und in ihrer Funktion erkannte Institutionen (und Fakten) werden einerseits im Den-

ken (und Gedächtnis) des Schülers eine größere (und künftiges Verhalten oder Handeln stärker motivierende) Rolle spielen als (wie früher) nur dogmatisch erlernte. Sie sind (eben weil sie nur auf diese Weise als entweder entwicklungs- oder verteidigungswert verstanden werden können) keineswegs die Vorwegnahme irgendeiner Antwort des Schülers (und des künftigen Bürgers), die in einer sozialen Demokratie im Sinne des Grundgesetzes außerhalb des Rahmens von Art. 1 und 20 GG niemals das Recht (oder gar die Pflicht) der Schule sein kann. Weil und soweit die RRL methodisch und inhaltlich dieses kritische Fragen bei der Analyse der gegenwärtigen Gesellschaft und ihrer geschichtlichen und geographischen Voraussetzungen intendiert haben, haben sie also keineswegs den verfassungsrechtlichen Rahmen schulpolitischer Entscheidungen (oder besser, da sie ja keineswegs der Schule auferlegt werden, sondern – auch in ihrer zweiten Fassung – der Schule zunächst nur zum Experimentieren und zur Diskussion zur Verfügung gestellt sind, schulischer Möglichkeiten) gesprengt oder auch nur überschritten, sondern umgekehrt den demokratischen Auftrag von Grundgesetz und Landesverfassung an die Schule besser zu realisieren versucht, als er im System der bisherigen (in vielen Beziehungen dogmatisierenden) Lehrpläne (und des bisherigen Angebots an Lehrbüchern der beteiligten Fächer an die Schule) verwirklicht werden konnte.

Inhaltliche Bemerkungen zu den beiden Auflagen der RRL und der wissenschaftlichen Kritik an ihnen

Es wäre bei einer so erheblichen Veränderung von Unterrichtsinhalt und Unterrichtsmethode, wie sie sich die RRL als Aufgabe gestellt haben, unsinnig zu verlangen, daß sie von allen Mängeln frei und fehlerlos seien – ganz abgesehen davon, daß es dem Wesen der Sache nach niemals wissenschaftlich oder pädagogisch endgültige und fehlerfreie Leistungen geben kann[20].

Das ändert nichts daran, daß es erforderlich ist, nach einigen Problemstellungen der RRL zu fragen, nicht nur um zu prüfen, ob sie tendenziell ihrem eigenen Anspruch gerecht werden (und eventuell Hinweise in Richtung auf ihre Verbesserung zu machen), sondern auch um zu klären,

---

20 Deshalb erübrigt es sich auch, auf die – übrigens die Wissenschaft durch Verbalinjurien primitivster Art ersetzenden – Bemerkungen Ralf Dahrendorfs in: *Frankfurter Allgemeine Zeitung* vom 1. 12. 1973, S. 19 letzte Spalte, einzugehen, die zusätzlich offensichtlich die Funktion von Seminararbeiten und Curriculum-Entwürfen für den Unterricht verwechseln.

ob die im Gutachten der Professoren Thomas Nipperdey und Hermann Lübbe, zweier führender Repräsentanten des hochschulpolitisch radikal-konservativen »Bundes Freiheit der Wissenschaft«, die erstaunlicherweise immer noch Mitglieder der SPD sein können, vorgebrachte Kritik außer verfehlten ideologischen auch vertretbare wissenschaftliche Einwände vorbringen kann[21].

Die zweite Auflage der RRL hat an mehreren Stellen durch ausdrückliche Formulierung von Selbstverständlichkeiten, z. B. durch den konkreten Bezug auf Art. 1 und 20 GG, eine Reihe der Scheinargumente dieses Gutachtens beseitigt, ohne doch den grundsätzlichen Inhalt der ersten Auflage preiszugeben oder auch nur zu verändern; aber sie hat auch – um derartige Scheinargumente aus dem Felde zu schlagen – Probleme hinzugefügt (z. B. die Fragestellung der Kompromisse[22]), die dann m. E. nicht ausreichend weiter befragt worden sind. Muß man nicht, wenn man – mit Recht – von »Überbrückung« (statt Entscheidung) der sozialen (oder sonstigen) Interessengegensätze durch immer neue Kompromisse spricht, gleichzeitig erkennbar machen, daß Kompromisse zwar stets auf zeitweiliger Befriedung von Interessengegensätzen zwischen Machtträgern beruhen, aber sehr verschiedene Ergebnisse (nämlich in manchen Fällen die Aufhebung eines konkreten Konfliktes, in anderen seine Verlagerung auf eine neue Stufe, in vielen aber nur eine zeitlich sehr begrenzte Vertagung eines Konfliktes oder nur die Bewahrung einer Machtstellung durch lediglich verbale Konzessionen oder endlich – als bloßer Formalkompromiß – den falschen Schein einer Veränderung) zum Inhalt haben können? Ist nicht, wenn man den (wenn auch in der Sekundarstufe I noch sehr jungen) Schüler nicht am konkreten Beispiel zu solchen Fragen führt, die Gefahr allzu groß, daß er – statt soziale Konflikte auf ihren entweder grundsätzlich antagonistischen oder evtl. auch anderen Inhalt hin zu prüfen – den üblichen Kompromiß-Ideologien der Mittelschichten unkritisch erliegt?

Das Gutachten Nipperdey/Lübbe geht davon aus, den »Ersatz der wissenschaftlichen Fächer durch Lernfelder«, der unzweifelhaft ein Kernstück der RRL bildet, als »willkürlich« und als besonders boshaften Versuch zu bezeichnen, den für die Wissenschaft vorbereitenden Charakter der Schule in Frage zu stellen, nämlich praktisch nur den der früheren »höheren Schule«, bestenfalls noch der Realschule, gewiß nicht der frühe-

---

21 *Gutachten zu den Rahmenrichtlinien Sekundarstufe I* Gesellschaftslehre des Hessischen Kultusministers erstattet von Professor Dr. Thomas Nipperdey und Professor Dr. Hermann Lübbe, *Heft 1 der Schriftenreihe des Hessischen Elternvereins e. V., Bad Homburg v. d. H.*, 1973, 44 Seiten (künftig zitiert als G).

22 RRL II, S. 8.

ren bloßen »Volksschule«, und diese Verletzung geheiligter Schranken alter Disziplin den RRL anzukreiden[23]. Denn den gegenwärtigen, an traditionellen Lehrplänen orientierten Unterricht darin als mehr oder minder zufällige Auswahl ebenso mehr oder minder unkritisch übernommener Resultate einzelner geschichtlich an den Universitäten entstandener Wissenschaftszweige (man denke nur an die so rasch historisch vergängliche Abgrenzung zwischen Geschichte, Zeitgeschichte und Politologie oder Wirtschafts- und Sozialgeschichte, Sozialgeographie und Ökonomie und Soziologie) sozialwissenschaftlichen Charakters zu bezeichnen, würde wohl den Verfassern des Gutachtens kaum in den Sinn kommen. Aber wie steht es mit der Behauptung des Gutachtens, hier zeige sich besonders stark der lediglich einseitig ideologisierende Charakter der RRL? Zeigt nicht vielmehr jeder Blick auf die Geschichte dieser Einzelwissenschaften (wie die Verfasser des Gutachtens sehr genau wissen), daß gerade auch in diesen Einzelwissenschaften höchst einseitige und falsche Ideologisierungen sehr lange vorherrschend waren und es häufig genug noch sind? Und ist nicht – wie sie ebenso wissen – in ihnen (mindestens wenn man nicht die gegenwärtigen Machtverhältnisse im wissenschaftlichen Getriebe der BRD mit den Diskussionen in der Wissenschaft der übrigen Welt verwechselt) die durch das Gutachten Lübbe/Nipperdey als angeblich »unwissenschaftlich« angeprangerte These vom antagonistischen Charakter der Gesellschaft ein aktuelles Problem, das außerdem von den RRL keineswegs dogmatisch behauptet, sondern nur zum Gegenstand der kritischen Fragestellung gemacht wird (aber offensichtlich von den Verfassern des Gutachtens dogmatisch aus Unterricht und Welt verbannt werden soll)? Und endlich – ist diese Auflösung der bisherigen Trennung des Unterrichts in drei Fächer in die vier Lernfelder der Sozialisation, der Wirtschaft, der öffentlichen Aufgaben und der intergesellschaftlichen Konflikte (und die Reihenfolge ihrer in mehreren schulalterbedingten Spiralen angesetzten Behandlung) wirklich eine unbegründete »willkürliche« Dezision? Erfährt nicht der junge Mensch, der noch nicht im Berufsleben steht, Sozialisationsfragen zuerst in der eigenen täglichen Erfahrung, um von dort aus – wenn er sie zu durchdenken beginnt – zur jeweils nächsten Stufe bis zur ihm entferntesten, den intergesellschaftlichen Konflikten der Welt vorzudringen? So ist es umgekehrt »willkürlich«, diese durchaus vertretbare (und in der Reihenfolge der Problemerörterung, wenn man sie – was aber die RRL auch nicht beabsichtigen – nicht dogmatisiert) von der Schülermotivation her be-

23 G, S. 8 ff.

gründbare Lernfeldaufteilung als angeblich »dezisionistisch« zu verfemen, wie das im Gutachten Lübbe/Nipperdey geschehen ist.
Die RRL wollen – wie es der Motivation, der Anknüpfung an das mögliche Schülerinteresse in dieser vorpubertären oder frühpubertären Altersstufe der Sekundarstufe I entspricht – jeweils von Fragen ausgehen, die dem Schüler als potentiell strittig und konfliktbeladen erscheinen, nicht aber von Einrichtungen, die ihm bekannt sind und deren Sinn allgemein anerkannt ist[24]. Denn systematische Einordnung und Analyse kann didaktisch erfolgreich am besten von der den Schüler unmittelbar interessierenden kritischen Befragung ihm problematischer Fragen aus gelingen. Daraus, daß an strittige Probleme durch Fragen angeknüpft werden, nicht aber über Institutionen abstrakt doziert werden soll, jeweils zu schließen, daß also keine Identifikation des Schülers damit erfolgen soll, bleibt generell dem besonderen pädagogischen und didaktischen Einsichtsvermögen der beiden Gutachter vorbehalten. Nur dieses Mißverständnis – es soll nicht unterstellt werden, daß es ein bewußter Trick sei – macht es den Gutachtern möglich, immer wieder anzudeuten, die RRL wollten den Schülern eine generell verfassungsfeindliche, quasi »antiautoritäre« Position aufdrängen[25]. Dabei gelangen die Gutachter nicht nur zu der für einen Philosophen und Soziologen schwer verständlichen These, daß die Intention der RRL, den Schüler zu der Erkenntnis zu führen, daß seine privaten Selbstverwirklichungsintentionen und Glückserwartungen stets auch von gesellschaftlichen Bedingungen und Entscheidungen abhängig seien[26], Selbstbestimmung und Selbstverwirklichung im privaten Bereich absolut negiere[27], sondern auch zu der für einen Historiker, von dem man erwarten sollte, daß er den Aufstieg des Bonapartismus in Frankreich und den Zerfall der Weimarer Republik mindestens als Problem kennt, erstaunlichen Behauptung, im Hinweis der RRL darauf, daß demokratische Wahlen zwar Bedingung, aber noch nicht sichere Gewähr demokratischer Kontrolle seien, liege die Tendenz, »dem Schüler die positive Kraft und Faszination unserer Demokratie zu unterschlagen« und eine »andere Republik« zu erstreben[28]. Offensichtlich haben die Gutachter Art. 20 Abs. 4 GG noch nicht gelesen.
Diese Beispiele für den wissenschaftlichen Wert (und die undurchdachte Vorurteilsbestimmtheit) des Gegengutachtens der beiden Professoren zu den RRL könnten beliebig fortgesetzt werden. Wissenschaftliche Stand-

24 RRL I, S. 205/206.
25 Vgl. z. B. G, S. 27 f.
26 RRL I, S. 201.
27 G, S. 28.
28 G, S. 28.

punkte, die ihnen nicht passen, werden immer wieder als nicht-»wissenschaftlich« unreflektiert abgetan. Der Marxismus steht für sie außerhalb der möglichen wissenschaftlichen Debatte, marxistische Literatur ist nach ihrer Meinung a priori nicht »wissenschaftlich«[29]. Die wissenschaftlich-pluralistische Debatte besteht also für sie im Ausschluß der Positionen, die sie nicht teilen, aus jeder Erwägung, nicht nur seitens der Schüler, sondern auch der Lehrer, die sie zum Denken in Alternativen, also zu demokratischen Prozessen der Willensbildung anhalten sollen. In jeder kritischen Fragestellung sehen sie bereits deren Entscheidung gegen die bestehende Lage und gegen ihre damit von vornherein identifizierte Position, auch wenn die RRL ausdrücklich betonen, daß ihre Fragestellungen nur zur Erkenntnis der Alternativen und zur selbständigen, aber eben möglichst weitgehend durch den Schüler begründbaren Stellungnahme hinführen wollen. Wo in den RRL sowohl Probleme »westlicher« als auch sozialistischer Gesellschaften[30] zur Diskussion gestellt werden, wird schlicht entgegen den Tatsachen behauptet, daß eine »einseitige Identifikation« mit den sozialistischen Ländern erstrebt werde[31]. So ersetzt in dieser Kritik an den RRL allzu häufig das bloße Vorurteil und der pamphletische Stil jede sachliche Argumentation[32]. Vor allem tritt immer wieder ein scheinpädagogischer Einwand der (für jede demokratische Gesellschaft unabdingbaren) Erziehung der Schüler zu kritischer Fragestellung und kritischem Denken entgegen: Sie seien nämlich zur Beurteilung der Probleme noch nicht »kompetent« und dürften also nicht dazu angehalten werden, Sachfragen an den Normen des Grundgesetzes zu messen[33]. Gewiß werden sie noch häufig in ihrem Denken zu Fehlentscheidungen gelangen. Die Erwachsenen und auch die Professoren etwa nicht? Aber wenn sie nicht schon in den Entwicklungsjahren anfangen sollen, kritisch und also auch in Verfassungsfragen tendenziell selbständig

29 G, S. 16, 17, 21, 29.

30 Vgl. z. B. hinsichtlich der sozialistischen Gesellschaften und ihrer internen Widersprüche und Machtkämpfe RRL II, S. 123 bzw. RRL I, S. 98. Übrigens wird hier m. E. (umgekehrt) von den RRL nicht deutlich genug auf den geschichtlichen Hintergrund dieses Problems hin gefragt und dadurch die Gefahr begründet, daß Vorurteilsschranken unkritisch aufrechterhalten werden, die das Gutachten Lübbe/Nipperdey bewußt erhalten und fördern will.

31 G, S. 30.

32 Auf dem zweiten »Hessen-Forum« in Frankfurt, das im Dezember 1973 von der hessischen Landesregierung veranstaltet wurde, hat Thomas Nipperdey diese für einen Wissenschaftler schwer vertretbare (aber, wenn man sich der Verhaltensformen vieler Historiker und Juristen z. Z. der Weimarer Republik erinnert, damals ja auch bei Hochschullehrern übliche) Verhaltensweise derart übersteigert, daß ein Mann wie Eugen Kogon sich gezwungen sah, den Vorsitz niederzulegen.

33 G, S. 26.

zu denken, wann sollen sie es dann? Wer darauf verzichten will, die kritische demokratische Denkfähigkeit der Schüler zu entwickeln, täte besser, nicht gleichzeitig zu behaupten, kritische Bürger einer politischen und sozialen Demokratie erziehen zu wollen. Er sollte sich unverhüllt zu dem autoritären Obrigkeitsstaat bekennen, den er erstrebt.
Nicht viel besser steht es mit dem Einwand des Professoren-Gutachtens, die RRL unterstützten die enthistorisierenden Tendenzen im Denken unserer Gesellschaft[34]. Gewiß wollen sie im ersten Durchgang der Lernfelder stärker von aktuellen Problemen aus zur geschichtlichen Analyse hinführen als umgekehrt. Wer – wie der Verfasser dieses Aufsatzes – das allzu kurzschlüssig enthistorisierte Ausgangsdenken der gegenwärtigen studentischen jungen Generation kennt und bedauert, die noch mit dem traditionellen isolierten Geschichtsunterricht großgeworden ist, wird jeden Versuch begrüßen, dieser Situation (und sei es zunächst einmal von der Parzellierung der Geschichte durch die Lernbereiche aus) Herr zu werden. Die RRL haben dabei z. T. weit bessere Aufarbeitungen von Problemstellungen angeboten, als sie der frühere Geschichtsunterricht mit seinen bisherigen Lehrplänen (und die historische Schulbuch-Literatur) aufweisen konnte[35].
So halten also die hessischen RRL der Kritik durch das Professoren-Gutachten Nipperdey/Lübbe durchaus stand. Sie haben gewichtige Ansätze des demokratischen Umdenkens im gesellschaftskundlichen Unterricht geschaffen, die in vielem dem traditionellen Unterricht in den drei auf Gesellschaftskunde bezogenen Schulfächern überlegen sind. Das soll und kann natürlich nicht zu der These verführen, sie seien sozusagen »endgültig« und der Kritik nicht mehr bedürftig. Aber ihr Ansatz wird dem schulpolitischen Auftrag der sozialen Demokratie des Grundgesetzes und der Hessischen Landesverfassung besser gerecht als alle bisherigen Unterrichtsformen.

Die machtpolitische Auseinandersetzung um die Rahmenrichtlinien

Darum sollte es eine der wichtigsten Aufgaben aller demokratischen Kräfte und der GEW sein, das Experiment der RRL zu schützen. Denn die Gefahr, daß sie »abgewürgt« und zurückgezogen werden, ist nach wie vor groß. Nicht nur die bisherige Agitation der CDU und des Hessischen Elternvereins e. V. hat gezeigt, daß es möglich ist, einen großen Teil der in

34 G, S. 14 ff.
35 Z. B. RRL II, S. 171 ff., 243 ff.

traditionellen Bahnen denkenden Eltern aus den Schichten, die sich noch immer für das »Bildungsbürgertum« und den »Mittelstand« halten, in Anknüpfung an überkommene Ideologien gegen sie zu mobilisieren. Das »Frankfurter Hessen-Forum« vom Dezember 1973 hat nach der agitatorischen Diskussionsrede Thomas Nipperdeys gezeigt, wie weit diese Gruppen fanatisiert werden konnten, so daß ein gewiß nicht sozialistischer oder gar marxistischer, aber entschieden demokratischer Wissenschaftler wie Eugen Kogon den Vorsitz nicht weiterführen wollte. Der stellvertretende Vorsitzende der hessischen Landtagsfraktion der FDP, eines Koalitionspartners der Landesregierung, hat öffentlich gegen sie Stellung genommen. Die in den Denkschemata der Restauration und des Kampfes gegen die Studentenbewegung und die Rechte des akademischen Mittelbaus verharrenden Hochschullehrer und Gymnasial-Direktoren (wie der Leiter des Hanauer Gymnasiums, Dr. Haseloff[36]) wenden sich gegen sie, auch wenn sie Mitglieder der SPD sind. In der Verfassungsdebatte des Bundestages hat am 14. Februar 1974 der hessische CDU-Vorsitzende Dr. Dregger eine wahre Hexenjagd im Stil McCarthys gegen die Verfasser der RRL entfesselt. Die Erziehung zu kritischer Fragestellung und demokratischem Denken in gesellschaftspolitischen und politischen Alternativen ist für die ökonomisch herrschende Klasse eine Gefahr, zu deren Abwendung sie angesichts der autoritär-restaurativen Denktraditionen, die seit der Gründung der BRD zwei Jahrzehnte vorherrschend waren, stets große Teile der die öffentliche Meinungsbildung bestimmenden Kommunikationsmittel für sich gewinnen kann. Der hessische Kultusminister und das hessische Kabinett werden diesem Druck nur standhalten können, wenn es gelingt, erheblichen Gegendruck auszuüben. Die Eltern aus anderen sozialen Gruppen als dem traditionellen Bildungsbürgertum, die sich im Hessischen Elternverein e. V. als Hilfstruppe der rechten CDU zusammengeschlossen haben, sind erfahrungsgemäß – schon weil sie die Problemlage nicht genügend kennen – nur schwer aktivierbar. Um so notwendiger ist es, daß die GEW versucht, auch die anderen Gewerkschaften des DGB und die Studenten als Bundesgenossen zu gewinnen, um den Versuch der Rahmenrichtlinien zu sichern. Wie zur Fragestellung der Berufsverbote gegen »Radikale«, die keineswegs faschistoide Kräfte, sondern in der Praxis – wie einst zu Severings Zeiten in der Weimarer Republik – nur Kommunisten, Sozialisten und entschiedene Demokraten bedroht, geht es auch hier um die Verteidigung der demokratischen

36 Vgl. seine Leserbriefe in der *Frankfurter Allgemeinen Zeitung* vom Dezember 1973 und in der *Frankfurter Rundschau.*

Verfassung, deren Erhaltung und Ausbau die Voraussetzung für jede sinnvolle berufliche Tätigkeit eines jeden Hochschullehrers, Lehrers oder Juristen wie für die Interessenvertretung jedes abhängig Arbeitenden ist.

Das Abtreibungsurteil des Bundesverfassungsgerichts*

Leo Kofler zum 70. Geburtstag

Zum dritten Mal in relativ kurzer Frist hat sich das Bundesverfassungsgericht – objektiv; die subjektive Seite der Problematik läßt sich wohl, wie einst beim Reichskanzler Heinrich Brüning, erst nach der Publikation der Memoiren der Beteiligten überprüfen – gegen das Grundgesetz entschieden. Mit dem Niedersächsischen Hochschulgesetz-Urteil des ersten Senats hatte es am 29. Mai 1973 begonnen[1]. Dann kam das Deutschland-Vertragsurteil des zweiten Senats vom 31. Juli 1973[2]. Nun hat sich erneut der erste Senat mit seinem Urteil vom 25. Februar 1975 zu Wort gemeldet[3]. Zum dritten Mal hat sich allerdings auch erwiesen, daß es in der Bundesrepublik Deutschland noch Verfassungsrichter gibt, die – trotzdem die Generation jener in seinen Senaten schon fast abgetreten ist, die den Endkampf um das Weimarer Verfassungsrecht und das Dritte Reich in vollem Bewußtsein erlebt und damals autoritäre Diktatur und Faschismus abgelehnt haben – auf dem Boden demokratischen Verfassungsdenkens verblieben sind und den Mut haben, dies offen zu sagen, auch wenn die Mehrheit gegen sie steht. Im zweiten Senat wurde beim Deutschland-Vertragsurteil der Verfassungsrichter Rottmann als »befangen« abgelehnt, weil er zuvor in einem Aufsatz bekannt hatte, selbstverständliche Grundsätze des Völkerrechts zu kennen[4]. Im ersten Senat haben schon beim Hochschul-Urteil Frau Rupp-von Brünneck und Dr. Simon eine gemeinsame »abweichende Meinung« geäußert[5]. Sie haben zum § 218-Urteil

---

* Zuerst in: *Kritische Justiz*, 1975, H. 2, S. 121 ff.

1 BVerfGE 35, S. 79 ff.; Vgl. dazu u. a. meine Besprechung in: *Blätter für deutsche und internationale Politik*, 1973, S. 705 ff. S. oben S. 250 ff.

2 BVerfGE 36, S. 1 ff.; Vgl. dazu u. a. meine Besprechung in: *Stimme der Gemeinde* 1973, S. 283 f. S. oben S. 264 ff.

3 Urteil des ersten Senats vom 25. 2. 1975 – 1 BvF 1–6/74 –.

4 Vgl. dazu Anm. 2. Bezeichnenderweise wurde der Verfassungsrichter Prof. Dr. Brox, der die Mehrheitsmeinung des Ersten Senats bereits in einem Aufsatz im katholischen Bistumsblatt von Paderborn vorweggenommen hatte, nicht für befangen erklärt; vgl. *Der Dom* vom 6. 5. 1973, zitiert nach *Der Spiegel* 1975, Nr. 6, S. 22.

5 Vgl. BVerfGE 35, 148 ff.

gesagt: »Die entgegengesetzte Verfassungsauslegung (nämlich die der Majorität des Senats, d.Verf.) ist mit dem freiheitlichen Charakter der Grundrechtsnormen nicht vereinbar und verlagert in folgenschwerem Ausmaß Kompetenzen auf das Bundesverfassungsgericht.«[6] In einer Bundesrepublik, in der kritisches Denken immer schamloser diffamiert wird, verdienen sie um so mehr Dank.

Gewiß wäre es erwägenswert gewesen, wenn sie die volle Konsequenz aus dieser zutreffenden Beurteilung der Entscheidung gezogen und offen formuliert hätten: Dies Urteil verstößt gegen die »freiheitlich-demokratische Grundordnung« im Sinne des Grundgesetzes und insbesondere des Artikel 18 GG; dann wäre – angesichts der Kompetenz, die dieser Artikel wiederum dem Bundesverfassungsgericht einräumt – der innere Widerspruch unserer gegenwärtigen verfassungspolitischen Situation noch deutlicher hervorgetreten.

Daß es zu dieser eindeutigen Formulierung nicht kam, hat aber wahrscheinlich nicht nur taktische Gründe. Zwar verdient das Minderheitsvotum hohes Lob ob seines meist exakten juristischen Denkens. Und es unterscheidet sich zudem wohltuend von den (notwendig; dies sei nicht als moralischer Vorwurf gemeint) Vor-Urteils-bestimmten und wenig logischen Inexaktheiten, die in den Urteilsgründen enthalten sind. Dennoch ist darin nach Meinung des Rezensenten ein Problem nicht genau genug geklärt worden.

Die »Fristenlösung«, die während der ersten zwölf Wochen der Schwangerschaft die Abtreibung für straffrei erklärt, ist nach Meinung der Senatsmehrheit angeblich verfassungswidrig, weil sie Art. 2 Abs. 2 S. 1 in Verbindung mit Art. 1 Abs. 1 GG widerspricht. Denn Art. 2 Abs. 2 S. 1 GG umfasse nicht nur den Schutz des geborenen, sondern auch den des ungeborenen Lebens, und zwar – offenkundig nach Auffassung der Senatsmehrheit – durch die Formulierung: »Jeder hat das Recht auf Leben.« Das Minderheitsvotum bekundet zu dieser Konstruktion: »Unbestritten umfaßt die verfassungsrechtliche Pflicht zum Schutze dieses Lebens auch seine Vorstufe vor der Geburt.«[7] Das ist sogar richtig; nur hätte hier konkret geklärt werden müssen, in welchem Teil der Norm (neben anderen Normen, vor allem Art. 6 Abs. 4 und 5 GG) diese Schutzpflicht verankert ist. Sie ist in der Weise verankert, daß neben dem Recht auf Leben das Recht auf »körperliche Unversehrheit« gleichberechtigt steht und das empfangene aber noch unentwickelte künftige Kind nun einmal dem Körper der Mutter verbunden ist. So wird deutlich, gegen wen vor allem sich dieses Grundrecht richtet: gegen den Staat und gegen

6 *Hektographierter Urteilstext, Abweichende Meinung*, S. 2.
7 Ebenda.

die öffentliche Gewalt. Dies ergibt sich mit großer Deutlichkeit auch aus dem Entstehungszusammenhang des Grundgesetzes, das einst zur Überwindung des Dritten Reiches beitragen wollte.
Die Urteilsgründe des Senats widmen sich seitenlang dem Versuch, die Behauptung zu begründen, das Grundgesetz – das über dies Problem expressis verbis unzweifelhaft nichts aussagt – habe in Art. 2 Abs. 2 S. 1 GG dem Foetus ein quasi individuelles absolutes Schutzrecht gegenüber jedermann, also auch gegenüber der Mutter verliehen, weil das Dritte Reich mit dem Leben existenter Menschen Schindluder getrieben habe. Daß unzählige Richter, die sich daran beteiligt haben, dann gleichwohl wieder Richter der Länder und des Bundes geworden sind, daß zahlreiche Professoren der Rechtswissenschaft, die das Dritte Reich als Inbegriff des »deutschen Rechts« gefeiert haben, dann gleichwohl wieder Hochschullehrer der Rechtswissenschaft und hohe Bundesrichter wurden, daß frühere Mitglieder der »staatstragenden Partei« des Dritten Reiches nicht nur zu Ministern der Länder und des Bundes, sondern sogar zum Bundeskanzler – trotz Art. 139 GG – aufsteigen konnten, all das regt diese Mehrheit des ersten Senats nicht weiter auf; ihr geht es um den Schutz des Foetus. Nur: Artikel 2 GG ist ein Grundrecht, ein Menschenrecht. Es hat einen konkreten Träger, es hat ein Rechtssubjekt, das es besitzt. Träger des Grundrechts aus Art. 2 Abs. 2 S. 1 GG kann auch nicht eine juristische Person sein (vgl. Art. 19 Abs. 3 GG), sondern nur der homo sapiens, der konkret existiert. Zur Zeit der Entstehung des Grundgesetzes war juristische Bildung immerhin noch so weit verbreitet, daß § 1 BGB nicht ganz unbekannt war: »Die Rechtsfähigkeit des Menschen beginnt mit der Geburt«. Man muß folglich in Erwägung ziehen, daß Grundrechte als subjektive Freiheitsrechte sowohl gegenüber der öffentlichen Gewalt, was hier das Hauptproblem war, als eventuell gegenüber Dritten, in anderer Weise als nur die in Grundrechtsform gekleideten institutionellen Garantien an Rechtsträger, an konkrete Rechtssubjekte geknüpft sind.
Hätte man diese juristische Erwägung berücksichtigt, so wäre es unmöglich gewesen, das gewünschte Resultat zu begründen, zumal dies Resultat weder im Wortlaut der Artikel 1 und 2 GG eine Stütze findet, noch in der ratio legis. Deshalb drücken sich die Urteilsgründe insoweit um ihr eigentliches Problem herum, wie auch insgesamt ihre Stärke nicht gerade in konsequentem Denken besteht. Es heißt in diesem Zusammenhang: »Hingegen braucht die im vorliegenden Verfahren wie auch in der Rechtsprechung und im wissenschaftlichen Schrifttum umstrittene Frage nicht entschieden zu werden, ob der nasciturus selbst Rechtsträger ist...«[8].

8 *Hektographierter Urteilstext, S. 57.*

In Wirklichkeit aber läßt sich – zunächst einmal abgesehen von dem noch »kühneren« Sprung (um nicht härtere Ausdrücke zu benutzen) von generellen Schutzaufgaben der öffentlichen Gewalt zu einer angeblichen verfassungsrechtlichen Pflicht zu strafrechtlicher Aktivität des Staates – das gesamte Gedankengebäude dieses Teils der Urteilsgründe logisch aber nur in irgendeiner Weise halten, wenn man die grundrechtliche Rechtssubjektivität des nasciturus annimmt. Ist denn ansonsten in Art. 2 GG von einem Grundrecht eines Nicht-Rechtssubjektes die Rede? Wäre außerdem Artikel 19 Abs. 3 GG, der juristischen Personen eine gewisse Grundrechtsfähigkeit zuerkennt, überhaupt sinnvoll und erforderlich, wenn sich der Grundgesetzgeber den absolut wirkenden, den Gesetzgeber unbedingt bindenden Schutz »objektiver Normen der Verfassung« als Reflex von Grundrechten ohne die Wurzel in der Zuerkennung von Rechten an ein Rechtssubjekt vorgestellt hätte? So löst sich schon diese Konstruktion der Urteilsgründe in den Nebel bloßer Phantasie auf, sobald man sie juristisch exakt durchdenkt.
Der Versuch, auch dem winzigsten Foetus – allerdings erst zwei Wochen nach der Zeugung[9] (wäre man boshaft, könnte man hier die rein zufällige Kongruenz juristischer Einsicht mit den Absatzinteressen bestimmter Produkte der pharmazeutischen Industrie unschwer feststellen) – mit absolutem Schutz, auch und gerade den Entscheidungen der Schwangeren gegenüber, die in den Urteilsgründen schon zwei Wochen nach einem Geschlechtsverkehr und der Vereinigung von Samen- und Eizelle mit »natürlichen mütterlichen Pflichten« belegt wird[10], auszustatten und die umfassende »Schutzpflicht des Staates« dann ausgerechnet aus der Überwindung der Traditionen des Dritten Reiches herzuleiten, findet in den Materialien des Parlamentarischen Rates keinerlei Basis. Das Minderheitsvotum charakterisiert diesen Versuch geschichtlich richtig und unwiderleglich wie folgt: »Hieraus Schlußfolgerungen für die verfassungsrechtliche Bewertung einer nicht vom Staat, sondern von der Schwangeren selbst oder mit ihrem Willen vom Dritten vorgenommenen Abtötung der Leibesfrucht zu ziehen, ist um so weniger am Platze, als das nationalsozialistische Regime entsprechend seiner biologisch-bevölkerungspolitischen Ideologie gerade dazu einen rigorosen Standpunkt eingenommen hatte. Neben neuen Vorschriften gegen die Werbung für Abtreibungen oder Abtreibungsmittel wurde durch entsprechende staatliche Maßnahmen darauf hingewirkt, im Gegensatz zur Praxis in der Weimarer Zeit eine striktere Anwendung der Strafbestimmungen durchzusetzen.[11] Diese an

9 Vgl. ebenda, S. 51.
10 Ebenda, S. 76.
11 Vgl. über den Anstieg von Verurteilungen im Dritten Reich: Dotzauer, *Abtreibung*, in:

sich schon hohen Strafandrohungen wurden ab 1943 wesentlich verschärft...«[12]. Die Sauberkeit der Argumentationsgrundlage der Urteilsgründe ist damit wohl ausreichend charakterisiert, zumal in ihnen selbst darauf hingewiesen wird, daß im Hauptausschuß des Parlamentarischen Rates der Abgeordnete Dr. Greve (SPD) ausdrücklich zu Protokoll erklärt hatte, daß er »unter dem Recht auf Leben nicht auch das Recht auf das keimende Leben verstehe«[13].

Wer auch nur etwas über deutsche Parteigeschichte weiß (aber derartige Kenntnisse galten leider im Bundesverfassungsgericht auch in seinen besseren Zeiten als verpönt, wie das KPD-Verbotsurteil bewiesen hatte[14]), müßte Kenntnis davon haben, daß es zu den ältesten Traditionen der deutschen Arbeiterbewegung und der Sozialdemokratie gehört, den § 218 StGB zu bekämpfen und seine ersatzlose Aufhebung zu fordern. Deshalb brachte diese Erklärung Dr. Greves – für eine Partei, die einer der wichtigsten Mitträger des Grundgesetz-Kompromisses gewesen ist – zu dieser Frage keine »Neuigkeit«.

Der gerade deshalb von Dr. Seebohm (damals Deutsche Partei) gestellte Antrag, den Satz »Das keimende Leben wird geschützt« in Art. 2 GG einzufügen, wurde im Hauptausschuß des Parlamentarischen Rates mit 11 gegen 9 Stimmen abgelehnt[15]. Wäre er angenommen worden, dann allerdings wären die Grundüberlegungen zu § 218 StGB, also der Schutz des »keimenden Lebens« nicht nur gegen die öffentliche Gewalt, sondern auch gegen die Mutter und gegen den von ihr gebilligten ärztlichen Eingriff, verfassungsrechtlich festgeschrieben worden. Aber eben das wurde bereits im Hauptausschuß expressis verbis verworfen. Wenn schließlich im schriftlichen Bericht des Abgeordneten Prof. Dr. von Mangoldt (CDU) darauf verwiesen wurde, »das zu schützende Gut sei durch die gegenwärtige Fassung – in Bezug auf das keimende Leben – gesichert«[16], so meinte er damit eindeutig die Sicherung gegenüber dem

Handwörterbuch der Kriminologie (Hrsg. von R. Sieverts), 2. Aufl., Band I (1966), S. 10 f. Übrigens kann der Verfasser dieser Urteilskritik als alter Zuchthaushäftling des Dritten Reiches auf die erhebliche Zahl von Ärzten verweisen, die seit 1937/1938 wegen solcher Delikte seine Mithäftlinge wurden.

12 *Hektographierter Urteilstext, Abweichende Meinung,* S. 9 f.

13 *Hektographierter Urteilstext,* S. 55.

14 BVerfGE 5, S. 85 ff. Vgl. dazu meinen Aufsatz *Das KPD-Verbotsurteil des Bundesverfassungsgerichts – Ein Beitrag zum Problem der richterlichen Interpretation von Rechtsgrundsätzen der Verfassung im demokratischen Staat,* in: W. Abendroth, Antagonistische Gesellschaft und politische Demokratie, 2. Aufl., Neuwied 1972, S. 139 ff.

15 *Hektographierter Urteilstext,* S. 55.

16 Mit dem übrigens der Verfasser dieser Kritik befreundet war; so etwas war zu einer Zeit, in der es auch in der CDU noch den ausgleichenden Einfluß wirklicher – wenn auch nur bürgerlicher – Demokraten gab, die rechtsstaatlich dachten, immerhin möglich. Manche Juristen hatten aus ihren Erfahrungen im Dritten Reich etwas gelernt.

Zugriff der öffentlichen Gewalt und zwar durch den Schutz – hier der Mutter – in bezug auf die »körperliche Unversehrtheit.« Bei historisch richtiger Interpretation, die unzweifelhaft das von den Beschließenden gemeinsam gewollte Minimum erfassen muß, ist es daher eindeutig, daß Art. 2 Abs. 2 S. 1 GG die Interpretation durch die Majorität des ersten Senats des Bundesverfassungsgerichtes nicht deckt, und daß schon der Wortlaut dieser Norm die Mehrheitsentscheidung als willkürliche Extension auf nichtgemeinte Bereiche enthüllt.

Noch willkürlicher ist die nächste Konstruktion der Entscheidung. Aus einer in dieser Form nicht existenten Aufgabe und Schutzpflicht des Staates, die allein in der Weise existiert, daß Art. 6 Abs. 4 und 5 GG eine Fürsorgepflicht der öffentlichen Gewalt für Mutter und Kind, auch für das von der Mutter gewollte keimende Leben begründet, wird eine durch die Verfassung gegebene Pflicht zum Einsatz strafrechtlicher Mittel durch den Staat hergeleitet. Selbstverständlich kann eine Verfassung grundsätzlich derartige strafrechtliche Aufträge erteilen. Auch das Grundgesetz hat das getan: Man denke nur an Art. 26 GG und den darin enthaltenen Verfassungsauftrag, friedensstörende Handlungen unter Strafe zu stellen, ein Verfassungsauftrag, der erst relativ spät – 1968 – und dazu ungenügend eingelöst wurde[17] – infolge und als Reflex der »Kalten-Kriegs«-Stimmungen der Oberklassen, des Staatsapparates und der Führung der im Bundestag vertretenen Parteien –, denen Aufrüstung und »Wehrkraft« wichtiger waren als die demokratischen Zielsetzungen, die in den Normen des Grundgesetzes zum Ausdruck kamen. Wo immer aber eine Verfassung und also auch das Grundgesetz strafrechtliche Normen gebietet – man denke zusätzlich an Art. 143 GG, der inzwischen gemäß seinem Absatz 4 durch die einfache Strafgesetzgebung abgelöst wurde[18] – muß sie es expressis verbis tun. Der Gesetzgeber muß, um den heiklen und meist dubios benutzten Begriff einmal zu verwenden, »nach der Natur der Sache« gerade bei der Gestaltung des Strafrechts relativ frei sein. Dies ergibt sich schon aus der meist raschen Verschiebung der realen sozialen Situation und der durch die kriminologische Wissenschaft zu ermittelnden Ursachen kriminellen Verhaltens, die Berücksichtigung finden müssen. Daß der Grundgesetzgeber ebenso dachte und also das Grundgesetz nur in diesem Sinne interpretiert werden darf, stellt auch das Minderheitsvotum unwiderlegbar fest und es ist wohl kein Zufall, daß die Urteilsgründe noch nicht einmal den kleinsten Versuch enthalten, dagegen

17 Vgl. Achtes Strafreformgesetz vom 25. 6. 1968 (BGBl I, S. 741); vgl. auch Gesetz über die Kontrolle von Kriegswaffen vom 20. 4. 1961, (BGBl I, S. 444).
18 Vgl. Strafrechtsänderungsgesetz vom 30. 8. 1951 (BGBl I, S. 739).

ernstlich zu argumentieren. »Wo der Parlamentarische Rat Strafsanktionen von Verfassungs wegen für geboten erachtete, hat er dies ausdrücklich in das Grundgesetz aufgenommen: Art. 26 Abs. 1 für die Vorbereitung eines Angriffskrieges und Art. 143 in der ursprünglichen Fassung für Hochverrat.«[19]
Das Minderheitsvotum folgert zutreffend, daß die »Funktion der Grundrechte in ihr Gegenteil«[20] verkehrt würde, bei dem Versuch, aus eben diesen Grundrechten eine Pflicht zum Erlaß von Strafnormen herzuleiten und dazu die Gedankenwelt der »objektiven Wertentscheidungen« zu mißbrauchen. Denn schließlich ist – wie schon gesagt – der ursprüngliche und zentrale Sinn der Grundrechte gerade der Schutz des Bürgers und des Menschen gegen Übergriffe der öffentlichen Gewalt.
Mit erwägenswertem juristisch-verfassungsrechtlichem Denken, mit Beschränkung also auf die Überlegungen, die ein Verfassungsgericht erstellen muß, dessen Pflicht es ist, »über die Auslegung dieses Grundgesetzes« und über »Meinungsverschiedenheiten oder Zweifel über die sachliche Vereinbarkeit von Bundesrecht . . . mit diesem Grundgesetz« (Art. 93 Abs. 1 Ziff. 1 und 2 GG) zu entscheiden, haben die Urteilsgründe und infolgedessen Urteilstenor und Urteilsleitsätze nichts oder höchstens gelegentlich etwas zu tun. Was sie fast ausschließlich enthalten, sind rechtspolitische Erwägungen, die der Gesetzgeber anstellen darf und auch muß. Das Bundesverfassungsgericht aber ist nicht der Gesetzgeber.
Die sittlichen, ethischen, religiösen Vor-Urteile der Mehrheit des ersten Senats in allen Ehren[21]; so wenig sie auch nur in sich logisch kombiniert sind und doch gleichzeitig den historischen Tatbestand spiegeln, daß dank der Realität der »Pille« viele frühere Glaubenssätze zerflossen sind und sogar die Vereinigung von Samen und Ei erst vierzehn Tage später biologisch und rechtlich erheblich wird: im Gesetzgebungsverfahren kann sie selbstverständlich jeder daran Beteiligte einbringen. Das Grundgesetz hat sie so wenig verboten, wie es sie geboten hat, obwohl gewiß viele seiner »weich« gehaltenen »Wertentscheidungen« ebenso gegen sie wie für sie interpretiert werden können. Wie die Bevölkerung dazu denkt, hat – wie die »Zeit« in verdienstvoller Weise mitteilt – das Allensbacher Institut jüngst ermittelt (trotz seiner nur allzu bekannten Sympathien für die CDU und die CSU): 50 % lehnen das Urteil des Bundesverfassungs-

19 *Hektographierter Urteilstext, Abweichende Meinung,* S. 8.
20 Ebenda, S. 6.
21 Es sei hier daran erinnert, daß die katholische Kriche auch die Einnahme der Pille und die Benutzung von Präservativen als Verletzung des Schutzes des ungeborenen Lebens zu interpretieren beliebt.

gerichts ab, nur 32 % stimmen ihm zu[22]. Die Gründe für Zustimmung und Ablehnung haben dabei gewiß häufig mit der strafrechtspolitischen Fragestellung, die das Bundesverfassungstericht nichts angeht und die es eindeutig rechtswidrig zu einer verfassungsrechtlichen Frage umgedeutet hat, etwas zu tun. Auch in dieser Beziehung, nämlich hinsichtlich der strafrechtspolitischen und kriminologischen Argumentation ist das Minderheitsvotum den Urteilsgründen der Senatsmehrheit so hoch überlegen und so gut durchdacht (ebenso dort, wo Frau Rupp-von Brünneck für sich allein spricht)[23], daß jedem Studierenden der Rechtswissenschaft nur empfohlen werden kann, dies Urteil – die Urteilsgründe als negatives, das Minderheitsvotum als positives Beispiel sachlicher (bzw. durch Vor-Urteile bestimmter) rechtspolitischer Argumentation – genau zu lesen[24]. Nur bleibt die Frage: gehört das alles in die Urteilsgründe eines Verfassungsgerichtes?

Zum gleichen Fragenkomplex haben bekanntlich drei höchste verfassungsrechtlich argumentierende Gerichte westlicher Demokratien kurz vorher – und zwar genau umgekehrt wie der erste Senat des Bundesverfassungsgerichtes – entschieden. Der österreichische Verfassungsgerichtshof hat festgestellt, daß die vom Bundesverfassungsgericht unter Hinweis auf Art. 2 Abs. 2 S. 1 GG für rechtswidrig erklärte Fristenlösung mit dem inhaltlich gleichlautenden Art. 2 Abs. 1 der Europäischen Menschenrechtskonvention[25] durchaus vereinbar ist[26]. Auch der französische Conseil Constitutionel ist hinsichtlich der Interpretation des Art. 2 Abs. 1 der Europäischen Menschenrechtskonvention, die gemäß Art. 55 der Verfassung der Republik Frankreich dort unmittelbar geltendes Recht ist, zum gleichen Ergebnis gekommen wie das Verfassungsgericht der Republik Österreich[27]. Demgegenüber hat das Oberste Bundesgericht der USA sogar die strafrechtliche Verfolgung derartiger Abtreibungshandlungen als mit den gleichen Bürger- und Menschenrechten – hier mit dem Recht auf Freiheit – für unvereinbar erklärt[28].

Die Mehrheit des ersten Senats, eine Mehrheit von Männern, die ansonsten ihre »westliche« und »europäische« Gesinnung nicht häufig genug betonen können, hat sich darüber mit der These hinweggesetzt, unser

---

22 *Die Zeit*, 1975, Nr. 12, S. 8.

23 *Hektographierter Urteilstext, Abweichende Meinung*, S. 12 f.

24 Das möchte der Verfasser betonen, obwohl er manchen »ethischen« Ansatz der Verfasser des Minderheitsvotums nicht teilt.

25 BGBl II 1952, S. 686: »Das Recht jedes Menschen auf Leben ist gesetzlich geschützt«. (Art. 2 Abs. 1 der Europäischen Menschenrechtskonvention).

26 Vgl. *Grundrechte, Die Rechtsprechung in Europa* 1975, S. 74 ff.

27 Journal officiel vom 16. 1. 1975.

28 Roe versus Wade, 410 U.S. 113 (1973).

Grundgesetz erfordere eine andere Auslegung, weil das Dritte Reich mit seiner Menschenverachtung (und anscheinend mit seiner Förderung von Abtreibungen?) hinter uns liege. Daß diese These nicht nur mit der geschichtlichen Wahrheit, sondern – um hier doch einmal deutlich zu werden – mit dem Versuch der sachlichen Ermittlung des Inhalts der Normen, die von den eigenen Wünschen und Vorstellungen hätten getrennt werden müssen, nichts mehr zu tun hat, bedarf wohl kaum weiterer Begründung.
Die Betroffenen sind zunächst die Frauen. Eine (nur) männliche Mehrheit im ersten Senat des Bundesverfassungsgerichts hat entschieden, daß sie von der zweiten Woche nach der Befruchtung an »mütterliche Gefühle« haben und die Konsequenzen tragen müssen, auch wenn der Gesetzgeber das Gegenteil sagt. Was kümmert sie schon die ökonomische und seelische Not des anderen Geschlechts? Ihm kann ja durch alle möglichen »Hilfsmaßnahmen« ein Teil der Sorgen genommen werden. Und das alles mit einer Begründung, die so schöne Sätze enthält, wie: »Dabei fällt ins Gewicht, daß infolge der Strafbarkeit die Möglichkeit, einen Schwangerschaftsabbruch überhaupt oder gar lege artis zu erlangen, bisher erheblich (u. a. *finanziell;* Hervorhebung durch den Verfasser) eingeschränkt war«[29], während anderseits solche Ärzte, die – falls es zur Fristenlösung mit Vorberatung gekommen wäre – eventuell Hilfe gegenüber schwangeren Frauen geleistet hätten, in eben diesem Schwangerschaftsabbruch »ein gewinnbringendes Geschäft« hätten sehen können[30], und also zur Vorbereitung sachlich ungeeignet gewesen wären.
Ist es ein Wunder, wenn einige Frauen jeden Rest an Selbstbeherrschung und kritischer Vernunft verlieren und zu kriminellen Kampfmitteln greifen? Die Verwendung derart illegitimer und den Massen unverständlicher Mittel ist jedoch die beste Stärkung für solche Feinde des sozialen und demokratischen Rechtsstaats, die in den Spitzen von Wirtschaft und Staat noch immer manipulieren.
Aber die Betroffenen solcher Art Judikatur sind nicht nur die Frauen. Es geht – es ist für uns Juristen traurig, daß ein Professor der evangelischen Theologie das als erster in aller Eindeutigkeit und Schärfe so formuliert hat [31] – um die Existenz des Rechtsstaates selbst. Nehmen Bundesregierung und Bundestag es ungerügt hin, daß Senate des Bundesverfassungsgerichtes in dieser Weise ihre Kompetenz überschreiten, dann verwandelt sich die Bundesrepublik Deutschland Schritt für Schritt weiter aus einem

29 *Hektographierter Urteilstext*, S. 52.
30 Ebenda, S. 88.
31 Hans Werner Bartsch in: *Deutsche Volkszeitung*, 1975, Nr. 11, S. 16.

Staat, der – wie viele andere – zwar auf der Basis einer monopolkapitalistischen Gesellschaft existiert, aber dem doch eine relativ freiheitlich demokratische Grundordnung übergestülpt ist, in einen autoritären Staat, in dem auch die kleinste vom Parlament beschlossene demokratische Reform an den konservativen Vor-Urteilen des Verfassungsgerichts scheitern wird. Von parlamentarischer Demokratie könnte dann in der Praxis so wenig mehr die Rede sein wie einst in der Weimarer Republik seit dem Notverordnungsregime Brünings.

Und wie damals meldet sich in der Krise schon der – wenn auch nicht faschistische, so doch faschistoide – Nachfolger an: ohne diese Zusammenhänge wäre das Referat von Franz Josef Strauß in Ofterschwang bei Sonthofen[32] ebenso unverständlich wie die Tatsache, daß ein Mitglied des Bundesverfassungsgerichtes den merkwürdigen Geschmack besaß, beim Verlesen des Minderheitsvotums seinen Platz am Richtertisch demonstrativ zu verlassen.[33]

Der »freiheitlich-demokratische Rechtsstaat«, ein Normensystem also, das immer in partiellem, allzu häufig in totalem Widerspruch zu Gesellschaftssystem und Staatsapparat steht, solange wir ein kapitalistisches Produktionssystem haben, ist für alle abhängig Arbeitenden ein kostbares Gut, nämlich die Voraussetzung dafür, legal ihr eigenes Bewußtsein gegen die Manipulation der »öffentlichen Meinung« durch die herrschende Klasse entwickeln zu können, legal zur politischen Macht und zur politischen Mehrheit aufzusteigen, legal die Wirtschaftsgesellschaft transformieren zu können.

Die größte Partei der deutschen Arbeiterklasse hatte den Wahlkampf für die Septemberwahlen 1930 noch mit der Parole geführt, die Notverordnungen Brünings seien eine grobe und vorsätzliche Außerkraftsetzung der Weimarer Reichsverfassung. Drei Wochen später gab sie diese Verfassung durch die »Tolerierungspolitik« gegenüber den Kabinetten des Art. 48 Weimarer Verfassung kampflos preis. 1933 war dann schließlich alles verloren. Die Generation des Rezensenten dieses Urteils hat hart für diese Fehler bezahlen müssen. Ihre letzten Repräsentanten, soweit sie als Juristen die Dinge zu analysieren vermögen, können nur vor der (natürlich modifizierten) Reproduktion des Exempels warnen. Initiis obsta! Die kleinen Kreise in einer heute weithin entpolitisierten arbeitenden Bevölkerung und Intelligenzschicht, die – leider abermals im Gegensatz zu den Führungen der großen offiziösen Parteien – die Dinge im Prinzip erkennen, verlieren sich allzu oft in dogmatischer Sektenpolitik gegeneinander

---

32 Vgl. für den fast vollständigen Text *Frankfurter Rundschau* vom 12. 3. 1975, S. 5 f.
33 Vgl. *Frankfurter Allgemeine Zeitung* vom 4. 3. 1975, S. 5.

und können deshalb, solange sie sich sinnlos streiten, nicht die Bewußtseinskerne bilden, die die arbeitende Klasse, um deren Haut es hier geht, zum Kampf um die Verteidigung ihrer Lebenshaltung in der Krise und um die Erhaltung rechtsstaatlichen und also an Verfassungsnormen gebundenen Demokratie gegen diejenigen Kräfte, die diese Demokratie durch offenkundig mißbrauchte Interpretationsmonopole in ihr Gegenteil verwandeln, aufrütteln.
In dieser Situation höchster Gefährdung des »sozialen und demokratischen Rechtsstaates« i. S. von Artikel 20 und 28 GG durch seine eigenen Staatsorgane, die sich subjektiv dabei sogar noch als »Hüter der Verfassung« empfinden mögen und in einer Situation der – hervorgerufen durch die Krise – unverhüllten Ankündigung faschistoider Methoden durch den Vorsitzenden einer der großen »staatstragenden Parteien« soll dieser Artikel dazu beitragen, erkennen zu lernen, daß ohne bewußtes Zusammenwirken aller demokratischen und sozialistischen Kräfte noch nicht einmal die Verteidigung des demokratischen und sozialen Rechtsstaates und des Grundgesetzes möglich ist. Wir Juristen können diesen Kampf nicht allein führen; aber ein Beispiel können auch wir geben.

Das Bundesverfassungsgericht und die Berufsverbote im öffentlichen Dienst*

Der Zweite Senat des Bundesverfassungsgerichts hat es am 22. Mai 1975 entschieden und (endlich und doch unerwartet; es war erst für den September angekündigt) am 25. Juli 1975 verkündet[1]: »Das politische Schlag- und Reizwort vom ›Berufsverbot‹ für Radikale ist völlig fehl am Platz und soll offensichtlich nur politische Emotionen wecken.«[2] Denn es gehe nur um »Zulassungsvoraussetzungen zum Schutze der freiheitlich-demokratischen Grundordnung«. Nun also – bestimmten (oder besser: auch durch diese Entscheidung nicht exakt bestimmten und bestimmbaren, sondern jeweils durch die »Anstellungsbehörden« nach deren Ermessen zu konkretisierenden) Gruppen der Bevölkerung, die diesen Behörden mißliebige politische Meinungen verfechten, wird der Zugang zum »öffentlichen Dienst« (von Schule und Volksbildungswesen einschließlich der Hochschulen über Verwaltung und Justiz bis zum Feuerwehrmann) gesperrt, ihr Studium wertlos gemacht (und durch diese Bedrohung schon dem Schüler und Studenten der Mut genommen, sich eine kritische Meinung zu bilden, sie zu äußern oder gar etwas für sie praktisch zu tun) – aber wenn derjenige, der sein Wissen und seine Arbeitskraft nicht mehr verwerten darf, das als »Berufsverbot« bezeichnet, so ist das »emotional« und also »demagogisch«.
Die verfassungspolitische Gefahr dieser Entscheidung für die Erhaltung der Demokratie in der Bundesrepublik Deutschland wird schon durch die schwer begreiflichen Kompetenzüberschreitungen des erkennenden Senats deutlich: Er hatte in einem Vorlage-Beschluß-Verfahren gemäß Art. 100 des Grundgesetzes über § 9 Abs. 1 Ziff. 2 des Landesbeamtengesetzes Schleswig-Holsteins und die darauf gegründete Ausbildungsordnung für Juristen zu befinden, und das anläßlich eines Falles, in dem das Problem

* Zuerst in: *betrifft: erziehung*, 1975, H. 9.

1 *Grundrechte, Die Rechtssprechung in Europa* (EuGRZ) 1975, S. 398 ff.

2 EuGRZ 1975, S. 410.

der Mitgliedschaft in politischen Parteien überhaupt nicht zur Diskussion stand.[3]
Es nimmt dann aber in seinen Gründen zu allen nur möglichen Fragen Stellung – vor allem auch zum Problem der Ausschaltung von Mitgliedern unzweifelhaft legaler politischer Parteien aus dem öffentlichen Dienst und bereits aus dem Vorbereitungsdienst.[4] Der selbstverständliche Rechtsgrundsatz des judicial restraint[5] ist für das Bundesverfassungsgericht vergessen; auch die Minderheitsgutachten zeigen, daß er sogar seinen kritischer denkenden, aber in Einzelfragen überstimmten Mitgliedern noch nicht einmal mehr eingefallen ist.[6] Die juristischen Methoden der Zeiten vor dem Dritten Reich und der anderen Nationen Europas sind der Richtergeneration unbekannt, die von den Juristen des Dritten Reichs ausgebildet worden ist.
Weder Kompetenzüberschreitung noch vorurteilsbestimmte Umdeutung der Gesetze und der Verfassung sind ein Novum in der deutschen Rechtsgeschichte. Nach der Kapitulation der liberalen Amtsrichter Preußens vor der Politik Bismarcks vor mehr als einem Jahrhundert waren sie ein stetiger Bestandteil jeder antidemokratischen Wendung in Deutschland. Das galt seit Beginn des Kaiserreichs, als August Bebel und Wilhelm Liebknecht als »Hochverräter« verurteilt wurden, weil sie gegen die Kriegskredite im deutsch-französischen Krieg aufgetreten waren. Es galt ebenso über 40 Jahre später, als Karl Liebknecht im ersten Weltkrieg verurteilt wurde, ohne daß irgendeine gesetzliche Grundlage dafür existierte. Es galt in der Weimarer Republik, als das Reichsgericht Stück für Stück der Weimarer Verfassung als bloßen »unbeachtlichen Programmsatz« beiseite schob, als die Gerichte fast jeden Terrorakt gegenrevolutionärer oder faschistischer Banditen gegen Kommunisten, Sozialdemokraten oder bürgerliche Demokraten begünstigt und »Linke« je nachdem als »Hoch«- oder »Landesverräter« eingesperrt haben. Das Resultat, den Aufstieg und Sieg des Faschismus, hat die Welt hart genug bezahlen müssen. Die gleiche Rolle spielte die Richterschaft in der normalen Gerichtsbarkeit der Bundesrepublik, besonders aber – nach dem ersten Strafrechtsänderungsgesetz – in politischen Strafsachen, im Bundesarbeitsgericht, nachdem einer der gewichtigsten Autoren des nationalsozialistischen Arbeitsrechts dessen Präsident geworden war – bis nach der Studentenrevolte Ende der sechziger Jahre wenigstens in den erstinstanzli-

3 EuGRZ 1975, S. 400/401.
4 EuGRZ 1975, S. 406 ff.
5 »richterliche Zurückhaltung«; der Richter muß sich im Urteil auf die Beurteilung der für den konkreten Fall erforderlichen Probleme beschränken.
6 EuGRZ 1975, S. 412 ff.

chen Entscheidungen verfassungs- und gesetzeskonforme Urteile häufiger (wenn auch noch keineswegs die Regel) wurden. Deshalb war es in der in concreto umstrittenen Frage der Berufsverbote im öffentlichen Dienst weder erstaunlich, daß das Bundesverwaltungsgericht zwar für (neofaschistische) NPD-Mitglieder in aller Selbstverständlichkeit den Schutz des Parteienprivilegs des Art. 21 GG in Anspruch genommen hat[7], es aber für Marxisten verhüllt negierte[8], noch daß diesem Senat zwei »erfahrene« Juristen, die sich energisch für das Dritte Reich betätigten[9] angehört haben, ohne daß irgendeine der bürgerlichen Tageszeitungen oder Parteien daran irgendeinen Anstoß genommen (oder es auch nur berichtet) hätte.

Das Bundesverfassungsgericht hat seine im Grundgesetz so stark verankerte Stellung und seine Struktur einst auch deshalb erhalten, weil der Parlamentarische Rat, der dies Grundgesetz schuf, um die negative Rolle der »normalen« Justiz im Weimarer Staat (und um die weitgehende Übernahme der Richter des Dritten Reiches in die Justiz der inzwischen entstandenen Länder) wußte und ein demokratisches Gegengewicht schaffen wollte. Es hat – mit Schwankungen – diese Rolle auch teilweise übernommen, bevor eine neue Generation von Richtern Einzug gehalten hat, die in der Restaurationsperiode der Bundesrepublik von den »normalen« Professoren an den Universitäten (wie sie einst schon in der nationalsozialistischen Periode Lehrstühle innehatten) ausgebildet und von solchen »normalen« Richtern im Vorbereitungsdienst als Gerichtsreferendare und dann als aufsteigende Juristen geprägt worden ist. Der gegenwärtige Präsident des Bundesverfassungsgerichtes (und frühere Bundesminister) Ernst Benda (CDU) symbolisiert gleichsam diese Wendung.

Sie führte zu einem deutlichen Wandel in der Rechtsprechung des Bundesverfassungsgerichtes, das von nun an nicht nur jeder demokratischen und fortschrittlichen Wendung des Gesetzgebers oder der Regierung entgegentrat, sondern auch seine eigenen Vorurteile anstelle der Normen des Grundgesetzes setzte (wahrscheinlich, ohne das selbst zu wissen). Das sogenannte niedersächsische Hochschulurteil des ersten Senates[10] hat diese Entwicklung eingeleitet, die das Deutschland-Vertrags-Urteil des zweiten Senates[11] und das Abtreibungsurteil des ersten Senates[12] fortgesetzt haben.

---

7 Urteil des ersten Wehrdienstsenates des Bundesverwaltungsgerichts vom 14. März 1973, I WB 26/73.

8 Urteil des zweiten Senates des Bundesverwaltungsgerichtes vom 6. Februar 1975, II C 68/75.

9 So (unbestritten) *Die Tat* (Wochenzeitung der Verfolgten des Naziregimes) 1975, Nr. 24, S. 1 und Nr. 25, S. 3; jetzt auch *Der Spiegel*, 4. 8. 1975, S. 32.

10 BVerfGE 35, S. 79 ff.

11 BVerfGE 36, S. 1 ff.

12 BVerfGE 39, S. 1 ff.

Die Berufsverbotsentscheidung des zweiten Senates kann nur innerhalb dieser Entwicklung verstanden werden.
Diese Entscheidung schränkt ihrer Absicht nach die Grundrechte derer, die eventuell Beamte (oder Angestellte des öffentlichen Dienstes[13]) werden wollen (oder es sind), dahin ein, daß keineswegs nur – wie das neben § 9 Abs. 1 Ziff. 2 des Landesbeamtengesetzes Schleswig-Holsteins bekanntlich auch die gesamten Beamtengesetz-,[14] Richtergesetz-,[15] Beamtenrahmengesetz[16]-Bestimmungen des Bundes tun – von ihnen verlangt wird, daß sie »jederzeit für die freiheitlich-demokratische Grundordnung im Sinne des Grundgesetzes« eintreten, sondern daß sie *»Staats- und* (nicht nur) *Verfassungstreue«* zu üben haben.[17] Handelt es sich bei dem, was die Beamtengesetze fordern (ihre Konformität mit dem Grundgesetz einmal vorausgesetzt), um Identifikation mit Rechtsgrundsätzen, mit einem Normensystem, so geht es dem zweiten Senat um mehr, um die Treue zu einem konkreten sozialen Gebilde und seinen Machtverhältnissen, dem »Staat«. Was dieser »Staat« sei, kann man dann in den weiteren Ausführungen des Gerichts nicht genau bestimmen, wohl aber ahnen. Diese »Treue« muß »mehr sein als im übrigen uninteressierte, kühle und distanzierte Haltung« und erfordert, daß man sich »eindeutig von Gruppen und Bestrebungen distanziert, die diesen Staat, seine verfassungsmäßigen Organe ... angreifen, bekämpfen und diffamieren.«[18] Bekanntlich ist die Regierung ein Staatsorgan. Opposition hat gerade die Funktion, sie anzugreifen und zu bekämpfen. Von Opposition hat sich also, wenn Logik noch irgendeinen Sinn haben soll, nach Meinung des zweiten Senats der Beamte zu distanzieren ... Wer sie unterstützt, scheidet dann wegen »mangelnder Eignung« als Anwärter auf Beamtenstellen aus. Ist es ein Wunder, daß es auch der tut, der »uneinsichtig rechthaberisch«[19] ist? Womit andererseits die Übereinstimmung des zweiten Senats mit der »freiheitlich-demokratischen Grundordnung« einer parlamentarischen Demokratie, die auf dem Gegeneinander von Regierung und Opposition und auf dem Vielparteiensystem des Art. 21 GG beruht, wohl genügend belegt ist ...
Der Senat kommt aufgrund einer jedes reaktionäre Kontinuitätsdenken bestätigenden historischen Analyse über die »hergebrachten Grundsätze

13 EuGRZ 1975, S. 406.
14 § 7 Abs. 1 Nr. 2.
15 § 9 Nr. 2.
16 § 4 Abs. 1 Nr. 2.
17 EuGRZ 1975, S. 404/405.
18 EuGRZ 1975, S. 403.
19 EuGRZ 1975, S. 405.

des Berufsbeamtentums« in Art. 33 Abs. 5 GG, die alle Freiheitsrechte des Bürgers beiseite schieben (statt in ihrem Rahmen interpretiert zu werden), zu diesem unzweifelhaft in jeder anderen bürgerlich-rechtsstaatlichen Demokratie unvorstellbaren Ergebnis. Er führt dies Berufsbeamtentum auf den aufgeklärten Absolutismus und das Preußische Allgemeine Landrecht (Teil III Titel 10 §§ 1 ff.) von 1794 zurück und führt dann in Übereinstimmung mit der entsprechenden öffentlich-rechtlichen Literatur der konstitutionell-monarchischen und dann der Weimarer Periode aus, daß sich die Treue zum König eben in diejenige zum »Staat« als Abstraktum gewandelt habe.[20] Der Senat vergißt dabei nur, daneben bei den Autoren, die auch im Dritten Reich weiter publizierten (z. B. Köttgen), die Auflagen nach 1933 zu nennen, und zu erwägen, ob diese Transformation in die abstrakte »Staatstreue« (statt Treue zur demokratischen Rechtsordnung) nicht eine der gewichtigsten Ursachen der reibungslosen Transformation dieses Beamtenapparates in denjenigen des Dritten Reiches gewesen ist (was immerhin einst nicht nur der Parlamentarische Rat, sondern auch das Bundesverfassungsgericht – in seinem Beamtenurteil[21] – noch wußte).

So ist es denn – in dieser Vorurteilsreihe – nur konsequent, wenn der zweite Senat Art. 21 GG, das Parteienprivileg, das die freie Betätigung der politischen Parteien (und in den politischen Parteien) bis zu deren eventuellem Verbot wegen Verfassungswidrigkeit, die nur durch das Bundesverfassungsgericht ausgesprochen werden kann, schützt, in eindeutigem (wenn auch als »Ergänzung« getarntem) Widerspruch zur früheren Rechtsprechung des Bundesverfassungsgerichts[22] einfach beiseite schiebt. Der Senat läßt es zu, daß die Mitgliedschaft in einer legalen politischen Partei (gemeint ist, ohne daß es jedoch je ausgesprochen würde, zunächst die DKP, aber morgen jede andere Partei, die irgendeiner »Anstellungsbehörde« nicht gefällt), die also nicht durch das Bundesverfassungsgericht als verfassungswidrig erklärt ist, dem Bewerber um eine Beamten- (oder Ausbildungs-)Stelle als gewichtiges Indiz für seine angebliche »prognostische« Verfassungs-Untreue entgegengehalten werden kann.[23] Er geht zwar keineswegs so weit, wie die Praxis leider nicht nur »christdemokratischer«, sondern auch sozialdemokratischer Landesminister (wie z. B. des Bremischen Senats im Fall Prof. Holzer 1971 oder des hessischen Kultusministers Krollmann z. Zt.), daß dies »Indiz« bereits alles über diese »Prognose« aussage; denn nach Meinung des erkennenden Senats ist

20 EuGRZ 1975, S. 403.
21 BVerfGE 3, S. 137.
22 BVerfGE 12, S. 296 (304); 13, S. 46 (52); 13, S. 123 (126); 17, S. 155 (166).
23 EuGRZ 1975, S. 406 f.

eventuelle Mitgliedschaft in oder Beteiligung für eine angeblich »verfassungsfeindliche«, wenn auch nicht verfassungswidrige Partei nur »ein Stück« bei dieser prognostischen Beurteilung, nicht bereits die Prognose selbst.[24] Über die angebliche »Verfassungstreue« dieser Minister – übrigens Minister in Ländern, deren Verfassungen einst von Kommunisten mit ausgearbeitet und in Parlament- und Volksabstimmungen mit beschlossen wurden – ist damit quasi immanent wohl genügend ausgesagt . . . Aber: es bleibt dabei, daß in eindeutigem Widerspruch zu Art. 21 GG den exekutiven »Anstellungsbehörden« damit das Recht zuerkannt werden soll, nach freiem Belieben die politischen Parteien, die ihnen nicht passen, jeweils als »verfassungsfeindlich« (und das zu Lasten derer, die eine Berufsstellung suchen) zu diskriminieren. Dem Senat ist noch nicht einmal aufgefallen, daß er dabei die Freiheitsrechte (und den Schutz der politischen Parteien gegen ihre Diskriminierung in einer parlamentarischen Demokratie) noch wesentlich stärker einschränkt, als es einst nach dem gefährlichen (und, wie das geschichtliche Ergebnis eindeutig zeigt, für die Demokratie selbstmörderischen) Beschluß des Preußischen Staatsministeriums vom 9. Juli 1930[25] das bekanntlich extrem konservative Preußische Oberverwaltungsgericht zugelassen hat[26], obwohl in der Weimarer Reichsverfassung kein ausdrücklicher Schutz der politischen Parteien bestand, wie ihn Art. 21 GG bietet. Besäßen die westdeutschen Sozialdemokraten noch einen Rest von historischem Bewußtsein und politischem Verstand, würden sie sich der Notverordnungen Hitlers vom 28. Februar 1933 erinnern. Das Grundgesetz hat es in Art. 21 Abs. 2 getan. Es bleibt das Verdienst des Bundesverfassungsrichters Rupp, in seinem Minderheitsvotum zu dieser eindeutigen Grundgesetzverletzung durch die Mehrheitsentscheidung des zweiten Senats die wichtigsten rechtlichen Argumente zusammengetragen zu haben,[27] zu denen übrigens die Entscheidungsgründe dann kein vernünftiges Gegenargument zu sagen wissen.

Gelegentlich hat der zweite Senat dann doch vor dem autoritären Exekutivstaat, dessen Entwicklung in der Bundesrepublik seine Entscheidung durch ihre Zerstörung der rechtsstaatlichen Garantien des Grundgesetzes objektiv fördert, selbst Furcht bekommen. Die starke Stellung der Geheimdienste (Bundesamt für Verfassungsschutz, Landesämter für Verfassungsschutz, Bundesnachrichtendienst, Militärischer Abschirmdienst) in

24 EuGRZ 1975, S. 407.
25 (Preußisches) *Justizministerialblatt* 1930, S. 220.
26 Preußische Oberverwaltungsgerichtsentscheidungen (OVGE) 77, S. 493 ff. (494).
27 EuGRZ 1975, S. 413 ff; ähnlich (wenn auch viel schwächer) auch das Minderheitsvotum Seuffert EuGRZ 1975, S. 411.

der Bundesrepublik, ihre stetig wachsende Überwachung aller Bürger in geheimen »Dossiers«, die ihr Verhalten von der Wiege bis zum Grabe vermerken und deren »Verwertung« in Anstellungsverfahren im öffentlichen Dienst bereiten ihm Sorgen. Der Senat möchte vermeiden, daß jedem Schüler und Studenten jeder Umgang und jede Äußerung aus seiner Jugend- und Entwicklungsperiode vorgerechnet wird, wenn er nach seinem Examen einen Beruf sucht.[28]

Was in seinem Minderheitsvotum der (auch das ist noch möglich) noch reaktionärere Bundesverfassungsrichter Wand gegen diese (rechtlich leider fast wirkungslose) zutreffende Stelle der Entscheidungsbegründung sagt[29], ist derart schwach, daß sich eine Erörterung erübrigt. Aber eines (was er ja wahrscheinlich dabei gedacht hat) wagt auch hier der Senat nicht zu sagen: in wessen Hand nämlich diese Geheimdienste der BRD liegen. Der vorige Leiter des Bundesamtes für Verfassungsschutz, Schrübbers, war einst Staatsanwalt des Dritten Reiches in politischen Prozessen, der gegenwärtige, Nollau, immerhin Mitglied der NSDAP. Der künftige hat (aus Altersgründen – das Dritte Reich ging vor drei Jahrzehnten zugrunde) – solche Leistungen nicht aufzuweisen, ist aber in dieser Maschinerie aufgestiegen. Solche »Dienste« sind dann besonders geeignet, die demokratische Verfassungstreue ehemaliger Widerstandskämpfer zu überwachen und den Personalabteilungen der »Anstellungsbehörden« die Materialien über die »prognostische Persönlichkeitsbewertung« ihrer Kinder zu liefern.

Den Darlegungen über die Ausschaltungspflicht der »Anstellungsbehörden« gegenüber solchen Kandidaten, die gegenüber dem »Staat« und seinen »Organen« auf »Angriff« sinnen oder die allzu »rechthaberisch« sind, folgen dann auch wieder formale Bekenntnisse dazu, daß es ja gerade um den Schutz der »freiheitlich-demokratischen Grundordnung« mit ihrem Recht auf Opposition gehe. Aber Abgrenzungskriterien werden nicht angeboten. Und endlich: in Erinnerung daran, daß im deutschen Reich vor Wilhelm II. bis 1914 Sozialdemokraten zwar ansonsten nicht Beamte, wohl aber Gerichtsreferendare werden konnten, um dann wenigstens Rechtsanwalt werden zu können, soll diese Ausnahme-Chance auch heute aufrecht erhalten bleiben. Den Ländern werden Konstruktionen empfohlen, die das unter Wahrung der Chancen zum Berufsverbot für alle übrigen Ausbildungswege (z. B. für Lehrerberufe) möglich machen sollen.

Am Ergebnis der Bundesverfassungsgerichtsentscheidung über die »Eig-

---

28 EuGRZ 1975, S. 406.
29 EuGRZ 1975, S. 416.

nungsvoraussetzungen« für den öffentlichen Dienst (die nun einmal für die »prognostisch Ungeeigneten« Berufsverbote enthalten) ändert dieser letzte traurige Rest wiederbelebten demokratischen Gewissens nichts. Es bleibt dabei: was jeweils die »Anstellungsbehörden« als Inhalt der »freiheitlich-demokratischen Grundordnung« und als »Staatstreue« ansieht, soll gelten. Politische Parteien, die sie als »verfassungsfeindlich« (aus welchen Gründen auch immer) deklarieren, sollen als aussätzig behandelt werden dürfen. Daß einst das Grundgesetz das Recht auf Opposition, wirkliche parlamentarische Demokratie und volle, höchstens vom Bundesverfassungsgericht im begründungspflichtigen konkreten Urteil im konkreten Verbotsprozeß, nicht aber durch die Regierung oder Parlamentsmehrheiten beschränkbare Parteienfreiheit gefordert hat, ist im Verfassungsgericht vergessen.
So bleibt also nur noch der politische Kampf (und natürlich auch noch der verwaltungsgerichtliche in Einzelfällen) als Mittel übrig, um der Bundesrepublik den Weg zu ersparen, den das deutsche Reich von 1930 bis 1933 zurückgelegt hat. Er muß nicht nur im Interesse der Bundesrepublik und ihrer Bürger geführt werden, sondern (wie eben jene dreißiger Jahre zeigen) im Interesse von Frieden und Sicherheit in Europa. Er bedarf, wenn er Erfolg haben soll, der Solidarität aller Demokraten Europas. Ihre Solidarität ist keine (den Regierungen verbotene) Intervention in die innenpolitische Struktur der Bundesrepublik als eines anderen souveränen Staates, sondern ist für sie (wie die Jahre nach 1933 zeigen) durch ihr eigenes Interesse an Bewahrung des Friedens und der eigenen demokratischen Struktur, aber vor allem auch durch die Erklärung der Menschenrechte der Vereinten Nationen[30] und durch die Europäische Menschenrechtskonvention[31] geboten, also durch völkerrechtliche Verträge, denen diese Bundesrepublik zugestimmt hat.
Dieser Kampf um die Verteidigung der Berufsfreiheit im öffentlichen Dienst, um den Schutz der parlamentarischen Demokratie, des Rechtes auf Opposition und der freien Entwicklung des Vielparteiensystems in der Bundesrepublik ist gerade durch diese Entscheidung des Bundesverfassungsgerichts zur aktuellen Pflicht nicht nur der Gewerkschaften, der Intellektuellen und aller anderen Demokraten in der Bundesrepublik, sondern aller demokratischen Gruppierungen Europas geworden, wenn sie den Zielsetzungen der Konferenz von Helsinki gerecht werden wollen.

30 Art. 2 und 21 § 2.
31 Art. 9, 10, 11 und 14.

Veröffentlichungen zu Politik und Zeitgeschehen